Anonymous

Wöchentliche Nachrichten und Anmerkungen, die Musik betreffend

Anonymous

Wöchentliche Nachrichten und Anmerkungen, die Musik betreffend

ISBN/EAN: 9783743660151

Hergestellt in Europa, USA, Kanada, Australien, Japan

Cover: Foto ©Thomas Meinert / pixelio.de

Weitere Bücher finden Sie auf **www.hansebooks.com**

Wöchentliche Nachrichten und Anmerkungen die Musik betreffend.

Erstes Vierteljahr,

vom 1sten bis 13ten Stück.

Leipzig,
Im Verlag der Zeitungs-Expedition.
1766.

Wöchentliche
Nachrichten und Anmerkungen
die Musik betreffend.

Erstes Stück.

Leipzig den 1ten Julius 1766.

Mit der Erlaubniß unserer Leser wollen wir dieses erste Stück noch zu einer Art von Vorbericht oder Einleitung anwenden, wodurch wir den vor kurzen bekannt gemachten Plan etwas ausführlicher erklären, unsere Absicht näher bestimmen, und uns im Voraus gegen gewisse Anfoderungen in Sicherheit stellen wollen, die man in der Folge an uns thun könnte, und auf die wir uns einzulassen nie Willens gewesen sind.

Wir haben gleich im Anfange gesagt, daß besonders der historische Theil der Musik dasjenige seyn werde, womit wir uns beschäfftigen wollen. Man wird dadurch wohl nicht auf die Gedanken gekommen seyn, daß wir eine systematisch zusammenhängende Geschichte der Musik schreiben wollten, wovon uns Herr Marpurg schon einen Anfang geliefert hat, den wir weiter fortgesetzt zu sehen sehr wünschen: Nein, unsere Absicht gehet bloß auf das, was, so zu sagen, vor unsern Augen geschieht, auf gesammelte Nachrichten, aus denen sich vielleicht die Geschichte der heutigen Musik zusammen setzen ließe, wenn man das in ein Capitel oder Fach zusammentrüge, was eigentlich zusammen gehöret, bey uns aber zerstreut, und der Zeit nach vorkommen wird, wie uns die Nachrichten davon in die Hände fallen. Diese Nachrichten aufzutreiben, ist, wir müssen es gestehen, in der That eine von den Schwierigkeiten bey unserm Unternehmen, die wir noch nicht gänzlich überwunden haben.

Die Anzeigen, die wir hin und wieder in gedruckten Blättern finden, sind uns nicht ausführlich und umständlich genug; es gehören an jedem Orte nicht allein der Sache kundige, sondern auch dienstfertige Männer dazu, die uns mit fehlenden Nachrichten an die Hand gehen, unvollkommene ergänzen, unrichtige berichtigen helfen, und überhaupt aus Liebe zu einer guten Sache auf alles aufmerksam sind, was den Musikliebhaber interessiren kann, und folglich eine Anzeige in unsern Blättern verdient. Wir haben uns in dieser Absicht mündlich und schriftlich an verschiedene angesehene Männer gewendet, die uns auch nicht allein ihres Beyfalls versichert, sondern sich zugleich auf die gefälligste Art zu Beyträgen erboten haben. Demohngeachtet setzt uns theils eine verzögerte Erfüllung ihres gütigen Versprechens, theils eine noch nicht erfolgte Antwort auf unsere Bitte, theils auch der Mangel der Bekanntschaft an einem oder dem andern Orte in einige Verlegenheit, und wir würden lieber mit der Ausgabe unsers Blatts noch eine Weile angestanden haben, wenn wir es nicht für Pflicht gehalten hätten, unser Versprechen in Ansehung des einmal bestimmten Zeitpunkts zu erfüllen. Diese Gefälligkeit gegen unsere Leser wird uns leicht eine andere von ihrer Seite erwerben können, daß sie es nämlich im Anfange gütigst übersehen, wenn unserm Blatte in einem oder dem andern Fache zur Zeit noch etwas abgehen sollte. Zugleich ersuchen wir aber auch alle Freunde der Musik, sie mögen es Amts wegen, oder nur zu ihrem Vergnügen seyn, uns mit einigen zu unserer Absicht dienlichen Nachrichten gütigst zu unterstützen. Wir wollen uns über die Beschaffenheit dieser Nachrichten gleich deutlicher erklären, und wieder zu unserm gedruckten Plane zurückkehren.

Wir haben daselbst gesagt, daß der Inhalt unsers Blatts meistentheils in drey Abtheilungen bestehen solle, von denen die

I. Nachrichten von musikalischen Begebenheiten und berühmten Musikern, die

II. Anzeigen von öffentlich heraus gekommenen Schriften und Sachen, und endlich die

III. Theo-

III. Theoretisch-practische Anmerkungen über verschiedene musikalische Materien enthalten wird.

Unter den **Nachrichten von musikalischen Begebenheiten** verstehen wir alles, was die musikalischen Schaubühnen, die Capellen an Höfen, die Kirchen-Music, und die öffentlichen musikalischen Gesellschaften, oder sogenannte Concerte in großen Städten angehet. Wir haben uns demnach vorgesetzt, die jedes Orts aufgeführten Opern und Intermezzi bekannt zu machen, den Namen des Dichters und Componisten, ingleichen der Sänger und Sängerinnen dabey anzuzeigen, auch von dem poetischen Inhalte derselben, wenn es ein neues und nicht schon bekanntes Stück seyn sollte, einen Auszug zu liefern. Von der Arbeit des Componisten Rechenschaft zu geben, möchte uns wohl so leicht nicht möglich seyn, weil wir nicht zeitig genung, oder auch wohl gar nicht das Glück haben möchten, sie zu Gesicht zu bekommen. Wir werden aber doch zu erfahren suchen, was für eine Art von Beyfall dieselbe erhalten habe, oder wie oft sie auf dem Schauplatze sey wiederholt worden. Außerdem würde auch unser Urtheil nur auf die äußerliche Gestalt und Einrichtung, oder auf eine bloße Anzeige des darinne hervorstechenden gehen, weil wir uns über Sachen, die nur in einigen Abschriften bekannt werden, nicht das Recht anmaßen können, das ein jeder über solche Werke hat, die der Welt öffentlich durch den Druck vorgelegt werden. Desto angenehmer aber wird es uns seyn, wenn wir von berühmten Componisten, und Virtuosen im Gesange sowohl als auf Instrumenten einige nähere Umstände von ihrer Lebensgeschichte werden vorlegen können. Wir ersuchen sie demnach mit wahrer Achtung, die wir vor ihnen haben, uns entweder selbst mit Aufsätzen von dieser Art zu beehren, oder durch einen ihrer Freunde damit beehren zu lassen. Wir werden uns ein Vergnügen machen, sie unsern Blättern unverändert einzuverleiben. Mit Anzeigung solenner Musiken an den Höfen oder in den Kirchen wollen wir uns ebenfalls in keiner andern Absicht beschäfftigen, als den Fleiß geschickter Meister auch in diesen beyden Fächern der musikalischen Schreibart zu rühmen, und ihn von einer Art von Vergessenheit oder beynahe Verachtung zu retten, zu welchem er ohne sein Verschulden verdammt zu seyn scheint, da ihm die öfters weit leichtere Arbeit der Opernbühne überall den Vorzug streitig machen will. Die musikalischen Gesellschaften in Städten verdienen allerdings auch ihrer Gestalt und Einrichtung nach erwähnt zu werden, da sie meistentheils Pflanzschulen der Music sind, oder wenigstens seyn sollten. Was wir in Ansehung einzelner der Musik gewidmeten Personen zu leisten gedenken, haben wir schon gesagt. Es kommt nun noch auf ganze Gesellschaften, oder die sogenannten Capellen an. Herr **Marpurg** hat in seinen Beyträgen schon verschiedene eingerückt, und wir haben uns vorgesetzt, die allda noch fehlenden in unsern Blättern beyzubringen; bey denen daselbst schon befindlichen, die seitdem vorgegangenen Veränderungen anzuzeigen, und endlich die gegenwärtige Beschaffenheit derselben vor Augen zu legen. Wir hoffen, daß Herr **Marpurg**, den wir sehr ungern die musikalische Sphäre verlassen sahen, erlauben werde, uns bisweilen auf ihn zu berufen, den Leser auf seine nützlichen und angenehmen Schriften zu verweisen, oder wenn wir es nöthig haben, einen kleinen Umstand, mit getreuer Anzeige seines Nahmens, aus denselben zu wiederholen. Was wir von den Vacanzen musikalischer Aemter und Stellen oder deren ferneren Besetzung gesagt haben, halten wir, wo nicht für alle Leser, doch wenigstens für einige, für interessant. Man bedenke dabey, wenn es bisweilen kleine Aemter betreffen sollte, daß man hier nicht allemal nach der Größe des Titels urtheilen müsse; der Nutzen, der dem gemeinen Wesen aus der tüchtigen Besetzung eines in gewissem Verstande unansehnlichen und geringen Amtes zuwächst, ist öfters sehr groß, und gar wohl werth in einem Blatte erwähnt zu werden, das mehr als einer Classe von Lesern brauchbar gemacht werden soll. Wir hoffen auf gleiche Weise auch noch einigen im verborgenen lebenden Genies, die sich in der Composition auf eine oder die andere Weise gern bekannt machen wollten, und die entweder ihre Arbeiten in Abschriften oder durch den Druck gemein zu machen Lust haben, nützlich zu werden; indem wir nicht ermangeln würden, eine Nachricht davon, wie sie uns dieselbe einzusenden belieben möchten, in unsern Blättern bekannt zu machen, um ihnen vielleicht einen Verleger oder andere Liebhaber zu verschaffen. Ueberhaupt alle Arten von Anfragen oder Anmerkungen, die das Wesen der Musik angehen, wollen wir mit Vergnügen uns zuschicken sehen, und unsern Blättern einverleiben.

Wir

Wir kommen nun zum zweyten Puncte, oder zu den **Anzeigen von öffentlich herausgekommenen Schriften und Sachen.** Wir müssen hier sogleich eine Anmerkung voraus schicken, wodurch wir uns bey den Lesern wenigstens das Vertrauen der Zuverläßigkeit zu erwerben hoffen. So entfernt und ausländisch auch die Sachen seyn mögen, wollen wir uns doch befleißigen, allemal ein Exemplar vor Augen zu haben, wenn wir eine Nachricht davon geben wollen; so daß wir uns nicht mit fremden Federn schmücken, das ist, mit entlehnten Urtheilen aus Journalen und Zeitungen behelfen wollen. Wir können diesen Vortheil um so viel bequemer haben, da uns dabey die Musikhandlung des Herrn **Breitkopfs** mit den benöthigten Hülfsmitteln an die Hand gehet; wie wir denn auch im Voraus den Liebhabern bekannt machen wollen, daß sie alle von uns angezeigte Sachen in besagter Handlung haben können. Aber der Ton dieser Recensionen? Ja, der wird uns freylich bisweilen in Verlegenheit setzen. Sollen wir critisiren? Wenn nun einer oder der andere für sein Genie, für seinen Geschmack, für seine Meynungen zu sehr eingenommen ist? Wenn nun critisiren und verläumden bey vielen für einerley gehalten wird? Wenn nun vieles in der Musik noch nicht genung bestimmt, noch sehr willkührlich ist? Ja, da ist es freylich besser den kritischen Ton nicht anzunehmen, um sich keinen Proceß über den Hals zu ziehen, oder um sich nicht die Mine eines Dictators in der Musik zu geben. Beynahe reuet es uns, daß wir in dem gedruckten Plane gesagt haben, wir wollten unser Urtheil über die herausgekommenen Werke sagen. Wenn wir es nun bey einer bloß historischen Anzeige des Inhalts, und der äußerlichen Einrichtung bewenden ließen? würden wir dadurch nicht der Absicht unseres bloß historischen Blattes näher kommen? würden wir nicht mehr für alle Leser seyn, und besonders auch die noch bey guter Laune erhalten, welche keinen andern kritischen Richterstuhl erkennen wollen, als ihre Ohren, und denen die Sprache der musikalischen Critik so fremd ist, als einem Siberier ein französisches Compliment? die Wahrheit würde uns doch wohl bisweilen ein Geständniß abnöthigen; wir würden uns doch wohl bisweilen in der Entzückung ein Bravo! entfahren lassen, oder in einer etwas krummen Zeile verrathen, daß wir über den vorhabenden Autor öfters den Kopf geschüttelt hätten. Was uns aber auch

 auf

auf dieser Seite für gewisse Leser zu fehlen scheinen möchte, wollen wir abermahls für gewisse Leser auf einer andern Seite zu ersetzen suchen. Es ist gewiß, daß hier und da bey uns die ausländischen Sachen, so wie die unsrigen an etwas entfernten Orten wenig oder gar nicht bekannt werden. Es scheint uns in der That auch für die Neugier der Liebhaber nicht genug zu seyn, wenn wir ihnen etwan einen unbekannten Componisten, mit einem Paquet seiner Arbeiten unter dem Arme, bloß dem Namen nach bekannt machen. Wir könnten ihnen zwar wohl noch sagen, daß wir Gelegenheit gehabt hätten hinein zu gucken, und daß wir allerhand artige Dinge darinne gefunden hätten. Wenn sie uns nun aber dagegen sagten: Ey, könnten wir nicht etwas zur Probe davon hören? Wäre es alsdenn nicht unsere Schuldigkeit dem Autor ein kleines artiges Stück zu entwenden, und den Liebhabern als eine Probe vorzulegen? Und das ist es, was wir nicht nur bisweilen, sondern beynahe in allen unsern Blättern thun wollen. Sie erhalten dadurch die Gestalt einer Sammlung von auserlesenen kleinen Clavier- oder Singstücken von sehr verschiedenen Meistern, an denen vielleicht dem einen Theile der Liebhaber mehr gelegen ist, als an allen Nachrichten, Anzeigen, Recensionen u. s. w. Wenn aber die Composition eines Mannes schlecht ist? da wird man keine Probe von ihm zu hören begehren, und wir werden auch keine vorlegen. Die Anzeige und Bekanntmachung mechanischer Kunstwerke, die zur Musik gehören, das ist, Orgeln, Pianoforte, Clavecins, Claviere u. d. g. wird meistentheils auf eingeschickten Nachrichten beruhen, und wir geben einem jeden geschickten Manne, oder einem andern der davon Wissenschaft hat, die Freyheit, dergleichen an die Verfasser der musikalischen Nachrichten einzusenden. Auch kurze Lebensbeschreibungen von geschickten Künstlern in diesem Fache werden wir in unserm Blatte nicht für überflüßig ansehen.

Daß wir eigene bloß die Musik betreffende Schriften und Abhandlungen nicht mit Stillschweigen übergehen werden, haben wir entweder schon gesagt, oder versteht sich von selbst. Von der Art aber, wie wir damit verfahren werden, wollen wir nochmals wiederholen, daß wir uns in keine Streitigkeiten oder Widerlegungen einlassen, sondern bloß getreue und ausführliche Auszüge

züge liefern werden, um die Meynung eines jeden Verfassers deutlich an den Tag zu legen. Kleine Bedenklichkeiten, die wir etwan bisweilen bey einem oder dem andern Punkte äußern möchten, werden hoffentlich einen Verfasser eben so wenig beleidigen, als wenn wir von der Arbeit eines Componisten, einigen Liebhabern zu gefallen, sagen, ob sie in der Ausführung schwer oder leicht, ernsthaft oder galant u. s. w. ist. Kurz, wir werden uns bey allen unsern Anzeigen und Beurtheilungen an die Stelle der Liebhaber setzen, und grade so viel von einer Sache sagen, als sie nothwendig wissen müssen, wenn sie sich entschließen wollen, sich näher damit bekannt zu machen, oder weiter nicht darnach zu fragen. Es kommen auch in andern Büchern, welche die Musik eigentlich nicht zum Gegenstande haben öfters Abhandlungen, Anmerkungen und Anecdoten vor, die denen insgemein verborgen bleiben, die doch gern davon gewußt hätten: wir werden daher dergleichen versteckte Aufsätze ordentlich mit anführen, und dem Inhalte nach vorstellen, ohne uns den übrigen Inhalt des Buchs, der nicht in unser Fach gehört, etwas angehen zu lassen. Sollten dergleichen kleine Aufsätze sich bisweilen in Büchern in einer fremden Sprache befinden, wollen wir sie auch wohl, wenn sie wichtig sind, ganz in unsern Blättern übersetzen. Wir vermuthen auch, daß es manchem in einer musikalischen Bedienung stehenden Manne, oder auch manchem denkenden Liebhaber nicht an Gelegenheiten fehlen werde, mancherley Anmerkungen über diese oder jene musikalische Materie, über den Geschmack in derselben, über gewisse Arten des Vortrags u. d. g. zu machen: wollte man sich nun die kleine Mühe nehmen sie bisweilen aufzuschreiben, und uns zur Einrückung übersenden, so würde man nicht nur uns, sondern überhaupt den lesenden und denkenden Theil des musikalischen Publici ungemein verbinden. Dieses gehört eigentlich zur dritten Abtheilung unsers Blatts, welche wir zu allerhand **theoretisch-practischen interessanten Anmerkungen** bestimmt haben. Daß diese Anmerkungen keine ausführliche Abhandlungen seyn werden, und auch nicht seyn dürfen, versteht sich ohnedem. Wir wollen uns freuen, wenn wir bisweilen in sechs oder acht Zeilen so viel sagen können, als ein anderer in einer ganzen Abhandlung sagt.

Wir

Wir wiederholen unsere Bitte, daß man uns in den ersten Stücken ein gewisses Mangelhaftes, wegen zur Zeit noch fehlender Nachrichten, zu gute halten wolle, zugleich aber ersuchen wir nochmals die verehrungswürdigen und geschickten Männer, an die wir uns theils schon gewandt haben, theils noch wenden dürften, daß sie uns bald mit ihren Antworten beehren, und künftig zu einer Sache gütigst die Hand bieten wollen, die der Musik, wenn wir uns schmeicheln dürfen, zum Vortheil gereicht, wozu uns der Beyfall der Kenner und Liebhaber bisher sehr aufgemuntert hat, und wofür wir ihnen unsere Erkenntlichkeit zu bezeugen nie ermangeln werden. Zur Erleichterung der Correspondenz ersuchen wir hier die Freunde, die uns mit Zuschriften beehren wollen, daß sie den Brief unter der Addresse

An die Churfürstl. Sächsische Zeitungsexpedition zu Leipzig

unfrankirt laufen lassen. Von einem entfernten Orte her, wo man den Brief bis auf eine gewisse Station bezahlen müßte, sind wir erbötig das verlegte Porto wieder zu vergüten.

Dieses Blatt wird alle Montage in der Zeitungsexpedition allhier ausgegeben, und ist wöchentlich auf allen Postämtern inn- und ausserhalb Sachsen gegen vierteljährige Pränumeration zu haben.

Wöchentliche
Nachrichten und Anmerkungen
die Musik betreffend.

Zweytes Stück.

Leipzig den 8ten Julius 1766.

Talestri, Regina delle Amazzoni, Dramma per Musica di E. T. P. A.

Talestris, Königinn der Amazonen, ein Singspiel.

In der That können wir uns zum Anfange unserer musikalischen Wochenschrifft mit keinem würdigern Gegenstande beschäfftigen, als mit diesem auf alle Weise merkwürdigen Werke, das einem Trionfo della Fedeltà auf die vollkommenste Weise an die Seite gesetzt werden kann. Wir hoffen die allergnädigste Erlaubniß zu haben, eine Bewunderung öffentlich an den Tag legen zu dürfen, die wir bisher nur in der Stille empfunden haben. Es ist nichts ungewöhnliches, vortreffliche Werke berühmter Meister in der Musik auf der Opernbühne zu sehen: diese Arbeiten sind ihre Hauptbeschäfftigung; es sind Pflichten ihres Amtes, und Ehre und Belohnungen ermuntern sie, alles in der möglichsten Vollkommenheit darzustellen: Aber eine erlauchte Fürstinn, deren einzige Sorgfalt auf die Wohlfarth ihrer länder und Unterthanen gerichtet ist, die nie müde wird, die last der Regierungsgeschäffte tragen zu helfen, und gleichwohl noch ruhige Stunden übrig behält, die sie dem vertrauten Umgange mit den Musen widmet, um unter den lieblingen derselben den ersten Platz zu behaupten, ist eine Seltenheit, deren sich nur unser beglücktes Sachsenland rühmen kann. Wir würden sehr in Verlegenheit seyn, wenn wir unter den großen, mannigfaltigen und verehrungswürdigen Eigenschaften der Durchlauchtigsten Verfasserinn des angezeigten Werks einen Rang bestimmen sollten. Indeß erkühnen wir uns zu sagen, daß unter denselben die vortrefflichste Gabe der Poesie, und die vollkommenste Kunst der Composition nie genug bewundert werden können. Von beyden werden uns hier die überzeugendsten Beweise vorgelegt. Welcher Wohlklang in den Versen! voll von Gedanken, von starken und zärtlichen Empfindungen, von edlen und wohlgewählten Bildern, machen sie überall auf das Herz der Leser den lebhaftesten, den angenehmsten Eindruck. Man muß sie um so viel höher schätzen, je weniger sie Copien von andern, sondern selbst originelle Nachahmungen der schönen Natur sind. Und diese poetischen Schönheiten in Töne gekleidet, in die auserlesensten meisterhaftesten Töne, was für eine Wirkung sind sie alsdann zu thun nicht erst fähig! Wir reden die Sprache der aufrichtigsten Bewunderung; denn wir sind eben so wenig gezwungen Schmeichler zu seyn, als es uns frey gestanden hätte, das Zeugniß davon den Augen der Welt nicht vorzulegen, wenn wir befürchtet hätten, daß die Aufrichtigkeit darunter leiden müßte. Wir wissen auch mehr als zu wohl, und unsere Leser wissen es gleichfalls, wie wenig die erhabene Verfasserinn eines Lobes bedürfe. Wir berufen uns daher kühn auf das Urtheil eines jeden Kenners, der das Glück hat die vortreffliche Arbeit unserer Durchlauchtigsten Churfürstinn zu besitzen; es wird dasselbe mit dem unsrigen in allen Stücken übereinstimmig seyn, wenn man auch auf einen Augenblick den hohen Rang der erhabenen Verfasserinn vergessen wollte. Guter Gesang, der weder ins Schwülstige und Gesuchte, noch ins Platte und Gemeine fällt, der überall den Worten angemessen und ausdrückend ist; reine und wohlgeführte Harmonien, auf deren Grund überall die künstlichsten Bindungen, die feinsten Nachahmungen, die zierlichsten Brechungen, in den begleitenden Stimmen gebauet sind; eine glückliche Abwechselung der Instrumente, der Ton- und Tactarten, ingleichen der Bewegungen; kurz ein Reichthum von Erfindung, von Arbeit und Ueberlegung herrscht durch das ganze Werk, welches zu allen Zeiten ein Muster der ächten und besten Singcomposition bleiben wird, so wie der Text die vollkommenste Art eines musikalischen Gedichts vor Augen legt. Wie gern möchten wir unsern Lesern, welche dieses vortreffliche Werk unserer theuersten Churfürstinn nicht besitzen, ein vorzügliches Stück zur Probe vorlegen; da uns aber der Raum unsers

Blatts

Blatts zu sehr einschränkt, so wählen wir indeß nur das kleinste Stück in Ansehung, so vieler andern; der feurig-angenehmen Sinfonie, der theils prächtigen, theils zärtlichen Arien, deren an der Zahl ein und zwanzig sind, von denen die letzte im zweyten Act ein Duet ist, und wozu noch sechs Recitative mit der ausgesuchtesten und nachdrücklichsten Begleitung der Instrumente, ingleichen drey Chöre zu rechnen sind. Auch der simple Recitativstyl ist durchaus dem guten Geschmacke, und der wahren Natur dieser Schreibart gemäß, weder zu monotonisch noch zu melodisch; und mit welcher Sorgfalt und Genauigkeit sind die Fragen und Ausrufungen von dem gemeinen recitirenden Ausdrucke unterschieden! Aber konnte man wohl etwas anderes vermuthen, da die erhabene Verfasserinn des Gesanges selbst Schöpferinn ihrer Poesie war? Ein Vorzug, den sie gewiß vor allen berühmten Meistern in der Composition voraus hat. Wir würden uns nicht enthalten können ausführlicher davon zu reden, wenn wir nicht in Gefahr wären die Grenzen einer kurzen Anzeige zu weit zu überschreiten, und wenn wir uns nicht mehr mit der musikalischen Beschaffenheit eines Stücks als mit der poetischen Gestalt desselben zu beschäfftigen vorgenommen hätten. Wir überlassen es demnach einem jeden Empfindungsvollen Leser die Schönheiten dieses unverbesserlichen Singgedichts aus der Quelle selbst zu schöpfen, und sich mit uns in Entzückung hinreißen zu lassen.

Nil oriturum alias, nil ortum tale fatentes.

Der Druck der vollständigen Partitur ist in der Breitkopfischen Officin auf eine der Würde des Werks gemäße Art veranstaltet worden. Sie bestehet aus drey Theilen oder Acten, von denen der erste neun und zwanzig Bogen, ohne das artige Titelblatt, der zweyte drey und zwanzig, und der dritte sieben und zwanzig Bogen in groß Folio beträgt. Die von denen Herrn Bibiena und Müller dazu erfundenen, und vom Herrn Zucchi gestochenen schönen Kupfer sind eine anständige Vermehrung der äußerlichen Pracht dieses vortrefflichen Werks. Außer dem Titelkupfer und dem Brustbilde der Durchlauchtigsten Verfasserinn sind es noch sieben Stück, welche die Verwandlungen des Theaters vorstellen. Das Exemplar mit Kupfern kostet 10. Rthl. ohne Kupfer aber drey Ducaten.

Marcia nell' Opera Taleſtri.

 Erläute-

Erläuterung der betrüglichen Tonordnung, nämlich das versprochene vierte Capitel. Abermal durchaus mit musikalischen Exempeln abgefaßt, und Gesprächweise vorgetragen von Joseph Riepel, Sr. Durchl. des Fürsten von Thurn und Taxis Kammermusicus. Augspurg, 1765. 1 Alph. 5 B. in Folio.

Der Herr Verfasser ist aus den drey vorhergegangenen Capiteln a) zur Gnüge bekannt. Es hat ihm gefallen seinen Vortrag, so wie der berühmte Capellmeister Fux, gesprächsweise abzufassen. Diese Art des Vortrags, wenn sie bloß in Fragen und Antworten besteht, ist vielen Lesern nicht sehr angenehm, und in der That haben auch diese Bücher öfters das Fehlerhafte, daß die Fragen sehr lang und die Antworten sehr kurz sind, oder daß man in der Antwort das noch einmal lieset, was man in der Frage schon gelesen hatte. Diesen Fehler aber hat der Vortrag des Herrn Verfassers nicht; es sind wahre Gespräche, in welchen man auf das, was der Schüler sagt eben so aufmerksam ist, als auf das, was der Lehrmeister hinzu setzt. Es ist kein Zweifel, daß eine solche Art der Unterredung mehr Lebhaftes und Unterhaltendes in eine Sache bringe; und wenn man noch die kleinen Ausschweifungen, auf welche die beyden Schwätzer von Zeit zu Zeit gerathen, und den eigenen Humor des Verfassers dazu nimmt, so kann man sich sicher überzeugen, daß kein Leser, auch bey den tiefsinnigsten und schwersten musikalischen Betrachtungen verdrießlich werden oder einschlafen werde. Ja man wird dem Verfasser in Ansehung dessen, und des vielen Guten wegen, das in seinen Schriften enthalten ist, eine kleine Abweichung von der reinen deutschen Schreibart, oder einen gewissen Provinzialdialect gern erlauben. Eine ängstliche systematische Ordnung muß man hier eben so wenig suchen, als es Herr Riepel für nöthig gehalten hat, seinen Lehrling in die Schule der musikalischen Rechenmeister, die er Zirkelharmonisten nennt, zu führen. Um diesen seinen Schüler oder vielmehr seine Leser nicht zu ermüden, kommt er sehr oft von

a) Das erste handelt von der Rhythmopoeïa oder Tactordnung, und ist im Jahr 1754, die zweyte Auflage davon heraus gekommen. Das zweyte, von der Tonordnung überhaupt erschien im Jahr 1755. und das dritte von der Tonordnung insbesondere, im Jahr 1757.

von einer Materie auf eine andere, die in einem andern Buche um viele Capitel weit auseinander entfernt seyn würden, und die der Leser hier doch allemal am rechten Orte zu finden glaubt. Kurz, alles ist unterrichtend; alles zeigt von den Einsichten eines Mannes, der in das Wesentliche seiner Kunst sehr tief eindringt. Und obgleich noch nicht alles, was in der Composition bisher ziemlich unbestimmt gewesen ist, durch die Bemühungen des Herrn Verfassers, der sich, wie er an verschiedenen Orten sagt, zu keinem Gesetzgeber aufwerfen will, völlig in Regel gebracht ist, so haben wir es ihm doch zu danken, daß wir in vielen dergleichen Dingen, als z. E. in der Lehre vom Rhythmus, vom Metro, von den Abschnitten, uns schon besser zurecht zu finden wissen. Er gehet zwar in einem und dem andern Puncte von den Meynungen anderer berühmter Männer etwas ab: allein einem untersuchenden Musikliebhaber kann es nichts weniger als unangenehm seyn, verschiedene Meynungen gegen einander zu halten, und die beste daraus zu wählen, oder zu sehen, wie sie am Ende doch alle auf eins hinaus laufen. Dürften wir über eins oder das andere bey unserm Herrn Verfasser unsere Meynung sagen, so würden wir z. E. seine im zweyten Theile S. 25. u. f. vorgetragene Verwechselungskunst zwar nicht für ganz überflüßig erklären; aber doch einem angehenden Componisten nicht gern rathen sich darauf als auf ein bequemes Mittel der Erfindung zu verlassen. Vielleicht ist sie, einige neue Figuren oder Passagien heraus zu bringen, noch eher brauchbar, wovon man im vierten Theile S. 101. nachsehen kann. Herr Bach und Herr **Kirnberger** in Berlin haben ebenfalls durch Hülfe derselben ein paar artige musikalische Kunststücke erfunden: der eine, Contrapuncte zu machen; der andere Menuetten und Polonoisen mit Würfeln zu componiren. Man kann davon des Herrn **Marpurgs** musikalische Beyträge im 2ten Stück des 3ten Bandes nachsehen, allwo man auch den arithmethischen Schlüssel findet. Die Zusammengattungskunst im 3ten Theile S. 57. scheint uns in der That interessanter, und man kann nicht läugnen, daß der Herr Verfasser den Gebrauch der daher entstehenden Accorde in Exempeln sehr sinnreich gezeigt habe. Das ist es, was wir von den sehr nützlichen Schriften des Herrn **Riepels** überhaupt in der Kürze zu sagen für nöthig erachtet haben. Wer sie besitzt, weiß ohnedem, das weit mehr gutes darinne enthalten ist, als uns hier der Raum anzuführen gestatten würde.

Das übrige folgt künftig.

Wir

Verzeichniß derer in vorigem Jahre in Italien aufgeführten Singspiele.

Zu Bergamo.

Zwey scherzhafte Singspiele: Il Rè alla caccia vom Galuppi, und l'isola disabitata vom Joseph Scarlatti.

Zu Brescia.

Drey scherzhafte Stücke, wovon wir aber nur eins zu nennen wissen, nämlich il Rè alla caccia wie oben.

Zu Como.

Gleichfalls drey Scherzhafte: il Filosofo in campagna vom Galuppi; la nuova Arcadia von eben demselben; das dritte wissen wir nicht.

Zu Crema.

Zwey scherzhafte Singspiele: la calamita de'cuori und l'Egiziana, wovon die Componisten nicht genennet sind.

Zu Cremona.

Zwey scherzhafte: le contadine bizzarre vom Piccini, das zweyte ist nicht genannt.

Zu Ferrara.

Zwo ernsthafte Opern: il Demofonte vom Perrucci, und l'Artaserse vom Hasse.

Zu Florenz.

Il Ciro riconosciuto, der Componist ist nicht genennt.

Zu Genua.

Zwey ernsthafte Singespiele: il Solimano vom Joseph Cola, und la Didone von verschiedenen Meistern.

Zu Livorno.

Zwey ernsthafte Stücke: l'Antigono vom Zannetti, und il Siroe von verschiedenen Verfassern.

Zu Lodi.

Zwo ernsthafte Opern: la Nitteti vom Hasse, und l'Artaserse von eben demselben.

Die übrigen sollen im nächsten Stücke folgen.

Wöchentliche

Nachrichten und Anmerkungen

die Musik betreffend.

Drittes Stück.

Leipzig den 15ten Julius 1766.

Fortsetzung:

Der erläuterten betrüglichen Tonordnung des Herrn Riepels.

Wir wollen nun noch eins und das andere vom vierten Theile anmerken. Gleich am Anfange wird von den nunmehro ziemlich veralteten Septimengängen gehandelt, und gezeigt, wie ein Componist dieselben entbehren könne. Auf der vierten Seite ist ein aus lauter gebundenen Sätzen und betrüglichen Tonwendungen bestehendes a) Präludium von Frescobaldi b) in vier Stimmen zergliedert vorgelegt, worüber der Herr Verfasser allerhand nützliche Anmerkungen macht. S. 13. wird etwas aus den vorigen Capiteln wiederholt, und gezeigt, wie man ein paar kurze Absätze neben einander, von denen der letzte entweder einen Ton höher oder tiefer steht als der erste, sonst aber im Gesange einander völlig ähnlich sind, unähnlich machen oder gar abän-

a) Man wird finden, daß es in die Zeiten gehöre, da die Regel galt: Harmonia est domina: die Harmonie muß herrschen.

b) Frescobaldi war von Ferrara gebürtig, und vor ohngefähr 130 Jahren Organist an der Peterskirche zu Rom. Ein gewisser italienischer Schriftsteller nennet ihn il Mostro de suoi tempi. Das Wunder seiner Zeit.

C

abändern könne. Man nennt ein paar solcher Absätze insgemein Schusterflecke, und schon lange haben vernünftige Componisten den Gebrauch derselben zu vermeiden gesucht, weil sie zu alltäglich klingen, und höchstens in einem Liede der singenden Muse an der Pleiße einige Figur machen. Auf der 33ten Seite kommen Anmerkungen zum Adagio vor, wobey außer den verschiedenen Tonführungen, dem Componisten besonders die Kürze empfohlen wird. S. 41. wird eine Solostimme von einem Concert vorgelegt, worinne die Modulation eben so seltsam ist als das rhytmische Verhältniß. Dieses Stück kann nicht alt seyn. Von der 44ten Seite an wird von einigen abweichenden oder fremden Auflösungen der None, Quarte, Secunde und Septime, auch von den Bindungen und Anticipationen gehandelt. Von S. 60-63. finden wir einige gute Anmerkungen über den bekannten lateinischen Tractat des Capellmeister Fux, und die Uebersetzung desselben; sogar werden hier ein paar Notenexempel beygebracht, die dort, vermuthlich aus Versehen, ausgelassen sind. Fast überall kommen bey unserm Verfasser Anmerkungen oder Verbesserungen des sehr nützlichen fuxischen Werkes vor. Was von S. 64. an gesagt wird, ist eine weitere Ausführung der im dritten Theile S. 57. schon gedachten Zusammengattungskunst, wodurch man in den Stand gesetzt wird, alle in der Welt mögliche Accorde zu finden; von denen freylich nicht alle, besonders unter den vierstimmigen, brauchbar sind, wie denn der Autor schon im dritten Theile von einigen solchen Accorden sagt, daß sie wie vierstimmiges Katzengeschrey klängen. S. 71. kommt etwas von der Verwechselung der Resolution bey Dissonanzen vor; vermuthlich wird der Herr Verfasser künftig davon etwas weitläuftiger handeln. Von der folgenden Seite an werden verschiedene harmonische Sätze über den Gebrauch der Quarte beygebracht, und daraus erwiesen, daß sie keine Consonanz, sondern eine Dissonanz sey. S. 77. wird von dem Unterschiede der mancherley Tactarten und deren rechten Gebrauche gehandelt; eine Wissenschaft, die manchem neuern Componisten noch zu fehlen scheint, der bald das 𝄵 mit dem 𝄴, und dieses mit jenem verwechselt, oder in Dreyachtel hinschreibt, was in Sechsachtel stehen sollte. Von Seite 80 bis ans Ende ist die Materie von den Cadenzen, oder willkührlichen Auszierungen, die ein Sänger oder Spieler am Ende eines musikalischen Stücks macht, abgehandelt. Wir haben noch nirgends diese Materie so ausführlich erörtert gefunden, und empfehlen sie allen denen zur fleißigen Betrachtung, welche in die Nothwendigkeit gesetzt sind, die Ohren der Zuhörer bisweilen mit diesem melodischen Nichts zu füllen. Sollten die Muster des Herrn Riepels einigen

dieser

dieser Herrn noch nicht bund genung aussehen; so werden sie es ihm doch danken können, daß er eine Sache, wovon öfters kein Mensch weis, was sie sagt oder sagen soll, auf vernünftige Regeln der Wiederholung und Nachahmung zu gründen sucht, um sie nicht bloß ein Werk des Ohngefährs seyn zu lassen. Es werden hier nicht bloß die einfachen, sondern auch die Doppelcadenzen für zwey Instrumente oder Singstimmen abgehandelt. Und da es hier vielleicht der Ort ist, wo man seinen erfindsamen Geist in neuen Figuren zeigen kann, so darf man nur die vom Herrn Verfasser angepriesene Verwechselungskunst zu Hilfe nehmen, und sehen was man heraus bringt, wenn man es so macht, wie auf der 101 Seite mit den sechs Noten  geschehen ist. Wir wünschen, daß der Herr Verfasser in seinen Bemühungen nicht müde werden möge; die musikalische Welt weis es ihm gewiß Dank, wenn er so fortfährt, sie mit neuen Einsichten zu bereichern, und ihr die Geheimnisse der Tonkunst aufzuschließen. Wir freuen uns im Voraus auf seine Abhandlung über den Contrapunkt und den Fugenstyl. Noch eine lustige Anecdote lese man auf der 102ten Seite nach. Dieser vierte Theil kostet 20 gl.

Sei Sinfonie à due Violini, Violetta e Basso, due Oboi, due Flauti, e due Corni di Caccia, composte da Giovanni Guglielmo Hertel.

Der Herr Verfasser dieser sechs Sinfonien, die dem regierenden Herzoge von Mecklenburg-Strelitz zugeeignet sind, stehet als Hof-Componist am Mecklenburg-Schwerinischen Hofe in Diensten, und ist uns nicht allein durch einige Clavierarbeiten, Violinconcerte, und zwey Theile deutscher Oden, die gedruckt sind, sondern auch durch die Sammlung musikalischer Schriften, wovon zwey Stück heraus gekommen, zu seinem Ruhme bekannt geworden. Es ist in der That zu bedauern, daß diese Sammlung nicht fortgesetzt worden ist. Die darinne vorkommenden Materien sind für alle Leser, sind aus guten Büchern mit Geschmack gewählt, und in einer reinen und angenehmen Sprache vorgetragen. Außerdem sind auch die zwar kurzen aber sehr gründli-

 chen

chen Anmerkungen des Herrn Löwe über die Oden- und geistliche Cantatenpoesie, als eine deutsche Originalschrift darinne enthalten. Was für mancherley gute Anmerkungen würden wir von dieser beliebten Feder erhalten haben, wenn diese Sammlung nicht wäre unterbrochen worden! Aber auch in diesem Stücke hat der Krieg seinen verderblichen Einfluß gezeigt. Doch bald hätten wir über dem Schriftsteller den Componisten vergessen. Wir kehren zu unsern Sinfonien zurück: Sie sind eins von den ersten Werken, die ein hamburgischer Buchdrucker, Herr Bock, dem Publico liefert, die Noten sind aus der Breitkopfischen Officin, und Hamburg siehet nunmehr das auf seinen Grund und Boden verpflanzt, was bisher nur in Leipzig und Berlin zu einer Art der Vollkommenheit gebracht war. Das Papier ist in der That sehr gut, und es wäre zu wünschen, daß man eben dieses von der Correctur sagen könnte. Diese ist leider sehr schlecht, und wir bedauern den Herrn Hertel, daß ihm seine Sinfonien durch Nachläßigkeit des Correctors so verunstaltet worden sind. Wie viel versetzte Noten! wie viel Viertel für Achtel, und Achtel für Viertel! doch diese Kleinigkeiten wären vielleicht zu übersehen, wenn nur nicht öfters ganze Passagien verhunzt, und ganze Tacte ausgelassen wären. Wir wollen nur ein paar Fehler, die uns ohngefähr aufgestoßen sind, anmerken. Im Basse S. 8. Lin. 4. fehlt nach dem vierten Tacte der Tact  Auf eben der Seite, Lin. 7. fehlt im andern Theile nach der Note fis im dritten Tacte, ein Tact Pause. In der ersten Violin, S. 12. Lin. 7, müssen im zweyten Tacte die ersten Noten heißen  Ein ausführliches Verzeichniß der Druckfehler wäre bey diesen Sinfonien nicht überflüßig. Die Arbeit des Componisten wird dagegen den Liebhabern gewiß gefallen; unter der großen Menge von Stücken dieser Art, die von großen und kleinen Meistern häufig zum Vorscheine kommen, (denn wo wäre wohl ein Componist, der nicht wenigstens ein paar Sinfonien in die Welt hätte laufen lassen?) verdienen diese auf die Seite der guten gelegt zu werden, wenn auch ein forschendes Auge hin und wieder einige Kleinigkeiten bemerken sollte, die nicht mit der größten Sorgfalt ins Reine gebracht wären.

Wir wollen den Herr Verfasser keiner rhythmischen Unrichtigkeiten beschuldigen; vielmehr glauben wir, daß er mit gutem Vorbedacht hin und wieder eine glückliche Vermischung anzubringen gesucht habe, wie man unter

andern

andern im Larghetto der ersten Sinfonie sehen kann. Den Anfang der sechsten Sinfonie aber wünschten wir, sowohl dem Rhythmus als auch dem Metro zu gefallen, etwas anders eingerichtet zu sehen. Es scheinen uns im ersten Tacte ein paar Viertel überflüßig. Könnte anstatt

nicht besser gesetzt werden:

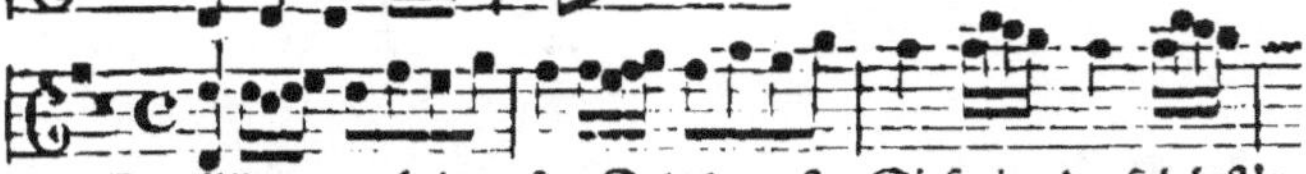

Es gefällt uns auch im ersten Satze der ersten Sinfonie, der sich beständig auf einerley Art bewegende Baß nicht. Diese fortwährenden Terziensprünge übertäuben das Gehör mehr, als sie dasselbe füllen. Wenn sie bisweilen unvermuthet eingeführt, und mit andern Intervallen abgewechselt werden, thun sie eine sehr gute Wirkung. Sonst sind die ersten Sätze alle prächtig und feurig, doch so, daß das Rauschende derselben bisweilen durch einige sanftere melodische Nüancen unterbrochen wird. Die mittlern Sätze sind gefällig und ausdrückend, auch nicht leer von allerhand glücklichen Nachahmungen. Der Herr Verfasser wird es hoffentlich nicht übel nehmen, wenn wir bey Gelegenheit des Andante in der zweyten Sinfonie sagen, daß wir aus einem doppelten Grunde den Sextquartenaccord nicht so gebraucht hätten, wie er dort im 13ten Tacte über c, und weiter unten noch einmal über A stehet: einmal gehören die Noten c und A als Schlußnoten zum vorigen Tacte, und verlangen über sich den harmonischen Dreyklang; siehet man diese Noten aber als die ersten vom folgenden Rhythmus an, so sollten sie wohl anders heißen, weil man eine Melodie nicht mit dem Sextquartenaccorde anzufangen pflegt. Die letzten Sätze sind eine Probe von der scherzhaften Muse des Herrn Hofcomponisten; daß sie alle im $\frac{3}{8}$ Tacte sind, so wie alle ersten Sätze den $\frac{3}{4}$ Tact haben, ist wohl nur zufälliger Weise, ohne daß wir deswegen glauben, der Herr Verfasser hielte keine andere Tactarten an diesen Stellen für bequem.

Wir wollen das letzte Allegro der zweyten Sinfonie hier beyfügen; ein paar Kleinigkeiten ändern wir mit Erlaubniß des Herrn Verfassers, und überlassen ihm den Ausspruch ob wir Recht haben. Zu Anfange des zweyten Theils sind einige Tacte aus der Hauptmelodie sehr glücklich im Basse angebracht. Diese Sinfonien sind bey Herr Breitkopf, bey Herr Hilschern, und in allen Buchläden zu haben für 3 Rthl. 8 gl.

C 3 Allegro.

Allegro.

Fortsetzung:

Der im vorigen Jahre in Italien aufgeführten Singspiele.

Zu Mantua.

Zwey scherzhafte: l'Amante di tutte vom Galuppi, und le contadine bizzarre vom Piccini.

Zu Meiland.

Zwey ernsthafte: il Siroe vom Guglielmi, und il Cajo Mario vom Scolari.

Zu Modena.

Zwey scherzhafte: Il nuovo Orlando vom Piccini, und Madama l'umorista von verschiedenen Autoren.

Zu Monaco.

la Semiramide vom Bernasconi.

Zu Neapel.

Catone in Utica von einem unbekannten Verfasser.

Zu Novara.

Drey scherzhafte: l'Amore in Musica vom Boroni; l'Astrologa vom Piccini; le Pescatrici vom Bertoni.

Zu Parma.

Zwey scherzhafte: la buona figliola maritata, und la schiava riconosciuta, beyde vom Piccini.

Zu Pavia.

Zwey ernsthafte: la Sofonisba vom Boroni, und l'Alessandro severo vom Sacchini.

Zu Pisa.

Arianna e Teseo von einem Ungenannten.

Die übrigen sollen im nächsten Stücke folgen.

Am 6ten Julius starb nach verrichtetem Frühgottesdienste an einem Schlagflusse Herr Johann Gottlieb Göpfert Cantor und Musikdirector an der Stiftscapelle zu Wersenstein bey Dreßden. Wir werden von diesem geschickten und nicht unbekannten Manne nächstens einige nähere Umstände beybringen. Er hinterläßt einen einzigen Sohn, der als ein geschickter Violinspieler bekannt ist, und sich allhier in Leipzig aufhält.

Wöchentliche
Nachrichten und Anmerkungen
die Musik betreffend.

Viertes Stück.

Leipzig den 22ten Julius 1766.

Verzeichniß:

Der Churfürstl. Sächsischen Capellmusik zu Dreßden 1766.

Im Jahre 1756 rückte Herr Marpurg im 5ten Stück des 1sten Theils der musikalischen Beyträge ein Verzeichniß davon ein. Da nun in diesen zehn Jahren viel Veränderungen vorgegangen sind, so wollen wir dieselben kurz berühren, wie wir sie in Erfahrung haben bringen können, und sodann die heutige Beschaffenheit dieser berühmten Capelle vor Augen legen.

Der ehemalige Director derselben und Maitre des plaisirs, der Kammerherr Carl Heinrich von Dießkau lebt jetzt auf seinen Gütern bey Leipzig.

Der Kirchencomponist Tobias Butz ist in Dreßden gestorben, ingleichen die Sängerinn Maria Rosa Negri Pavona.

Theresia Albuzzi Todeschini starb zu Prag, als sie im Begriff war nach Warschau zu reisen, und Catharina Pilaja ist zu Meiland verstorben.

Ventura Rocchetti und Giovanni Belli haben beyde ihr Leben zu Neapel beschlossen, so wie Angelo Maria Monticelli zu Dreßden. Herr Bartolomeo Putini aber stehet noch jetzt zu St. Petersburg in Russisch-Kaiserl. Diensten.

Pasqualino Bruscolini hält sich in Italien auf, so wie Dom Biaggio Campagnari zu Prag. Herr Johann Joseph Götzel aber, der Vater des berühmten Flöttraversisten, genießt eine Pension.

Der Altist, Nicolo Pozzi; der vormalige Concertmeister, Francesco Maria Cattaneo; der Traversist, Wenzel Gottfried Dewerdeck; die Oboisten, Christian Wöpst und Joh. Christian Taube; der Violonist, Georg Friedrich Kästner; der Organist, Weber; der Fagottist, Samuel Fritsch, ingleichen Franz Biotto, Carl Morasch, Joh. Goul. Morgenstern, und Joh. Huber sind alle in Dreßden verstorben.

Der Violinist, Herr Christoph Wilhelm Taschenberger ist in Pension gesetzt. Herr Joseph Zicka ist nebst seinem Sohne vor ohngefähr zwey Jahren in königl. preuß. Dienste getreten. Der Flöttraversist Herr Pietro Grassi Florio ist schon seit 1756 von Dreßden weggegangen. Er ist nach der Zeit in Paris und London gewesen. Die jetzige Capell- und Kammermusik zu Dreßden bestehet aus folgenden Personen.

Director.

Herr Friedrich August von König.

Hofpoet.

Herr Giovanni Ambrogio Migliavacca, Legationsrath.

Ober-Kapellmeister.

Herr Johann Adolph Hasse, hält sich mit seiner Frau, der berühmten Sängerinn Faustina mehrentheils in Italien oder Wien auf.

Kirchen-Componisten.

Herr Johann George Schürer.

Herr Domenico Fischietti, aus Neapel, allwo er im Conservatorio die Musik studirt hat; trat am 2ten Julius dieses Jahrs sein Amt mit einer neu verfertigten Misse an, die von Kennern sehr wohl aufgenommen wurde.

Herr Johann Andreas Naumann, von Lockewitz bey Dreßden, wurde vor ohngefehr zwey Jahren in Dienste genommen, und bald darauf wieder nach Italien geschickt, allwo er sich zuvor schon sieben Jahre aufgehalten hatte.

Sänger. (Soprani.)

Madem. Wilhelmine Dennerinn.

Herr Salvatore Pacifico.

Herr Nicolaus Spindler aus Böhmen.

(Alti.)

Herr Domenico Annibali.

Herr Joseph Perrini.

(Tenor.)

Herr Angelo Amorevoli.

Herr Franz Ignaz Seidelmann.

Herr

Herr Ludewig Cornelius, ist ein Schüler des Dom Biaggio, und unterweiset anjetzt die Kapellknaben.

(Bassi.)

Herr Johann David Bahn.
- - Joseph Schuster.
- - Joseph Brandler.

Herr Gabriel Joseph Führig.
- - Johann Ernst Tittel.

Violinisten.

Herr Carl Matthäus Lehneis, Concertmeister, ein Schüler vom Tartini.
- - Lorenzo Carazzi.
- - August Uhlig, Instrumenten-Inspector.
- - Johann George Fickler.
- - Franz Zich
- - François de Francini.
- - Franz Nicolaus Hunt.
- - Johann George Neruda, ein eben so berühmter Componist als Violinspieler.
- - Felice Piccinetti.
- - Friedrich Gottlob Haller.
- - Franz Fiedler.
- - Johann Baptista Hunt, des vorigen Bruder, hat drey Jahr den Unterricht des Tartini genossen.

Herr Johann Heinrich Eisele, hat drey Jahr beym Tartini studirt, und fängt an, sich durch Compositionen bekannt zu machen.
- - Joseph Dieze.
- - Simon Uhlig, des obigen Sohn.
- - Anton Lehneis, des Concertmeisters Sohn.
- - Ludewig Neruda, des obigen Sohn, ist anjetzt zu Paris.
- - Friedrich Baum, ist in Italien bey Tartini.
- - Domenico Bandelo.
- - Johann Christian Dunkel.

Flauttraversisten.

Herr Franz Joseph Götzel.
- - Anton Franz Derable.

Herr Johann Adam Schmidt.

Oboisten.

Herr Anton Besozzi.
- - Carl Besozzi, des vorigen Sohn, ist anjetzt zu Wien.
- - Joh. Christian Fischer, ist zugleich Kammermusicus Sr. königl. Hoheit des Herzogs Carl, und befindet sich jetzt in Italien.

Herr Johann Franz Zinke.

Waldhornisten.

Herr Carl Haudeck.

Herr Anton Joseph Hampel.

Bratschisten.

Herr Joh. Adam. Balletcomponist.

Herr Johann Gottfried Röhr.

Herr Johann David Lange.
- Simon, ehemals Oboist bey der Leibgarde, hat sich durch allerhand kleine Parthien für Oboistenbanden bekannt gemacht.

Violoncellisten.

Herr Joseph Franz Hofmann.
- - Anton Felice Piccinetti, des Violinisten jüngerer Bruder.

Herr Johann George Knechtel.

Fagottisten.

Herr Christian Friedrich Mattstädt.
- - Carl Christian Ritter.

Herr Franz Christlieb.
- - Joh. Gabriel Zelsig.

Contrabassisten.

Herr Joh. Caspar Horn.
- - George Christoph Balch.

Herr Anton Dietrich.

Organisten.

Herr Peter August, hat die Ehre Sr. Churfürstl. Durchlaucht auf dem Claviere zu unterrichten.
- - Christian Gottlob Binder, ein durch eine Menge Clavier- und anderer Sachen bekannter feuriger und angenehmer Componist.

Lautenist.

Herr Joh. Adolph Faustinus Weiß, ein Sohn des berühmten Sylvius Leopold Weiß.

Pensionairs.

Mad. Sophia Wilhelmine Pestelinn.
Herr Joh. Joseph Götzel.
- - Johann Franz Hantke.
- - Joh. Peter Casimir Linke.

Herr Joh. Wilhelm Hugo.
- - Christian Wilh. Taschenberger.
- - Peter Gabriel Büffardin.

Sei Partite per il Clavicembalo, composte da Giorgio Simone Lelei.

Diese auf zehn Bogen in Folio sauber in Kupfer gestochenen Parthien, verdienen auch ihres innerlichen Werthes wegen einer Anpreisung. Der Herr Verfasser, der sich mit seinen musikalischen Talenten allhier in Leipzig, wo er sich aufhält, viel Achtung erworben, hat sich nach der Fähigkeit der meisten Liebhaber dieses Instruments, und vielleicht auch nach dem Geschmacke derselben zu richten gesucht: er hat daher mehr singbar als schwärmend, mehr leicht als schwer

schwer componirt. Eigentlich mag ihn dieser Maaßstab des Geschmackes auch wohl bewogen haben, jede Sonate oder Parthie mit Menuetten, Polonoisen, Gavotten, Rigaudon und dergleichen Tanzstücken zu versehen; doch gehen bey jeder dieser Parthien ein paar ernsthafte, ein geschwinder und Andantesatz voraus. Es wäre uns schwer zu sagen, welche von diesen Clavierparthien uns am besten gefiele; es findet sich in einer jeden derselben etwas gutes, das denen andern die Wage hält. Im dritten und sechsten Allegro besteht der Hauptsatz in einer kurzen zweystimmigen Nachahmung, die besonders im letzten von diesen beyden Allegrosätzen, im andern Theile auf eine glückliche und nicht alltägliche Art wiederholt wird, indem die Harmonie nach dem Quintenschlusse des ersten Theils, sogleich in die Secunde der Haupttonart, welche hier g ist, übertritt; überhaupt ist die Modulation in diesem Satze ausgesucht, und das ganze Stück fleißig gearbeitet. Im vierten Allegro aber möchten einige Harmonisten den Autor wohl einer kleinen Verwegenheit beschuldigen, und die auf einander folgenden Tonarten für allzu entfernt und fremde halten: doch wir erinnern uns, daß diese Verwegenheit nicht ohne Beyspiel ist, und daß wir in einer Sinfonie von einem sehr berühmten Meister e dur und c dur, so wie hier a dur und c dur beysammen gefunden haben. Wir machen übrigens diese Gewagte dem Herrn Verfasser zu keinem Verbrechen. Es ist gut sich bisweilen von der gemeinen Straße zu entfernen, um dem Alltäglichen zu entgehen. Man verlangt in der Musik beständig das Neue, und dem Genie steht es frey, dasselbe nicht bloß in der einen, sondern auch in der andern Sache zu suchen. Es ist eins von den Stücken, in welche ein gewisser französischer Schriftsteller das Schöne des Geschmacks setzt, daß man bisweilen das Ohr vom Wege abzuführen wisse, um es mit desto größerer Annehmlichkeit wieder auf den rechten Weg zu bringen. Bey einigen leicht zuverbessernden Druckfehlern, oder andern Kleinigkeiten,

quas non incuria fudit,
Aut humana parum cavit natura,

wollen wir uns nicht aufhalten. Wir können dafür den Liebhabern zu andern Arbeiten von diesem angenehmen und geschickten Componisten Hoffnung machen. Hier ist indeß ein Stück aus der ersten Parthie zur Probe. Sie sind allhier beym Autor selbst, oder auch bey Herr Breitkopf zu haben, für 1 Rthl. 16 gl.

Presto

Preſto ſcherzante.

Fortsetzung der im vorigen Jahre in Italien aufgeführten Singspiele.

Zu Placenz.

Zwey scherzhafte: la buona figliola maritata vom Piccini, und il Ciarlone von einem ungenannten neapolitanischen Meister.

Zu Rom.

1) auf dem Theater di Torre Argentina.

Zwey ernsthafte: l'Eumene vom Sacchini, und il Farnace vom Guglielmi.

2) auf dem Theater della Valle.

Zwey scherzhafte: il Ciarlone vom Scolari, und il Mondo della Luna vom Piccini.

3) auf dem Theater di Capranica.

il Barone di Torre forte, und le Contadine bizzarre, beyde vom Piccini.

4) auf dem Theater delle Dame.

Einige ungenannte scherzhafte Stücke vom Rinaldi aus Capua.

5) auf dem Theater della Palla Corda.

la Donna scaltra vom Guglielmi, und noch eins vom Joseph Sellitti.

6) auf dem Theater di Tordinona.

Einige ungenannte scherzhafte vom Abbate Crispi und Masi.

Zu Siena.

il Siroe vom Hasse.

Zu Turin.

l'Olimpiade vom Hasse, und la Presa del Messico vom Ciccio Majo.

Zu Trieste.

Drey scherzhafte: le Vicende della Sorte; le Contadine bizzarre, und la Villeggiatura, alle vom Piccini.

Zu Venedig.

1) auf dem Theater zu S. Benedetto.

La Didone abbandonata vom Galuppi.

2) auf dem Theater zu S. Cassino.

L'Olimpiade vom Bertoni.

3) auf dem Theater S. Moisè.

Drey scherzhafte: li Rivali placati vom Guglielmi; l'Amore in Ballo vom Paisello, und la Partenza ed il ritorno de' Marinari vom Galuppi.

Zu Verona.

L'Olimpiade vom Sacchini.

Wöchentliche
Nachrichten und Anmerkungen die Musik betreffend.

Fünftes Stück.

Leipzig den 29ten Julius 1766.

Nachricht:

Von dem jetzt in Dreßden befindlichen Operntheater.

Die Gesellschaft ist mit ihrem Entrepreneur, Herrn Joseph Postelli aus Prag anhero gekommen. Sie hat von Michael 1765. an, bis jetzo folgende scherzhafte Opern aufgeführt:

1. La Schiava 2. La buona figliola 3. La buona figliola maritata 4. Il Cavaliere per amore 5. Il Barone di Torre forte 6. Il Filosofo di campagna	von der Composition des Herrn Nicolo Piccini.
7. La partenza ed il ritorno de' marinari 8. L'amante di tutte	vom Herr Balthasar Galuppi.

9. Il mercato malmantile vom Herrn Dominico Fischietti.
10. L'amore in Musica, vom Herrn Antonio Boroni.
11. Gli uccellatori, vom Herrn Joseph Gasmann in Wien.
12. Chi tutto abbraccia nulla stringe, und
13. La famiglia in scompiglio, vom Herrn Joseph Scolari.
14. Il ratto della sposa, vom Herrn Peter Guglielmi.
15. Il Marchese villano, der bäurische Marquis, von der Composition des Herrn Balthasar Galuppi, wurde am 12. Julius zum erstenmal, mit ungemei-

nem Beyfall, aufgeführt. Die Poesie ist vom Herrn Abbate, Peter Chiari, und kürzlich folgendes Inhalts:

Atto I. Der aus einem Bauer zum Marquis gewordene Tulipano will seinen Sohn mit einer Gräfinn von Sarzana verheirathen, welche weder der eine noch der andere gesehen hat. Der junge Marquis Giorgino, seines vorigen Standes eingedenk, hat sich in Vespinen, ein Wäschermägdchen im Dorfe, verliebt, deren Schwester Dorille die Schafe des Marquis hütet. Er erklärt ihr seine Liebe, sagt ihr aber zugleich seine Verlegenheit, indem ihn sein Vater noch denselben Abend mit der Gräfinn vermählen will, und bittet sie, auf ein Mittel zu denken, daß die Sache hintertrieben werde. Der Doctor Galerino, Amtmann in derselben Gegend, hat eine Tochter, Belise, die den Tag vorher aus Genua angekommen, und die er gern an den jungen Marquis verheirathen will. Palamedes, ein armer Edelmann, hat den Antrag beym Tulipano schon gethan, ist aber abgewiesen worden; man will sich daher der List bedienen, und Belisen für die Gräfinn ausgeben. Genauere Kundschaft deswegen einzuziehen, und die Rolle besser zu spielen, behorchen sie den alten Marquis im Garten, wo er seinen Sohn von der Liebe zu einem Bauermägdchen abziehen, und zur Heirath mit der Gräfinn bereden will. Vespine kommt indeß verkleidet, als Abgesandte der Gräfinn dazu, die Ankunft derselben zu melden, und zugleich ihr Vorbild zu seyn, weil ihr die Gräfinn vollkommen ähnlich ist. Giorgino findet Geschmack an ihr, indem er die Aehnlichkeit mit Vespinen entdeckt.

Atto II. Vorbereitungen zum Empfang der Gräfinn. Galerino kommt gleichfalls als Abgesandter der Gräfinn von Sarzana zum Marquis Tulipano. Nach einer müßigen Scene kommt Vespine mit einem großen Gefolge als Gräfinn von Sarzana selbst an. Der Marquis Giorgino erkennt sie, und entschließt sich, nach dem Willen seines Vaters, sie zu heirathen. Vespina wird in ihr Zimmer gebracht. Indeß kommt der Doctor Galerino, und mit ihm Belise, ebenfalls als Gräfinn von Sarzana. Tulipano nebst seinem Sohne wollen von dieser nichts wissen, und Giorgino wird auf Befehl des Amtmanns ins Gefängniß gesetzt. Vespina kommt mit ihrem Gefolge dazu, und verlangt nicht allein die Befreyung des Giorgino, sondern auch, daß er sie als die wahre Comtesse heirathen soll: darüber entstehet zwischen ihr und der Tochter des Amtmanns ein heftiger Streit, der auf eine Schlägerey hinaus lauft.

Atto III. Palamedes verräth dem Tulipano, daß die andere Gräfinn die Tochter des Amtmanns sey. Unterdessen ist die Verheirathung des Giorgino und

und der Vespine im Geheim vor sich gegangen. Im letzten Austritte soll der Proceß zwischen Tulipano und dem Doctor Galerino aufs neue angehen; Dorille bringt aber eine Staffette all' illustrissimo Signor Marchese, worinne die Gräfinn von Sarzana Glück darzu wünscht, daß ein Bauer seines gleichen geheirathet habe. Alle erstaunen darüber. Vespine giebt sich zu erkennen; und weil sich Bauern zu Bauern am besten schicken (Villani con Villani a meraviglia) so schlüßt sich endlich die Handlung mit dem kurzen Chore:

Colla Sposa sua novella, D'una donna l'esser bella
Viva, e goda chi se l'hà! E' la prima nobiltà.

Die deutsche Uebersetzung dieses Singspiels ist eine der abentheuerlichsten, die man je gesehen: weit, weit weg vom Wortverstande verschlagen! Die Musik wird der guten Expression wegen sehr gerühmt. Die Sänger sind folgende:

Il Marchese Tulipano, Herr Pasquale Bondini, aus Rom, ein Bassist.
Marchese Giorgino, Herr Domenico Guadasoni von Modena, ein Tenorist.
Vespina, Frau Anna Zannini aus Venedig, singt Soprano.
Palamede, Herr — Patrassi aus Rom, ein Castrat und vortrefflicher Sopranist.
Il Dottor Galerino, Herr Giovanni Dalpini von Bologna, ein Tenorist.
Belisa, Frau Lucia Moreschi aus Rom, und
Dorilla, Madem. Clementina Moreschi, der vorigen Schwester, eine noch sehr junge Person von ohngefähr 12 Jahren, die viel gutes verspricht. Beyde singen Soprano.
Herr Dominico Fischietti ist bey dieser Gesellschaft seit zwey Jahren Compositore und Maestro di Musica gewesen. Nachdem nun derselbe seit kurzem beym Churfürstl. Hofe in Dienste getreten, so ist die Stelle desselben durch einen andern geschickten Mann, den Herrn Antonio Boroni aus Rom, wieder ersetzt worden.

Sonatina III. a Cembalo concertato, 2 Flauti traversi, 2 Violini, Violetta e Basso, da Carlo Filippo Emanuele Bach.

Man kann mit Grunde voraus setzen, daß die Schreibart, und die Gestalt dieser concertirenden Sonatinen schon aus den beyden vorhergegangenen bekannt sey: denn wir würden einen nachtheiligen Schluß auf den Geschmack eines Musikliebhabers machen, wenn er die brillanten und rührenden Schönheiten einer bachischen Composition dem gefirnißten Glanze einiger neuen Modecomponisten nachsetzen, oder sie nicht wenigstens eben so gern besitzen wollte, als jene. Es wäre eine wahre Versündigung am guten Geschmacke in der Musik, und an der eigentlichen Art das Clavier zu spielen, wenn man sich nicht alle Arbeiten dieses großen Meisters zu fleißiger Uebung empfohlen wollte seyn lassen. Immer reich an Erfindung, gefällig und [illegible]ig in den Melodien, prächtig und kühn in den Harmonien, kennen wir ihn schon aus hundert Meisterstücken, und kennen ihn noch nicht ganz; ein Vorrecht, das die nicht verschwenderische Natur nur wenigen glücklichen Genien verliehen hat, daß sie nach einer Menge hervorgebrachter vortrefflicher Werke, doch immer noch neue Schönheiten im Vorrathe haben. Wie viel Vergnügen wird uns nicht eine fleißige Fortsetzung dieser Sonatinen machen! Gegenwärtige, als die dritte, ist aus dem Es oder Dis mit ben. Sie bestehet aus drey Sätzen, einem Largo, Allegro und Tempo di Minuetto. Eine artige Verstärkung der Melodie durch Octaven in der Clavierstimme, ist im ersten Largo bald im Anfange und gegen das Ende angebracht, welche eine unvergleichliche Wirkung thut. Die begleitenden Stimmen sind übrigens, so wie bey den beyden ersten Sonatinen alle obligat. Der Preiß dieser dritten Sonatine, die aus 7 Bogen besteht, ist 16 gl.

Sammlung einiger variirender Choräle, aufgesetzt von Herrn Johann Balthasar Kehl, Hochfürstl. Brandenburg-Culmbachischen Kammer-Musicus und Organisten in der neuen Kirche zu Erlangen. Erste, zweyte und dritte Sammlung, im haffnerischen Verlage zu Nürnberg.

Es finden sich überhaupt drey und vierzig Choräle, und noch vier kurze Präludien in diesen drey Theilen, welche zusammen zwölf Bogen in Quart ausmachen. Der Kupferstich ist fein und sehr accurat. Der Herr Verfasser, von dem man viel Gutes sagt, und der sich auch schon in vielerley andern Arbeiten als ein verständiger und gefälliger Componist gezeigt hat, verunehrt gewiß seine harmonischen Talente nicht, da er sie zum Dienste der Religion und unserer unschätzbaren Kirchengesänge anwendet. Welche Feyerlichkeit, welche rührende Simplicität herrscht in denselben, und mit was für einer Begeisterung müssen sie nicht einen Componisten beseelen, der Meisterstücke der Kunst auf den Grund derselben erbauet! Wir kennen die Arbeiten verschiedener berühmter Männer,

Männer, die hieher gehören, die aber nicht alle der Welt durch den Druck bekannt geworden sind: Bach a), Kaufmann b), Homilius c), Krebs d) haben sich einen unsterblichen Ruhm damit erworben, und Herr Kehl verdient ihnen gar wohl an die Seite gesetzt zu werden, ob er gleich bey seinen Choral-Veränderungen nicht so tief in die Geheimnisse der Kunst hat eindringen wollen, als die vorher genannten Männer. Er hat die meisten seiner Choräle nur zweystimmig ausgeführt, und überhaupt bey allen auf eine gemäße Bequemlichkeit desjenigen, der sie auf einer Orgel oder einem Claviere ausführen will, gesehen. Doch giebt es auch eine gute Anzahl dreystimmiger darunter, die aber alle gar wohl ohne Pedal, auf einem einfachen Claviere, heraus gebracht werden können. Die kleinen Einleitungen, Zwischenspiele und Schlußritornelle sind mehrentheils sehr melodisch, und von künstlich gebundenen Harmonien weder zu leer noch zu voll; sie scheinen uns auch dem jedesmaligen Character des Chorals sehr angemessen zu seyn. Die veränderte Gestalt der Einrichtung, wird ein aufmerksamer Liebhaber schon selbst überall bemerken. Kurz, wir können diese variirten Choräle oder Choralpräludien nicht allein angehenden Organisten, sondern auch Clavierspielern empfehlen, die zu einer guten Stunde Lust haben, sich mit Musik zu erbauen. Sie finden nicht allein die angenehmste, sondern die feyerlichste Melodie, mit der reinsten Harmonie sorgfältig unterstützt in denselben. Finden sie dieses in allen Claviersonaten? Wir ermuntern den Herrn Verfasser zur fleißigen Fortsetzung dieser Arbeit, die ihm Ehre macht. Der Choral, den wir hier zur Probe anführen, ist der kürzeste, und einer von den leichtesten. In der Mitte haben wir einen einzigen Tact der Melodie wegen geändert, weil man in unserer Gegend so singt. Jeder Theil von dieser Choralsammlung kostet 14 gl.

a) Cujus gloriæ neque profuit quisquam laudando, nec vituperando quisquam nocuit.

b) Hof- und Dom-Organist zu Merseburg, gab seine Choral-Präludien 1733 in saubern Kupferstichen heraus.

c) Dieser verdienstvolle Mann, und vortreffliche Componist steht jetzt als Cantor und Musikdirector an der Kreuzkirche zu Dreßden, und ist zuvor lange an der Frauenkirche allda Organist gewesen.

d) Hof- und Schloß-Organist zu Altenburg, ist durch viele andere in Kupfer gestochene Sachen bekannt genung.

Choral.

Nun sich der Tag geendet hat.

Leipzig.

Am 27 Julius ließ sich Herr Rodrigo Antonio de Menezes, ein Portugiese von Geburt auf der Guitarre, in einem außerordentlichen Concert, im Musiksaale auf dem Apelischen Garten, mit vielem Beyfalle hören. Denen zu gefallen, die dieses Instrument nicht kennen, wollen wir folgendes anmerken: Es ist ein mit fünf Chören von Darmsayten bezogenes Instrument, das im Tone fast der Laute gleicht, in der Gestalt des Körpers aber von derselben abgeht, indem es oben und unten platt, und an den Seiten herum fast so gebo-

gen

gen ist wie eine Violin oder Bratsche, welche letztere es auch an Größe übertrifft. Jedes Chor hat zwey Saiten, außer dem fünften, welches nur einfach ist; die beyden tiefsten Chöre haben die höhere Octave bey sich, die übrigen sind im Einklange. Ueberhaupt ist die Stimmung folgende: $\frac{a}{A}$ $\frac{\bar{d}}{d}$ $\frac{g}{g}$ $\frac{h}{h}$ $\acute{e}$ oder in Noten:

Es wird nach Violinnoten gespielt; aus der Stimmung aber ergiebt sich, daß es eine Octave tiefer stehe, als die Violine. Der Hals ist mit zehn Bunden nach Art der Laute umgeben, die einen halben Ton von einander entfernt sind. In Ansehung des Anschlages wird es mit den Fingern der rechten Hand eben so tractiret wie die Laute. Bonanni hat es im Gabinetti armonico auf der 97 Seite abgebildet, und im waltherischen Lexico muß man es unter Chitarra suchen.

Am 6ten May dieses Jahres starb allhier, nach einer kurzen Krankheit, Herr **Johann Daniel Silbermann**, Churfl. Sächs. Hof-Commissarius und Hoforgelbauer. Er war zu Straßburg im J. 1718 gebohren, und erlernte bey seinem Herrn Vater die Orgelbaukunst, nebst noch zween Brüdern, von denen der älteste durch seine schönen Claverins, der jüngere aber durch seine vorzüglich-schönen Fortepianos, ingleichen durch sehr niedliche Spinette bekannt ist. Diese beyden Brüder sind zu Straßburg noch am Leben. Der selige Silbermann zu Freyberg, als des Vaters Bruder von dem jüngst allhier verstorbenen, ließ ihn nach Sachsen kommen, den Bau der Orgel in der kathol. Hofkirche zu vollenden, welchen die beyden Hildebrande, Vater und Sohn, unter jenes Direction bisher fortgesetzt hatten. Er machte ihn auch zum Universalerben seines Vermögens. Im J. 1751. verlohr unser Straßburgischer Silbermann durch den Tod seine erste Frau. Er kam hierauf nach Sachsen, vollendete zuerst eine Orgel von 8 Fuß im Kammerton zu Frankenstein bey Freyberg, die sein Vetter angefangen hatte, und brachte sodann das obbenannte neue und vortreffliche Werk vollends zu Stande. Im Januar 1766. verheyrathete er sich zum zweytenmal mit einer verwittweten Theilinn geb. Rockenthiemen aus Leipzig, die er als Wittwe hinterläßt. Sein Aufenthalt war eigentlich zu Dreßden, und es geschahe bey Gelegenheit eines Besuchs, den er seinen Anverwandten in Leipzig gab, daß er allhier sein Grab fand. Seine Clavecins können von Kennern nicht genung gerühmt werden, ingleichen auch seine Claviere. Seit einigen Jahren beschäfftigte er sich, außer der Aufsicht über die neue Dreßdner Orgel, meistentheils mit Verfertigung allerley künstlicher Drehe-Orgeln. Er war sogar in der Composition nicht unerfahren, unter andern besinnen wir uns auf ein artiges Allegro, das in der zu Leipzig im Jahr 1757. herausgekommenen Raccolta stehet.

Wöchentliche
Nachrichten und Anmerkungen
die Musik betreffend.

Sechstes Stück.
Leipzig den 5ten August 1766.

Beytrag:
Die zu Gotha aufgeführte Oper betreffend, von einem Liebhaber und Verehrer der Musik. a)

A. F. Reinhards Sammlung einiger Gedichte.

Von entzückenden Chören
Strömt Harmonie und Regung hinab, und rauscht durch die Herzen.
Hier braust Achilles von Muth, und Iphigenia singt ihm
Thränend, aus innerster Brust, das letzte lebe wohl zu. O! traure,
Deutsche Muse! nicht, daß dich aus dem Vaterland jetzo
Wälschland verdrängt: du wirst in bessern Zeiten einst herrschen.
Dich wird dein undankbar Land, nach verdampften Taumel, verehren;
Und der neidvolle Gallier wird dich schamroth bewundern.

Meine Herrn!

Da ich in dem ersten Stück ihrer wöchentlichen Nachrichten und Anmerkungen die Musik betreffend, ersehen: wie Sie unter andern, die jedes Orts aufgeführten Opern und Intermezzi bekannt machen wollen; und es Ihnen nach Dero eigenem Geständniß nicht unangenehm sey, einige gründ-

a) Der Herr Verfasser des gegenwärtigen Beytrags würde uns einen grossen Gefallen thun, wenn er sich näher zu erkennen geben wollte. Seine Beurtheilung zeigt von so vielem Geschmacke und Einsicht, daß wir die Bekanntschaft mit ihm, uns zur Ehre rechnen. Wir versichern ihm dagegen, daß wir ihn nie verrathen wollen, wenn er es ferner für gut befindet, unbekannt zu bleiben.

gründliche und wahrhafte Nachrichten deshalb zu erhalten: so nehme mir hiermit die Freyheit, Ihnen meine gemachten Anmerkungen und niedergeschriebenen Gedanken, über die im vorigen Jahre zu Gotha aufgeführte Oper, mitzutheilen.

Sollten Sie mich etwan fragen, oder sollten Sie vorhero nicht mit Ungrund zu wissen verlangen: ob ich selbst ein Musicus oder ein Liebhaber? ob ich die nothwendigen Fähigkeiten habe, die zu der Beurtheilung eines Gedichts gehören? Ob ich Geschmack besitze und die heutige musikalische Schreibart so in Opern herrscht, verstehe? Ob ich der Regeln des Theaters in Absicht der Action und Decoration kundig? und endlich: ob ich partialisch in meinen Beurtheilungen bin, oder nicht? Alle diese und noch mehrere Fragen, sollen im folgenden sattsam beantwortet werden, und zur Gnüge zeigen was ich bin und nicht bin.

Ich wende mich also zu meinem Aufsatze selbst. Es ist mir fast unmöglich gewesen solchen kürzer abzufassen. Ich habe einige Abtheilungen zu machen vor nöthig erachtet; da ich denn, in der

1) Die Poesie der Oper, und die Invention des Herrn Dichters;
2) Die Composition oder das musikalische Gewand derselben;
3) Die Personen, und den musikalischen Character derer Acteurs; und endlich
4) Die Decoration, zum Gegenstande habe.

Wobey ich aber zum voraus erinnere; daß ich mich keinesweges in eine weitläuftige und allzugenaue Beurtheilung einlassen werde. Nur das Besondere und Sonderbare, soll mein Augenmerk seyn.

Die erste Abtheilung.

Die Poesie und Invention des Dichters betreffend.

Die, am 10. August 1765. als an dem Geburtstage der Durchlauchtigsten Fr. Herzoginn zu Sachsen Gotha, auf dem Herzogl. Theater allda aufgeführte Oper, führet den Titel: Xindo riconosciuto. Der Verfasser ist, Herr Andreas Galletti; von dessen Person unten in der dritten Abtheilung ein mehreres zu ersehen.

Was nun dessen Gedicht anlangt; so glaube ich, daß wir solches einzig und allein der glücklichen Erfindungskraft des Herrn Verfassers zu danken haben; denn

bleiben. Unsern Lesern wollen wir seine Schrift in vier Abtheilungen vorlegen, die wir nach der Beschaffenheit unsers Blatts einzurichten, uns die Freyheit nehmen. Wir hätten sie überhaupt gern etwas kürzer gesehen.

denn eigentlich kann ich mich nicht besinnen, etwas ähnliches in griechischen und lateinischen Schriftstellern gefunden zu haben. Doch bey Durchlesung des Arguments fällt mir ein, und kommt mir fast glaublich vor, daß der Herr Autor mit einigen trolligten Romanen, worinn von irrenden Rittern gehandelt wird, müsse bekannt gewesen seyn. Man gebe nur auf die Thaten seines Helden Achtung.

Des Renace oder des wieder erkannten Xindo Liebste, seine Braut Silalba, wird ihm geraubt, und noch darzu, am Tage seiner Vermählung mit ihr. Ein verteufelter Streich! Er folgt also ihr, und ihren Räubern nach; und wohin? Er schwärmt auf dem Meere herum, und kommt endlich an der Küste des Königreichs Golconda ans Land. Hier wird er, aber nicht nach unserer heutigen Krieger Mode, so gleich mit der in die Flucht geschlagenen Armee des Königs von Orixa bekannt, deren Befehlshaber vermuthlich in der Schlacht geblieben; macht sie in der Geschwindigkeit, wie leicht, ein wenig herunter; und nachdem er ihnen, wie es zu glauben, die Schande ihrer Flucht vorgestellt und zu Gemüthe geführt, bringt er sie wieder in Ordnung; greift die Armee der Nivene an, und schlägt sie in die Flucht.

Just und zu rechter Zeit, nachdem er überwunden hatte, überfällt ihn eine große Müdigkeit und Schlafsucht. Was thut unser Held? Er blieb als ein wachsamer Ueberwinder auf dem Schlachtfelde stehen. — Er setzte dem geschlagenen Feinde nach. — Er suchte sich seinen Sieg recht zu nutze zu machen? Keinesweges. Das ließ er wohl bleiben. Vielmehr schlich er sich in einen Wald, und schlief seine gehabten und ausgestandenen Fatiguen aus. Und das war nothwendig, sonst würde man ihn schwerlich haben gefangen nehmen können. Armer Renace! fast bin ich böse auf deinen Erschaffer der dich schlafen ließ. Doch du mußtest schlafen; denn, sonst hättest du nicht können überrascht, gebunden, gefangen, und ins Gefängniß gebracht werden. Recht gut daß du einmal da bist; denn, so kann doch die Oper angehen.

Was den ersten Act und dessen erste Scene betrifft, so wundre ich mich sehr, daß der Herr Autor zuläßt, daß Silalba, des Renax Braut, in Begleitung einer Kammerjungfer die eine Fackel hat, und mit einem Schäfer – mit einem Schäfer? ja, mit einem einzigen Schäfer, die gewisse dicke und starke Mauer, oder den stark vermauerten Eingang des Thurms, worinnen das Gefängniß, und vermuthlich mit bloßen Händen, einreißen läßt. Warum bestach sie nicht vielmehr die Wache, oder machte sie besoffen, um ihren Amanten zu erlösen? Ich würde meine Leser nur ungeduldig machen, wenn ich jeden Auftritt so durchgehen

gehen wollte. Ich muß mich also kürzer fassen. Man beliebe demnach den zweyten Act anzusehen.

In der ersten Scene schildert der Autor die Neigung und Liebe des Bagode vor seine Königinn. Ehrfurcht und Liebe sind in allen seinen Reden sehr wohl angebracht. Seine Verlegenheit in Bekanntmachung seiner schönen Leidenschaft ist in den Worten: Nò-ma-potrei--Sai, che fedel son io: auf das beste getroffen; worauf alsdann, in der gleich darauf folgenden Arie des Bagode, seine Zärtlichkeit in das stärkste und schönste Licht gesetzt wird.

In der darauf folgenden zweyten Scene, ist mir der Character der Nivene ein wenig bedenklich. Ist es nicht schon genung, einem seiner Gefangenen die Gnade thun, ihn sehn und seine mündliche Vertheidigung hören wollen. Warum muß denn er, der seiner Waffen noch beraubt, der noch ihr Gefangener ist, sich so gar neben sie setzen? Und warum muß Sie als ein Frauenzimmer, als eine Königinn, als Ueberwinderinn, ihm ihre Liebe entdecken; ihm ihre Hand und ihr Reich anbiethen? Er, der mehr Verstand zu haben zeigt, führt ihr ihre Uebereilung zu Gemüthe. Allein es hilft nichts. Sie wird so gar aufgebracht, und nennt ihn undankbar; und, gleich einer der Verachtung ausgesetzten und von der Hitze ihrer Leidenschaften dahin gerissenen Buhlschwester, wagt sie den letzten Kunstgriff, nehmlich ihrer Bildung und Reize des Gesichtes zu erwähnen. Welch ein schöner der Person gemäßer Character?

So schön und fast meisterlich schön die darauf folgende Aria ist, so leidet sie doch dadurch einen nicht geringen Stoß, daß sie, wie es scheint, für ein Frauenzimmer zu frey und also nicht an ihrem rechten Orte steht. Man entschuldige sie immer mit dem natürlichen Triebe, mit den Regungen eines wallenden geschwisterlichen Bluts, welches so heftig Liebe redet: so glaube ich doch, daß die Schranken des Wohlstandes auf ihrer Seiten überschritten werden.

Daß sich die Personen in ihrem Character nicht gleich bleiben, sieht man am allerdeutlichsten aus folgenden. Ein jeder vernünftiger Leser wird es schon von selbst zur Genüge einsehen.

Wie schön, wie bescheiden und vernünftig ist im vorhergehenden der Character des Renace. Und nun, besonders in der 4ten Scene, wie niedrig und doch großsprecherisch! Weiter —

Der edelmüthige und menschenfreundliche Bagode, nach der 2ten Scene des ersten Acts, und nach der ersten des zweyten; seine Klugheit, seine Treu vor das Wohl der Staaten seiner Königinn, seine reinen Regungen und nun,

im

in der 4ten, 5ten und 6ten Scene des 2ten Acts, theils als ein Narr, ein Stolzer, als ein feiger und meuchelmördischer Niederträchtiger? — Ey, das stimmt gar nicht mit einander überein. Ist es nicht eine der ersten Regeln eines Scribenten vor das Theater, daß sich die Personen, vom Anfang bis zum Ende eines ganzen Stücks hindurch in allen ihren Handlungen immer gleich seyn müssen?

Die Fortsetzung folgt künftig.

Concerto I. a Cembalo obligato, II. Violini, II. Oboe, Viola e Basso, composto dal Sgr. Zach, fù Maestro di Capella di S.A.R. ed E. di Magonza. Ist in nürnbergischen Kupferstiche, bey J. Ulr. Haffner, auf 5½ Bogen in Folio heraus gekommen, und kostet 1 Rthl.

Wenn wir das Wörtchen fù recht verstehen, so ist Herr Zach tod, und wir zweifeln sehr, daß man ihm mit diesem Concert eine Ehrensäule errichtet habe. Es wird seine Liebhaber finden; es ist auch in der That viel Artiges und ... darinne; vornehmlich können wir es den Clavierspielern als leicht anpreisen. Die Tonart ist C dur; der mittlere Satz oder Adagio aus dem F ist im ¾ Tact; die meisten Gedanken davon würden sich besser für ein Allegro schicken; man kann den Versuch damit machen, um sich zu überzeugen. Anstatt des dritten Satzes ist eine Menuet mit fünf Veränderungen oder Variationen angehängt, bey denen auch die Begleitung der Instrumente jedesmal etwas anders eingerichtet ist. Eine ausführliche Zergliederung aller Sätze würde zu weitläuftig für uns werden: man wird uns indeß ein paar Anmerkungen gern erlauben, die wir nur im Vorbeygehen machen. Es gefällt uns z. E. gleich der Anfang im ersten Solo nicht; die beyden Rhythmi, die um eine Terz von einander unterschieden sind, sind sowohl dieser Transposition als auch dem Gesange nach, zu Trompetenmäßig. Es hat dem Herrn Verfasser beliebt, den Baß in gebrochenen Accorden darunter zu setzen, und man weis schon, aus verschiedenen andern Compositionen, was für Unbequemlichkeiten man damit ausgesetzt ist. Man darf zur Bestätigung hier nur den 2, 9, und 13ten Tact ansehen. Um den Liebhabern verständlicher zu seyn, wollen wir den Anfang vom ersten Solo hersetzen:

 Allegro

Zwischen dem 7ten und 8ten, ingleichen zwischen dem 10ten, 11ten und zwölften Tacte findet sich auch so etwas, das besser seyn könnte. Und wie gefallen dem Ohre die vier in diesen kurzen Zeilen auf einander folgenden ähnlichen Abschnitte, oder vielmehr Cadenzen über dem Grundtone? dieses ist, deucht uns mehr, als zur Bestimmung der Haupttonart für das Gehör nöthig ist. Die Cadenz über der Sexte A im zwölften Tacte, ist nur den Noten, nicht aber dem Wesen nach, unterschieden.

Einige Anmerkungen über Italien, aus des Abbé Richard description historique et critique de l'Italie etc. à Paris 1766.

Man siehet aus dem in den vorigen Stücken vorgelegten Verzeichnisse der in Italien aufgeführten Singspiele, daß die heutigen Italiäner eben so große Verehrer der theatralischen Vorstellungen sind, als es ehemals die alten Römer

mer unter den ersten Kaisern waren. Die vielen Schauplätze in Rom, die alle fleißig besucht werden, sind ein deutlicher Beweis, daß der Geschmack an diesen Ergötzlichkeiten daselbst nicht geringe seyn müsse. Um die Sittsamkeit dabey zu erhalten, erlaubt der römische Hof nicht, daß Frauenzimmer in den Opern singen dürfen; die weiblichen Rollen werden demnach zu Rom alle mit Castraten besetzt. Außer den öffentlichen Schauspielen werden auch noch in Privathäusern theatralische Stücke bisweilen aufgeführt, wo es, wegen des starken Zulaufs, nicht allemal ohne Unglück abgeht. In dem Hause des Marquis d'Asti brach der Boden des Saals; zehn Personen wurden tod unter den Trümmern hervor gezogen, und noch mehrere waren so beschädigt, daß einige noch hinter drein starben.

Zu Bologna trifft man die besten Musiker in ganz Italien an. Neben der schönen Kirche la Madonna di Galiéra ist eine prächtige Capelle, wo man alle Sonntage im Winter, vom Tage aller Heiligen an, bis Ostern Oratoria oder geistliche Concerte (Concerts spirituels) aufführt, welche wenigstens drey Stunden dauern. Ob diese Oratoria gleich in der Nacht gegeben werden, so herrscht doch alle äußerliche Sittsamkeit und das größte Stillschweigen dabey. Es ist insgemein ein Drama von zween Acten, wozu der Inhalt aus der heil. Schrift oder der Kirchengeschichte genommen ist. Vor dem Stücke geht eine Messe und eine kleine Rede vorher, die ein junger Knabe hält, und dem Oratorio zur Einleitung dient. Zwischen den beyden Theilen oder Acten hält gleichfalls ein Philippiner eine Rede, damit die Musicirenden unterdessen ausruhen können. Künftig mehr.

Braunschweig.

Am 17ten Julius starb allhier im 70sten Jahre seines Alters Herr Barthold Fritz, ein geschickter Künstler, der sich durch Verfertigung seiner Claviere einen weit ausgebreiteten Ruhm erworben hat. Alle Kenner und Liebhaber dieses musikalischen Instruments lassen ihm die Gerechtigkeit wiederfahren, daß in dem Klange seiner Claviere etwas originales anzutreffen war, besonders in der Stärke der Baßstimmen. Er hat deren über 500. Stück verfertigt, welches für einen Mann, der diese Arbeit fast gänzlich allein verrichtete, gewiß keine geringe Anzahl ist. Ein großer Theil derselben ist nicht nur in alle Provinzen Deutschlandes, sondern in noch fernere Gegenden, und bis nach Rußland und Archangel versendet worden. Außerdem hat er noch eine große Anzahl

Flügel mit Federn und Hämmern zugleich gemacht, in deren Fuß ein Flötenwerk befindlich gewesen. Die hiesigen Orgeln hat er, besonders in den Blasebälgen sehr verbessert, und verschiedene kleine Orgeln und Positive, wie auch eine ziemliche Anzahl Reisespinets von 4 Octaven verfertigt, die man im Wagen auf dem Schooß nehmen, und unterwegens drauf spielen konnte.

Herr Fritz schränkte sein wirksames Genie nicht bloß auf diese einzige Art von Kunstwerken ein. Eine Flötenuhr, welche verschiedene Stücken spielte, viele Singeuhren, worinn statt der Glocken stählerne Stäbe waren; singende Vögel, von denen der vorige König von England einen mit nach London genommen, beweisen, daß er ein deutscher Vaucanson war, da auch verschiedene von ihm angegebene Weberstühle bey den hiesigen Fabriken noch vorhanden sind, und eine von ihm erfundene Horizontalwindmühle ihm viel Ruhm gemacht. Diese ungemeinen Geschicklichkeiten dieses großen Künstlers, erregen noch grössere Verwunderung, wenn man hört, daß er eines Müllers Sohn vom Lande und zum Mühlenhandwerk bestimmt war; auch niemals eine ordentliche Anweisung gehabt, sondern alles durch sein eignes Nachdenken, und seinen eignen Fleiß erlernet hat.

Den Tonkünstlern bleibt er auch noch wegen des kleinen Tractats schätzbar, den er unter dem Titel: Anweisung, wie man Claviere, Clavecins und Orgeln, nach einer mechanischen Art in allen zwölf Tönen gleich rein stimmen könne, zu Leipzig 1757. im Breitkopfischen Verlage herausgegeben.

Außer dem Künstler, der unsrer Stadt so viel Ehre gemacht hat, verlieren wir auch in ihm einen sehr redlichen und rechtschaffnen Mann, der bey keiner Gelegenheit den Preis seiner Claviere erhöhte, und sein Wort allezeit auf das genaueste zu erfüllen pflegte.

Zu Angers in Frankreich haben die Gebrüder Büron in der Kirche de St. Maurille eine Orgel gebauet, in welcher eine neue Maschine angebracht ist, wodurch man den Ton verstärken und schwächer machen kann, ohne daß die Blasebälge mehr beschwert oder leichter gemacht werden. Es wird von der Beschaffenheit dieser Maschine nichts weiter gesagt; auch wissen wir nicht gewiß, ob das in der heutigen Musik bekannte Wachsen und Abnehmen des Tons, oder eine Verstärkung und Schwächung überhaupt gemeynt sey, die man sonst durch die Wahl und Anwendung der Register bewirkt.

Wöchentliche
Nachrichten und Anmerkungen
die Musik betreffend.

Siebendes Stück.

Leipzig den 12ten August 1766.

Erste Fortsetzung des Beytrags, die zu Gotha aufgeführte Oper betreffend.

Doch ich gehe zum dritten Act. In der ersten Scene wird der unedle Schmerz der Nivene, sich nicht geliebt zu sehen, aufs höchste getrieben. Ohnerachtet daß sie durch das Schicksal des Renace und der Silalba gerührt wird, da sie nun großmüthig seyn sollte, in Unterdrückung ihrer Neigung, so giebt sie sich doch auf einmal wieder blos, und die Heftigkeit ihrer Liebe zeigt sich stärker als zuvor; und was das unerträglichste ist, alle ihre verliebten Schwachheiten werden im Angesicht, in Gegenwart ihres ganzen Hofstaats und Gefolges ausgekramt.

Vielleicht redet der Trieb der Natur, die Stimme des Bluts, in einer Mannsperson nicht so laut; vielleicht werden sie nicht so bald wach und so ausschweifend sichtbar, als in der Brust eines Frauenzimmers? Warum mußte denn Nivene gleich bey der ersten Erblickung des Renace, Neigung, und zwar rechte zärtliche für ihn empfinden? warum empfand er nicht für sie ein gleiches, und zwar schon im Anfange der Handlung? warum just jetzo? Sonst ist diese ganze zweyte Scene gut; und der mit einer edlen Eifersucht verhüllete Character der Silalba ist unverbesserlich geschmückt. Ihre Arie ist eine der schönsten. Nur dieses erwähne ich dabey: einer Verliebten, einer Braut, die ihren Geliebten schon einmal verlohren, ihn wieder findet, und in Gefahr ist, ihn wieder zu verliehren, die es glaubt, die darüber aufgebracht wird, und sich den Tod wünscht; einer solchen Person halte man etwas zu gut. Die Liebe ist ja ein närrisches Ding. Aber nun die dritte Scene des dritten Acts.

Hier läßt unser Autor seinen Helden wieder schlafen. Daß es keine Ohnmacht gewesen, beweisen die Worte: dormi pur, und ich sollte meynen, daß es leicht wäre, einen Ohnmächtigen von einem Schlafenden zu unterscheiden; Nivene hat ihn ebenfalls so betrachtet, indem sie spricht: ma sogna almeno. Er hat also wirklich geschlafen. Es war auch hier nöthig. Er mußte. Wie hätte denn sonst die Entwickelung der ganzen Geschichte entstehen sollen? Nach der Verfassung meines Herzens wäre es mir nicht möglich gewesen.

Es ist der Wahrscheinlichkeit gar nicht gemäß zu schlafen. Ist es wohl bey einer Drängung so vieler Affecten möglich? Gefangen werden, seine geraubte Braut wieder finden, von einer andern und zwar von einer Königinn sich geliebt sehen; von einem Nebenbuhler Vorwürfe leiden, von seiner Braut dergleichen anhören; die Empörung ihres Herzens und Wünsche ihres Todes vernehmen, die Heftigkeit ihrer Leiden, und ihre Entfernung sehen; alles dieses nun zusammen genommen, welch ein entsetzlicher Sturm von rege gemachten Affecten muß nicht darauf in einer empfindbaren Brust entstehen? würde man da wohl schlafen können? Ich kann in einer solchen Schilderung nichts natürliches finden. Man lese nur die ganze dritte Scene, so wird man mir beyfallen. Welch ein Schlaf! Man folge mir nur in erwähnter dritten Scene nach. Hier erscheint nicht nur Nivene als höchst ungeduldig; auch Bagode, ihr Liebhaber der ihr überlästig und beschwerlich ist. Letzterer wird seinen schlafenden Nebenbuhler gewahr. Er, als der Heerführer der Nivene, der Held, der Ueberwinder der orixischen Völker, wird hier auf einmal so klein, daß man fast zweifelt ob er es ist. Wie schlecht steht es ihm an, seinen Nebenbuhler, welcher schläft, anfallen, und mit einem Dolche meuchelmörderischer Weise umbringen zu wollen. Es wäre um den guten Renace geschehen gewesen, wenn nicht Nivene zu rechter Zeit dem Bagode die Hand, die schon aufgehabene mörderische Hand gehalten hätte. Doch weiter. Nun kommt das schönste: So wie eine aufgebrachte Mutter, die den Untugenden eines unartigen und bösen Kindes wehren will, hitzig und zornig drohend ausruft: Sey still, oder ich rufe den Schlotfeger! eben solch ein Auftritt war auch hier. Mächtige Worte: il passo arresta, e parti, o ch'io lo desto, auf deutsch schlecht weg: zurück, und geh, oder ich wecke ihn auf. Auf gut deutsch: Sey still, oder ich hohle den Schlotfeger! was doch die Furcht vermag. Bagode sahe seine Königinn, und dann seinen Nebenbuhler noch einmal an, und schlich sich fort.

Nun fieng Nivene an, ihrem schlafenden Liebhaber die lautesten Vorwürfe in den beweglichsten Tönen zu machen. Doch nichts vermochte ihn zu wecken.

wecken. Nivene war nun auch fertig, und wuste fast keine Klagen mehr hervor zu bringen. Wie verlegen würde sie nicht gewesen seyn, wenn sie nicht das Zeichen oder Mahl an seiner rechten Hand erblickt hätte. Hier hat sich also der Herr Autor auf das beste geholfen. Man muß ihm doch wohl Gerechtigkeit wiederfahren lassen.

In der 5ten und letzten Scene wären zwar noch einige Sächelchen zu betrachten; doch da meine Leser an diesen schon genung haben, so schließe ich hier; und wünsche, daß ein jeder Opernschreiber dann und wann einen Metastasio vor sich nehmen möchte, um aus diesem die wahre Einrichtung eines solchen Werks besser zu erlernen.

Ich wende mich nunmehro zu etwas wichtigern, und komme auf meine

Zweyte Abtheilung.

Welche die Composition, das musikalische oder harmonische Gewand unserer Oper betrifft:

Der Herr Capellmeister Georg Benda, wird hoffentlich meinen Lesern nicht unbekannt seyn. Daß er ein Böhme von Gebuhrt; daß seine Eltern, er, sammt seinen Geschwistern durch die Güte eines Königs von Preußen der musikalischen Welt vorzüglich bekannt worden; daß er als ein berühmter, geachteter, und würdiger Musicus schon vor sechzehn Jahren von Berlin aus nach Gotha als Capellmeister an die Stelle des seeligen Stölzels berufen worden; daß er ein gründlicher schöner Geiger und Clavierspieler; ein wahrer Componist, der sowohl den Kirchen- als theatralischen und Kammer-Styl versteht; kurz ein Professor in Musica theoretica, & practica moderna sey; alles dieses wird man ohne Beweis annehmen, weil seine außerordentlich schönen Schriften dessen ein mehreres bezeigen.

Er also ist der glückliche Verfertiger von erwähnter Oper. Nur diese Arbeit, und noch eine andere, nehmlich ein Kyrie, so ich gleichfalls vor dem Jahre an des Durchlauchtigsten Herzogs Geburtstage mit anhörte, können ihn rühmlichst verewigen.

So wie der geweyhte Kloß eines werdenden oder vorstellenden Heiligen, wenig bemerkt, und durch die Pracht und den natürlichen Putz eines köstlichen Gewands als Kloß vergessen wird, und uns nichts als das äußere beschäfftiget; so gieng es auch mir in Ansehung des Gedichts der Oper; doch hielten mich die Musik, die Action nebst der Decoration des erstern wegen schadlos.

Eine prächtige Symphonie, war bey dem Eintritt der Durchlauchtigsten Herrschaften, der schöne Anfang, einer noch viel schönen harmonischen Folge. Die Accompagnements zu einigen Recitativen sind besonders schön und ausgesucht. Unerwartete Fälle und Uebergänge, brachten die lebhaftesten Empfindungen in aller Zuhörer Herzen hervor. Auch nicht eine gezwungene Stelle hätte ich bemerken können. Aber, noch vorzüglicher sind seine geschaffenen Arien der Betrachtung würdig. Wie schön und wohl gewählt, hat er doch in einer jeden die Stärke und Schwäche, die ganzen Fähigkeiten derer Acteurs, sein Augenmerk seyn lassen.

Eine der gefälligsten Arien ist wohl die erste. Mit einer ganz besondern Zauberkraft schlich sie sich in mein und fast aller Zuhörer Brust. Sowohl auf dem Gesichte des gesetzten Alters, als auf dem rosenwangigten der Jugend, herrschte heiterer und göttlich lächelnder Beyfall.

Gleich stark rührte die zweyte und dritte Arie; doch, durch einen der vorhergehenden entgegen gesetzten Affect. Furcht, Schrecken, Bangigkeit, eine heftige Besorgung, es möchte alles zu wirklich werden — Meine Affecten wurden wirklich zu rege. Ein Glück war es für mich, daß sich der erste Act hier endigte.

Die Fortsetzung folgt künftig.

Kurze und leichte Clavierstücke mit veränderten Reprisen und beygefügter Fingersetzung für Anfänger von C. P. E. Bach. Berlin, bey George Ludewig Winter 1766. 4 Bogen in Folio.

Es gereicht in der That großen Meistern zu einer gegründeten Ehre, wenn sie sich bisweilen zu den Fähigkeiten junger Anfänger herunter lassen. Man weis mehr als zu wohl, wie schlecht sie insgemein von ihren Lehrmeistern mit tüchtigen Handstücken versorgt werden. Lahme Menuetten, höckerichte Polonoisen, abgeschmackte Murkys, Gassenhauer, bald mit deutschen bald mit französischen Texten, oder wohl gar Querpfeiferstückchen findet man insgemein in den Büchern, aus denen ein junges Genie in der Musik unterwiesen wird. Es kann daraus freylich nichts anderes folgen, als daß ein Scholar, bey aller vermeynten Fertigkeit, dennoch ganz leer von Begriffen einer tüchtigen und bequemen Fingersetzung, eines guten und zierlichen Vortrags, einer reinen und wohlgeführten Harmonie bleibt; Dinge, die immer sehr viel werth sind, wenn man sie auch im Anfange nur mechanisch gewohnt würde. Herr Bach, dem diese

diese schlimme Gewohnheit in Ansehung der Clavierunterweisung gar wohl bekannt war, gab demnach im Jahr 1753. seinen Versuch über die wahre Art das Clavier zu spielen, mit achtzehn Probestücken heraus, und seitdem hat sich nicht allein die Hand weit besser nach diesem Instrumente zu bequemen gelernt, sondern es ist auch alles, was zum guten Vortrage gehört, in vernünftigen Regeln festgesetzt worden. Als einen Beytrag zu dieser Arbeit kann man gegenwärtige Clavierstücke ansehen, oder man kann sie noch vor den meisten von jenen als leichter voraus gehen lassen. Die Fingersetzung ist über den Noten, wo es nöthig war, fleißig mit Ziffern bemerkt; wo man die Finger nach der Reihe nehmen kann, waren keine Ziffern nöthig, und der Herr Verfasser hat sie sodann weggelassen. Die Tonarten wechseln von Stück zu Stück ab; es ist auch auf eine Verschiedenheit der Tactarten dabey gesehen worden. Man würde sich sehr irren, wenn man aus dem allen glauben wollte, daß diese kleinen Stücke bloß für Anfänger geschrieben wären: Nein, auch der geübte Spieler wird etwas zu seinem Vergnügen, und vielleicht auch etwas, das ihm nicht allerdings für Anfänger zu seyn scheinen dürfte, darinne finden. Es sind überhaupt zwölf Stück oder einzelne Sätze in folgender Ordnung: 1. Allegro. 2. Arioso. 3. Fantasia. 4. 5. ein paar Menuetten: 6. Alla Polacca. 7. Allegretto. 8. alla Polacca. 9. Allegretto. 10. Andante. 11. Presto. 12. Allegro. Diese sauber und auf feines Papier gedruckten Clavierstücke kosten 12 gl.

Ptolomäus und Berenice, mit Melodien fürs Clavier. Berlin, bey Christian Moritz Vogel, 1765. 2 Bogen in groß Quart.

Diese vortreffliche Ode des Herrn Rammlers ist einem sehr ungeschickten Componisten in die Hände gerathen. Er scheint es in der Vorerinnerung selbst zu gestehen. Sie ist kurz; wir wollen sie hersetzen: „Die majestätische „Veranlassung dieser Ode, ihre Pracht und hinreißende Schönheit wird gegen„wärtige Melodien rechtfertigen.„ Wie? weil diese Ode auf eine feyerliche Solennität verfertigt ist, weil sie voller Pracht, voller Schönheit ist, so darf die Composition abentheuerlich, elend und voller Fehler seyn? — „Germaniens Horaz verdiente zwar immer die unsterblichen Compositionen eines Bachs „und Grauns.„ Recht! eine solche Composition wünschten auch wir dieser Ode. — „Doch das Publicum und dieser große Geist selbst lassen sich auch zu „der Denkungsart und dem guten Herzen weit kleinerer Genies herab.„ Aber wie

wie denn? Um sie aufzufodern? Nein, um sie so lange schweigen zu heißen, bis sie es besser machen können. Es ist hier die Frage nicht, wider welche Regeln der Componist etwan hier oder da gesündigt habe: er ist ganz Unregelmäßigkeit, man mag ihn betrachten von welcher Seite man will. Die erste Strophe ist im dreyviertel Tacte componirt, und das Ritornell macht den Schluß im sechsachtel. Die Strophe überhaupt schlüßt mit der kleinen Septime; vielleicht um die Frage, doch ach, was fühltest du für mich? auszudrücken: bravo! wenn es nicht recht ist, so ist es doch neu. Wer die Stärke dieses Componisten im Rhytmus kennen will, darf beynahe alle Strophen, deren zwölfe sind, besonders aber die dritte ansehen; wir wissen selbst nicht, was darinne am meisten hervorsticht, ob die Confusion im Rhythmus, oder der wider das Metrum laufende Ausdruck der ersten Zeile, oder die in einem Dreyer und Zweyer hinkende andere Zeile, oder die auf einem Tone fortleyernde dritte Zeile, oder... Doch wir wollen uns bey der Melodie, die hin und wieder noch etwas erträgliches hat, nicht länger aufhalten, um etwas von der Harmonie zu sagen. Und hier finden wir unsern Componisten in seinem Elemente. Sollte er wohl stark darinne seyn? Ja freylich! Ein Mann, der mit acht bis neun Stimmen componirt. — Und das im Ernste? Nein, mehrentheils läßt er es wohl beym dreystimmigen Satze bewenden; aber ehe man sichs versieht, schwillt seine Harmonie bis zu acht und mehr Stimmen auf; oder er wirft, wenn man mit ihm auf ganz ebenen Wege zu seyn glaubt, dem Spieler einen aufgethürmten Accord in den Weg, der oben und unten mit Dissonanzen gestopft ist. Ey, und ohne Vorbereitung? In der galanten Schreibart ist das schön, was ex abrupto kommt. Aber er löset doch auf? Ja wie die Romanenschreiber, die ein halb Dutzend Personen sterben lassen, wenn sie ihrer nicht mehr benöthigt sind. Diese vollen Griffe liegen eben so oft in der linken als in der rechten Hand, und doch macht der Baß alle Augenblicke die unnatürlichsten Sprünge, dergleichen man wohl in wenig Compositionen wird angetroffen haben. Wir wollen zum Spaß eine Zeile von der vierten Seite hersetzen:

und Seite 2.

Man

Man siehet zugleich zwischen dem dritten und vierten, kurz in allen Tacten, wie rein die Harmonie dieses Mannes sey. Nun noch das ganze Reich der mit den Haaren herbey gezogenen, fehlerhaften und verworrenen Harmonie in einem einzigen Tacte beysammen! S. 7.

Wer hätte sich das träumen lassen? aber Mancipiis locuples, eget aeris Cappadocum rex. Ein Beyspiel, wie man Consonanzen durch Dissonanzen vorbereiten solle, giebt der Verfasser S. 2. bey a, b.

Wir haben der mancherley Schönheiten wegen den Zusammenhang mitgenommen. Wie viel Gelegenheit zu lustigen Anmerkungen hätten wir nicht noch, wenn wir nicht aus Bescheidenheit damit zurück hielten. Der Componist finde sich nicht beleidigt; er lerne vielmehr ein Mistrauen in seine Kräfte setzen. Er studire die Regeln der Kunst, nicht mit den Fingern, sondern mit dem Kopfe; er suche Geschmack zu haben, denn am Genie scheint es ihm nicht ganz zu fehlen. Der Notendruck ist gleichfalls ziemlich schlecht, und kommt weder dem Breitkopfischen noch dem Winterischen bey. Wir bedauern demnach den verdienstvollen Herrn Rammler, daß ihm weder von der einen noch der andern Seite eine Ehre wiederfahren ist, die er mit Recht fodern konnte.

Anecdote vom französischen Theater.

Den 7. November vorigen Jahres stellte man den Theseus von Mondonville in Musik gesetzt, auf dem Theater zu Fontainebleau vor. Die Poesie ist von Quinault, und außer einigen Abkürzungen noch eben dieselbe, wie sie Lulli vor neunzig Jahren, nämlich im J. 1675, mit Musik auf die Bühne brachte. Alles war begierig die neue Composition zu hören; man erkannte darinne den Mann von Geschmacke, den großen harmonischen Künstler, der zugleich nicht unterlassen hatte, eine Menge Gesänge einfließen zu lassen, die durch ihre Leichtigkeit allen Classen von Zuhörern gefallen konnten. Der Beyfall des Hofes schien am allermeisten die Güte der mondonvillischen Arbeit zu entscheiden: aber eine Menge für den alten Gesang eingenommener Zuhörer, hielt diese neue Aufführung für ein Verbrechen der beleidigten lullischen Majestät, und brachte es endlich so weit, daß den 13. Decbr. der bald hundertjähr. Theseus des Lulli wieder auf die Bühne gebracht wurde. Man hatte nichts daran verändert als die Ouvertüre und die Tanzstücke: die erste hatte M. de Buri, und die andern M. le Berton neu componirt. Zur Ehre des bejahrten französischen Geschmacks sey es gesagt, daß diese Oper des Lulli verschiedenemal wiederholt, und die vom Mondonville verfertigte vergessen worden. Wir fügen noch die Anmerkung bey, daß man in Frankreich nicht so wie in Italien gewohnt ist, eine Oper von mehr als einem Meister componirt zu hören. Dieser Umstand kann beygetragen haben, daß Mondonville mit seiner Arbeit nicht viel Dank bey seinen Landesleuten verdient hat.

Dreßden. Die Gesellschaft italienischer Operisten, die sich seit einiger Zeit allhier aufgehalten, und von welcher wir in unserm 5ten Stück Nachricht ertheilt haben, ist am 2ten August nach Prag abgegangen, wird aber, wie wir vernehmen, im October wieder nach Dreßden zurück kommen.

Leipzig. Es besitzt einer unserer Freunde ein latein. Manuscript von der Composition, das nicht weitläuftig, aber sehr deutlich, methodo mathematica, abgefaßt ist. Es fehlen ihm vom Anfange einige Blätter nebst dem Titel, so daß er gern erfahren möchte, ob jemand diesen Tractat besitze oder kenne, ingleichen wer der Autor davon sey. Wir wollen den Inhalt der Capitel hersetzen. Die Prolegomena fehlen; die folgenden Abtheilungen sind: *Sectio I. Partis generalis*, Cap. I. de generibus sive scalis atque modis. Cap. II. de consonantiis et dissonantiis. Cap. III. de fugis. Cap. IV. de rhythmo. Cap. V. de textu. *Sectio II. Partis specialis*, Cap. I. de stylo hyporchematico. Cap. II. de stylo theatrali. Cap. III. de stylo ecclesiastico. Die Capitel der zweyten Section sind ziemlich kurz. Wenn jemand dieses Werkchen besitzen, oder den Verfasser desselben kennen sollte, würde man eine Nachricht darüber mit Danke annehmen.

Wöchentliche
Nachrichten und Anmerkungen
die Musik betreffend.

Achtes Stück.

Leipzig den 19ten August 1766.

Zweyte Fortsetzung des Beytrags, die zu Gotha aufgeführte Oper betreffend.

Der zweyte Act fieng sich mit einem sehr rührenden und glücklich erfundenen Accompagnement an. Das natürliche und schöne in der beyderseitigen Unterredung der Nivene und des Bagode bis zur ersten Arie ist unverbesserlich. So schön hier der Affect, das rege und hervorbrechende Gefühl, in den letzten und zwar bloßen Worten des Bagode: no - ma - potrei -: so schön und noch vorzüglicher ist die Musik; am allervortrefflichsten aber die Action des Bagode.

Meisterlich und mit der äußersten Zärtlichkeit wurde von ihm die darauf folgende Arie, ein Adagio gesungen, und noch meisterlicher war seine natürlich lebhafte Action. Jedermann empfand mit ihm die sanften Triebe einer göttlichen Leidenschaft, die er nicht nur bloß allein, wie manche Acteurs mit kaltem Blute vorstellig zu machen, sondern auch selbst in ihrer ganzen Stärke zu empfinden schien. Es wurde ihm der beste Beyfall zugelächelt.

So, wie diese das allerzärtlichste Gefühl zum Gegenstande hatte; so war hingegen die zweyte, der Nivene Arie, eine der prächtigsten und gravitätisch erhabensten. Eine kriegerische Lebhaftigkeit, ein rasches doch ungezwungenes feuri-

feuriges Wesen beherrschte die ganze Arie. Das Rollen der Töne von der Höhe bis zur Tiefe; das vollständige einer glücklich erfundenen harmonischen Begleitung; die Execution derselben sowohl von Seiten der Actrice als des Orchesters, machten beym Schluß derselben, zur größten Satisfaction des vortrefflichen Herrn Capellmeisters, den Beyfall aller Zuhörer laut.

Nicht weniger Stärke hat er in der darauf folgenden bewiesen. Ernst, Muth, gravitätisches Wesen die ganze Arie hindurch, war der Vorwurf seiner Gedanken gewesen, und die Execution des Renace bewieß, wie favorabel der Musicus für den Poeten gedacht hatte.

Ein Meisterstück aber, und zwar von geschickten und unvermutheten Ausweichungen, findet man in der 6ten Scene. Denn, da ich doch der mehresten musikalischen Gänge so ziemlich kundig, so wurde ich doch durch die meisterlichen Resolutiones und neuen Uebergänge frapirt. Ich kann mich ohnmöglich enthalten meine Leser meiner dabey gehabten Empfindungen theilhaftig zu machen. Mit ihrer Erlaubniß setze ich ihnen ein Stück davon her. Urtheilen sie davon.

Andante ed un poco grave.

Allegretto.
lira
chi delira di no - i?
ah! m'è so-
Andante
spetto il zelo di co-stei
Es

Es mögen diese wenigen Tacte genung seyn. Wer ist nun wohl nicht meiner Meynung?

Die gleich darauf folgende und letzte Arie im 2ten Act, ist wegen ihres planen und doch feurig schönen Gesangs, und wegen der stets fortrollenden Grundstimme, als ein Muster, für alle seichte italiänische Opernschreiber zu betrachten. Kunst und Geschicklichkeit erscheinen hier in der ungezwungensten und natürlichsten Begleitung.

Ich gehe nun zum dritten Act über. Gleich in der ersten Arie ist sehr viel schönes zu bemerken.

Das beweglich Bittende, und das etwas stürmisch Aufgebrachte, in der Wahl einer abwechselnden, bald langsam, bald hurtig gehenden Melodie, beweist eine vollkommene Einsicht des Herrn Autors in der geschickten Erfindung und Wahl seiner Gesänge. Ein wahrer Beweis dieser seiner Vollkommenheit, sind alle Arien, und auch die folgende.

Die kummervolle Zärtlichkeit, die sich empörende beleidigte Liebe, die aufgebrachte und im zweyten Theil der Arie angebrachte Hitze der Silalba in der zweyten Arie, da sie ihren geliebten Renace für untreu hält, und ihm Vorwürfe macht — alles dieses ist harmonisch schön vorzüglich ausgedrückt. In den zärtlich rührenden hat diese Arie etwas ganz besonderes. Sie gefällt sehr.

Das darauf folgende Accompagnement ist schön. Nur schade, daß das schöne der Composition, da Renace einschläft, so gleich durch den unmittelbar darauf folgenden tumultuarischen Auftritt in Vergessenheit gerathen soll. Doch ich wurde des poetischen Versehens ohngeachtet, durch die Geschicklichkeit des Herrn Benda wieder schadlos gehalten, und zwar in der Arie: Si, crudel; &c.

Das bewegliche, das schwermüthige, das mit Zärtlichkeit klagende und ängstliche, ist hier in seiner völligen Größe entworfen. Was mich am allermeisten rührte, und mich ganz zur Empfindung machte, war das Accompagnement einer obligaten Oboe, so von einem braven Virtuosen und Cammermusicus seiner Herzogl. Durchl. Herrn Preysing vorgetragen wurde. Die beweglich klagende Stimme der Sängerinn, der besondere schöne Ton der ihr nachahmenden Oboe, und das sanfte doch gravitätische in der Begleitung der übrigen Instrumente, welche pizzicato spielten, machten mich zu lauter Ohr, und empfindbar zur Vollkommenheit.

Nach dem Schluß der Arie da alle Instrumenten wieder col'arco eintraten, hat der Herr Capellmeister eine unvergleichliche Präparation zu der im folgenden

genden Recitative, vorkommenden Verwunderung, angebracht; welche mich mehr eingenommen als des Herrn Poeten seine.

Gleichfalls hat das darauf folgende Duett seine Meriten; besonders haben mich die wohl ausgedrückten Worte: Ah! di straziarmi stanco il fato mio non è — vorzüglich eingenommen.

Doch ist der Schluß oder das Chor eines der besten, so ich jemals gehört. Es ist voller Munterkeit, voller Feuer. Alles schöne und große der Musik hat hier der vortreffliche Componist zusammen gefaßt. Da alles, von der ganzen Oper stückweise betrachtet, ihm zur Bewunderung schön gerathen; so heischte gleichfalls der Schluß, in seiner bisherigen Größe sich gleich zu bleiben. So prächtig der erste Theil des Chors nur immer ist; so, und fast noch vorzüglich schöner ist mir der zweyte. Er ist es auch in der That. Denn, nachdem der erste seine majestätische Endschaft erreicht hatte; so ließen sich wechselsweise nur zwey und zwey Stimmen auf einmal hören. Welch ein unvergleichlicher, wohl ausgesucht und wohl angebrachter Abfall! Nach welchem so gleich das ganze Chor, und besonders die Grundstimme voraus eintretend, mit der nur immer ersinnlichsten und bestmöglichsten Stärke folgte, und mit dem Worte: Costante — in einer harmonischen Tonlage accordirend zwey bis drey ganzer Tacte aushielt; bey welchem ganz neuen musikalischen Vorfall mich ganz was besonders einzunehmen schien. Doch was sage ich von mir allein; jedermann war eingenommen, und auf allen Seiten hörte man unter einem vermischten Händeklatschen ein lautes Bravo.

Es ist also, wie jedermann einsehen wird, das ganze Werk der Composition nach ein Meisterstück. Es ist eine der schönsten, und vorzüglich zu schätzenden Arbeiten des Herrn Capellmeisters, so er jemals verfertiget. Alle seine Wissenschaft und Fähigkeit zu denken und zu erfinden, erscheint in seiner Oper in nicht gemeiner Größe. Er ist durchgängig Original. Neu, in Erfindung schöner, und also eigener Gedanken; neu, in Ausarbeitung derselben, ohne einem Hasse oder Jomelli, oder andern Opernschreibern nachzuahmen. Ich wünsche nur daß er bald eine neue schreibe, und die ihm, wo nicht mehr, doch eben so viel Vortheile an Vergnügen, Ruhm, Ehre und eigener Satisfaction zuwege bringen möge.

Der Beschluß folgt künftig.

Journal de Musique françoise & italienne, a Liege chez B. Andrez.

Dieses musikalische Werk kommt Stückweise alle Monathe heraus, und hat schon mit dem Jahre 1758. seinen Anfang genommen. Es ist in klein Folio, oder vielmehr groß Quart, und enthält überhaupt jedes Stück 6 Bogen, oder 12 Blätter. Der Kupferstich ist eben nicht der feinste, und vermuthlich giebt man ihm diese Benennung nur abusive, weil die Platten aus Zinne sind. Wir haben fünf Stück von diesem Jahre vor uns, und wollen nun den Inhalt derselben kürzlich anzeigen. Vorläufig müssen wir erinnern, daß das meiste in Singestücken bestehet, die ursprünglich mit Instrumenten begleitet waren, hier aber blos in der Singstimme, mit dem darunter gelegten Basse, vorgestellt werden, so daß freylich manche Gesänge sehr nackend aussehen. Den Anfang im ersten Stücke macht eine Composition vom Chevalier Gluck über die Arie aus dem Rè Pastore: Sol può dir &c. Drey Gesänge mit französischen Texten, von denen der zweyte eine Menuet, der dritte aber im italiänischen Geschmacke ist, folgen darauf. Die nun auftretende Menuet hätte allenfalls wegbleiben können: der gute Gesang und die reine Harmonie würden wenigstens dabey nichts verliehren. Drey andere darauf folgende Gesänge sind ebenfalls mit französischen Texten; der dritte ist für zwo Singstimmen. Den Beschluß macht: la pareille, ein Contretanz; die Art, wie er getanzt werden soll, ist dabey beschrieben, so wie auch von dem folgenden: Le vent frais. Das zweyte, dritte, vierte und fünfte Stück enthält eine französische Comödie, mit untermischten Gesängen unter dem Titel: Isabella und Gertraud. Es sind hier nicht allein alle Arien, in der Gestalt, wie wir oben bemerkt haben, ohne Begleitung der Instrumente, ohne Ritornelle, als welche durch Pausen angedeutet werden, bloß in der Singestimme und dem darunter gelegten Basse, sondern auch alles was darzwischen geredet wird, abgedruckt, daß man also die ganze Comödie in ihrem Zusammenhange allhier findet. Wir werden öfters Gelegenheit haben dergleichen in Kupfer gestochene französische Theatermusiken bekannt zu machen; ein Vortheil, um den wir die französischen Componisten beneiden, und der sowohl den italiänischen als deutschen zur Zeit noch fehlt. In jedem Stücke kommen noch einige Chansons, für eine und zwo Singestimmen, im französischen und italiänischen Geschmacke vor, von denen einige ganz artig sind. Wir hoffen uns die Liebhaber der französischen Gesänge zu verbinden, wenn wir die künftigen Stücke dieses musikalischen Journals ordentlich

lich mit anzeigen und bekannt machen. Es werden auf die zwölf Stück desselben 18. Livres voraus bezahlt.

In den beliebten Unterhaltungen, die in Hamburg monatlich heraus kommen, und dieses Jahr ihren Anfang genommen haben, befindet sich im ersten Stücke Seite 41. eine Abhandlung vom musikalischen Geschmacke, wovon wir unsern Lesern einen kurzen Auszug vorlegen wollen. Nachdem der Verfasser der Verschiedenheit in dieser Sache kurz gedacht, giebt er folgende Definition: „Der Geschmack überhaupt ist das innere Gefühl, und „die Beurtheilung derjenigen Dinge, die äußerlich auf unsere sinnlichen Werk„zeuge wirken.„ Er wendet dieses auf die Musik an, und sagt: „Der musi„kalische Geschmack bestehe in einer Beurtheilung der in unsere Sinne gebrachten Töne.„ Die Regeln, wornach die Musik und der Geschmack in derselben beurtheilt werden müssen, nimmt der Verfasser aus der Nachahmung der Natur her. „Aus den durch die Kunst verschönerten natürlichen Tönen fließt die „Musik.„ Der Geschmack wird hierauf in den National = Provinzial = und Temperamentsgeschmack eingetheilt, und nun in drey Abschnitten ausführlicher davon geredet. Den Anfang machen die Italiäner, denen einige Vorzüge in Ansehung der Melodie eingeräumt werden. „Ihr Geschmack ist „ihrem cholerischen Temperamente gemäß, feurig, heftig, und kühn im Aus„drucke, sollte es auch manchmal auf Unkosten der Harmonie und des Rhyth„mus seyn.„ An ihren Concerten, Trios, Sinfonien, Solos und Claviersachen wird eins und das andere getadelt. „Der jetzige italiänische Geschmack, „sagt der Verfasser, ist sehr bizarr, und weil man immer auf Neuigkeiten „denkt, und die Mutter aller Künste, die Natur vergißt, so ist es wahrschein„lich, daß die Musik wieder in ihre Kindheit, und ins wahnwitzige zurück fal„len werde.„

Der französische Geschmack ist gegen den italiänischen sehr einförmig, und seit Jahrhunderten fast immer einerley. Lulli ist der Schöpfer desselben. Jetzt fangen die Franzosen an ihn zu ändern. Ihre Instrumentalmusik soll der italiänischen nichts nachgeben.

Der deutsche Geschmack soll aus einer Vermischung des italiänischen und französischen entstanden seyn. Telemann, Graun und Hasse erhalten S. 59. ein verdientes Lob, so wie auf der folgenden eines Benda, Quanz, Bach, und anderer berühmter Deutschen mit Ruhme gedacht wird.

Von

Von den Engländern wird gesagt, daß sie, so wie die Holländer, mehr zur Handlung, als zur Musik aufgelegt wären.

Vom pohlnischen, dänischen, schwedischen und russischen Geschmacke weiß der Verfasser nichts zu sagen, weil ihre Kapellen mehrentheils aus Ausländern bestehen.

Im zweyten Abschnitte untersucht der Verfasser den Provinzialgeschmack; und unterscheidet Wien, Manheim, Stuttgard, Dreßden, Berlin von einander. Er erwähnt hier abermahls verschiedener berühmter Männer: eines Wagenseil, Hofmann, Hayden, Steffani, Marielli, Ditters, Stamitz, Cannabich, Toeschy, Jomelli, und anderer, deren Compositionen er meistentheils sehr glücklich characterisirt. Wir können ihm nicht Schritt für Schritt folgen, weil wir sonst zu weitläuftig würden, und die ganze Abhandlung abschreiben müßten.

Der dritte Abschnitt vom Temperamentsgeschmacke folgt im zweyten Stück der Unterhaltungen. Hier liebt einer seinem Temperamente gemäß das Lustige, der andere das Prächtige, der dritte das Ernsthafte und Traurige. Dieser Abschnitt ist sehr kurz, und scheint überhaupt nur wegen einiger seichten Beurtheiler der Musik hinzugesetzt zu seyn. Der Verfasser führt sie unter den entlehnten Nahmen Stax, Cleant, Seladon, u. s. w auf, und macht sie lächerlich. Ueberhaupt kommen in dieser wohlgeschriebenen Abhandlung mancherley gute und gegründete Anmerkungen vor, wenn gleich die intricate Materie vom musikalischen Geschmacke dadurch noch nicht völlig entwickelt ist. Wir haben Hoffnung einst eine Abhandlung über diese Materie von einem berühmten Manne in Berlin zu lesen: wir freuen uns darauf, und wünschen, daß es bald geschehen möge. Es gehört in der That nicht allein eine sehr ausgebreitete Kenntniß der Musik, sondern auch ein gewisser esprit philosophique dazu, den sehr wenig Musiker von Profession besitzen, so wie es dem philosophischen Kopfe öfters an Einsicht in der Musik fehlt.

Leipzig. Am 6ten August wurde von dem Collegio Musico auf dem Kramerhause allhier eine Cantate auf den Nahmenstag unsers Durchlauchtigsten Churfürsten aufgeführt. Sie bestehet aus einer Arie, einem Duett und Chore, ingleichen drey Recitativen, welche der Friede, die Hoffnung und die Nation, als singende Personen, unter sich vertheilen. Die Poesie ist vom Herrn M. Gottfried Samuel Brunner, und die Composition vom Herrn Gottlob Gottwald Hunger, einem geschickten Studioso juris allhier.

Wöchentliche
Nachrichten und Anmerkungen
die Musik betreffend.

Neuntes Stück.

Leipzig den 25ten August 1766.

Beschluß des eingeschickten Beytrags.

Endlich — ja endlich! werden meine fast schon ermüdeten Leser sagen! ja nun. Ich kann mir nicht mehr helfen. Es ist geschehen — Endlich, sage ich, komme ich nun auf meine

Dritte Abtheilung.

Welche den Character der Acteurs zum Gegenstande hat.

Ich werde, so viel mir möglich ist, und in so fern ich gründliche Nachrichten vor mir habe, jedes Subject seiner musikalischen Größe und Fähigkeiten nach, zu schildern suchen. Ihren allerseitigen moralischen Character zu beschreiben, wird man allhier nicht von mir verlangen. Wann ich ja noch das Herkommen, oder im kleinen die Lebensgeschichte des einen oder des andern bemerke; so mag man es als einen Ueberfluß ansehn. Wer kann denn alles erfahren und wissen?

Was nun den Herrn Andreas Galletti anlangt; so ist er ein gebohrner Italiäner und zwar von Toscana. Er mag bereits 55. bis 56. Jahr alt seyn. Er ist bey 16. Jahr schon in denen Herzogl. Gothaischen Diensten als einer der ersten Kammer-Sänger. Seine Stimme anlangend; so ist solche ein tiefer Tenor oder Baritono. Er macht zwar anjetzo wenig Passagen mehr; doch hat er etwas vorzügliches im recitiren. Was er vorträgt ist schön und ausdrückend. Nur wünschte ich ihm ein wenig mehr Feuer zu haben. Demohngeachtet will seine Action etwas mehr sagen, als heutiges Tages der meisten wälschen Acteurs ihre; die öfters nichts anders von der Action verstehen oder zeigen, als gleich einer Maschine, Hand auf, Hand nieder zu bewegen. Er versteht seine Sprache wohl, und besitzt eigene Vortheile solche jemanden beyzubringen. Ein wenig mehr Einsicht und Kenntniß in die schönen Wissenschaften, mehr natür- und regelmäßiges in seinen Erfindungen, können ihn dermaleinst als einem guten italiänischen Poeten Ehre und Ruhm erwerben. Seine Größe ist eine allgemeine Mannsgröße, und also vor das ernsthafte Theater. Dessen Ehegattinn.

Mad. Elisabeth Galletti, ist eine Deutsche, und von Durlach gebürtig. Den Grund ihrer musikalischen Wissenschaften hat sie, meines Wissens, in Mannheim gelegt. Sie ist eine wohlgemachte Person. Und in ihren jüngern, als 16. und 17. Jahren, soll sie eine der schönsten Sängerinnen, sowohl ihrer Person als Stimme nach, gewesen seyn. Jetzo ist sie etliche 36 bis 37. Jahr alt. Sie sieht noch immer gut aus, ältert wenig, und ihre Stimme ist noch schön. Sie exprimirt gut; ist musikalisch. Schade daß die Stärke ihrer Brust nicht immer einerley ist, und daß sie dann und wann etwas kränklich; aus welchem Grunde sie vermuthlich die gehörigen Kräfte zu Passagen und aushaltenden Tönen entbehren muß. Und, auch daher mag es kommen, wie es scheint, und wie ich es bemerkt habe, daß ihr das Singen etwas schwer fällt; weil sie öfters stark Athem schöpft. Zum wenigsten fehlt ihr doch, die mir sonst an Sängern und Sängerinnen so wohl bekannte Leichtigkeit im Vortrage; das ungezwungene und unängstliche. Doch, was man bey dem einen Subject nicht findet, trifft man bey einem andern an. Denn, oft hat dieses nicht was jenes hat, & vice versa.

Mad. Anna Francisca Hattaschinn. Sie ist eine gebohrne Bendainn, und Schwester der so berühmten Herrn Benda in Gotha und Berlin. Schon eine geraume Zeit ist sie in Diensten, und an den Herrn Disma Hatasch verheyrathet. Ihr Liebster ist gleichfalls wie sie, in Böhmen gebohren, und ist einer der besten Violinisten jetziger Zeit. Er ist ein wahrer Virtuos. Man wird also gar nicht an der musikalischen Virtù der Mad. Hattaschinn zweifeln. Ihre Stimme ist brillant, durchdringend, silbern und klar. Sie besitzt eine schöne Höhe und Tiefe, deren Töne mehrentheils egal. In Passagen zeigt und beweist sie eine besondere Stärke und Fertigkeit zu haben; desgleichen in Cadenzen, in langen Trillern und Minuten lang aushaltenden Tönen. Etwas habe ich bemerkt; doch, das vielleicht nur mir nicht gefällt, oder ein wenig anstößig zu seyn scheint; daß sie nämlich in Passagen, den Laut des Tons, der z. E. mit einem a. gemacht wird, dann und wann in o. oder i. mu-

dirt.

ket. Sollte dieses ja in den Ohren der delicaten Zuhörer ein Fehler seyn; so ist solcher Kleinigkeit durch eine einzige Vorstellung abgeholfen. Ihre Action anlangend, so hat sie alles gethan, was man von einer Actrice, die ziemlich stark und dick ist wie sie, und die zum ersten mahl auf das Theater kommt, nur immer mögliches verlangen kann. Genung, sie hat sehr gefallen. Am allermeisten aber und vorzüglich der zweyte Virtuose.

Herr Ernst Christoph Drechsler. Er ist einer der besten, pravsten und gelehrtesten Sänger und Tenoristen unserer Zeit. Sein Leben müßte eins der sonderbarsten seyn, weil, wie ich vernommen, er besondere Fata gehabt. Vielleicht bin ich einmal im Stande das seinige, und noch mehrerer ganz zu liefern; vorjetzo aber melde nur so viel, als ich von ihm habe in Erfahrung bringen können, nehmlich: daß er ein gebohrner Thüringer sey; daß er in Halle auf dem Gymnasio, und in Jena Theologiam, hernach zu meiner Zeit in Leipzig, denn darauf in Erlangen Jura studirt; wobey er immer sein Studium musicum auf das beste getrieben. Wie nach er in die Bayreuther Capelle gekommen, ist mir zur Zeit noch unbewust, so viel aber kann ich sagen: daß er alda durch Vorsorge der höchstseel. Frau Marggräfinn königl. Hoheit, und des höchstsel. Marggrafens sich immer mehr theils im Singen theils auch in der Violin perfectionirt. Auch ist er bey dem Bayreuther Kammer-Collegio, erst als wirklicher Registrator und hernachmals als Secretarius gestanden. Mit gleichem Prädicat ist er vor zwey Jahren, von dem Durchlauchtigsten Herrn Herzog zu Sachsen Gotha als Kammermusicus berufen worden. Er ist eine etwas große, schlanke und wohlgemachte Mannsperson, und 3. bis 34. Jahr alt. Er ist, wie schon erwähnt, einer der besten Sänger unserer Zeit; und, der als ein Deutscher, in der Singekunst uns, seinen Landsleuten, nicht wenig Ehre macht. Denn, wie viel finden sich gute deutsche Sänger, und zwar Tenoristen? Ein Hager, war einmal. Ein Raff, der stärkste Tenoriste der noch lebt, der sich in Deutschland und in Italien vielen Ruhm erworben. Man nenne mir nun, zur Folge, noch einen Deutschen, der in dieser Kunst excellirt und berühmt ist? Des Herrn Drechslers Stimme, ist eine von den besten, annehmlichsten und zärtlichsten Tenorstimmen so ich je gehört. Er hat eine unvergleichliche natürliche Höhe. Alle Töne, in zwey Octaven, kommen in egaler Stärke von seiner guten Brust hervor. Doch wünschte ich seiner Tiefe noch ein wenig mehr Stärke. Sein Vortrag, seine Manieren, seine Ausarbeitung und Veränderung der Passagen sind ausgesucht schön. Sein portamento della voce, seine Action ist gut und meisterhaft; ohne alles gekünstelte gefällig und einnehmend, sie ist natürlich. Nur scheint

 es,

es, oder kommt mir so vor, daß er im Verhältniß seiner Mitconsorten in der Action zu thätlich, zu lebendig und fast zu viel mache. Doch wer ist vollkommen? Fast sollte ich behaupten, daß es besser sey ein wenig zu viel, als zu wenig Action haben. Hat nicht das lebhafte vor dem schläfrigen immer den Vorzug? Nur schade das er kein gebohrner Italiäner ist; er würde gewiß mehr Aufsehens machen. Das er nett und lieblich auf der Violine spielt, und daß er auch artig componirt, bemerke hiermit nur obiter.

Da ich nunmehro diese meine schon lang genung gewordene Nachrichten zu schließen gedenke; so will ich nur noch in aller Kürze, doch bestmöglichst von der Decoration zu erwähnter Oper gedenken, welches die

Vierte und letzte Abtheilung.

Die Kleider derer agirenden Personen, ihr ganzer Anzug vom Haupt bis zum Füßen, war sehr schön und theils prächtig; alle waren ihrem Charakter nach, gleich und ebenmäßig gekleidet; und solches war von den recitirenden Personen an, bis zu dem geringsten stummen zu bemerken. In diesem Punkte fehlte es also an nichts.

Ohneracht das Theater keins von den großen, wovon viel anbringen könnte; so waren doch alle Decorationen, alle drey Acte hindurch, unverbesserlich wohl erfunden und angebracht. Die Caverne ist gewiß ein Meisterstück zu nennen. Solche wurde erstlich nur durch ein schwaches Licht, nach und nach aber mit mehrern und durch einige Fackeln erleuchtet. Es schien als wenn alle Augenblicke da und dort ein Felsenstücken gleicher Stein herab stürzen wollte. Sie droheten zu fallen. Und bey dem gleich in der ersten Scene wirklich sich ereigenden Einsturz eines Mauerstücks, verspührte ich ordentlicher Weise ein Grausen. Der Saal im zweyten Act, und der Parc im dritten, haben alle beyde mir ebenfalls sehr wohl gefallen; besonders der Parc.

Die Invention erwähnter Decorationen ist von dem geschickten Herrn Tiez, Sr. Hochfürstl. Durchl. zu Sachsen Gotha erstem Cabinet-Maler und Kunst-Cämmerier. Er ist einer der geschicktesten Künstler unserer Zeit. Ein gebohrner Berliner. Er ist lange in Paris auf der Academie, alsdenn lange auf Reisen, und besonders in Engeland gewesen; allwo er das Glück gehabt, drey Prinzen von Wallis nach dem Leben zu mahlen. Sonderbares Glück! welches wohl so leicht kein Künstler mehr haben und erleben wird.

Da ich nunmehro zu Ende, so bitte alle meine Leser um Vergebung wenn ich sie etwann mit meinem Geplaudere hier und da, oder überhaupt zu

viel

viel belästiget. Sollte dem ohngeacht dieser Versuch einer historischen Nachricht Liebhaber gefunden haben; und sollte mir meine hierdurch gezeigte Arbeit, sammt dem Eifer vor das musikalische Beste einigermaßen nur verdankt werden; so verspreche in Zukunft mit mehrern aufzuwarten. Der ich indessen die Ehre habe, allen Freunden, Gönnern, Liebhabern, Kennern und Meistern der Musik mich bestens zu empfehlen, und lebenslang mit aller Achtung bin

Dero ergebenster Diener
R. S.

Geschrieben zu A. E. L. E. den 20. Julli 1766.

Recueil de chansons, accompagnées du Clavecin, par Mr. *Jean Colizzi*, a Brunsvic, dans la librairie des Herétiers *Schroeder*. 1766.

Diese nur aus vier Bogen bestehende Sammlung französischer Gesänge verdient unter vielen andern bemerkt zu werden. Poesie, Composition, Kupferstich, Papier, alles ist niedlich an derselben. Die Zahl der Lieder beläuft sich auf zwölf Stück, von denen das zweyte eine Art von kurzer Romanze, und so wie das zwölfte in der französischen Baurensprache ist. Die Schreibart der Melodien ist dem italiänischen Geschmacke gemäß, und vielleicht sind französische Texte noch nie nach so artigen Melodien gesungen worden. Schade, daß auch hier die Gedichte voller prosodischen Ungleichheiten sind, die dem Componisten eben so beschwerlich, als dem Dichter bequem sind! Man sehe nur das vierte Lied: Jeune & novice encore, zum Beyspiele an: wie wenig kommt eine Zeile mit der andern überein! wie oft sind kurze Sylben lang, und lange kurz gebraucht. Wie ist es möglich, auf Verse, wo der Unterschied zwischen langen und kurzen Sylben gar nicht beobachtet ist, eine gute Melodie zu machen, und wie sollen die andern Strophen, da keine der andern ähnlich ist, zu dieser Melodie passen? Es ist zu verwundern, daß die französischen Dichter, die so viel in der Absicht verfertigen, daß es gesungen werden soll, sich nicht mehr an eine bestimmte Länge und Kürze der Sylben binden wollen, da doch alle Fehler von der Art, die sich im Lesen leicht vertuschen lassen, im Gesange nothwendig sehr sichtbar werden müssen. Haben sie nie gehört oder gelesen, daß kein guter Gesang möglich sey, wenn die Quantität der Sylben nicht beobachtet wird; und daß, wo diese fehlt, auch keine Poesie mehr sey; weil das kein Gedicht ist, was nicht gesungen werden kann. Cantus subsistere nequit, si nulla observatur

tur syllabarum quantitas: eo vero sublato, tollitur quoque Poësis, cum Poëma non sit, quod cantari non possit. *Vossius de Poematum cantu et viribus rhythmi.* Diese Lieder kosten 14. gl. hier ist das oben angeführte zur Probe; man kann darüber die Betrachtungen anstellen, von denen wir hier nur ein weniges gesagt haben.

Andante.
Jeune et novice en - co - re j'ai - me de bon - ne foi;
Cet amour que j'i - gno - re est ve - nu malgré moi.
Je ne sçavois pas mê - me son nom jusqu'à ce jour: Hé-
las! dès que l'on ai - me on a donc de l'a - mour.

2. Ta voix seule me touche
Par un charme flatteur.
Chaque mot de ta bouche
Passe jusqu'en mon cœur.
Loin de toi, ta Bergere
N'auroit pas un beau jour:
Hélas! comment donc faire
Pour n'avoir point d'amour?

3. Des fleurs, que tu me cueilles
Je me pare au matin;
Le soir tu les effeuilles
Pour parfumer mon sein.
Ton soin est de me plaire;
C'est le mien chaque jour.
Helas! comment donc faire,
Pour n'avoir point d'amour.

Nach-

Nachricht von einem neuen musikalischen Instrumente, Harmonica genannt.

Aus dem 59ten Stück des Hannoverischen Magazins 1766.

Der Erfinder des, unter dem Namen Harmonica, in England und Frankreich mit großem Beyfall aufgenommenen, und in der Art, wie die Töne hervor gebracht werden, völlig neuen musikalischen Instrumentes, ist der berühmte Franklin. Zufälliger Weise, bey electrischen Versuchen, vom Reiben der gläsernen Kugeln oder Röhren entstandene Töne, oder auch die längst bekannte Art, Trinkgläser dadurch tönend zu machen, daß man den Finger in einer steten und kreisförmigen Bewegung auf ihrem nassen Rande herumführet, mögen vielleicht die Gelegenheit zur Erfindung dieses Instrumentes gegeben haben. Seine übrige Einrichtung entlehnet etwas von dem Glockenspiel, von der Electrisirmaschine, und von dem sogenannten Nürnberger Geigenwerk.

Ein englisches Frauenzimmer, die Jungfer Davies, welcher der Erfinder ein solches Instrument geschenkt hat, soll noch zur Zeit die einzige Person seyn, die es in gehöriger Vollkommenheit zu spielen weiß; denn Herr Franklin selbst ist nur so weit musikalisch, daß er zu seinem eigenen Vergnügen darauf spielen kann. Ich habe im vorigen Sommer das Vergnügen gehabt, in dem Hôtel d'Angleterre zu Paris, wo sich dieses Frauenzimmer täglich zweymal hören ließ, nicht nur ein Zeuge von ihrer großen Geschicklichkeit und den Vorzügen des Instruments zu seyn, sondern auch letzteres hinreichend kennen zu lernen, um durch eine kurze Beschreibung von dessen wesentlicher Einrichtung, einem oder andern sinnreichen Liebhaber ein Vergnügen zu machen, oder wohl gar zu Verfertigung eines ähnlichen Instrumentes Gelegenheit zu geben. Man findet auch eine aus dem Journal des Dames genommene Nachricht davon in dem zweyten Theile der neuen Auszüge aus den besten ausländischen Wochen- und Monatsschriften, auf der 21gten Seite.

Es bestehet aus 41. gläsernen Glocken, von der Gestalt, die sie gewöhnlich bey kleinen Glockenspielen oder schlagenden Wand- und Tisch-Uhren zu haben pflegen. Sie gehen durch halbe Töne, und machen also drey vollständige Octaven, und noch ein paar Töne darüber. Die größte mag acht, und die kleinste zwey französische Zolle im Durchmesser haben. Man würde bey Verfertigung eines solchen Werkzeuges, freylich die Glocken aus einer ziemlichen Menge, auf gerathewohl geblasener heraussuchen müssen. Allenfalls lassen sich diejenigen, so nur ein weniges zu tief klingen, durch Abschleifung des Randes höher stim-

men

men, und die, so zu hoch sind, dadurch niedriger machen, daß man sie an Stellen, wo es nicht hinderlich ist, mit Wachs oder Pech überziehet; so wie man bey ähnlichen Absichten eine Reihe gleich großer Trinkgläser nur mehr oder weniger anfüllen darf, um sie nach einer ganzen Scala von Tönen zu stimmen. Es ist zur Vollkommenheit des Instrumentes nothwendig, daß die Glocken, wenigstens in der Nachbarschaft des Randes, genau zirkelförmig sind, auch daselbst keine von Blasen oder Unreinigkeiten des Glases herrührende Erhöhungen haben. Allenfalls würde es keine großen Unkosten machen, sie zwey Finger breit zu schleifen und zu poliren.

Diese 41. Glocken stecken, eben so wie bey kleinen Glockenspielen, an einer gemeinschaftlichen Achse, ohne sich jedoch zu berühren, dergestalt ineinander, daß der Rand einer jedweden, einen Daumen breit vor dem Rande der nächst größeren voraus stehet, und die ganze Reihe etwa drey Fuß lang ist. Die Achse ist zwar von Eisen, aber mit Holz gefüttert, weil sonst die Glocken, wenn sie unmittelbar am Eisen befestigt wären, nicht so helle klingen würden. Die Löcher der Glocken, in welche die 1 Zoll dicke Achse passet, müssen genau in der Mitte seyn, damit sie so befestigt werden können, daß sie bey dem Umlaufen der Achse nicht im mindesten schwanken. Es ist daher rathsam, diese Löcher auf einer Schleifmühle durch den Boden der Gläser zu schleifen, oder wenigstens zu berichtigen, und zu gleicher Zeit, nach obiger Erinnerung, einen Streifen am Rande der großen Oeffnung abzuründen. Ob übrigens die Glocken an der Achse bloß angekittet, oder zwischen hölzernen, auf die Achse geschobenen oder geschraubten Röhren und Ringen, feste gehalten werden, habe ich nicht bemerken können; doch vermuthe ich das erstere.

Die Achse liegt wagrecht über einem 3½ Fuß langen, 1 Fuß breiten und 2. Fuß hohen Gestelle oder verschlossenen Kasten, der an jedem Ende oberhalb noch eine kleine verschlossene Erhöhung von ½ Fuß hat, worinn die beyden Pfannen, in denen sich die Achse drehet, so wie in dem Kasten selbst die zur Bewegung der Achse beliebte Einrichtung versteckt sind. Vielleicht ist der obere Theil dieses Fußgestelles nur von dünnen Bretern, und so eingerichtet, daß er die Stelle eines Resonanzbodens vertritt.

Der Beschluß folgt künftig.

Wöchentliche
Nachrichten und Anmerkungen
die Musik betreffend.

Zehntes Stück.

Leipzig den 2ten Septembr. 1766.

I.

Verzeichniß der Personen, welche gegenwärtig die königliche preußische Capellmusik ausmachen, im Julius 1766.

Director:

Herr Alexander, Graf von Golowckin.

Poet:

Herr Abt Antonio Landi.

Capellmeister:

Vacat.

Componisten:

1. Für die Kammermusik des Königs.

Herr Johann Joachim Quanz. Er hat seine Anweisung die Flöte traversiere zu spielen, mit verschiedenen, zur Beförderung des guten Geschmacks in der praktischen Musik dienlichen Anmerkungen begleitet, und mit Exempeln, auf 24 Kupfertafeln, erläutert, in Quart, im Jahre 1752 zu Berlin im Drucke herausgegeben. Man weis daß dieses Buch nicht allein die Flöte spielen lehret, sondern auch zugleich eine vortreffliche Anleitung zur ausführenden Musik überhaupt, und, so viel die gute Einrichtung und Anordnung der Musikstücke betrifft, zur Composition selbst ist. Von Notenwerken hat man von ihm 6. Solos für die Flöte, in Querfolio zu Dreßden in Kupfer gestochen, und 6. Duette für zwo Flöten, 1759 zu Berlin bey Wintern, in Folio gedruckt. Da seine ungemein schöne Composition dem eigenen Gebrauche des Königs allein gewidmet ist, so ist nicht viel davon im Publico zu haben. Sie besteht in einer großen Menge von Concerten für eine und zwo Flöten; in sehr vielen Solos, Trios, und Quatuors 2c. Sein merkwürdiger Lebenslauf steht im 1sten Bande, der von Herr F. W. Marpurg, in Berlin herausgegebenen historisch-kritischen Beyträge zur Aufnahme der Musik, S. 197. u. f.

2. Für das Theater.

Herr Johann Friedrich Agricola, aus dem Fürstenthum Altenburg gebürtig. Man hat von ihm im Drucke: 1) Tosis Anleitung zur Singkunst, aus dem italienischen übersetzt, und mit Anmerkungen vermehret, in Quart 1757. 2. Eine Composition über Kramers Uebersetzung des 21. Psalms, vollstimmig, in Partitur, 17[illegible]. in Folio zu Berlin bey Wintern gedruckt. 3. Einige Kleinigkeiten in den Raccolte so bey Breitkopfen zu Leipzig heraus gekommen sind. Seine übrigen Compositionen sind: einige zum Theil sehr starke Kirchenstücke; einige komische Singspiele; die Opern: Alessandro nelle Indie oder Cleofide, im Jahre 1754, und Achille in Sciro, 1765. auf dem großen Theater in Berlin aufgeführet; die Operette: il Tempio d'Amore, von des Königs Poesie, 1755: hiernächst noch eine Menge einzelner Arien, von denen viele eigentlich für die Stimme seiner Gemahlinn eingerichtet und von der Person so sie singen soll, eine Fertigkeit im Ton-Umfange und im Geschmacke des Farinello zu singen, erfodern. Endlich hat Herr Agricola einige Concerti grossi, zum Theil für sehr viele concertirende Instrumente, gesetzet.

Sängerinnen:

Frau Giovanna Barbara Girelli, aus Parma
- - Giovanna Gasparini, aus Bologna,
- - Benedetta Agricola, gebohrne Molteni aus Modena.
} Soprane.

Sänger:

Herr Antonio Uberi, detto Porporino, aus Verona. Mezzo-Sopran.
- - Paolo Bedeschi, insgemein Paolino, aus dem Bolognesischen
- - Giuseppe Tosoni aus Brescia,
- - Carlo Concialini aus Siena,
- - Giovanni Coli aus Siena,
} Soprane.
- - Antonio Romani aus Piacenza. Tenor.

Komische Sängerinnen und Sänger:

Frau Marianna Sidotti, ehedem Gheri,
- - Armelina Roch, gebohrne Mattei,
} Soprane,

Herr

Herr Joh. August Christoph Koch, aus Zerbst, ein guter Bassist und Violinist, componiret auch gute, absonderlich komische Sachen.

- - Francesco Paladini, aus Lucca, ein guter Tenorist, welcher auch in den schönen Wissenschaften kein Fremdling ist, und sowohl artige lateinische als italiänische Verse macht.

Diese beyden führen die sogenannten Rollen di mezzo Carattere aus.

Herr Filippo Sidotti, hat die pur komischen Rollen.

Concertmeister:

Herr Johann Gottlieb Graun, aus Wahrenbrück in Meißen, ein Bruder des am 8ten August 1759. verstorbenen königlichen Kapellmeisters: Herrn Carl Heinrich Graun. Des Herrn Concertmeisters große Stärke auf der Violine, und seine vortreffliche Composition, sind allenthalben bekannt. Er hat vieles von der einen sowohl als der andern, der Anweisung des berühmten Herr Joh. George Pisendel, ehemaligen königl. pohlnischen und churfürstl. Sächsischen Concertmeisters in Dresden zu danken. Er hat auch Italien gesehen, und sich die Spielart des berühmten Tartini bey ihm selbst bekannt gemacht: aber nicht rathsam gefunden was besonders von dem, was jenem allein eigen ist, beyzubehalten. Unsers Herrn Graun Composition besteht in sehr vielen ungemein feurigen Concerten für eine und zwo Violinen, auch Doppelconcerten für andere Instrumente; aus Concerten für das Violoncell, die Viola da Gamba, u. s. w. aus sehr vielen überaus prächtigen Sinfonien, zum Theil mit vielen concertirenden Instrumenten, und aus einigen Ouvertüren; aus schönen Trios und Quatuors für verschiedene Instrumente; aus vielen Solos, und auch einigen Cantaten, u. s. w. Seine Sinfonien machten, unter andern auch außer Berlin, zu des sel. Pisendels, des feinsten Kenners schöner Compositionen, Lebzeiten, der vortrefflichen Ausführung des Dresdner Orchesters, so wie hinwider diese Ausführung, den gedachten Sinfonien, große Ehre.

Violinisten:

1) Herr Concertmeister Graun, von welchem alleweile geredet worden.

2) Herr Franz Benda, aus Benatek in Böhmen. Er hat die Violine aus weniger eigentlicher Anweisung, aber durch desto mehrern eigenen Fleiß und Aufmerken auf berühmte Leute, sonderlich in Wien, Prag, Dresden erlernet. Sein Geschmack im Spielen sowohl als in der Composition ist, ungeachtet seiner sehr großen Stärke in allen Schwierigkeiten des Instruments, ungemein rührend und zärtlich: wozu ohne Zweifel etwas beygetragen hat,

daß er in vorigen Zeiten selbst ein guter Sänger gewesen ist. Sein Ton auf der Violine ist einer der vollkommensten, die man auf diesem Instrumente hören kann. Im Anführen eines Orchesters ist er eben so vortrefflich. Seine Composition besteht in vielen überaus schönen Concerten, Solos, und Sinfonien.

3) Herr Joseph Blume, aus München in Bayern. Ist seines Instruments sehr mächtig.

4) Herr Johann Gabriel Seyffahrt aus Reisdorf im Weymarischen. Er hat viele sehr gute Concerte für die Violine und einige andere Instrumente, auch etliche Kirchenstücke gesetzet. Er hat die theatralische Tanzmusik zu besorgen, zu welcher er auch selbst viel gutes gesetzet hat.

5) Herr Joseph Benda, ein Bruder und Schüler des Herrn Franz Benda. Er ist sehr stark auf der Violine, und spielt vollkommen im Geschmacke seines Herrn Bruders.

6) Herr Johann Gottlob Freudenberg, aus Wachau bey Dresden. Ein besonders guter Accompagnist.

7) Herr August Kohn, aus Preußen. Dieser besitzet eine große Stärke in der Ausführung auf der Violine. Er hat dieselbe hauptsächlich auf die Stücke des Herrn Concertmeisters Graun gewendet, welche er, vorzüglich, ungemein gut ausführet. Er hat viele Solos von besonderer Erfindung und Geschmacke gesetzet.

8) Herr Balthasar Christian Friedrich Bertram, aus Salzwedel.

9) Herr Johann Leonhard Hesse, aus Stargard in Pommern.

10) Herr Friedrich Wilhelm Heinrich Benda, } Söhne des Herrn Franz
11) Herr Carl Heinrich Herrmann Benda, } Benda.

12) Herr Joh. Friedrich Ernst Benda, ein Sohn des Herrn Joseph Benda alle drey würdige Schüler und Nachfolger ihrer berühmten Väter.

Bratschisten:

Herr Franz Caspari, aus Böhmen.
- - Johann George Stephani, aus Berlin.
- - Johann Christoph Tannenberg, aus Potsdam.
- - Carl Ludwig Bachmann, aus Berlin.

Flöte-traversisten.

Herr Johann Joseph Friedrich Lindner, aus Weickersheim, in Franken; ein sehr guter Schüler des Herrn Quanz.

Herr

Herr Augustin Neuff, aus Graz in Stayermark; aus eben dieser Schule.
- - Friedr. Wilhelm Riede, aus Berlin. Seine Eltern wären gebohrne Engländer. Er verknüpfet mit einer guten Ausführung, auch eine vorzügliche Stärke in der theoretischen Musik; und ist überhaupt ein Mann der viel Einsicht in die schönen Künste hat. An theoretischen Schriften hat man von ihm im Drucke: Versuch über die musikalischen Intervalle, in Quart, 1753. 2) Einige Abhandlungen in den marpurgischen Beyträgen. Die musikalische Composition hat er aus der Anweisung des verstorbenen Hrn Christoph Schaffrath, (welcher erst Clavierspieler des Königs, hernach der Prinzeßinn Amalia war,) und des Herrn Concertmeisters Graun, auch großentheils durch seinen eigenen gar besondern Fleiß erlernet. Hiervon hat man im Drucke: 1) Sechs Trios für die Flöte, welche in Paris in Kupfer gestochen worden. 2) Ein Solo und ein Trio, für Flöten, im Breitkopfischen Verlage, 1758. Das übrige besteht in vielen einfachen und doppelten Concerten, Trios, Quatuors und Solos für die Flöte.
- - Johann Friedrich Aschenbrenner, aus Soldin in der Neumark.

Hoboisten:

Herr Joachim Wilhelm Döbbert, aus Berlin. Ein sehr guter Hoboist.
- - Johann Caspar Grundke, aus Naumburg am Bober.
- - Johann August Grunert, aus Altenburg.

Die vierte Stelle ist jetzo unbesetzt.

Clavieristen:

Herr Carl Philipp Emanuel Bach, der zweyte Sohn des großen Herrn Johann Sebastian Bach in Leipzig. Seine Stärke auf dem Claviere ist so bekannt, als seine vortrefflichen Schriften und Compositionen. Man hat von ihm im öffentlichen Drucke:

1) Versuch über die wahre Art das Clavier zu spielen: mit Exempeln und 18. Probestücken, in 6. Sonaten, erläutert 1753. Der Versuch ist in Quart, die Sonaten in Folio.
2) Versuch rc. rc. zweyter Theil, in welchem die Lehre von dem Accompagnement und der freyen Fantasie abgehandelt 1762. in Quart.
3) Sei Sonate per il Cembalo, dedicate al Rè di Prussia, alle spese di Schmide in Norinberga, 1742. in lang Folio, gestochen.
4) Sei Sonate per il Cembalo, dedicate al Duca di Wurtemberg &c. &c. alle spese di Gio. Gugl. Windter, in Norimberga 1742. in Querfolio, gestochen.
5) Zwey Trio: das erste für 2 Violinen und Baß; das zweyte für 1. Querflöte,

flöte, 1. Violine, und Baß: dem Herrn Grafen von der Lippe Bückeburg zugeeignet. Nürnberg in der Witwe Schmidt Verlage in Folio gestochen.

6) **Drey Clavier-Concerte**, mit dem gewöhnlichen Accompagnement in Folio. Zu verschiedenen Zeiten, und in verschiedenen Verlage.

7) **Gellerts geistliche Oden und Lieder**, mit Melodien in Querfolio, Berlin bey George Ludwig Winter. Zur dritten Auflage 1764. sind noch die Melodien 12. anderer geistlicher Oden dazu gekommen. Gedruckt.

8) **Sechs Sonaten fürs Clavier**, mit veränderten Reprisen; der Prinzessinn Amalia von Preußen, Aebtissinn zu Quedlinburg zugeeignet. Berlin, in George Ludwig Winters Verlage 1760. in Querfolio gedruckt.

9) **Fortsetzung von sechs Sonaten fürs Clavier** 1761.

10) **Zweyte Fortsetzung von 6. Sonaten fürs Clavier** 1763. beyde in in dem Formate und Verlage der vorigen.

11) **Clavierstücke verschiedener Art**, erste Sammlung, Folio, Berlin. Winter 1765.

12) **Sechs leichte Clavier-Sonaten.** Querfolio Leipz. Breitkopf 1766.

13) Sonatine, a 2 Flauti, 2 Violini, Viola, Cembalo concertato e Basso, 3 Stücke in Stimmen, Fol. Berl. Winter.

14) **Thyrsis und Phyllis**, eine deutsche Cantate, Fol. Berl. Winter 1766.

15) Unterschiedene Sonaten und andere Clavierstücke im musikalischen Allerley, Mancherley, und den Breitkopfischen Raccolten.

16) **Zwölf kleine Stücke**, mit 2 und 3 Stimmen für die Flöte und Violine oder das Clavier, in Taschenformate, 1759. Berlin, bey Wintern.

Außer diesen hat Herr Bach noch eine große Menge von Concerten und Sonaten fürs Clavier, einige Trios, viele Sinfonien, ein starkstimmiges Magnificat und eine solche Ostermusik, auch etliche Sonaten für die Orgel, welche alle nicht gedruckt sind, verfertiget.

Herr **Carl Fasch**, ein würdiger Sohn des berühmten ehemaligen Capellmeisters in Zerbst, Herrn **Johann Friedrich Fasch**. Er hat verschiedene Kirchenstücke und Serenaten, auch viele schöne Claviersachen gesetzet.

Violoncellisten:

Herr **Joseph B. Zycka**, aus Böhmen: ein großer Meister auf seinem Instrumente. Er hat viel schönes, an Concerten, Doppelconcerten, Solos, u. s. w. für dasselbe gesetzet.

Herr **Ignatius Mara**, auch aus Böhmen: ebenfalls stark auf seinem Instrumente, und ein guter Componist für dasselbe.

Herr

Herr Marcus Heinrich Graul, aus Eisenach: Spielt sein Instrument sehr gut, und setzet schöne Concerte und Solos für dasselbe.

- - Herr Christian Friedrich Schale, aus Brandenburg. Er spielt, ausser seinem Instrumente, Clavier und Orgel sehr gut, und hat für beyde letztere auch viel schönes gesetzet. Er ist zugleich Organist am Dom.

Herr Friedrich Zycka, ein geschickter Sohn des Herrn Joseph V. Zycka.

Fagottisten:

Herr Martin Jacob Herzberg, aus Preussen. Er hat einen schönen Ton, viele Fertigkeit, und eine sehr gute Spielart auf seinem Instrumente.

Herr Christoph Julius Friedrich Dümler.
- - Johann Rudolph Siegmund Prinz.
- - Samuel Kühlthau.

Violonisten:

Herr Johann Caspar Trandorf, aus Sachsen. Spielt sein Instrument, bey einem guten Tone, mit vielem Feuer.

Herr Johann Christian Freudenberg, aus Wachau in Meißen.

Waldhornisten:

Herr Elias Enke, aus Hildburgshausen.
- - Joh. Nicolaus Schober, aus Franken, ein geschickter und fleißiger Mann.

Harfenist:

Herr Franz Brennessel.

Der Beschluß folgt künftig.

Fortsetzung von dem neuen musikalischen Instrumente, Harmonica genannt.

Es wird einem jeden, auch nur mittelmäßigen Künstler leicht seyn, allenfalls aus Betrachtung eines gemeinen Spinnrades, oder des bekannten Geigenwerkes oder Gamben-Instrumentes, ein bequemes Mittel auszusinnen, wie man ein im Kasten anzubringendes Rad durch ein Pedal, und vermittelst des Rades durch Saiten und Rollen die gemeinschaftliche Achse der Glocke in Bewegung setzen kann. Den einzigen Unterschied von einem Spinnrade macht der Umstand, daß die Achse des Rades mit der, an welcher die Glocken stecken, nicht füglich parallel seyn kann, sondern, daß diese queer über jener her liegt. Diese Schwürigkeit läßt sich aber leicht heben, wenn man zwischen dem Rad und derjenigen Rolle,

Rolle, an welcher die Achse mit den Glocken feste ist, noch ein paar Rollen anbringet, an denen die Saite eine andere Richtung annehmen, und mit deren Hülfe sie zugleich die gehörige Spannung bekommen kann.

Nun ist die Harmonica fertig, und jeder, der auf die schnell herumlaufende und vorläufig mit einem Schwamm anzufeuchtende Glocken, die Spitzen der Finger in gehöriger Ordnung und Geschwindigkeit zu legen weis, kann darauf spielen. Es unterscheidet sich nämlich dieses Instrument von dem Glockenspiele dadurch, daß die Töne nicht durch Anschlagung der Hämmer, sondern durch das Reiben der Spitzen oder vordersten Glieder der Finger an das Glas hervor gebracht werden; und die Verbesserung, die der Verfasser oben angeführter Nachricht, durch anzubringende Claves und Hämmer, vorschlägt, würde das ganze Wesen dieses musikalischen Werkzeuges zernichten, und es zu einem gläsernen Glockenspiel oder Verrillon herunter setzen.

Wenn nicht auf unsern Clavieren ein Theil der halben Töne in einer abgesonderten Reihe läge, wo sie gleichsam ein zweytes Clavier ausmachen, sondern zwischen den übrigen, mit gleichem Rechte eingeschaltet wären; so würde ein jeder, der das Clavier versteht, auch die Harmonica spielen können. Daß es sich jedoch nicht widerspreche, daß jemand auf dem gewöhnlichen Flügel und auf der ganz anders eingerichteten Harmonica, es zu gleicher Zeit zu einem hohen Grad von Fertigkeit bringen könne, das bewies die Jungfer Davies dadurch, daß sie von einem Instrumente sogleich zu dem andern gieng, und es nicht nur ohne Anstoß, sondern mit einer Fertigkeit spielte, dergleichen mir selten vorgekommen ist. Meine Absicht ist zwar nicht, eine ähnliche Einrichtung der Claviere vorzuschlagen, noch viel weniger alle Gründe vor und gegen eine solche Neuerung, gegenwärtig in Erwägung zu ziehen: Doch, da mich meine Ohren überzeugt haben, daß man es dabey, eben so gut wie jetzt zu einem hohen Grad von Fertigkeit würde bringen können, und da man wenigstens den Vortheil dabey haben würde, daß eines theils die in die Augen fallende und dem Gefühle nach und nach geläufig werdende Entfernungen der Finger oder der Clavium voneinander, mit den von den Ohren empfundenen Intervallen der Töne proportionell wären, und andern theils die Compositionen ohne Mühe, und ohne es beynahe gewahr zu werden, aus einem Hauptton in den andern übergesetzt werden könnten; so wird man mir es leicht zu gute halten, und allenfalls auf die Rechnung meines Vorurtheils für dieses so angenehme neue Instrument, bey dem dergleichen Einrichtung nothwendig war, zu setzen belieben, daß es mir noch zur Zeit so vorkommt, als wenn ich die mit Clavibus versehene Instrumente eben diesem Gesetz unterworfen sehen möchte.

Der Beschluß folgt künftig.

Wöchentliche

Nachrichten und Anmerkungen die Musik betreffend.

Eilftes Stück.

Leipzig den 9ten Septembr. 1766.

II.

Bey seiner königl. Hoheit dem Prinzen von Preußen sind als Musici in Diensten.

Herr Christian Ludwig Hesse, Viola da Gambist, aus Darmstadt; ein Sohn des ehedem so berühmten Gambisten und nachherigen Kriegsraths Hrn Hesse in Darmstadt, und seiner, auf dem ehemaligen deutschen Theater, als eine sehr brave Sängerinn, berühmt gewesenen Gemahlinn. Die Fertigkeit, Nettigkeit und das Feuer in der Ausführung, welches unser Herr Hesse in so hohem Grade besitzet, machen ihn, zu unsern Zeiten, unstreitig zu dem größten Viola da Gambisten in Europa.

Herr Johann Ludwig Müller, aus Berlin. Ein trefflicher Violinist im Concertspielen sowohl als Accompagniren.

Ueber diese noch ein Violinist, und zween Clarinettisten.

III.

Von der ehemaligen Kapelle des Prinzen und Markgrafen Karl, königl. Hoheit, von deren ehemaligen Verfassung im 1sten Bande der Marpurgischen Beyträge S. 157. u. f. die Beschreibung stehe, befinden sich noch in Berlin:

Herr Johann Christian Jacobi, aus Preußen, ein braver Hoboist, und Herr Anton Hözel, ein geschickter erster Waldhornist.

IV.

Die Kapelle Sr. königl. Hoheit des Prinzen und Markgrafen Heinrich, machen jetzo folgende Mitglieder aus:

Herr Joseph Dorsch, aus Bayern, ein guter Tenorist.
- - Leopold August Abel, ein braver Violinist und geschickter Maler.
- - Johann Heinrich Pausewang, Violinist.
- - Jacob Ludwig Ebel, Violinist.
- - Friedrich Gustav Bernhard Göbel, Violinist.
- - George Bandow, ein sehr geschickter Violoncellist.
- - Joh. Joachim Rodemann, ein guter Hoboist.
- - Johann Daniel Schmalz, ein braver Clavierist, und zugleich Organist an der französischen Kirche auf der Friedrichsstadt.

V.

Von den Musicis Ihrer königl. Hoheit der Frau Markgräfinn von Schwedt sind noch übrig:

Herr - - Zeidler, ein fertiger Clavierspieler.

Herr Jacob le Fevre, aus Prenzlau in der Ukermark. Ein braver Violinist und Componist, nach Herrn Concertmeisters Graun, und Hrn. Bachs Unterweisung.

Herr - - Richter, ein guter Traversist.

Herr - - Schulze, ein recht guter Violoncellist, aus der Schule des Herrn Ignaz. Mara, und ein geschickter Componist für sein Instrument.

VI.

Unter einigen Musikern, welche bey Sr. Herzogl. Durchl. dem Prinzen Friedrich Eugen von Würtemberg in Diensten stehen, ist vorzüglich zu bemerken:

Herr J. J. Kannengießer, aus Hannover, ein sehr guter Violinist, welcher außer den besondern Geschicklichkeiten im Concertiren sowohl als Accompagniren, womit er seinem Instrumente Ehre macht, die vom Hrn. Quanz gründlich erlernte Composition sehr glücklich ausübet. Er spielt überdieses auch das Clavier.

VII.

VII.

Unter den Organisten in Berlin sind vorzüglich bemerkenswerth:

Herr **Johann Ringk**, aus Frankenhayn im Gothaischen, Organist an der Marienkirche; ein Schüler des berühmten Orgelspielers Hrn. **Peter Kellner** zu Gräfenroda, und des seel. Herrn Kapellmeisters **Stölzel** in Gotha. Er versteht gründlich die Orgel nach ihren Eigenschaften zu spielen, und führt aus dem Stegreife Fugen darauf sehr gut aus.

Herr **Karl Volkmar Bertuch**, aus Erfurth, Organist bey St. Petri. Er hat unter dem Herrn Professor **Adlung** in Erfurth das Clavier- und Orgelspielen vorzüglich studiret. Er besitzt sehr viel Fertigkeit auf der Orgel sowohl als auf dem Clavecin. Die schwersten Orgelstücke des seel. Herrn **Johann Sebastian Bach** spielt er auf seiner Orgel mit großer Nettigkeit.

VIII.

Von Privat-Musicis, und andern Liebhabern der Tonkunst, die nicht eigentlich von derselben Profession machen, werden von uns vorjetzo bemerket:

Herr **Friedrich Wilhelm Marpurg**, aus Seehausen in der Altmark; jetziger königl. Secretär bey der Accise. Seine musikalischen Schriften zeugen hinlänglich von seinen Verdiensten um die Tonkunst. Er hat in denselben bewiesen, daß man auch über die Tonkunst, und zwar in sehr verschiedenen Fächern derselben gründlich, ordentlich und schön denken und schreiben kann. Seiner Schriften, welche theoretisch practisch und historisch sind, ist zu viel, als daß sie hier alle verzeichnet werden könnten. Ueberdieß sind sie auch überall bekannt genug.

Herr **Johann Philipp Kirnberger**. Sein Leben steht S. 85. u. f. des **ersten Bandes der Marpurgischen Beyträge**. Man wird daraus schon wissen, daß er das Clavier spielet und componiret. Zu seinen Werken, welche allda beschrieben sind, hat er nach der Zeit noch hinzugefüget, und drucken lassen: 1) eine kleine Abhandlung über die Stimmung des Claviers; 2) zwo Sonaten für die Flöte traversiere, 3) Vier Sammlungen **verschiedener Clavierstücke vom leichtesten, bis zum schweresten**, von eigener und fremder Composition, mit **beygefügter Fingersetzung** nach den Bachischen Grundsätzen: ein, für die, welche das Clavier recht spielen lernen wollen, sehr nützliches Werk.

Herr **Karl Jacob Christian Klipfel**, aus Königstein in Meißen. Inspector der Churfürstl. Porcellan-Fabrik. Er spielt Clavier und Violine recht

 gut,

gut, singt einen guten Baß, und besitzet überhaupt einen sehr feinen Geschmack in der Musik.

Herr . . Albrecht, Secretär bey Sr. Herzogl. Durchlaucht dem Prinzen Friedrich von Braunschweig. Er ist ein Sohn eines sehr geschickten Stadtmusicus in Magdeburg. Er ist vieler Instrumente kundig, das Clavier nicht ausgenommen. Absonderlich spielt er die Flöte traversiere, auf welcher er besonders viel Leichtigkeit und einen schönen Ton hat, sehr gut, und nächst dieser vornehmlich die Violine.

Herr Christian Gottfried Krause. Ein berühmter Advocat bey dem berlinischen Magistrat, und den französischen Gerichten dieser Stadt. Auch er ist ein Sohn eines ehemaligen Stadtmusicus, der viele Geschicklichkeit besessen hat, aus Winzig in Schlesien. Auf der Schule in Breslau sowohl, als nachher auf der Akademie zu Frankfurth an der Oder hat er schon viele Kirchenstücke gesetzet. Als Secretär bey dem verstorbenen Generallieutenant Grafen von Rotenburg, hat er das vortreffliche Buch: von der musikalischen Poesie in deutscher, und das S. 1. der Marpurgischen Beyträge rc. übersetzt zu lesende Schreiben an den Herrn Marquis von B. über den Unterschied zwischen der italienischen und französischen Musik, in französischer Sprache heraus gegeben. Als Advocat hat er im Fache der Musik im Drucke zu lesen gegeben:

1) Eine Recension des Textes von dem Singspiele Thusnelde vom Hrn Kapellmeister Scheibe. S. 93, u. f. des 1sten Bandes der Marpurgischen Beyträge.

2) Die so gründlichen als sinnreichen vermischten Gedanken über die Musik, welche S. 181. u. f. des zweyten, S. 18. u. f. und S. 523. u. f. des dritten Bandes der Marpurgischen Beyträge befindlich sind. Allen diesen Schriften hat zwar Herr Krause seinen Namen nicht vorgesetzet: wir wissen aber gewiß, daß sie von ihm sind; und sehen zugleich, daß alles in denselben, an ihrem Verfasser, einen der feinsten musikalischen Kunstrichter zu erkennen giebt.

An praktischen Werken hat Herr Krause gesetzt: unterschiedene Sinfonien, Concerte, Trios und Oden: eine vortreffliche vielstimmige Composition über den von Schlegeln in Verse übersetzten 104. Psalm, in welcher mehr als ein Versett Muster der erhabenen musikalischen Schreibart abgeben können: eine schöne Composition über Herr Prof. Ramlers Cantate: Ino; und außer diesen noch andere Musikstücke mehr, welche

alle

alle er nur in denen, wegen seiner weitläuftigen juristischen Praxis, ihm so raren Nebenstunden verfertiget hat.

Noch merken wir von ihm an, daß er, außer der Violine und dem Clavier, die er vornehmlich im Bezirk des Accompagnements sehr gut spielet, auch die Pauken mit größer Feinheit und Beurtheilung des durch sie von dem Componisten bey einem Musikstücke zum Zwecke gehabten Ausdrucks, spielt.

Herr Johann Otto Uhden, Königl. Kammergerichtsrath und Hofrichter. Er spielt die Violine sehr gut; hiernächst auch das Clavier, und singt einen angenehmen Baritono. Er hat vieles für Singstimmen, in italienischer, deutscher und französischer Sprache, auch nicht wenig für Violine, Clavier, u. s. w. in verschiedenen Schreibarten, mit vielem Feuer und Erfindung gesetzet. Aber seine weitläuftigen Amtsverrichtungen lassen ihm gar wenig Zeit, auf die Musik, zu welcher er doch so ausnehmende Talente hat, zu wenden übrig. Unterschiedenes von seiner Composition ist, wiewohl ohne Dabeysetzung seines Namens, in Berlin gedruckt worden.

Verschiedene neue Lieder mit Melodien fürs Clavier von Gottlob Wilhelm Burmann. Berlin. Gedruckt und zu finden bey Christian Moritz Vogeln 1766. Sechs Bogen in Querfolio; kosten 10 gl.

Die Zahl dieser Lieder beläuft sich auf neunzehn Stück, die alle nicht über vier Strophen haben, und also den Vorwurf einer ermüdenden Länge so vieler andern nicht verdienen; das erste allein ausgenommen, bestehet, als eine Parodie von Hallers Doris, aus 22. Strophen. Wir wollen uns bey den Poesien nicht aufhalten, ob wir gleich viel gutes davon sagen, und auch mancherley dabey erinnern könnten; sie haben theils ernsthafte, theils scherzhafte Gegenstände, und aus dem Vorberichte sehen wir, daß Herr Burmann Dichter und Componist zugleich sey. Er scheint auch die Pflichten des einen und des andern gut genug [illegible]nnt zu haben: wie kommt es aber, daß seine Melodien weit unter seinen Poesien stehen? Wir wollen ihm gern zugestehen, daß er eine gewisse Anlage zum Singbaren habe; aber er bleibt sich nicht gleich: Bald verfällt er ins Gesuchte und Affectirte, bald ins Steife und Matte, bald ins Holprichte und Unsingbare. An diesen Fehlern ist meistentheils ein harmonischer Bombast Schuld. Wozu dienen die vielen an einen Faden gereyheten

 Noten,

Noten, die bald sechs- bald achtstimmigen Accorde? Wozu dient die gekünstelte harmonische Begleitung auf der 13ten und 16ten Seite? Ist nicht die Melodie darüber so sehr ins Steife und Trockene verfallen, daß sie kaum einer Melodie mehr ähnlich ist? Und wie sieht es um die Reinigkeit der harmonischen Sätze hier und an andern Orten aus? Wir würden so bald nicht fertig werden, wenn wir alle Donatschnitzer anmerken wollten. Der Herr Verf. beliebe indeß im 4ten Liede den 4ten u. 6ten Tact, im 5ten L. den 10ten und 11ten Tact nachzusehen; und mit vier Noten Sprünge durch zwo Octaven im Basse, das ist zu arg. Das folgende 6te Lied ist das Gegentheil von den andern; immer f und c, c und f im Basse; welche Monotonie! die letzte Zeile hat mehr Abwechselung der Harmonie; aber desto weniger liedermäßigen Gesang, und das Zeichen 𝄐 als eine Fermacadenz über der falschen Quinte ist eine so große Seltenheit, daß sie gleich im folgenden Liede noch einmal vorkömmt. Die Melodie des 14ten Liedes: Ueber das Grab, ist so voll von winselnden und fehlerhaften Harmonien, daß man damit das Reich des Pluto in Verzweiflung bringen, und der Verfasser, ein zweyter Orpheus, ihn mit allen seinen Unterthanen aus der Hölle jagen könnte. Der Text hingegen ist vortrefflich. Um alle harmonischen Abentheuer des Componisten in nuce beysammen zu haben, lasse man sich das 17te Lied empfohlen seyn. Gegen das Ende kommt im Basse ein Fehler wider die Orthographie vor, indem  an statt  so wie im 13ten Liede im Discante  für  stehet.

Von der Wirkung der Music auf die Thiere.

Aus des Vigneul-Marville Melanges d'Histoire et de Litterature. Tom. II. p. 77.

Wenn man behaupten will, daß es in der Natur liege, die Musik, und besonders den Klang der Instrumente zu lieben, so sagt man unter andern, daß selbst die unvernünftigen Thiere dagegen empfindlich wären. Ich untersuchte eines Tages, da ich mich auf dem Lande befand, ob es wahr wäre; ich ließ auf einer Seetrompete blasen, und beobachtete aus einem Fenster, in welches ich mich lehnte, wie sich eine Katze, ein Hund, ein Pferd, ein Esel, ein Rehe, eine Heerde Kühe, eine Menge Vögel, ein Hahn und seine Hühner dabey anlassen würden. Ich bemerkte nicht, daß die Katze gegen den Schall der Trompete einige Empfindlichkeit äußerte; ich sahe es ihr vielmehr an der Mine an, daß ihr eine

Maus

Maus lieber wäre, als die ganze Symphonie und alle musikalischen Instrumente; sie gab kein Merkmal der Freude von sich, und schlief, in der Sonne liegend, ein. Das Pferd blieb still unter dem Fenster stehen, und hob allemal den Kopf in die Höhe, wenn es ein Maul voll Gras aus der Erde gerauft hatte. Der Hund setzte sich auf den Hintern, wie ein Affe, and sahe den mit unverwandten Augen an, der die Musik machte; er blieb länger als eine Stunde in dieser Positur, und that als ob er etwas davon verstünde. Dem Esel sahe man nicht die geringste Empfindlichkeit an; er fraß seine Disteln ungestöhrt: Asinus ad lyram. Das Rehe spitzte seine großen und breiten Ohren, und schien sehr aufmerksam. Die Kühe blieben eine kleine Weile stehen, und nachdem sie uns angesehen hatten, gleich als ob sie uns kenneten, giengen sie ihren Weg zum Thore hinaus. Die kleinen Vögel, die in einem Vogelhause eingesperrt waren, und andere, die auf den Bäumen und Sträuchen saßen, sangen sich fast zu tode; der Hahn aber, der nur an seine Hühner dachte, ingleichen die Hühner, denen es nur ums Scharren zu thun war, gaben uns auf keine Weise zu erkennen, daß es ihnen ein Vergnügen sey, eine Seetrompete zu hören.

Beschluß von dem neuen musikalischen Instrumente, Harmonica genannt.

Denn ich muß es gestehen, daß die Harmonica, meinen Empfindungen nach, einen sehr hohen Rang unter den musikalischen Werkzeugen verdienet. Ihr Ton kommt der menschlichen Stimme, der von den besten Kennern, vielleicht eben deswegen, weil sie auch Menschen sind, der Vorzug vor aller anderer Musik gegeben wird, näher als der Ton von irgend einem andern mir bekannten Instrumente. Er vermischt sich mit der ihn manchmal begleitenden angenehmen Stimme dieses durchaus musikalischen Frauenzimmers auf eine so harmonische Art, daß es schwer wird zu unterscheiden, welche Töne sie mit dem Munde, und welche sie mit den Fingern hervor bringt.

Glockenspiele, die auch in ihrer größten Vollkommenheit, so wie man sie in allen niederländischen Städten findet, ein sehr unvollkommenes Instrument sind, wenigstens meine zu ihren Accenten nicht gewöhnte Ohren oft genug ermüdet haben, können mit der Harmonica in keinem Betracht verglichen werden, als daß sie gleichfalls Glocken haben.

Einen andern großen Vorzug hat sie vor der ihr sonst ziemlich nahe kommenden Orgel, daß sich die Töne einzeln und in ganzen Accorden, von einer fast nicht zu empfindenden Schwäche an, durch geschwindern oder langsamern Uebergang

bergang in unmerklichen Stufen, bis zu einer unglaublichen Stärke bringen lassen. Man befindet sich zunächst bey dem Instrumente, und glaubt eine sanfte Musik in der Ferne zu hören, die sich allmählig nähert, und uns zuletzt in Gedanken in eine Kirche zu einer nahen Orgel (von der man jedoch nur ein und das andere Register müßte ausgezogen haben) versetzt.

Daß der Baß, in Vergleichung des Discantes zu schwach sey, habe ich eben nicht bemerken können; sollte jedoch dieser Tadel gegründet seyn, so ließe sich durch die veränderte Gestalt der Baß- oder Discant-Glocken, diese Unvollkommenheit gewiß vermindern oder heben.

Daß bey ganz geschwinden Stücken einige Töne ausbleiben, oder nicht deutlich genug ansprechen sollen, kann unmöglich daher rühren, weil die Töne durch das Reiben hervorgebracht werden, denn sonst müßte man der Violine eben den Vorwurf machen können. Da das Instrument erst ein paar Jahre alt ist, so wäre es unbillig, ihm oder seiner Besitzerim eine kleine Unvollkommenheit zur Last zu legen, die man manchem Virtuosen hingehen läßt, der mit der Violine in der Hand grau geworden ist.

Volle Accorde, geschwinde Läufe, Schwebungen, Triller, und überhaupt die feinsten und geschmeidigsten Manieren lassen sich in großer Vollkommenheit auf der Harmonica ins Werk setzen. Man füge hinzu, daß sie sich nicht, wie das Geigenwerk, verstimmet; gar nicht kostbar ist; keinen großen Künstler zu seiner Verfertigung und Unterhaltung erfordert, wie zum Beyspiel das sonst unvergleichliche Silbermannische Piano-Forte, dessen innere Einrichtung einer von den beyden berühmten Brüdern mir in Strasburg zu erklären, die Gütigkeit gehabt hat; daß sie aus keinen leicht zerbrechenden oder sonst untauglich werdenden Theilen bestehet, wie etwa die gewöhnlichen Flügel: So wird man noch mehr von dem Werthe dieses vortrefflichen franklinischen Instrumentes überzeugt werden. Mir kam es wenigstens so vor, als wenn dessen rührende Harmonie und pathetische Töne vorzüglich geschickt wären, die Leidenschaften rege zu machen, ja selbst zu demjenigen Enthusiasmo zu erhöhen, der ein von einem quackerischen Prediger erfundenes musikalisches Werkzeug seines Erfinders würdig machen kann; zumal unter den Händen eines Frauenzimmers, die ich, in Ansehung ihres melodieusen Singens, ihrer Ton- und Phantasiereichen Finger, ja selbst wegen des aus ihrer ganzen Person hervorleuchtenden musikalischen Tiefsinnes, gerne selbst Harmonica nennen möchte.

Alb. Lud. Fr. Meister.

Wöchentliche
Nachrichten und Anmerkungen
die Musik betreffend.

Zwölftes Stück.

Leipzig den 16ten Septembr. 1766.

Nachricht:

Von denen auf dem Herzogl. Theater zu Sachsen-Gotha seit einem Jahre her aufgeführten Intermezzos.

Da die mehresten hier und da schon zur Genüge bekannt sind; so werde ich weiter nichts als deren Benennung, und etwan bey einem hier und da das allernothwendigste bemerken.

Es sind also, wie schon gesagt, folgende bereits aufgeführt worden:

1) Il Don Narciso.
2) Il Medico Ignorante.
3) La Giardiniera.
4) Il Filosofo convinto in Amore.
5) La Finta Malata.
6) Le vicende del Mondo, oder Li due Peregrini fatti sposi per azzardo.
7) Don Tabarano.
8) La Moda, oder Il Marito geloso.
9) Il Fanfarone, viaggiatore francese, maritato in Germania a Lisetta Ostessa.

Die Musik und Composition ist in allen, durchgängig schön; doch so, daß hier und da immer eine Arie mehr gefällt als die andere. Die Meister der Composition von ein und andern anzugeben, fällt deswegen schwer; weil die mehresten derer Intermezzi, so ich gesehen, von verschiedenen schönen Hauptarien verschiedener Meister zusammen gesetzt sind. Nur einige habe ich bemerkt, welche nicht mit fremden Federn ausgeschmückt waren, als das 4te, 5te und 9te.

M Benannte

Benannte Intermezzi nun sind fast durchgängig von zwey Personen, bis auf das 5te, nehmlich: La Finta Malata; welches von dreyen ausgeführt wurde, und zwar von folgenden Personen: als den

Sign. P. C. Dreßler, welcher den Bernardon vorstellte. Zu wünschen wäre es, der Herr Dreßler hätte sich damit nicht abgegeben; denn, er hat sich wenig Ehre, wenn anders, in dieser Art zu recitiren, Ehre zu erlangen, erworben. Einmal, es schien mir so, war es nicht für seine Stimme; und, so viel mir davon benachrichtiget worden, ist die Person des Bernardone, Gentiluomo — oder wie es der Herr Uebersetzer gar vortrefflich gegeben: Bernardon, ein wohlhabender Phantast — ha! ha! ha! ha! — und dessen Parthie für einen Bassisten. Man kann also leicht den Schluß machen, wie sich des Herrn Dreßlers seine Stimmen, seine lange und schmächtige Person, neben dem kleinen Sign. Burgioni, und der noch kleinern Sign. Nicolini Rosa, ausgenommen. Hätte ich den Herr Dreßler sonst und besonders in der Opera Seria nicht gehört und gesehen, so würde ich hier wenig oder nichts zu sagen haben. So aber, da ihm bey seinem guten Betragen und gesetzten Wesen, die gütige Natur mit dem Talente eines Possenmachers ganz und gar nicht begabt; er aber, sich zu so einer, ihm so widrigen Rolle begeben; so muß er nicht übel nehmen, wenn man ihm sagt: daß es ihm garnicht ansteht, comisch zu agiren und Narrenspossen zu machen; gleich der ernstlichen Nachtigall, wenn sie die Possen einer Blaumeise nachäffen wollte.

Die andern zwey Personen waren der Herr Leopold Burgioni, und die Madem. Nicolini Rosa, beyde aus Italien gebürtig, und auf 2 Jahr in Herzoglichen Diensten.

Was nun der Person nach den Herrn Burgioni anlangt: so ist er von mittler Statur, und sieht wohl aus. Seine Stimme ist Tenor; doch deucht mir, daß er zweyerley Register im Halse habe. Seine Stärke und Schwäche in der Musik ist mir nicht bekannt. Was aber seine Action anlangt; so ist solche hin und wieder meisterhaft; und ich bin im Anfang seiner Vorstellungen bald vor lachen gestorben. Auf dem Theater ist er sehr trolligt; und seine Possen und listig ausgedachten Späßgen, gefallen sehr; außer wenn sie alt sind, und bekannt worden.

Was aber die Madem. Nicolini Rosa betrifft; so ist solche eine kleine untersetzte, sonst schön gebildete Person, der alles sehr wohl ansteht was sie macht. Ihre Stimme ist mezzo Soprano, voll, stark und schön. Schade, daß sie dann und wann ein wenig allzumerklich die Stimme sinken läßt, welches seinen Ohren nicht angenehm ist. Sie scheint wenig musikalisch zu seyn; doch muß sie wohl eine gute Memorie haben.

Von den Intermezzos, so ich von beyden gehört, hat mir der Philosoph, nächst vorerwähntem, am besten gefallen. In manchen übrigen ist von Herzen wenig zusammen hängender Verstand: denn es sind oft Arien, Duetts hier und da eingeschaltet, die gar nicht zur Sache passen; und oft — doch, was rede ich viel darvon. Jedermann weiß ja schon, was Pasticcio sagen will. Nur kommt es dabey auf eine gute und vernünftige Wahl an.

Wer etwas ganz besonders von schöner Poesie, von Erfindung, von überaus Comisch-Erhabenen lesen will, dem preise ich das 9te, nehmlich den reisenden französischen Fanfaron an. Der Autor dieses schönen Werkchens ist mir unbekannt. Vermuthlich muß es sein erstes poetisches Kind seyn, oder das letzte.

Oft geschieht es, daß die beste Poesie dem schlechtesten Componisten in die Hände fällt. Aber, hier ist es umgekehrt. Die Musik ist überaus schön, durchgängig vortrefflich. Je nun! findet man doch auch unter den Deutschen oftermalen die schönste Musik zu einer gereimten Prosa.

Neues ist nun eben nicht viel in dem ganzen Zusammenhange des Herrn Fanfarons oder Aufschneiders. Es müßte denn die schöne Art und Weise, die Sitten Frankreichs durchzuhecheln seyn — Ja, wirklich! das ist es auch, und zwar unerwartet neu.

Sonst ist das ganze Intermezzo ein Pasticcio von dreyerley Sprachen, als: Italiänisch, Französisch und Deutsch zusammen gesetzt; welches dem Titel völlig adæquat. Es ganz durchzugehen würde meine Leser gewiß ermüden; oder sie würden sich entweder krank lachen, oder würden — doch nur etwas weniges:

Pag. 14. fragt Lisette den Monsf. Fanfaron: von was für einer Nation er sey. Er giebt ihr zur Antwort: cosi simplice siete, cara mia? je suis François, ma chere, oder: bist du noch so unschuldig meine Schöne! ich bin ein Franzos, meine Theure!

Und, was giebt ihm nun die Theure, zur Antwort? dis: Tu pist ain reck ferfluckt . . . main Er, oder du bist ein recht verfluchter . . . mein Herr! doch Lisette besinnt sich. Denn, in der darauf folgenden Arie nennt sie ihn wieder: Monsieur Franzos amabile — Ich vermuthe, daß der Herr Autor hier in beyden erwähnten Ausdrücken Ironie haben will.

Pag. 19. Die Arie, die alda der Autor zum Lobe oder zur Schande seiner Herrn Landsleute derer Castraten gemacht, ist noch so ziemlich gerathen; er muß gewiß nicht gut auf sie zu sprechen gewesen seyn. Nur scheint mir der Auftritt, einen alten Castraten lächerlich zu machen, zu sehr bey den Haaren herbey gezogen zu seyn. Besonders kommt mir die Verkleidung hier sehr unnatürlich vor. Denn, sein Bedienter ist fort, oder er weis doch zum wenigsten nicht wo er mit seinem Mantelsack hingekommen. Er hat noch kein Zimmer in dem Wirtshause betreten; dennoch geht er in solches, und erscheint darauf in einem Augenblicke gut gekleidet.

Pag. 20. Pai uns die Cazzen singhen besser. Daß nicht alle Franzosen schlecht, wie nicht alle Italiäner gut singen, wird jedermann wissen; und wir Deutschen brauchen, auf anderer Nationen Unkosten ein solch niedriges und nach der Dorfschenke schmeckendes Gleichniß, zu unserm Lobe, und zwar von einer Keller-Jungfer gar nicht.

Noch könnte ich hier und da einige schöne Sächelchen, besonders im zweyten Act bemerken; ich will aber solchen ganz und gar übergehen, weil vieles, so zu sagen, unter der Critik ist, und mit dem Herr Boileau. Ep. 9. v. 85. schließen.

Le Faux est toujours fade, ennuyeux, languissant,
Mais la nature est vraie, & d'abord on la sent,
C'est elle seule en tout, qu'on aime, & qu'on admire.

Was falsch ist, das ist matt, verdrießlich, abgeschmackt,
Nur die Natur ist wahr, nur sie allein kann rühren,
Man schätzt, man liebet sie, wo sie sich lässet spühren.

Paris.

Wir haben von daher eine sogenannte lyrische Comödie, unter dem Titel le Sorcier, der Zauberer, in Händen. Sie hat zween Acte. Der Verfasser derselben ist Mr. Poinsinet, und der Componist der Arien Mr. A. D. Philidor. Sie wurde den 2ten Januar 1764. von den italiänischen Comödianten zum erstenmal aufgeführt, und ist mit solchem Beyfalle aufgenommen worden, daß sie des saubern Kupferstichs, worinne Herr Philidor dieselbe dem Publico vollständig vorlegt, allerdings sehr würdig zu achten ist. Wir wollen den Inhalt kurz anzeigen, und von der Arbeit des Componisten, so viel uns möglich, den Lesern einen Begriff zu machen suchen, der dem Herrn Philidor allemal

allemal zur Ehre gereichen wird. Eine glückliche Vermischung des französischen mit dem italiänischen Geschmacke; reine und mit Verstande gewählte Harmonie; Fleiß und Ausdruck in den begleitenden Stimmen; eine angenehme und geschickte Abwechselung der Instrumente, sind durch das ganze Stück hindurch anzutreffen. Die erste Scene fängt mit einer Ariette der Agate an, welche sich mit ihrer Wäsche, die sie trocknet und plattet, beschäfftiget. Blasius, ein Winzer, und der von ihrer Mutter für sie bestimmte Bräutigam, kömmt dazu, und will in einem darauf folgenden Duett einen Kuß von ihr haben, den sie, da sie den abwesenden Julian liebt, ihm verweigert. Es ist in der Arie sowohl als besonders im Duet ein sehr ungekünstelter Gesang, ein sehr natürlicher Ausdruck, und geschickte harmonische Wendungen. Die Mutter der Agate, Simone kommt, und Blasius klagt ihr, daß ihre Tochter ihn nicht, sondern einen vornehmen Herrn, einem Magister, einen Amtmann haben wolle, um eine Madame vorzustellen. Er preiset hierauf in einer Ariette seine Vorzüge als Winzer, worinne zugleich eine Beschreibung der Weinlese enthalten ist, die dem Componisten Gelegenheit gegeben auf allerhand Ausdrücke, als das Seufzen oder Knarren der Presse, das Schäumen des Mostes in der Kufe, das Springen der Reifen an den Fässern u. s. w. zu sinnen. Simone giebt ihm Beyfall, und erzählt in der folgenden Ariette, wie sie in der letztern Weinlese es allen im Tanzen zuvor gethan habe. Sie befiehlt hierauf ihrer Tochter, nicht mehr an den Julian zu denken, welches diese ihr als unmöglich vorstellt, bey welcher Gelegenheit sie folgende Ariette singt, die wir, weil sie die kürzeste, und sonst auch sehr artig ist, hersetzen wollen.

ARIETTE.

Poco Lento.

peut bannir de mon a - me, ni mon a - mour, ni
mon en - nui. Le seul nom de Ju-lien m'en-
flam - me, per - son - - ne n'aimoit com - me
lui. En par - tant il me dit: A - ga - te,

Julien

Ju-lien ne vi-vrà que pour toi! Et l'on
veut que je ſois in - gra-te: ne m'en im-po-ſez
pas la loi, ne m'en im-po-ſez pas la
loi.

Die

Die kleine Justine, die Pathe der Simone, und Schwester des Julians kommt und bittet sie, daß sie ihr auch einen Mann geben soll; ein trolliger Spaß! denn das kindische Mägdchen will eben den Sebastian haben, den Simone selbst noch zu heyrathen Lust hat. Die kleine Arie, die sie singt, hat in der That viel Naives. Simone sucht hierauf diese beyden Mägdchen nach ihren Absichten zu bereden. Sie singt:

Mes chers enfans, laissez moi faire;
Je suis de bonne foi.
Je vous cheris en mère
Laissez moi faire,
Dans cette affaire
Ne vous fiez qu'à moi.

Sie beschreibt der einen den Ehestand als eine unerträgliche Sclaverey, und der andern, als ein Leben voll Vergnügen für eine verständige Frau: kurz, Blaise est ton fait sagt sie zu Agaten, und zu Justinen: Vous perdez votre tems, petite fille, de songer à Bastien; on m'a bien averti, qu'il en amoit une autre. Sebastian kommt darzwischen, und gestehet, daß er nie eine andere geliebt habe als Justinen, die ihr Bruder schon vor ihn bestimmt gehabt. Er singt eine kleine Romance von drey Strophen, welche die Geschichte seiner Liebe in der Kürze enthalten. Eben zu rechter Zeit kommt Julian aus Indien zurück, wohin er als Soldat gegangen war. Er beschreibt dem Sebastian in einer Arie, die voll von Arbeit, Erfindung und Ausdruck des Componisten ist, den zur See ausgestandenen Sturm. „Das Schiff läuft anfänglich bey einer „glücklichen Stille fort; der Himmel wird finster; der Wind erhebt sich; wird „stärker; stürzt Welle über Welle; der Bliz leuchtet; der Donner kracht; die „zitternden Ruderknechte beugen sich vergebens über das nicht gehorchende Ruder; man hört das Heulen der Taue, der Wellen und der Winde; der entsetzliche Lärm des Ungewitters, und das klägliche Geschrey des Schiffsvolks „wird vom Echo wiederholt, und noch erschrecklicher dadurch.„ Und das alles hat der Componist auszudrücken gesucht? Ja dieß alles; und zwar mit einer Verschiedenheit von Ideen, mit einer Arbeitsamkeit in allen Stimmen, die dem Herrn Philidor sehr zur Ehre gereichen. Es sollte manchem italiänischen Componisten sauer genung werden, diese mannichfaltigen und schwer zu erreichenden Bilder der Natur in Noten vorzustellen; und eigentlich ist dieses das Feld, worinne die französischen Componisten den italiänischen sehr oft überlegen gewesen sind.

Der Beschluß folgt künftig.

Wöchentliche

Nachrichten und Anmerkungen die Musik betreffend.

Dreyzehntes Stück.

Leipzig den 23ten Septembr. 1766.

Wien.

Von dem dermaligen Etat der kaiserl. königl. Hof- und Kammermusik, wie auch einigen andern hiesigen Virtuosen und Liebhabern einen kurzen, wiewohl zur Zeit noch unvollkommenen Abriß mitzutheilen, hat ein Freund der Musik auf Verlangen folgendes niederschreiben wollen.

1) Ist zu wissen, daß nachdem der ehemalige Director Herr Graf von Durazzo, vor zwey Jahren als Botschafter nach Venedig abgegangen, der böhmische Graf, Herr Johann Wenzel des heil. R. R. Graf von Spork, nunmehr als General-Director der Spectaculn oder als quasi Maitre des plaisirs, die Oberaufsicht über die Hof- und Kammermusik, und zu gleicher Zeit über das Theater hieselbst führet. Es ist derselbe einer der verständigsten Cavaliers so sich zu dieser Charge qualificirt gemacht, indem er ein genauer Kenner, und selbst in der Instrumentalmusik, besonders der Violin vor sehr geschickt gehalten wird.

2) Ist unser italiänischer Hof-Poet, noch der berühmte Herr Abt Pietro Metastasio, der durch seine Werke der Welt sattsam bekannt ist.

3) Finden sich, neben dem hochberühmten K. P. dermahln Chursächs. Herrn Hofcapellmeistern Johann Adolph Hassen, dessen Anwesenheit in Person allhier wir zu wissen das Glück haben, auch noch allhie der Herr Joseph Scarlatti, der mehrere sowohl ernst- als scherzhafte Opern mit Beyfall hier und in Wälschland geschrieben, wie auch der Herr Chevalier Christoph Gluck, der nebst den vorhin bekannten Opern noch neuerlich successive viele komische Opern mit Geschmack hieselbst verfertiget. Hierzu rechnet man billig einen Herrn Florian Leopold Gaßmann, so von des Kaisers Majestät auf einige Zeit nach Italien geschickt worden, und sich gegenwärtig zu Venedig aufhält. Dieser hat gegen das Ende des 1764ten Jahres die Opera Olym-

piade geschrieben, und selbige ist darauf im Carneval 1765. mit Approbation hier aufgeführet worden, auch sind sonsten seine Claviersachen sehr artig.

Von der Hof-Kapelle sind dermalen zu bemerken.

Hof-Kapellmeister.

Herr Lucas Anton Bredieri, ein Mann von Verdiensten besonders in Kirchen-Sachen, so schon unter Kaiser Carl des VI. Regierung Opern geschrieben, dermalen aber als jubilatus lebt.

Herr Georg von Reuter, zugleich Musikdirector bey der Metropolitankirche zu St. Stephan, gleichfalls und hauptsächlich in Kirchenstücken, Motetten. Sonsten ist hier in dergleichen Art von Composition ein gewisser Advocat, Namens Sonnenleitner beyzuzählen, der sich hierinnen sehr geschickt erwiesen.

Kammer-Compositors.

Herr George Christoph Wagenseil, zu Wien gebohren, in omni genere notissimus.

Herr Joseph Bono, ein Italiäner.

Hof-Claviermeister.

Herr Leopold Hofmann, aus Wien, und Capellmeister bey St. Peter. Ist durch seine schönen Sinfonien und eine Menge anderer Sachen bekannt.

- - Joseph Steffan, ein Böhme, in Concerten à Cembalo, Clavier Sachen, als Divertimenti und dergleichen bekannt, die meistentheils in Kupfer gestochen sind.

Cantatrici.

Frau Theresia von Reuter, Gemahlinn des Hof-Kapellmeisters, so aber nicht mehr singt.

Frau Theresia Pettmann, gebohrne Heinisch, eine Tochter von dem berühmten Hof-Trompeter gleiches Namens. Dann gehört mit hieher

Die bekannte Mademoiselle Teuberinn, so dermalen bey des Prinzen von Sachsen-Hildburghausen Durchl. Kapelle engagirt.

Sopranist.

Herr Joseph Monteriso.

Altisten.

Herr Pietro Rauzzino, und Pietro Galli.

Tenorist.

Herr Cajetan Borghi. Hierzu rechnet man den Herrn Leopold Bonscho von des Prinzen von Hildburghausen Kapelle, der zugleich ein trefflicher Violoncellist ist.

Bassi-

Bassisten.

Herr Christoph Braun, und Herr Carl Herrich.

Organist.

Herr Gottlieb Muffat.

Violinisten.

Herr Carl Joseph Denck, Herr Adam, und dessen Tochter, große Virtuose.
Herr Franz Thuma aus Böhmen, gewesener Kapellmeister bey Ihro kaiserl. Majestät Elisabeth, in Sinfonien, à Tre, Kirchen-Sachen.
Herr Georg Orsler, aus Schlesien, gewesener Kapellmeister von dem seel. Fürsten von Lichtenstein, in Sinfonien à 4. Kirchenstyl.
Herr Karl Ditters, in Sinfonien, Concerten u. d. g. bekannt.
Herr Leopold Hofmann, desgleichen
Herr Carl von Ordonitz, Registrant bey den Landrechten, in Sinfonien.
• • Joseph Heyden, ein Oesterreicher, Capellmeister bey dem Fürsten Esterhasi, in Sinfonien rc. rc.
Herr Ziegler, in Sinfonien, à Tre &c.
• • Martinus Wisdorffer.
• • Huber.
• • Hoffmann.
• • Kreibich.
• • Klemm, Schüler vom Herrn Hofmann.
• • Trani.
• • Aspelmeyer.
Herr Haßlinger dermalen zu Preßburg.
• • Anton Rosetti, Gräfl. althanischer Kammer-Musicus.
• • Johann Schnautz.
• • Cammermeyer.
• • Manul.
• • Curara.
• • Büschelberger.

Hautboisten.

Herr Besozzi, vom Churfl. Sächsischen Hofe.

Traversisten.

Herr Schulz.

Auf der Mandora.

Herr Molli, und Herr Winter.

Harfenisten.

Herr Tretter und Herr Bierfreund.

Lautenisten.

Herr von Rohot, bey der Kais. Königl. Hof- und Staats-Canzley Secretär, so sehr in Spielen als Componiren auf diesem Instrumente berühmt.

Bassonisten.

Herr Abbe Kolofer, Herr Hofmann, Herr Himmelbauer, Herr Ledezki ki, ein Böhm[illegible] Herr Schloßthal, Assessor beym Stadtgericht, Herr Franciscell[illegible]

Fagottist. H[illegible]llipp Friedrich.

Posaunist. Herr Ferdin. Christian, einer der fürnehmsten im Kirchensatz.

Hof-Trompeter.

Herr Ernst Beyer, Herr Franz Kreibich, Herr Andreas Hübler, ingleichen Herr Neubold, Herr Koch und Herr Hofbauer.

Auf dem Clavier und Unterweisung desselben sind sonst noch berühmt.

Herr Arbesser, Fürstl. Schwarzenberg. Hofmusicus, Viennensis.

- - Senft, ein Wiener in Partien.
- - Johann Christoph Mann, in Galanteriepartien, Concerten, Nachtmusik, Sinfonien &c. &c.
- - Sommer, Schüler von Herr Steffan.
- - Marthielli, Schüler vom [illegible]rn Wagenseil.

Organisten in den Vorstädten.

Bey denen P. P. Schwarz-Spaniern, Herr Scheibpflug.

Bey denen P. P. Weiß-Spaniern, Herr Heida.

Bey denen 14. Nothelfern, Herr Martinides.

Bey St. Carolum Boromæum Herr Pircher, alle in Kirchen-Styl.

Dann verdienen noch einige von unsern Frauenzimmern, sowohl von Noblesse als mittlern Stande, die auf dem Clavier und im Singen sehr geschickt sind, mit angemerkt zu werden, als:

Die Mademoiselle Elisabeth Martinez, so unter Aufsicht des Herren Abt Metastasio erzogen worden, componirt sehr artig.

Die Fräulein Gräfinn von Zierotni, im Singen.

Eine Fräulein, Gräfinn von Wilczec. Ein Fräulein Bar: von Gudenus.

Ein Fräulein von Collenbach. Mademoiselle Auenbrugge.

Ein Fräulein von Hahn. Mademoiselle Plenschütz.

Die Frau von Waldstädten, gebohrne von Schäfer.

Die Frau von Moll, Gemahl des RhR. Agenten, alle auf dem Clavier.

Die Frau Hardlin. Die Frau Fraiolin, im Singen.

Wöchentlich wird, nebst andern gestifteten Akademien, als z. E. bey dem Hrn Grafen von Collaldo, beym Herrn Landschafts-Beysitzer Herr von Rees, beym Herr von Oertel, &c. wenigstens einmal, bey des Prinzen von Sachsen Hildburghausen Durchl. unter Direction des Herrn Joseph Bono musikalisches Concert gehalten. Wien, mense Aug. 1766.

Fort-

Fortsetzung von der französischen Oper le Sorcier.

Bastian erzählt nun dem Julian, daß Agate noch diesen Abend sich verheyrathen werde. Julian kann es nicht begreifen, und um recht hinter die Sache zu kommen, findet er für gut, sich in einen Zauberer zu verstellen. Er singt hierauf ein Duet mit dem Bastian, in welchem der Componist die Eifersucht des einen, und die besänftigende Zurede des andern schön ausgedrückt, und künstlich in einander geflochten hat. Hier schliesst der erste Act.

Im zweyten Act erscheint Julian als ein indianischer Dervis gekleidet. Bastian bittet ihn um Beystand bey seiner Schwester Justine, welche eben herbey kommt, um den Zauberer um Rath zu fragen. Ausser der Wiederkunft ihres Bruders, zu der er ihr Hoffnung macht, offenbaret sie ihm das Verlangen, verheyrathet zu werden. Das Unschuldige und Naive ihres Characters wird man am besten aus folgender Arie einsehen:

Sur les gazons,
Loin des garçons,
Quand les fillettes du village
Parloient d'amour, de mariage,
J'écoutois sans comprendre rien.

Dès que j'ai vû Bastien
J'ai pris plaisir à leur langage.
Je ne sçais si c'est mal ou bien;
Mais je n'ai pas le courage
D'en vouloir à Bastien.

Der Componist hat einen sehr artigen Chanson daraus gemacht. Nun kommt das ganze Dorf, und zugleich Agate, Simone und Blasius, um den Zauberer zu fragen, welches in einem Chore von sechs Stimmen geschiehet, und mit vieler Kunst componirt ist, weil immer eine Stimme die andere unterbricht. Nachdem Julian den Blasius und die Simone mit seiner Wahrsagerey in Erstaunen gesetzt, rühmt er seine Kunst in einer Ariette z. E.

Je ne fais qu'un signal
Et l'empire infernal
Devant moi s'humilie &c.

Dans un magique miroir
Aux maris j'y fai voir
Comment s'augmentent leurs familles &c.

Simone heist die übrigen fortgehen, um mit dem Zauberer allein zu sprechen; sie läßt eine Flasche Wein herholen, und offenbaret ihm unter andern die vorhabende Verheyrathung der Agate mit dem Blasius. Dieses Gespräch dauert in einem fleißig gearbeiteten Duette fort. Sie sucht ihn in ihre Absichten zu ziehen, damit er der Agate berede, Julian werde nie wieder kommen. Nachdem sie mit einander abgegangen, kommt Agate allein, voll Sehnsucht nach ihrem geliebten Julian, und voll Furcht vor der ihr bevorstehenden Verheyrathung, welche Empfindungen in einer vortrefflichen Arie wiederholt werden. Der Gesang ist vollkommen italiänisch; aber die Begleitung der Instrumente weit anders eingerichtet, als sie in den italiänischen Arien insgemein zu seyn pflegt. Die Leser werden es sogleich einsehen, wenn wir ihnen sagen, daß ausser den gewöhnlichen Instrumenten, noch eine Hoboe, ein Waldhorn und ein Fagott concertirend eingeführt werden. Der verstellte Wahrsager kömmt zurück, findet Agaten in Unruhe, und läßt in einem darauf folgenden Duet Eifersucht und Zärtlichkeit ausbrechen,

brechen, in welchem sich zugleich Agate zu entschuldigen sucht. Wir müssen überhaupt von allen Duetten und vielstimmigen Sätzen, die in dieser Oper vorkommen, sagen, daß sie von einer besondern Stärke des Hrn Philidors in der Harmonie zeugen. Der Wahrsager, der ihr ferner noch einige Vorwürfe wegen der Untreue gegen den Julian macht, welche sie in einer kurzen Arie von sich ablehnt, verspricht ihr endlich, daß sie den Julian noch diesen Abend werde zu sehen bekommen. Blasius unterbricht durch seine Ankunft das Gespräch, wird eifersüchtig auf den Zauberer, und beschreibt in einer Arie die Wirkung die diese Leidenschaft auf sein Blut hat. Es ist dieß wiederum eine von den mahlerischen Arien, in welchen sich Herr Philidor besonders Mühe gegeben den wahren Ausdruck der Natur zu finden, und unserer Empfindung nach glücklich erreicht hat. Blasius will nun sein künftiges Schicksal in Ansehung der Heyrath wissen, und der Zauberer sagt ihm, daß er deswegen die Geister citiren wolle, worüber jener zwar erschrickt, aber doch genöthigt wird dazu bleiben. Die Beschwörung geht an, indem der Zauberer in einem mit Instrumenten begleiteten Recitativ singt:

Noirs habitans de la nuit eternelle,
Farfadets, Lutins et Démons,
Qui veillez fur les Efpions,
Les Nouvelliftes, les Fripons,
Reconnoiffez ma voix, qui vous appelle, &c.

Die Erde zittert; die Hölle öffnet sich; die Geister erscheinen, und sagen dem Blasius, daß, wenn er eine getreue Frau haben wolle, er vor allen Dingen dem Julian das Erbtheil wiedergeben müsse, das ihm dieser bey seiner Wegreise anvertrauet hatte. Blasius ist willig dazu. Bis hieher geht alles in Musik vor. Der Zauberer sagt, daß Julian den Augenblick selbst da seyn solle, und indem Blasius das Käftchen zu holen geht, kommt Bastian, hernach Justine und endlich Agate voller Bestürzung, weil alles zur Hochzeit in Richtigkeit gebracht ist. Julian giebt sich endlich zu erkennen, und das sogleich folgende Quartet, worinne sie allerseits ihre Freude zu erkennen geben, ist ein Meisterstück des Componisten. Endlich kommt Blasius mit dem Kästchen, und hernach Simone; das übrige der Auflösung läßt sich nun leicht errathen. Ein Vaudeville und ein Chor machen den Beschluß des Stücks, welches uns werth schien, daß wir uns so lange dabey aufhielten, und gewiß in seiner Art für ein Meisterstück der französischen Composition kann gehalten werden.

Da das Erste Quartal der wöchentlichen Nachrichten und Anmerkungen, die Musik betreffend, zu Ende läuft, so werden diejenigen, die gedachte Wochen-Schrift aus hiesiger Zeitungs-Expedition erhalten, höflichst ersuchet, die Praenumeration a 1mo Octobr. bis ult. Dec. c. a. gütigst einzusenden; weil man ohne Praenumeration, und woher solche außen bleibt, obbesagte Wochen-Schrift dahin nicht ferner absenden wird.

Wöchentliche Nachrichten und Anmerkungen die Musik betreffend.

Zweytes Vierteljahr,

vom 14ten bis 26ten Stück.

Leipzig,
Im Verlag der Zeitungs-Expedition.
1766.

Wöchentliche
Nachrichten und Anmerkungen
die Musik betreffend.

Vierzehntes Stück.

Leipzig den 30ten Septembr. 1766.

Romolo ed Ersilia.

Dramma per Musica, rappresentato in occasione delle felicissime nozze delle A. A. LL. RR. l'Arciduca Leopoldo d'Austria, e l'Infanta D. Maria Luisa di Borbon, celebrate in Inspruch, alla presenza degli Augustissimi Regnanti, l'Anno MDCCLXV.

Dieses ist der Titel einer in Wien sehr prächtig gedruckten, mit einem meisterhaften Titelkupfer und vielen Vignetten gezierten Oper, von der Poesie des Herrn Abt Metastasio, dessen Verdienste um die lyrisch-theatralische Dichtkunst hinlängliche Bürgen für die Vortrefflichkeit des gegenwärtigen Stücks sind. Wir wollen uns dabey nicht aufhalten, um bey der Arbeit des Componisten, die wir in einer vollständigen Partitur vor Augen haben, desto ausführlicher zu seyn. Unser großer Hasse, bey dem sich die Zahl der verfertigten Opern weit über dreißig beläuft, hat sich auch bey gegenwärtiger so gezeigt, daß man überall die Hand des Meisters gewahr wird und bewundern muß. Reichthum an Erfindung, schöne Melodie, Ausdruck, immer noch neue Wendungen, bis zur Bewunderung schön geführte Harmonie, kurz alles, was man von einem Hasse zu erwarten hat, ist in diesem Meisterstücke seiner lyrischen Muse anzutreffen. Wir wollen uns keine Mühe verdrießen lassen, die Leser mit seiner Arbeit so bekannt zu machen, als es uns möglich ist. Schade, daß wir durch den Raum zu sehr eingeschränkt werden, und ohnmöglich alles in Noten vorstellen können, was einer genauern Einsicht würdig wäre. Wenn unsere Anführungen auch nur abgerissene Steine von dem ganzen Gebäude sind, so kann man doch mit völliger Zuverläßigkeit von ihnen auf die Vortrefflichkeit des Ganzen schlüßen. Wir wollen dazu hauptsächlich die Anfangs-Themata der Arien wählen, und was uns sonst noch darinne merkwürdig scheint neben bey anmerken.

Zuvörderst müssen wir die Personen und Sänger bekannt machen. Es sind folgende:

Romolo, König und Erbauer von Rom. Il Sign. Gaetano Guadagni, ein Altist.

Ersilia, eine sabinische Prinzessinn, die Romulus zu seiner Gemahlinn ausersehen. La Sign. Anna de Amicis, eine große und hohe Sopran-Sängerinn.

Valeria, ein vornehmes römisches Frauenzimmer, und dem Acron versprochene, von ihm aber verlassene Braut. La Sign. Teresa Dupré gebohrne Sartori, eine Sopranistinn.

Ostilio, ein römischer Patricier, Freund des Romulus, und bescheidener Liebhaber der Valeria. Il Sign. Fabbris, ein vortrefflicher Sopranist.

Curzio, Fürst der Antemnaten, und Vater der Ersilia. Il Sign. Domenico Panzacchi, ein Tenorist.

Acronte, Fürst der Ceninenser, ein unversöhnlicher Feind des Romulus, und verworfener Liebhaber der Ersilia. Il Sign. Porfirio Pacchierotti, ein Sopranist.

Wir kommen nun auf die Composition. Nach der prächtigen Sinfonie aus dem C♮, in welcher der mittlere Satz eine Oboe solo hat, öffnet sich die Scene mit einem Chore, das aus vier Absätzen oder Strophen bestehet, zwischen welchen jedesmal zwey Zeilen von der ersten Strophe von allen vier Stimmen wiederholt werden, da außer der ersten Strophe, die drey folgenden nur von zwo Stimmen gesungen werden. Nach einem Recitative des Romulus, wird die ganze erste Strophe des Chors noch einmal wiederholt. Die erste Arie des Romulus ist ein gemäßigtes Adagio.

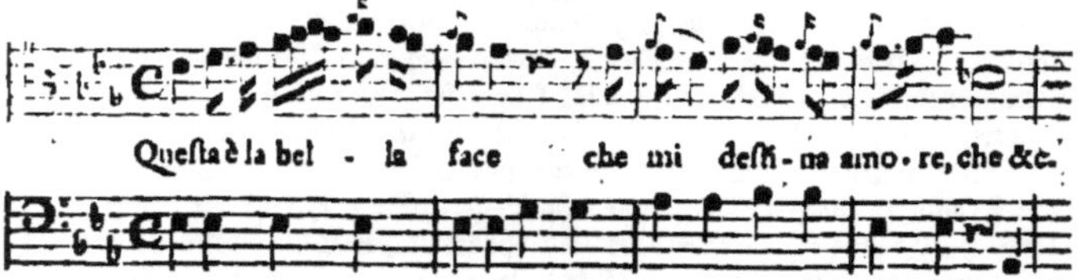
Questa è la bel - la face che mi desti - na amo - re, che &c.

Die Modulation hat etwas fremdes, indem die erste Cadenz ins F♭ gemacht wird. Der zweyte Theil ist im dreyachtel Tact, und macht gegen das Ende auf eine vortreffliche und sehr neue Art den Uebergang zum Dacapo, so daß die Singstimme durch kein Ritornello unterbrochen wird. Das Dacapo ist

ist überhaupt kürzer zusammen gezogen, und folglich ganz angehängt. Wenn uns mancher Componist fragte, warum dieses Herr Hasse gethan, so würden wir ihm antworten: damit sein Adagio nicht zu lange zu dauern, und durch eine allzugroße Länge ermüden sollte, quod bene notandum. Nun folgt eine sehr feurige Arie der Ersilia, die nicht allein eine Höhe bis ins a̿, sondern auch einen sehr geläufigen und in Passagien geübten Hals erfodert.

Allegro moderato.

Sor - prender mi vor - re - - - - i
Nu - - me dell'al - me im - bel - li

Die dritte Arie der Valeria fängt ohne Ritornell an, und hat in Ansehung der Modulation theils etwas ähnliches mit der ersten Arie, indem die erste Cadenz im H♮ ist, theils etwas sehr fremdes, wozu dem Componisten der Ausdruck di chi m'inganno Gelegenheit gegeben.

Andante.

Si m'inganni, e pu - re, oh Di - o!

Nun von der fremden Modulation ein Beyspiel:

che l'i - de - a di chi m'in - ganno di chi m'inganno,

Das Dacapo tritt ebenfalls mit der Schlußnote des zweyten Theils, ohne Ritornell wieder ein.

In der vierten Arie des Curtius finden sich, außer dem stets bewegten Basse, einige glückliche Nachahmungen, und Verwechselungen des Modus. Der Anfang ist folgender:

Allegro di molto.

Molli af - - fet - ti dall' al - ma fug-
gi - te dall' - al - - ma fug - gi - te

In der Mitte des ersten Theils hat diese Arie kein Ritornell, sondern die Melodie tritt aus dem C vermittelst der ♮ über b sogleich wieder ins f zurück, und geht fort.

Die folgende fünfte Arie des Hostilius erfodert ebenfalls einen guten Sänger, der in Triolen geübt ist, indem die melismatischen Sylbendehnungen aus lauter Triolen bestehen. Außerdem hat Herr Hasse am Ende des ersten Theils auf eine sinnreiche Art, und mit einem sehr fließenden Gesange, alle vier Zeilen des Textes geschwind noch einmal wiederholt, welches bey einer andern Arie im dritten Acte noch einmal vorkommt. Hier ist das Thema von der fünften Arie.

Andante.

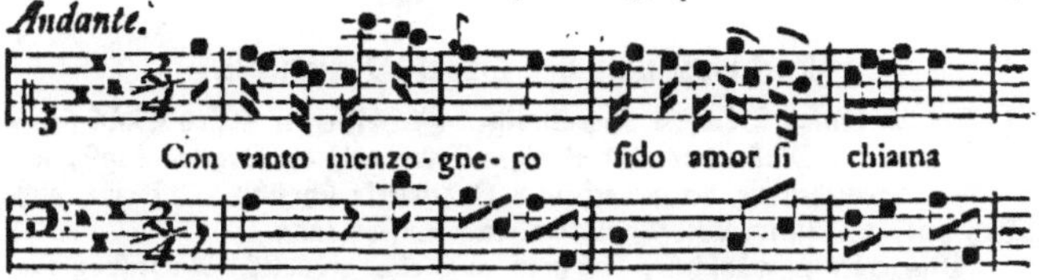
Andante.
Con vanto menzo-gne-ro fido amor si chiama

Die Stelle der sechsten Arie vertritt ein Duett aus E–, das Ersilia und Romulus mit einander singen. Das Rührende und Zärtliche mit dem Künstlichen verbunden, das uns andere Duette unsers vortrefflichen Hasse so angenehm macht, ist auch hier in allen Zeilen anzutreffen. Die ausgesuchte und eigene Begleitung der Instrumente erhebt es noch mehr, und läßt es nie matt werden. Wir bedauern, daß wir weiter nichts als den Anfang der bloßen Singstimmen hersetzen können.

Romolo.
Lento.
Ah che vuol dir quel pianto l'af - fan - no tuo qual
Violini all'Ottava.
Ersilia.
è l'affanno tuo qual è?
Sento morirmi in- tanto &c.

Man wird bemerken, wie aufmerksam der Componist gewesen, die Frage der ersten Stimme auszudrücken. Wie schön und ungezwungen ist alsdann der Uebergang zur zweyten Stimme. Mit diesen Duett schließt der erste Act.

Wir haben ein paar mit Instrumenten begleitete Recitative mit Stillschweigen übergangen, ob wir gleich gar wohl hätten sagen können, daß sie am rechten Orte, um des Ausdrucks willen, und nicht blos aus Gewohnheit und zur Veränderung dastehen.

Nachricht von der Orgel-Baukunst.

Was der königl. Dänische Kapellmeister Scheibe im 46sten Stück seines kritischen Musicus von der nöthigen Erkenntniß der Orgelbaukunst, und tüchtigen Beurtheilung der neuerbauten Orgelwerke schreibet, ist eine solche Wahrheit, die keinem Widerspruch unterworfen seyn kann.

Nur wäre zu wünschen, daß man auch eine gründliche Anweisung zum Orgelbau in Schriften hätte, denn mancher lernete gerne was er wissen soll, aber er hat weder Lehrmeister noch Bücher. Was der Cantor Bendeler im vorigen Jahrhundert davon geschrieben, ist theils unrichtig, theils sehr undeutlich. Eine richtig bestimmte Weite der Orgelpfeifen ist ein Hauptpunct, worauf sehr vieles, ja das vornehmste bey Erbauung eines neuen Orgelwerks ankommt.

Bendeler sucht die Weite in der temperirten Länge, schlägt aber dreyerley Temperaturen vor, die heutiges Tages nicht mehr brauchbar sind, denn er läßt 8. ja 9. Quinten natürlich rein, und vertheilet hernach das Comma ditonicum unter die übrigen 3. und 4. Nach seiner Art kann kein Intervall der Weite nach einen gewissen Verhalt haben. Manche werden zu weit, und manche zu enge.

Er sagt: Was eine Pfeife an der Weite gewänne, müste sie an der Länge verlieren, und was sie an der Weite verlöhre, müste sie an der Länge gewinnen. Das erste ist gefährlich, und das andere sehr unrathsam, sonderlich in der Tiefe, denn da müste alsdenn sehr viel wieder abgeschnitten werden. Wollte man aber nach der Tiefe zu der Weite nichts abbrechen, so würden die Pfeifen entsetzlich weit werden, und dieses würden die Orgelmacher wohl bleiben lassen.

Wenn das Chortönige c= 1000. Scrupel, das ist einen Fuß lang, und 277. Scrupel weit geschätzet wird, so werden die absteigenden Octaven entsetzlich zu weit, wenn man nämlich nichts abbrechen wollte. Wie viel? Laßt uns nachrechnen:

277	c=	2216	C
554	c-	4432	C̱
1108	c	8864	C̳

Und also müste das 8. füßige C 2. Fuß 2 Zoll und 16. Scrupel (ein Zoll hält 100. Scrupel) weit werden, da man es gemeiniglich nicht viel über 1½ Fuß weit macht. Und wenn man es auch 1646 Scrupel, wie einige thun, weit machte, so müste es doch 5 Zoll 70 Scrupel, und also über einen halben Fuß, nach Bendelers und Werkmeisters Lehre, an der Länge wieder bekommen, und also 8 Fuß 5 Zoll und 70 Scrupel lang werden.

Trägt

Trägt es nun bey 8 Fuß schon so viel aus, wie viel wird es nicht bey 16. und 32. Fuß betragen!

Da nun der Verhalt der Octav, was die Weite betrifft nicht 1 : 2 seyn kann, welches eine längst ausgemachte Sache ist, so kann er auch der Länge nach nicht darinnen bestehen.

Es ist also am sichersten, daß man die Weite durch 8 bis 9 Octaven, vom 32. füßigen bis ins sechsgestrichene c erst berechnet, und hernach den Verhalt der Octav auch der Länge nach suche, und die Intermedia in geometrischen zur gleichen Temperatur geschickten Abfällen darstellet. Hat man diese, so ergeben sich daraus alle andere Sachen, die nach Proportion größer oder kleiner werden müssen, als die Labien, deren Weite und Höhe, die Cancellen in der Windlade, die halben Durchmesser, zur Bestimmung der Runde der Pfeifen, der Ausfall aus den Bälgen in die Canäle, in die Windladen, und zu jeder Pfeife insbesondere.

Ist die Weite und Länge richtig bestimmet, so kann hernach die höchste Accuratesse beym Orgelbau beobachtet werden, und ein Orgelbauer kommt viel eher davon, als wenn er aufs gerathe wohl, oder nach falschen Grundsätzen arbeitet.

Stehet die Octav der Weite nach nicht in ratione 1:2, so muß sie doch wohl einen andern gewissen Verhalt haben, oder die Verdoppelung einer Weite muß sich zu einer Pfeife schicken, sie mag nun eine None oder Decime mit der obern ausmachen.

Bendeler schreibet: Man zöge der absteigenden Octav (gegen die zuerst erkannte Pfeife gerechnet) 5 bis 10. Scrupel, an der Weite ab. Wie ungewiß ist nicht diese Lehre! Er sagts, und sagts auch nicht, denn er nennt keine Pfeife mit Namen, nach welcher Weite mensuriret werden soll, und zwischen 5 und 10 ist auch ein großer Unterschied. Endlich sagt er: „Man müsse sein Judicium gebrauchen, welches leicht geschehen könnte, weil man das rechte Fundament der Mensuration wüßte. Was ist das für ein Fundament?„ Die Ausmessung einer falschen Temperatur, mit 8. bis 9. natürlich reinen Quinten, ohne Zahlen und Maaßstab. Das ist das rechte Fundament gewiß nicht. Und wenn man auch die beste Temperatur durch 8. bis 9. Octaven auftrüge, so würde die Bestimmung der Weite und Länge nach seiner Lehre doch falsch seyn.

Sollten sich nun Liebhaber finden, die von dieser so wichtigen Sache (wie viel tausend Thaler werden nicht an Orgeln, und sehr oft unglücklicher Weise, verwendet?) einen gewissen Grund haben möchten, daß man hiervon einen Tractat, der im Manuscript nebst schönen Rissen schon fertig liegt, im Druck heraus geben

ben könnte, so würde der Klage des Herrn Kapellmeister Scheibens, ja vieler andern braven Leute, sowohl über die Orgelmacher als über die Organisten abgeholfen, vieles Geld besser angewendet, und die Ehre Gottes nebst dem Vergnügen der Menschen dadurch befördert werden.

Ein Organist kann sodann als Examinator eines neuen Orgelwerks nicht nur nach dem Gehöre von einem Werke urtheilen, sondern auch, vermittelst eines Handzirkels nach dem Gesicht, wie die Mensuration beschaffen. Z. E. Er nimmt die Weite und Höhe des Labii vom ungestrichenen f im Principal, so muß sich eine Pfeife finden, deren Labium just noch einmal so breit und hoch ist, und dadurch kann er erfahren, ob der Meister desselben Werks in der Tiefe allzuviel abgebrochen, und das Zinn allzusehr geschonet hat. Ja er darf den Orgelmacher fragen: was vor ein Intervall oder Pfeife die genommene Weite doppelt haben solle. Er kommt in Stand einen angeblichen Orgelmacher zu examiniren, ob er in der Mensuration, als dem wichtigsten Punkte der Orgelbaukunst gewisse und sichere Fundamenta habe oder nicht. Hierdurch kann vielem Schaden und Unheil vorgebeuget werden, denn es ist leider mehr als zu wahr, daß die Zahl der bösen und untauglichen Orgeln jährlich größer wird.

Wollen sich die Liebhaber dieserwegen bey dem Hoforganisten Herrn Sorgen zu Lobenstein melden, so wird man nicht ermangeln Ihrem Verlangen ein baldiges Genügen zu leisten, und Ihnen vor ein weniges Geld ein sehr nützliches und nöthiges Buch in die Hände zu liefern.

Berlin. Kleine Sing- und Spielstücke fürs Clavier von verschiedenen Meistern. Dritte Sammlung, bey Friedrich Willhelm Birnstiel. 1766. 3. Bogen in 4to.

Es sind in allem siebzehn Stück: dreyzehn Liederchen und vier kleine Clavierstücke. Die Stücke sind gut, die Meister sind auch gut; aber es sind crambe bis cocta. Sie haben alle den bekannten kritischen Briefen über die Tonkunst schon zur Zierde gedient, daß also einem Besitzer der Briefe diese kleine Sammlung überflüßig seyn würde. Sie ist sonst sauber und auf gutes Papier gedruckt, und um den sehr mäßigen Preiß von 6. gl. zu haben.

Florenz. Die Orgelmacher Antonio und Filippo Tronci haben dem Durchl. Großherzoge eine Orgel von seltsamer Erfindung verehrt. Nebst dem, daß selbige verschiedene Instrumente, als Flöten, Hoboen, Waldhörner und die Menschenstimme auf das natürlichste hören läßt, ist auch dieses als etwas besonders zu bemerken, daß der Blasebalg von einer Wassermaschine getrieben wird.

Wöchentliche
Nachrichten und Anmerkungen
die Musik betreffend.

Funfzehntes Stück.

Leipzig den 7ten October. 1766.

Zweyter Act.

Von der Oper: Romolo ed Ersilia.

Dieser Act fängt sogleich mit einem begleiteten Rezitative an, das durch das unbegleitete bald wieder abgelöst wird. Die erste Arie, die Curtius singt, ist ein gemäßigtes Larghetto. Der Eintritt der Singstimme ist wegen einer Tactverschlingung merkwürdig.

tr
Nel pen - sar che pa - dre io
so - no di tal fi - glia

Der zweyte Theil ist geschwinder und im $\frac{3}{8}$ Tact. Angehende Componisten können hier sehen, daß bisweilen ein Rhytmus von fünf Tacten besser sey, als einer von vieren; dieser ließe sich zwar besser dividiren; aber jener drückt mehr aus.

Nach einem sehr schönen Recitative, zum Theil mit Instrumenten begleitet, die hinter einander nachahmend eintreten, folgt eine Arie der Ersilia, die viel schöne und merkwürdige Stellen hat, welche uns aber zu viel Raum wegnehmen würden, wenn wir sie alle hersetzen wollten. Das dreygestrichene d ist die Gränze, zu welcher die Singstimme empor steigt.

Allegro ma non troppo.

Con le stel - le in - van s'adi - ra in - van s'ad - i - ra

Die dritte Arie singt Valeria. Die Melodie scheint uns den Worten sehr angemessen, und eine mit Unzufriedenheit vermischte Zärtlichkeit vollkommen auszudrücken.

Andantino.

Ah perche quando appre - si a sospi - rar d'a - mo - re

Die folgende vierte Arie des Hostilius, halten wir für eine von den vorzüglichsten in dieser Oper, obgleich das Hauptthema einige Aehnlichkeit mit einem andern in der Oper il Rè Pastore hat. Man würde ein sehr ungerechtes Urtheil fällen, wenn man es einem Mangel an Erfindung zuschreiben wollte, und man müßte ein sehr träges Ohr haben, wenn man das damit verbundene Fremde nicht empfinden, und dadurch reichlich schadlos gehalten werden sollte; wir meynen die gleich darauf folgende Wiederholung eben dieses Gedankens in der Secundentransposition. Die übrigen Schönheiten dieser Arie sind so frappant,

daß

daß es uns ärgert, daß wir nicht die ganze Arie hersetzen können. Wie wollen indeß doch ein übriges thun:

Andantino.
Se tal un non sà qual si - a
il pia - cer - dell' al - - ma - mi - a è ben
de - gno di pie - tà - - - - - - - - - - -
- - - - - - - - - - - - - di pietà

Gegen das Ende des ersten Theils ist eine Verwechselung des Modus B ♮ mit B b eingeschaltet, die einen vortrefflichen Effect thut. Nun aus dem zweyten Theile noch einen kleinen Probierstein für Sänger, ob sie Tonfest sind:

fe - li - ci - tà - - - - - - - - -

Zum Stück gehen hier die Violinen mit, daß also der Sänger allenfalls weis, woran er sich halten kann.

Wir gehen wiederum ein Recitativ mit Begleitung vorbey, und kommen zur fünften Arie, welche vom Acron gesungen wird. Sie fängt ohne Ritornell an:

Allegro.
Sprezzami pur per ora o - stenta pur co - raggio ostenta

Der Stolz eines verachteten Feindes und Nebenbuhlers kann nicht besser ausgedrückt werden, als er es in dieser Arie ist, wozu die Bewegung im Basse nicht wenig beyträgt.

Die Recitative mit Begleitung sind in diesem Acte am häufigsten: es folgt auf diese Arie schon wieder eins, in welchem uns die Modulation besonders merkwürdig und schön scheint. Folgendes Inganno wollen wir einigen Liebhabern zu gefallen daraus anmerken:

tutto mi parve un a-mo-roso affanno. Che ingan - no

Die folgende sechste Arie der Ersilia ist überaus zärtlich und durch die begleitenden gedämpften Instrumente verschönert:

Lento.
Basta co-sì, vin-ce-sti, il mio ri-go-re

Der zweyte Theil ist ein Allegro im F b, Vierviertheltact, worinne sowohl die Passagien als auch die Höhe mancher Kehle Mühe machen möchten.

Die siebende und letzte Arie in diesem Act singt Romulus; die feyerliche Pracht, und das Feuer, das in derselben herrscht, ist eines Erbauers der Stadt Rom würdig. Die Trompeten und Pauken, welche dieselbe begleiten, sind hier sehr am rechten Orte, und erheben den kriegerischen Muth, mit welchem Romulus singt:

Allegro di molto.
Con gli amoro - si mir - - ti frà bel-li-ci su-do-ri

Wer Lust hat die Composition weiter fortzuführen, dem wollen wir noch die zwey Zeilen dazu setzen:

I marziali allori
Ad intrecciare io và.

Mit dieser Arie schließt der zweyte Act. Vom dritten wollen wir im nächsten Stücke reden.

Berlin.

Johann Philipp Kirnbergers Clavierübungen mit der Bachischen Applicatur, in einer Folge von den leichtesten bis zu den schwersten Stücken vierte Sammlung. Bey Friedrich Wilhelm Birnstiel. 1766. Fünf Bogen in Folio. Vermuthlich sind die drey vorhergehenden Sammlungen den Liebhabern des Claviers so bekannt, daß wir ihnen genung zum Lobe der gegenwärtigen sagen, wenn wir sie versichern, daß sie eben das Gute und in eben der Einrichtung hier antreffen werden. Menuetten mit Veränderungen, Fugen, Ballette, Sonaten und Polonoisen finden sich in einer angenehmen Vermischung beysammen. Die über den Noten befindlichen, und die Applicatur andeutenden Ziffern können denen sehr heilsam seyn, die bald zu viel, bald zu wenig Finger an einer Hand zu haben scheinen. Ueberhaupt wollen wir anmerken, daß zum Vortrage der Kirnbergerischen Compositionen eine fertige und in Sprüngen sichere Hand erfodert werde. Man kann demnach die Clavierstücke dieses Meisters denen anpreisen, welchen es an dieser Geschicklichkeit fehlt, und die sie doch gern erlangen möchten. Die gegenwärtiger vierten Sammlung vorgesetzte Anweisung zum Clavierstimmen müssen wir ebenfalls nicht mit Stillschweigen übergehen. Der Herr Kirnberger verwirft darinne die bisher angenommenen gleichen Schwebungen der Quinten. Die Art der Stimmung, die er an deren Stelle vorschlägt, wollen wir mit seinen eigenen Worten hersetzen: „In dieser Temperatur,„ sagt er, „sind nur 2 Quinten befindlich, die etwas unter sich schweben müssen, nämlich d:a und fis: cis; die andern werden alle rein „gestimmet. Folgende Methode wird die Schwierigkeit, diese beyden unter sich „schwebenden Quintern genau zu treffen, leicht aus dem Wege räumen. Man „fange mit cis an, und stimme folgende 7. Quinten nach einander rein

„die

„die unter sich schwebende Quinte von d erhält man, wenn man von f die große „Terz a rein stimmet. Man fährt mit reinen Quinten fort, nämlich

„die letzte Quinte fis: cis wird so gelassen, wie sie schon da ist, und diese ist die „zweyte unter sich schwebende Quinte.

„Wer mit dem Stimmen schon umzugehen weis, dem wird es gleich viel „seyn, ob er mit c oder cis oder f anfänget, oder ob er Quarten- oder Quinten-„weise stimmet, wenn nur die oberwähnten Verhältnisse genau beobachtet „werden.„

Herr Kirnberger hat die Richtigkeit dieser Temperatur durch die Zahlen bewiesen; er bringt sogar durch Hülfe derselben einen neuen Ton hervor, den er i nennet, und in den Dreyklang aufnimmt um ihn zum Vierklange zu machen. Er überläßt es geschicktern Theoreticis hierüber weiter nachzudenken, und wir überlassen es ihnen auch.

Leipzig.

Folgenden kauderwälschen Titel eines neuen musikalischen Werks haben wir in einer französischen Zeitung angeführt gefunden: Racolta dell' harmonia, colezzione prima del Magazino Musicale, delto sei Sonate à solo con Basso, dedicati al Signor il Barone di Traverse d'Orstein, Lieutenant Général des Armées du Roi del Signor J. G. Burckhoffer. Op. I. prezzo 6. liv. à Paris. Der Barone di Traverse ist beynahe das Abentheuerlichste in dieser Aufschrift; vermuthlich ist es der Name des Instruments, der weiter oben hätte stehen sollen. Diese sechs Sonaten sind vielleicht eben dieselben, die wir in einem Subscriptionsplane von Paris, aber nicht für die Flöte, sondern für die Violine angekündigt finden, und wovon wir eine kurze Nachricht ertheilen wollen.

Herr Peters, Hofmahler des Prinzen Carl von Lothringen, nimmt seit dem 1sten October vorigen Jahrs 48. Livres Subscription an, auf zwölf musikalische Werke, wovon er jeden Monat eins in Kupfer gestochen liefert. Außer der Subscription kommen diese Werke auf 72. Livres zu stehen. Man kann indeß die Subscription anfangen, mit welchem Monate man will, und die schon heraus gekommenen Werke einzeln bekommen. Man hat sich deswegen an den Herrn Miroglio, à Paris, rue St. Denis à l'ancien Grand Cerf zu wenden. Seit dem October vorigen Jahrs sind folgende Werke erschienen:

Sei Sonate, à Violino solo, col Basso, del Sgr. Burckhoffer. Op. I. kostet für die, die nicht subscribirt haben 6. Livers.

Sei

Sei Symphonie à 8. del Sgr. Theodore Scmith. Op. I. kostet 12. livres.

Sei Sonate à trè, per due Violini e Violoncello, del Sgr. T. G. Kennis. kosten 9. livres.

Sei Simphonie à 4. Oboé e Corni ad libitum, del Sgr. Eug. Godcharle. Oper. 2.

Sei Duetti per Violino e Violoncello, del Sgr. Theodore Scmith. Op. 2.

Flensburg und Leipzig.

In Commission der Kortenschen Buchhandlung ist zu haben: Claviermusik zu ernst- und scherzhaften Liedern von Peter Paulsen. 12. Bogen in Folio. Der Herr Verfasser hat schon vor einigen Jahren eine ähnliche Sammlung von Liedern heraus geben, mit denen die Kunstrichter nicht überall zufrieden mögen gewesen seyn; er zeigt ihnen daher im Vorbericht, daß er auch mit ihnen nicht so zufrieden sey, als mit den Verfassern der kritischen Briefe in Berlin. Da wir nicht die Ehre haben zu der Gesellschaft dieser berühmten Verfasser zu gehören, so wollen wir uns auch enthalten, über die Lieder des Herrn Paulsen Stück für Stück zu urtheilen, um, wie er es nennen möchte, keinen kritischen Wechselbalg zur Welt zu bringen. Ueberhaupt davon zu urtheilen, nehmen wir uns indeß die Freyheit zu sagen, daß wir unter den sieben und zwanzig Liedern, aus welchen diese Sammlung bestehe, verschiedene artige und gute Melodien gefunden haben; andere dagegen kommen uns ein wenig platt oder auch holpricht vor. Hin und wieder ist auch, einigen Anfängern zu gefallen, die Fingersetzung mit Ziffern über den Noten angedeutet. Für fehlerhaften Progressionen hat sich der Componist dießmal sorgfältiger gehütet als das erstemal; kurz, wir müssen es ihm zum Ruhme nachsagen, er scheint seit der Zeit mehr über der Composition studirt, und die in Berlin heraus gekommenen guten Schriften mit Nutzen gelesen zu haben. Wir wünschten daß manche andere seinem Beyspiele hierinne folgten, die ganz leer von allen Begriffen einer vernünftigen Melodie und einer reinen Harmonie sind, und sich doch bald mit Liedern bald mit Sonaten, und wer weis mit was sonst auf den Platz wagen.

Wöchentliche

Nachrichten und Anmerkungen die Musik betreffend.

Sechzehntes Stück.

Leipzig den 14ten October. 1766.

Dritter Act.

Von der Oper: Romolo ed Ersilia.

Die erste Arie im dritten Act singt Curtius. Es kommt darinne eine kleine artige Stelle verschiedenemal vor, die bald von den Waldhörnern, bald von den Oboen allein gemacht wird. Der Anfang ist folgender:

Nach dieser Arie folgt ein Recitativ, das zweymal mit Accompagnement unterbrochen wird. Die folgende zweyte Arie der Ersilia ist abermals dem Inhalte und dem Affecte so vollkommen angemessen, daß man auch ohne Worte verstehen würde, was sie sage. Sie hat außerdem noch in der Ausführung viel Originelles:

Q   Andante.

Andante.
Per - do - no al pri - mo eccef - fo
del fu - o do - lor - con - cedi del

Der zweyte Theil ist ein etwas langsamer Dreyachteltact, und an Zärtlichkeit dem ersten gleich. Nach einem kurzen Recitative tritt die dritte Arie des Hostilius ein, die ungemein melodisch und fließend ist.

Andantino.
Frà quel - le te - nere do - len - ti
ftil - le che i rag - gi adom - brano

Die geschwinde Wiederholung der ganzen Worte des Textes, gegen das Ende des ersten Theils, wovon wir im ersten Act eine Anmerkung machten, kommt hier noch einmal vor; wir wollen sie diesmal hersetzen:

frà quel - le te - ne - re dolen - ti stil - le, che i raggi ad-
om - brano di tue pu - pil - le, tra - lu - ce il
me - ri - to del tu - o bel cor

Der Schluß des zweyten Theils nimmt eine solche Wendung, daß eben diese Stelle, anstatt des Dacapo, gleich daran stößt, und die ganze Arie beschließt. Wir erinnern uns nicht, etwas der Einrichtung dieser Arie ähnliches gesehen zu haben. So weis ein Meister wie Hasse, so weis ein Genie immer noch Wege zu finden, auf welchem es uns neue Schönheiten entdeckt, und ein Muster der Nachahmung wird.

Die vierte Arie der Valeria hat sowohl in Ansehung der Tonart, als auch der Begleitung in einigen Stellen etwas besonders. Ueberhaupt wird man die kleinen gefälligen Abweichungen des Accompagnements von der Singstimme, die gute und ausgesuchte Führung der Mittelstimme, und den kräftig melodischen Baß nicht leicht bey einem Componisten besser antreffen, als bey Herr Hassen. Hier ist der Anfang von der Arie:

Der gleich unmittelbar darauf folgende Chor: Serbate, o Numi, l'Eroe che regna ist voller römischen Pracht, und hat in der Mitte drey Strophen, die Romulus allein singt. Wenn nach diesen der Chor wiederholt ist, wird Romulus, nach den Worten: Il tenor de' Fati intendi, E vincendo, o Roma, apprendi... geschwind von Valerien unterbrochen: Al riparo Signor! La tua presenza è necessaria. Abbiam nemici in Roma. Der Componist tritt hier augenblicklich aus dem Arioso in ein Recitativ über, welches noch eine Weile dauert, und die Auflösung des Stücks enthält. Endlich macht ein Chor aus dem C♮, der Tonart der Sinfonie gemäß, den Schluß; einen prächtigen und gravitätischen Schluß. In der Mitte antworten zwey und zwey Stimmen einigemal einander, bis sie alle zusammen wieder eintreten.

Ueberhaupt haben wir bey der Durchsicht dieser Oper ein ungemeines Vergnügen empfunden. Mit welcher Sorgfalt ist alles zur möglichsten Vollkommenheit gebracht! Man sehe auf die Melodie oder auf die Ausarbeitung der harmonischen Begleitung, so wird man in beyden die Hand des größten, des correctesten Meisters antreffen, den die lyrische Bühne je gehabt hat. Herr Hasse gehört nicht unter die seichten Componisten, die mit einer nothdürftigen Melodie zufrieden sind, die Harmonie aber mit so gleichgültigen Augen ansehen, daß es ihnen gleich viel ist, ob sie eine, zwey oder drey Stimmen haben; der fehlerhaften Fortschreitungen zu geschweigen. Eben so wenig verfällt auch Herr Hasse in den entgegen gesetzten Fehler, da bisweilen, um eine magere und steife Melodie zu beleben, mit den Mittelstimmen, durch gebrochene oder arpeggirte Accorde, ein Geräusch und Getöse gemacht wird, daß den Zuhörern Hören und Sehen vergehen möchte. In Betrachtung dieser Eigenschaften pflegen wir

Herr

Herr Hassen immer den Componisten der gesunden Vernunft zu nennen, ob wir ihn dadurch gleich nicht völlig characterisirt zu haben glauben.

Unsere Leser werden uns diese kleine Ausschweifungen, bey einem Manne, dessen Ruhm gewiß auf die Nachwelt dauern wird, gern erlauben. Wenn die Art, wie wir sie mit der Oper Romolo bekannt gemacht haben, ihnen angenehm seyn sollte, wollten wir nicht unterlassen, ihnen die andern neuern Arbeiten des Herrn Obercapellmeisters, von denen uns noch drey bekannt sind, in einem ähnlichen Auszuge vorzulegen. Wir verstehen darunter die Opern: Egeria, Il Trionfo di Clelia und Zenobia. Sie sind alle seit dem Jahr 1763. in Wien componirt. Nach der Hand wollten wir auch mit den Arbeiten anderer berühmten Meister ein gleiches thun. Vielleicht läßt sich an fremden Orten, woher uns selten etwas in die Hände kommt, ein Freund der Musik bewegen, uns eine auf ähnliche Art eingerichtete Nachricht von einer dasigen neuen Oper zuzusenden.

---

*Meine Herrn!

Sie haben neulich in ihren beliebten wöchentlichen Anmerkungen die Musik betreffend, eine Beurtheilung der Gothaischen Oper Xindo riconosciuto bekannt gemacht, die mir bey dem ersten Anblicke ungemein viel Vergnügen verursachte; denn ich machte mir sogleich die angenehme Hoffnung ein theoretisches Stück beurtheilet zu sehen, welches ich bey meinem Aufenthalte in Gotha mit dem vollkommensten Grade der Empfindung angesehn habe: aber wie sehr ward ich in diesen schmeichelhaften Gedanken betrogen, da ich statt eines gründlichen Urtheils einen Tadel fand, der nichts als Leidenschaft verrieth, und ein Lob, das aller seiner Weitläuftigkeit ohnerachtet dem Ruhm des vortrefflichen Tonkünstlers bey weitem nicht beykommt.

Der Herr Recensent sucht den Dichter lächerlich zu machen, indem er ihm Schuld giebt, er müsse sehr viel drollige Romanen von irrenden Rittern gelesen haben, die ihm den Stoff zu diesem Gedicht an die Hand gegeben hätten. Ich

*) Wir theilen diese Zuschrift mit, wie sie uns von unbekannter Hand zugeschickt worden, und haben zu der Bescheidenheit des Herrn Verfassers, gegen den sie gerichtet ist, das Vertrauen, daß er sich durch unsere Willfährigkeit nicht beleidigt finden werde: omnibus æqui. Wir wünschen nicht Gelegenheit zu einem Streite gegeben zu haben, der die Leser öfters ermüdet, und am Ende unentschieden bleibt; eben so ungern möchten wir unser wöchentliches Blatt zum Kampfplatze kritischer Fechter machen, weil es von unserm Plane ein wenig zu weit entfernt ist. Gegenwärtiges Schreiben rücken wir indeß mit Vergnügen ein, weil ein angehender theatralischer Dichter sich einige nützliche Anmerkungen daraus sammlen kann.

möchte diesen Satz beynahe umkehren und sagen, wer einen unwahrscheinlichen oder kürzer, einen schlechten Roman schreibt, der muß gewiß viel Opern gelesen haben, denn diese können auf das unwahrscheinliche, auf das wunderbare mit Rechte einen Anspruch machen, das in einem guten Romane so sehr beleidigend ist. Der Dichter hat also nichts gethan als opernmäßig gedacht, welches eben keine Romanen-Kenntniß nothwendig voraus setzt, daß aber der Herr Recensent die süßen Romane gut kenne, läßt sich aus verschiedenen Stellen der Recension nicht undeutlich wahrnehmen, und er wird es nicht für ungegründet halten, wenn man behauptet daß ihm diese zärtliche Sprache nicht ganz unbekannt seyn müsse.

Das Unwarscheinliche ist der Hauptgegenstand womit sich der Herr Recensent beschäfftiget. Ich sollte fast glauben, daß er die Tragödie und das lyrische Schauspiel oder die Oper mit einander vermenget. Jene muß allerdings nach den strengsten Regeln der Wahrscheinlichkeit beurtheilet werden, sie muß das natürliche nicht überschreiten, und was sie auch großes hat, geht doch nur bis zum Heroismus: diese hingegen hat sogar das Recht sich in Unwahrscheinlichkeit einzukleiden, sie kann die Gesetze der Wahrscheinlichkeit ungestraft überschreiten, ja, was hier nicht wunderbar ist, höret gewisser maßen auf wahrscheinlich zu seyn. Wenn man hier sehr streng auf die Wahrscheinlichkeiten sehen will, so muß man nicht an Nebendingen anfangen, sondern man muß diese Art von Schauspielen ganz verwerfen. Außerdem, so sind die Unwahrscheinlichkeiten, die den Herrn Recensenten so sehr beleidigen von der Art, daß wenn sie etwa nicht noch zur ersten Classe der Wahrscheinlichkeit, ich meyne die gewöhnlichen, gerechnet werden können; so sind sie doch noch lange nicht unwahrscheinlich genug, sie zu der andern Classe, nehmlich zu den ungewöhnlichen zu zählen. Ein Frauenzimmer durchbricht die Mauer eines Gefängnisses um sich mit ihrem Geliebten heimlich zu unterreden, ist dieses etwas unwahrscheinliches? Wie viel Frauenzimmer haben, um mit ihren Geliebten allein zu seyn, mehr gethan als Mauern durchbrochen, und wer mag doch dem Herrn Recensenten gesagt haben, daß die Mauer dick und feste war? Konnte sie nicht an eben dem Orte zerfallen und locker gewesen seyn, und mußte Silalba diese Arbeit deswegen mit bloßen Händen verrichtet haben, weil sie kein Brecheisen mit auf das Theater bringt? Ich finde hier eben keine so beleidigende Unwahrscheinlichkeit, es müßte denn seyn, daß mich die gütige Natur mit einer sehr gefälligen Einbildungskraft begabt hätte. Die Wächter zu bestechen ist nicht immer rathsam, das Besaufen fällt gemeiniglich zu sehr in die Augen, und wie viel verliehrt endlich nicht eine solche Unterredung, wenn man das Verstohlene von derselben verbannet.

bannet. Wollten uns solche Kleinigkeiten beleidigen, was müßten wir nicht sagen, wenn Diana auf einer papiernen Wolke vom Himmel fährt und Iphigenien den mörderischen Händen der Priester entreißt, oder wenn gar ein erboßter Castrate im dreymal gestrichenen c der Welt den Untergang trillert: das heißt bey mir unwahrscheinlich, und dennoch gestehet man der Oper mit Vergnügen zu, sich dieser Zauberey auf Unkosten der Wahrscheinlichkeit zu bedienen.

Der Sieger, welcher statt die Feinde zu verfolgen sich hinlegt und schläft, will dem Herrn Recensenten gar nicht in den Kopf. Die ganze Begebenheit fällt ja vor, ehe wir den Helden auf dem Schauplatze erblicken, er hatte also Zeit genung zu siegen und zu verfolgen. Hat dieses der Dichter in dem Vorbericht nicht deutlich ausgedruckt: so versteht sich so etwas am Rande. Wie leicht wäre es Herrn Galletti gewesen, zu sagen, er schlug die Armee, verfolgte die Ueberwundenen 3. Tage und 3. Nächte, oder wenn dieses dem Hrn Recensenten noch nicht lange genug ist, 14. Tage und 14. Nächte, er verirrte sich im Rückweg und für Müdigkeit überfiel ihn der Schlaf. Nichts natürlicher als dieses. Gesetzt aber, alles dieses wäre nicht: so ist Xindo gewiß der erste Held nicht, der zur unrechten Zeit einschläft, und von seinen Feinden überrumpelt wird. Ueberhaupt finde ich nicht, was ein sehr willkührlicher Vorbericht mit dem Gedichte selbst zu schaffen hat.

Der verliebte Character der Nivene ist dem Hrn Recensenten sehr bedenklich, mir nicht. Ist denn ein hoher Grad der Liebe oder eine verliebte Trunkenheit bey Personen als Nivene hier ist, etwas so ganz ungewöhnliches? Ich sollte es nun eben nicht denken, und dieses um so weniger, da sich die Stelle mit ähnlichen aus dem Metastasio gar leicht vertheidigen läßt. Die Oper-Sprache ist nun einmal so, sie muß die Entzückung, die Begeisterung, die Trunkenheit der Seele ausdrücken, damit die Tonkunst alle ihre Wirkungen dabey äußern kann, als welche im Gegentheil bey versteckten und unreifen Affecten nur unbedeutend und schleppend wird. Gesetzt dann auch, der Dichter habe hier und da einen Fehltritt begangen; so glaube ich doch, man müsse, da die Natur in gewissen Fällen sehr schwer mit der Kunst zu vereinigen ist, allemal einige Nachsicht gegen diejenigen haben, die sich bemühen uns zu ergötzen; daß aber der Dichter diesen Zweck nicht so weit verfehlet, als der Herr Recensent glaubt, beweiset der Erfolg der Oper und das eigene Geständniß. Wenn mir einmal die Versuchung aufstiege ein Stück, das viel gutes hat, beißend zu tadeln: so würde ich sie mit der Stelle des Horaz niederzuschlagen suchen:

> Quando plura niteat in carmine, non ego paucis
> Offendar maculis, quas aut incuria fudit
> Aut humana parum cavit natura.

Ich nenne hier dasjenige vorzüglich gut, was der Musik zu statten kommt; ein Operntext allein, ist allemal so ein Ding — — —

. Dieses waren die Einwürfe, die die Unwahrscheinlichkeit zum Grunde haben: von der Anlage überhaupt, von dem Ausdruck u. s. w. wird wenig oder doch nicht viel erhebliches gesagt. Sonst sind die Stellen aus der Musik gut gewählt, und das Lob des Bagode, so übertrieben es auch an sich selbst ist, ist doch nicht ungegründet. Der abwechselnde Character des Bagode läßt sich durch die bekannten Wirkungen der Eifersucht noch entschuldigen. Denen im Gedichte herrschenden Affecten legt der Herr Recensent durchaus das größte Lob bey, ohne daß er es thun will, und vielleicht ohne daß er es selber weis. Der Herr Kapellmeister Benda soll die Leidenschaften auf das vollkommenste erreicht und meisterlich ausgedrücket haben: nun muß man fragen, welche dann? Niemand wird sagen können, daß sich dieser geschickte Tonkünstler nach Belieben Leidenschaften gebildet, und seine Arbeit so eingerichtet habe, daß sie auf alle Poesien passe, wenn sich das Sylbenmaas nur schicken will: so wie die Oden und Lieder immer nach einer Melodie abgesungen werden, wenn sich gleich die Leidenschaften in jeder Strophe widersprechen: der Affect muß also doch wohl in der Poesie gelegen haben, und dieses ist unläugbar. Das eigene Geständniß des Hrn Kapellmeisters: daß er den glücklichen Erfolg seiner Arbeit der Anlage des Dichters zu danken habe, benimmt wohl allen noch übrigen Zweifel. Ich lasse nun die Leser urtheilen wie weit die Critik dem Dichter, als Operndichter betrachtet, nachtheilig sey, dem Dichter, der dem Tonkünstler Anlaß gegeben hat etwas vortreffliches auszuarbeiten, und es mit Beyfall vorzutragen. Hat der Dichter nicht sowohl als der Tonkünstler den gemeinschaftlichen Endzweck erreichet? Haben sie nicht gerühret? Haben sie nicht mit Beyfall ergötzt? —

Billig sollte ich jetzo noch etwas zum Lobe des Tonkünstlers anführen, ich muß aber frey bekennen, daß ich befürchte mit allen meinen Lobeserhebungen eben so weit zurücke zu bleiben, als es dem Hrn Recensenten aller angewandten Mühe ohngeachtet begegnet ist. Einen Benda loben, oder ihn nur blos nennen, ist bey Kennern einerley, und wenn ich ja noch etwas sagen sollte; so sey es das, was ein erfahrner Kunstrichter von dieses berühmten Mannes Arbeiten sagt: Selbst die Musen in ihrer größten Begeisterung können nicht reizender und nicht feuriger seyn.

Dieses heißt würdiges Lob, ein Lob, das bey Kennern mehr sagt, als der Beyfall der rosenwangigten Jugend und ein mit Händeklatschen vermischtes Bravo, wie es in der Recension heißt.

Nehmen Sie meine gebrauchte Freyheit nicht übel, sondern glauben Sie im Gegentheil, daß ich mit Hochachtung jederzeit sey

Ihr gehorsamster Diener
N. N.

L... den 17ten Sept. 1766.

Wöchentliche

Nachrichten und Anmerkungen die Musik betreffend.

Siebzehntes Stück.

Leipzig den 21^tm October. 1766.

Sei Sonate da Claveccimbalo, dedicate alla Sacra Maestà Imperiale di *Caterina Seconda* Imperatrice di tutte le Russie etc. da *Vincenzo Manfredini*, Maestro di Cimbalo di Sua Altezza Imperiale *Paul Petrowicz*, Gran Duca di tutte le Russie etc. a Pietroburgo, alla Stamperia dell'Academia Imperiale delle Scienze, l'Anno 1765. Acht und ein halber Bogen in Folio.

Ey, ey! ein Italiäner, ein Rußisch kaiserlicher Capellmeister! und macht keine bessern Sonaten! das ist traurig! Ihr armen Begriffe von Ordnung, Symmetrie, Rhythmus, Modulation, richtiger und reiner Harmonie! Herr Manfredini muß euch noch nicht seiner Bekanntschaft und Vertraulichkeit gewürdigt haben: oder er ist zu stolz euch bey seinen Arbeiten vor Augen zu haben. Unharmonisches Gepolter mit gebrochenen Accorden in der linken Hand, wodurch uns so oft schon die Claviersonaten der Italiäner zum Eckel geworden sind, findet sich hier beynahe in allen Sätzen. Gepitzeltes und Getändeltes die Menge, und bisweilen so etwas von Melodie, das vielleicht gut wäre, wenn es nicht öfters | durch den begleitenden Baß verdorben würde, und man es nicht schon hundertmal gehört hätte. Ueberhaupt können wir diesen Sonaten nicht nachsagen, daß sie die Melodie mit neuen Schätzen bereichern; es müßte denn durch die in Deutschland längst aus der Mode gekommenen Kreutzhiebe geschehen sollen, die hier sehr oft zum Vorschein kommen, und außer der eigenen Unbequemlichkeit manchem Leser auch durch die beständige Abwechselung im Schlüssel unbequem seyn möchten. z. E.

Sieht das nicht holpricht genung aus? und kann man, wenn man es spielen siehet, ein natürlicher Bild in den Gedanken haben, als ob man Flöhe haschen sähe? Man verbanne doch solche eitle Spielwerke vollends, wodurch der gute Geschmack nichts gewinnt, und die weiter zu nichts dienen, als den Unwissenden eine Dunst vor die Augen zu machen. Das Clavier hat ja weder die Gestalt noch die Eigenschaft der Paucken; auf diesen wollen wir die Kreuzschläge gern als eine Nothwendigkeit ansehen; nur auf dem Claviere verschone man uns damit.

Wir würden in der That Anstand genommen haben, uns über die Arbeit eines angesehenen Kapellmeisters so frey zu erklären, wenn das Schlechte vom Guten einigermaßen überwogen würde. Wir versichern aufs feyerlichste, daß weder Neid noch Tadelsucht, noch ein unzeitiger Stolz, uns zu Richtern und Gesetzgebern anderer aufzuwerfen, uns die Feder jemals geführt habe, noch künftig führen werde. Das musikalische Publicum, das sich leicht von dem Namen und Amte eines Mannes täuschen läßt, hat das Recht, unser Urtheil ohne Schmeichelen zu fodern; es liegt uns demnach ob, ohne Ansehen der Person zu sagen, was wir denken, und unser Urtheil durch Beweise zu bestätigen. Nun wir wollen einige Stellen zur Probe anführen: Hier ist der Anfang der ersten Sonate:

Andante.

Kann man dieses anders als alltäglich, leer, und kindisch finden? Warum ist in den ersten beyden Tacten die Bewegung im Basse nicht wenigstens umgekehrt, und bey dem vierten Achtel im dritten Tacte anstatt der Terz $\frac{b}{g}$ lieber der Einklang bb genommen worden? Hier ist es der Ort nicht, wo man, ohne ein anderes Intervall dabey zu haben, die Terz zu verdoppeln genöthigt ist. Und was nutzt der im sechsten und zehnten Tacte wiederholte Grundabsatz? Die ganze zwischen diesen Tacten eingeschlossene Stelle fällt so sehr ins kindische, daß sie füglicher hätte wegbleiben können; da sie zumal im andern Theile bis zum Eckel unmittelbar auf einander wiederholt wird. Der vier- und fünf und zwanzigste Tact des ersten Theils hätten nothwendig in einen zusammen gezogen werden sollen; eben diese Anmerkung ist auch beym zweyten Theile zu machen. Im folgenden Allegro laufen hin und wieder fehlerhafte Octaven, und Verdoppelungen der zufälligen Erhöhungszeichen mit unter; z. E.

Wenn wir uns dabey aufhalten wollten, würden wir hin und wieder gar viel zu erinnern finden. Doch nur ein einziges Exempel aus einem Andante:

Ey, die allerliebsten Quinten! doch der Herr Capellmeister hat einmal darauf geschworen seine gebrochenen Accorde in allen Sätzen anzubringen, ohne sich darum zu bekümmern, was dabey herauskommen möchte; und bey dem allen hätten doch viele fehlerhaften Stellen hin und wieder erträglicher werden können, wenn Herr Manfredini daran gedacht hätte.

Wir merken, daß wir weitläuftig werden; aber es ist der Mühe werth, den Mann ganz kennen zu lernen, und dazu fehlt uns noch seine Modulation. Hier ist ein Trio zu einer Menuet, oder nach der Orthographie des Herrn Manfredini Minué.

Pfuy! es ist uns nicht möglich weiter zu schreiben. Der Himmel bewahre uns vor allen manfredinischen Sonaten und Minueen! Es sind denen bey jeder Sonate ein paar angehängt; aber sie sind alle nicht viel werth. Kurz es ist unter diesen sechs Claviersonaten kein einziger Satz, woran nicht sehr viel zu hobeln und zu feilen wäre. Es kann seyn, daß Herr Manfredini ein guter Spieler, und sonst ein schätzbarer Mann ist; aber die Idee eines würdigen Componisten erfüllt er bey weiten nicht. Sollten denn in Rußland die Clavierarbeiten eines Bach, Benda, Wagenseil, Kunz, Binder, und anderer deutschen Meister nicht bekannt seyn? Und wenn sie es bey dieser Nation sind, die durch die löblichen Anstalten ihrer glorreichen Beherrscherinn in den Künsten und Wissenschaften so glückliche Progressen macht, so zweifeln wir, daß Manfredini als ein großer Componist unter derselben könne angesehen werden.

Wir sehen übrigens aus diesen Sonaten, daß man in Petersburg auch Noten druckt, und sie sind sehr sauber und leserlich. Was uns nicht daran gefällt, sind die einzelnen Achtel und Sechzehntheil, die den Hacken oberwärts beständig gegen Norden kehren, wenn er gegen Süden stehen sollte. In der Breitkopfischen Buchhandlung sind diese Sonaten in Commission zu haben.

Leipzig.

Wenn wir im vorigen Artikel nicht viel Zufriedenheit geäußert haben, so wird uns der gegenwärtige destomehr dazu ermuntern. Wir haben ein Feld durchwandelt, das sehr unfruchtbar, voller Dornen und Hecken war, und kommen nun in eine angenehme Gegend, in welcher uns die schöne Natur, mit allen Reizen der Kunst geschmückt, in die Augen fällt. Wir haben den Lesern noch die sechs leichten Claviersonaten vom Herrn Carl Philipp Emanuel Bach bekannt zu machen. Sie sind allhier bey Herr Breitkopfen auf neun und einem halben Bogen in Querfolio gedruckt worden. Um den rechten Begriff von dem Worte leicht zu haben, müssen wir sagen, daß sie, wenn man etwan die vierte und sechste ausnimmt, von Anfängern eher können gespielt werden, als seine bisher in Druck erschienenen Sonaten; indeß haben sie doch alle die gehörige Ausführung und Länge. Die Sätze sind alle ernsthaft; keine Menuetten und Polonoisen, wodurch man immer nur einen einseitigen Beyfall erhält, der einem Componisten, wie Bach, nicht sehr am Herzen liegen kann, da leicht ein jeder, der nur ein paar Noten neben- oder über einander zu setzen weis, in diesem Felde Aufsehen zu machen denkt. Jede dieser Sonaten bestehet demnach aus drey Sätzen, die eben so reich an Erfindung, an Melodie, an reiner und künstlicher Harmonie sind, als die übrigen Arbeiten dieses berühmten Verfassers. Und wer weis nicht, wie sorgfältig Herr Bach auf die Verbesserung des Vortrages und der guten Spielart bedacht ist? wie fleißig und dem guten Geschmacke gemäß er überall die erfoderlichen Spielmanieren über die Noten setzt? Wer sie nicht versteht, oder auszudrücken weis, der sehe seinen Versuch über die wahre Art das Clavier zu spielen nach. Er hat bey diesen Sonaten, einigen Spielern zu gefallen, hin und wieder bey zweifelhaften Stellen, sogar die Applicatur mit Ziffern darüber gesetzt. Vielleicht wünschten einige, daß es noch an mehrern Orten geschehen wäre. Wir führen weiter keine Probe daraus an, weil wir mit Grunde vermuthen, daß diese vortrefflichen Clavierstücke allen Liebhabern nicht lange unbekannt seyn werden. Sie kosten 1 Rthr. 12. gl. und sind sowohl auf den Clavier- als Violinschlüssel gesetzt zu haben.

Recept
Tänze zu componiren.

1. Nehmet einen Grundaccord nach Belieben an. z. E. G, h, d.
2. Setzet dazu den Accord der Quinte. z. E. D, fis, a.

3. Brin-

3. Bringet den Grundaccord wieder hinterdrein.
4. Thut dieses wenigstens viermal, so habt ihr die ganze Harmonie eines Tanzes vor euch.
5. Sehet nun darauf, daß eure Melodie mit diesen Accorden einigermaßen überein komme; theilt sie in der Mitten von einander; setzet das Wiederholungszeichen dazwischen, und am Ende hinzu, so ist der Tanz fertig. Wohl zu merken, daß ihr, wenn ihr alle Abschnitte fein mit der Grundnote machet, den Vortheil erhaltet, den zweyten Theil für den ersten, und den ersten an die Stelle des zweyten nehmen zu können. z. E.

Del Sgr. Spies.

Ist das nicht so leicht als etwas auf der Welt? da kann man Dutzendweise arbeiten. Ja eben so werden diese Sachen auch gemacht und verhandelt. Wem damit gedient ist, dem machen wir hier zwey Dutzend, oder vier und zwanzig Anspachischer Spies- und Späthischer Dänze, Schleifer u. s. w. bekannt. Sie sind zu Nürnberg bey Johann Ulrich Haffner mit zwo Violinen, Baß und zwey Waldhörnern in Kupfer gestochen heraus gekommen, und führen das schreckliche Wort: erste Sammlung, bey sich, welches uns noch viele Dutzende in solchen Sammlungen fürchten läßt. Wir können nicht sagen, ob die Herrn Spies und Späth Musici von Profession oder Tanzmeister sind; doch vermuthen wir das letztere. Die Herrn Componisten müssen es ihnen ohnfehlbar nicht zu Dank machen können, daß sie daher diese Arbeit lieber selbst über sich nehmen; wir hätten auch dagegen nichts einzuwenden, wenn sie nur ein wenig mehr Einsicht in das zu erlangen suchten, was zu einer guten Melodie, wenn sie auch nur kurz und leicht seyn darf, erfodert wird. Herr Spies und Späth können sich übrigens damit trösten, daß sie nicht die einzigen sind, die uns die Ohren mit solchen monotonischen Leyerstücken belästigen; man hört dergleichen alle Tage, und der Tänzer, der die Musik nur für die Beine braucht, fragt indeß so sehr nicht nach dem Urtheile der Ohren. Die besten Componisten im choraischen Styl, die wir zur Zeit kennen, sind Herr Adam in Dreßden, und Herr Seyffarth in Berlin; und bey uns in Leipzig, wo auf der Kochischen Schaubühne viel getanzt wird, findet sich ein junges Genie, das in dieser Schreibart sehr viel gutes verspricht. Wir wollen übrigens nicht in Abrede seyn, daß unter den angezeigten Anspachischen Tänzen nicht einige erträgliche Stücke seyn sollten; die meisten aber müssen in der musikalischen Welt als Contrebandwaare angesehen werden. Sie kosten auch nur 8. gl.

Paris.

Folgendes Werk, das im vorigen Jahre heraus gekommen, können wir nicht unangezeigt lassen. Es führt den Titel: Observations sur différens points d'harmonie, par M. l'Abbé Roussier. à Geneve, et Paris 1765. in 8vo. Es ist in fünf Artikel oder Observationen abgetheilt, die von der Natur und Entstehung der Consonanzen und Dissonanzen handeln. Der Herr Verfasser gehet in einigen Stücken von dem Systeme des Herrn Rameau ab, so daß seine Schrifft zu einem Verwahrungsmittel gegen die Irrthümer dienet, in welche dieser große Musikgelehrte bisweilen durch gewisse angenommene Vorurtheile gefallen ist; sonst aber überhaupt den Schriften des Rameau zur Einleitung dienen kann.

Herr Vires, Organist an der Kirche von St. Germain l'Auxerrois, hat ein Clavier erfunden, welches den Klang verschiedener musikalischen Instrumente überaus glücklich nachahmt. Die königl. Akademie der Wissenschaften hat zur Untersuchung desselben Commissarien ernannt, welche die Wirkung davon vollkommen gut, und den Mechanismus sehr sinnreich befunden haben.

Wöchentliche
Nachrichten und Anmerkungen
die Musik betreffend.

Achtzehntes Stück.

Leipzig den 28ten October. 1766.

Oeuvres mélées, contenant VI. Sonates pour le Claveſſin d'autant de plus célebres Compoſiteurs, rangés en ordre alphabetique. Partie XII. Aux depans de Jean Ulric Haffner, Maitre du Lut à Nurenberg.

Herr Haffner hat dieſe Sammlung von Claverſonaten ſchon vor einigen Jahren angefangen, und die Anzahl der Theile, zu welchen ſie angewachſen iſt, kann einigermaaßen die Güte derſelben beweiſen. In der That haben wir immer mehr Gutes als Schlechtes in den einzelnen Theilen angetroffen, und im Ganzen betrachtet, können wir ſie immer als eine ſchätzbare Sammlung von Clavierarbeiten anſehen. Wir vermuthen, daß ſie den Liebhabern des Claviers bekannt genung ſeyn werde, und wollen daher nur ein paar Worte von dem zwölften Theile ſagen, welches der letzte iſt, der uns davon zu Geſichte gekommen. Den Anfang macht eine Sonate aus dem E = vom Herrn Bach in Berlin. Es wird uns vermuthlich niemand fragen, ob ſie gut ſey. Die zweyte Sonate iſt vom Herrn Franz Vollrath Buttſtett, Hoforganiſten Sr. Durchlaucht des Prinzen von Weikersheim; ſie hat viel artiges und brillantes; das mittlere Adagio iſt aus dem Es moll. Eine Sonate von den Marggräfl. Brandenburg-Culmbachiſchen Kammermuſicus, Herrn Rehl, nimmt den dritten Platz ein; es hat uns alles, was wir vom Herrn Rehl bisher geſehen, ſo wohl gefallen, daß wir ihn ſowohl unter die geſchickten Componiſten, als guten Clavierſpieler unſerer Zeit rechnen. Die vierte Sonate iſt vom Herrn Johann Gottfried Krebs, Organiſt in Altenburg; ein würdiger Sohn und Schüler ſeines durch eine Menge von Clavierſachen berühmten Vaters, deſſen Fußtapfen er auf eine rühmliche Weiſe zu folgen ſcheint. Hier ſind, an ſtatt eines dritten Satzes, ein paar Menuetten und eine Polonoiſe angehängt. Herr Schobert, Cembalist Sr. Durchl. des Prinzen von Conti zu Paris ist der Componist der fünften Sonate. Dieser Herr Schobert hat sich schon durch eine Menge von allerhand Stücken fürs Clavier bekannt gemacht, in welchen viel italiänischer Geschmack herrscht, und viel feuriges anzutreffen ist. Die sechste Sonate ist die kürzeste, kommt uns aber sehr artig und dem Wagenseilischen Geschmacke gemäß vor. Sie ist vom Herrn Joseph Ferdinand Timer, Kammerdiener Sr. Kaiserl. und Königl. Majestät zu Wien, und also wohl von einem Dilettante. Da wir unsern Lesern lange kein ganzes musikalisches Stück vorgelegt haben, so soll es hier geschehen. Wir wählen dazu den letzten Satz aus der Sonate des Herrn Timer, ob er gleich ein wenig lang ist. Ueberhaupt wünschen wir diese Sammlung von Claviersonaten noch lange fortgesetzt zu sehen. Der Kupferstich ist, wie bekannt, schön und accurat.

Presto del Sgr. Timer.

si volti

si volti.

Gotha.

Fragmente einiger Gedanken des musikalischen Zuschauers, die bessere Aufnahme der Musik in Deutschland betreffend. Bey Christian Mevius seel. Erben 1767. Sechs Bogen in Quart.

Die Absicht und die Wünsche des Verfassers sind löblich und gut; nur Schade, daß es in Teutschland wohl immer nur Wünsche bleiben möchten. Die vielen Musikschulen in Italien sind freylich ein vortreffliches Mittel, junge Genies zu bilden; wir Deutschen sind darinne so unglücklich, daß man uns die letztern abspricht, weil es uns an den erstern fehlet. Diesem Vorwurfe zu begegnen, könnte man ein starkes Verzeichniß von berühmten Capellmeistern und Componisten, von vortreflichen Sängern und Sängerinnen, von großen Spielern auf dem Claviere, der Violin, der Oboe, der Flöte und andern Instrumenten anführen, welche das Genie der Deutschen genugsam rechtfertigen. Ihre Anzahl könnte allerdings ansehnlich vermehrt, und mancher Ausländer ent-

entbehrt werden! wenn der gute Unterricht in der Musik an mehrern Orten und leichter zu haben wäre. Freylich sind grosse Herrn solche der Musik und dem Vaterlande nützliche Einrichtungen zu machen allein im Stande: die Ursachen warum es noch nicht geschehen ist, lassen sich leicht einsehen, wenn man die Verfassung der Musik an den Höfen einigermaßen kennt. Der Verfasser gegenwärtiger Fragmente spricht als ein redlicher Deutscher, der zur bessern Einrichtung des musikalischen Staats wohlgemeynte Vorschläge thut. Er schlägt S. 3. besondere Schulen und Lehrer der Tonkunst vor; untersucht S. 4. warum wir so wenig Sänger und Sängerinnen in Deutschland haben? welches er theils dem Mangel des Unterrichts, theils der schlechten Besoldung zuschreibt. S. 5. kommen einige Betrachtungen über das ungesittete Leben verschiedener dem Theater gewidmeter Personen vor. S. 6. 7. wird das Solfeggiren, sowohl die Brust als die Stimme der Singescholaren gut zu machen, empfohlen; zu dieser nützlichen Uebung werden des Bertalotti und Hasse Solfeggi angepriesen, auch vom letztern ein ganzes Larghetto zur Probe in Noten eingerückt. Einige nöthige und nicht aus der Acht zu lassende Anmerkungen für einen Sänger, finden sich auf S. 11. Auf der folgenden Seite kömmt ein neuer Abschnitt, der von den Capellen und Orchestern handelt; es wird hier verschiedenes vom Virtuosenneide, und von der hinlänglichen Besoldung eines Musici eingestreut. Der folgende Abschnitt S. 16. handelt von reisenden Musicis, wie man sie sowohl mit Nutzen anhören, als auch nach Würden schätzen solle; auch diesen Herrn selbst wird verschiedenes zum Besten gesagt; es werden sogar eine gute Anzahl Cadenzen, einigen Sängern zu gefallen, eingerückt, welche denen ein angenehmes Geschenk seyn werden, die mit der Gabe der Erfindung nicht allzu reichlich versehen sind; andern können sie zu einer nützlichen Uebung des Halses dienen. Der Abschnitt von den Liebhabern der Musik fängt sich auf der 27. S. an. Unter andern schlägt ihnen der Verfasser zu ihrem gesellschaftlichen Vergnügen die in Frankreich, Italien und England beliebten Canones oder Zirkelgesänge vor. Er rückt deren drey mit italiänischen Texten ein, unter denen uns der vom Herrn Capellmeister Benda am besten gefällt. Das S. 32. befindliche in einen zweystimmigen Canon gebrachte Amen vom Bertalotti, schlägt der Verfasser zu einem Solfeggio vor, und dazu ist es auch am besten zu gebrauchen. S. 34. erwähnt der Verfasser die sogenannten Concerte, als einer zur Aufnahme der Musik sehr nützlichen Sache; er rühmt dabey die Einrichtung des Leipziger großen Concerts. Wir wollen die gute Absicht bey dergleichen Stiftungen eben nicht läugnen; ob man aber die sichersten Mittel zu einem so rühmlichen Endzwecke zu gelangen anwende, dürfte wohl noch einigem Zweifel

unter

unterworfen seyn. Der Verfasser hat in diesen wenigen Blättern mancherley Gutes und Wahres gesagt, das nicht allein von Musicis, sondern auch von ihren hohen und niedern Beschützern näher erwogen zu werden verdiente: aber surdis narratur fabula möchte man wohl auch diesesmal sagen müssen. Der beste Rath, wenn sich die Welt nach unsern guten Erinnerungen nicht ändern will, ist, daß man sie nimmt wie man sie findet. Bald hätten wir die dem Werkchen statt einer Vorrede vorgesetzten beyden Briefe vergessen; wir würden es uns nicht vergeben haben: sie sind zu lustig, und in einer so drolligten Laune geschrieben, daß der Leser der verstockteste Murrkopf seyn müßte, der nicht darüber lachen wollte. Hans Eustachius von N. N. vertheidigt die Intermezzen oder dem comischen Geschmack im ersten Briefe, und Johann Ehrenfried von N. N. im zweyten die große Oper oder den ernsthaften Geschmack. Der Verfasser ist auch kein unglücklicher Poet. Er hat eine aus fünf Strophen bestehende Zueignungsschrifft voran geschickt, von denen wir die letzte hersetzen wollen:

Der Tonkunst Freunden, Kennern, Meistern
So jetziger als künftger Zeit;
Kurz, allen groß und kleinen Geistern
Ist dieses kleine Buch geweyht.

Nachtrag einiger Verbesserungen zu den vorigen Stücken.

Im 11ten Stück, S. 83. lin. ult. lese man anstatt der Churfürstl. der königlichen Porcellan-Fabrik.

Im 13ten Stück S. 98. ist bey dem Kammercomponisten Herrn Joseph Bono anzumerken, daß er kein Italiäner, sondern ein gebohrner Wiener, und zwar der Sohn eines ehemaligen Laufers bey Sr. kayserl. Majestät Carl VI. ist. Der Kaiser schickte ihn nach Neapolis, um allda die Setzkunst zu studiren, und nahm ihn nach der Zeit in Dienste.

In eben dem Stück, S. 99. muß unter den Violinisten anstatt Leopold Hofmann gelesen werden Anton Hofmann, um ihn mit dem bekannten Componisten und Hof-Claviermeister nicht zu vermengen.

Im 16ten Stück, S. 123. lin. 5. des eingeschickten Briefes lese man theatralisches Stück für theoretisches Stück.

Im 17ten Stück, auf der ersten Seite ist in der Titulatur des Herrn Manfredini folgendes ausgelassen: Maestro di Cappella all' attual Servizio di S. M. I. e

Wöchentliche
Nachrichten und Anmerkungen
die Musik betreffend.

Neunzehntes Stück.

Leipzig den 4ten Novembr. 1766.

Nachricht von einem auf dem Herzoglichen Hoftheater in Gotha aufgeführten musikalischen Zwischenspiel unter dem Titul: *Il buon Marito*. Die Poesie ist von Herrn Joh. Andr. Galletti Herzogl. Sachsen Gothaischen Kammermusicus, die Musik aber vom Herrn Georg Benda. Kapellmeister des obgemeldeten Durchl. Herzogs.

Meine Herrn!

Ich übersende Ihnen hierbey eine Nachricht, die allen denen, so sich um die Musik bekümmern, eben so angenehm seyn muß, als sie wirklich unerwartet seyn wird. Der Herr Kapellmeister Benda hat nun auch durch ein Inter[illegible]ja, Il buon marito, gezeigt, daß er alle Arten von Musik in gleichem Gra[illegible] in seiner Macht habe. In der Kirche hören wir ihn nicht ohne Ehrfurcht, in der Oper nicht ohne Bewunderung, und in dem musikalischen Zwischenspiel werden wir auf eine angenehme Art belustiget; seine Sonaten machten den Musen Ehre, und seine Concerte sind voller Kunst, und verrathen zugleich die Stärke ihres Verfertigers in der Ausübung. Das Stück, wovon ich hier eine Nachricht gebe, ist durchaus von gleicher Stärke, und mit dem Text völlig einstimmig. Da der Dichter aus einer lobenswürdigen Bescheidenheit, den Componisten nicht zu einem vollen Gelächter bewegen wollen; so hat auch dieser auf eine dem Text völlig angemessene Art die Zuschauer aus gleichem Grunde, anständig belustiget; ein Umstand, den man bey einer richtigen Beurtheilung dieses Stücks nicht übersehen muß, wo man nicht in einen offenbaren Irrthum verfallen will. Poesie und Musik sind mit Vorsatz und gutem Erfolg in dem Mittel-Character (mezzo Carattere) gearbeitet; ein Grad des comischen, welchem alle diejenigen den Beyfall vorzüglich gönnen werden, die das gleichgültige in theatralischen Stücken zwar ermüden könnte, deren Geschmack aber doch zu fein ist, als daß sie sich an dem niedrig comischen ergötzen sollten: überhaupt muß es denen Personen gefallen, die sich nicht nur aus vollem Halse zu lachen bey dem Theater einfinden. Kenner, die bey ihrem Urtheil alle Partheylichkeit bey Seite setzen, geben vor allen auf dem Herzogl. Theater aufgeführten Zwischenspielen, diesem Stück, nebst dem Philosophen vom Herrn Agricola den Vorzug; ein Umstand, der Deutschland Ehre macht, als in welchem sich beyde Künstler ohne fremde Beyhülfe gebildet haben.

Was die äußere Einrichtung bey der Aufführung dieses Stücks betrifft, so bestund sie in folgenden: den Anfang machte eine Sinfonie, deren Einrichtung so beschaffen war, daß sie die Zuschauer zu einem comischen Stücke gehörig zubereiten konnte. Zwischen den beyden Acten war eine andere mit einer concertirenden Violine angebracht, in welcher der geschickte Herr Dismas Hattasch eine Probe seiner Stärke auf diesem Instrumente den Zuhörern an den Tag legte. Diese Erfindung des Herrn Kapellmeisters verdient ein besonderes Lob, weil der zwischen den Acten nöthige Zeitraum, auf keine angenehmere Weise ausgefüllt werden kann. Hierbey hätte ich meinen Lesern gerne einige Auszüge aus der Musik mitgetheilet, um sie selbst von der Vollkommenheit dieses Stücks urtheilen zu lassen: weil es aber das erstemal war, daß es öffentlich aufgeführet wurde; so war es auch unmöglich die nöthigen Abschriften zu erhalten. Ueberhaupt glaube ich, daß ich meinen Endzweck doch nicht völlig würde erreicht haben, weil es allemal sehr schwer, wo nicht gar unmöglich ist, aus Stellen, die aus allem Zusammenhange gerissen sind, auf das ganze einen richtigen Schluß zu machen. Selbst das Schöne kann mißfallen, wenn es nicht zum Vortheil des Ganzen angewandt wird, und das Matte als Schatten betrachtet, kann durch eine geschickte Stellung den übrigen Theilen des ganzen, einen reizenden Vorsprung geben. Von einem Theile läßt sich also auf das Ganze nicht schliessen: so würde uns ein Theil der schönen Tochter der Niobe in der Villa Medicis noch lange nicht in den Stand setzen, uns von der höchsten möglichen weiblichen Schönheit und dem unnachahmlichen Ganzen einen würdigen Begriff zu machen. Mit einem Wort, das ganze Zwischenspiel ist wie alle übrige Arbeit des Herrn Kapellmeisters durchaus vollkommen zu nennen: ich übergehe mit Fleiß eine

Men-

Menge einzelne Vorzüge, um nicht die grosse Bescheidenheit dieses vortrefflichen Tonkünstlers durch ein Gedränge von Lobeserhebungen zu beleidigen.

Dem Herrn Leopold Burgioni und der Mademlle Nicolina Rosa muß man das gerechte Lob wiederfahren lassen, daß sie nicht allein den Sinn des Componisten völlig erreicht, sondern sich auch durch eine den Characteren angemessene Action, den Beyfall wahrer Kenner zu erwerben gewußt haben.

Ich kann die gute Gelegenheit, die mir diese Nachricht an die Hand giebt nicht vorbey lassen, ohne über die Zwischenspiele überhaupt eine Anmerkung zu machen, die sich vielleicht von Kennern einigen Beyfall versprechen dürfte. Man muß sich wundern, daß man diesen Stücken in Absicht ihres Gegenstandes noch keine gewisse Gränzen festgesetzt hat, und eben so sehr hat man Ursache sich zu wundern, daß man sogar diese Zwischenspiele erfunden hat, um die Zuschauer zwischen den Acten der Oper damit aufzumuntern. Leuten von feinem Geschmack mußte dieses allerdings unangenehm seyn. Sie sollten weinen, dann lachen, und wenn sie aus vollem Halse gelacht hatten, sollten sie wieder weinen, dann wieder lachen, und zum Beschluß noch einmal weinen. Diese Einrichtung war der Oper eben so nachtheilig, als einem guten Trauerspiele der Umstand ist, wenn der lustige Herr im buntscheckigten Kleide den weinenden Personen die Thränen von den Augen wischt. Man muß es dem neuern Geschmack sehr danken, daß er die Zwischenspiele aus der Oper verbannt, und statt derselben, wo es geschehen kann, Tänze zwischen die Acte setzt, die mit der Geschichte selbst in eine gewisse Verbindung treten, und eben dadurch den Zuschauer nicht gar zu weit aus der nöthigen Verfassung heraussetzen. Man gebe denen Zwischenspielen einen andern Namen, und lasse sie als Stücke, die für sich allein bestehen können, aufführen: so wird man ihnen ihre Vorzüge gewiß nicht streitig machen können. Ich habe noch gesagt, daß man den Gegenstand der Zwischenspiele noch nicht gehörig bestimmt habe, ein Umstand der allerdings einiger Aufmerksamkeit würdig ist. Warum giebt man ihnen nicht lieber eine beissende Satyre, als eine gleichgültige Handlung, die ganz und gar nicht interessirt, zum Gegenstande? Ein Stück von dieser Art kann zwar belustigen so lange es dauret, nachhero aber wird man von der Hauptsache selbst nichts weiter anführen können, als höchstens die lächerlichen Gebärden der handelnden Personen, da jene im Gegentheil nicht allein ergötzen, sondern auch wirklich bessern und den schärfsten Eindruck nach sich lassen würden; Vorzüge, worauf die Tragödie und Comödie besonders stolz seyn können. Man lasse das Zwi-

Zwischenspiel mit der Comödie gemeinschaftlich arbeiten, diejenige Thorheiten zu bestrafen, die die Obrigkeit nicht wohl verbiethen kann, und die sich am allerwenigsten für heilige Orte schicken. Ich will die lächerliche Zieräffgen beyderley Geschlechts zum Beyspiel nehmen, (die vom schönen Geschlechte haben schon vom Moliere den Namen erhalten, Precieuses ridicules) eine Art Menschen, denen eine derbe Züchtigung mit einer solchen satyrischen Peitsche eine gar wohl verdiente Strafe seyn dürfte. Stücke von dieser Art, würden in Absicht des Eindrucks, vor der Comödie gewisse Vorzüge erhalten, weil der Dichter freye Hand hätte, seine Charactere bis auf das höchste zu treiben, und sie einem öffentlichen Gelächter blos zu stellen. Ich bin wenigstens der Meynung, daß man in allen Dingen, also auch in dem, was belustigen soll, auf das nützliche hauptsächlich zu sehen habe, und daß es einem Dichter in dieser Art anzurathen sey, vorzüglich nach dem Lobe zu trachten

Miscuit utile dulci.

Ich bin mit wahrer Hochachtung

Ihr

E * * den 30. Oct. 1766.

gehorsamster Diener

N. N.

Wir würden es mit Vergnügen sehen, wenn der Herr Verfasser dieses Schreibens sich uns näher bekannt machen wollte, da er uns zum zweytenmal mit seinen Beyträgen beehrt. Er kann es unter Einschränkungen thun, wie sie ihm belieben. Uns ist es nichts weniger als gleichgültig, einen Mann von Einsicht, Geschmack und Bescheidenheit kennen zu lernen.

III. So-

III. Sonates pour le Clavecin etc. par *Jean Christoffle Walther*, Directeur de la Musique et Organiste à l'eglise cathedrale d'Oulme.
Aux depens de la veuve du feu Balth. Schmidt à Nuremberg.
Sechs Bogen, in klein Folio, Kupferstich.

Viel Geschrey und wenig Wolle! Gerassele und Gekollere die Menge; aber wenig guter Gesang, wenig neue Gedanken, man müßte sie denn in dem unmelodischen, und mit der Harmonie sich schlecht vertragenden Gemische der halben Töne hinter einander suchen. Man höre einmal:

Gewiß ein Adagio, worinne Seufzen und Wehklagen aufs natürlichste ausgedrückt sind! Aber nein, es ist ein Allegro -- Nun das ist seltsam genug; vielleicht auch schön genug, nur nicht für unsere Ohren. Noch eine Seltenheit aus eben diesem Satze: Zwey und zwanzig Sexten mit der vorgeschlagenen Septime absteigend in einer Reihe hinter einander her, sind gewiß noch einmal so viel, als ihrer seyn sollten. Hier ist der Anfang; man fahre damit fort, so weit als das Clavier reicht, so hat man vier Tacte aus diesem unvergleichlichen Allegro.

Wir wollen uns bey diesen Sonaten nicht länger aufhalten, deren jede aus zween geschwinden und einem langsamen Satze bestehet. Der Liebhaber, der gern musikalische Abentheuer aufsucht, kann deren auf allen Seiten und von allerley Arten finden. Diese drey Sonaten sind einer erlauchten Fürstinn, der verwittweten Herzoginn von Weimar zugeeignet, die in der Musik so viel Stärke als Einsicht besitzt, daß wir wohl ein wenig mehr bey uns angestanden haben würden, ihr Sonaten in dieser Gestalt zu dediciren. Wir müssen übrigens dem Leser noch sagen, daß Herr Walther in Ulm ein Sohn des berühmten Weymarischen Organisten Johann Gottfried Walthers sey, dem wir das musikalische Lexicon zu danken haben, das uns hundertmal lieber ist, als alle Sonaten seines Sohns. Ein starker Spieler kann dieser vielleicht seyn, und wir muthmaßen es aus seinen Sonaten; aber zum Componisten wird etwas ganz anders erfodert.

M. Johann Lorenz Albrechts Abhandlung über die Frage: ob die Musik bey dem Gottesdienste der Christen zu dulden, oder nicht? Berlin, bey Friedrich Wilhelm Birnstiel, 1764. 4 Bogen in Quart.

Ejusd. Versuch einer Abhandlung von den Ursachen des Hasses, welchen einige Menschen gegen die Musik von sich blicken lassen. Frankenhausen 1765. 3 Bogen in Quart.

Der Herr Verfasser, der als Musikdirector und Cantor an der Hauptkirche zu Mühlhausen stehet, hat sich schon vor einigen Jahren durch eine Anleitung zu den Anfangsgründen der Musik bekannt gemacht; ein Buch, das zur Unterweisung in Schulen sehr gut zu gebrauchen ist. Gegenwärtige beyde Abhandlungen sind bloß zur Vertheidigung der Musik geschrieben, und verdienen allemal Achtung, so lange es noch Leute giebt, die aus Unwissenheit, Trägheit und Mangel an Ueberlegung eine Wissenschaft verachten, die zu allen

Zeiten von vernünftigen Leuten so hoch geschätzt worden, und von je her der Religion und dem Gottesdienste geheiligt gewesen. Herr Albrecht, der vielleicht Feinde und Verächter der Musik, besonders der Kirchenmusik in der Nähe zu kennen Gelegenheit gehabt, übernimmt die Rechtfertigung derselben mit einem rühmlichen Eifer. Die erste Abhandlung ist in zween Abschnitte getheilt, von denen der erste Beweisgründe enthält, daß die Musik beym Gottesdienste der Christen allerdings zu dulden und beyzubehalten, keinesweges aber abzuschaffen sey. Die Beweisgründe sind aus der Natur der Musik, aus der ehemaligen Beschaffenheit des levitischen Gottesdienstes, und aus den Ueberschriften einiger Psalmen hergenommen. Im zweyten Abschnitte werden einige Einwürfe der Widersacher angeführt, und von der Musik abgelehnt. Wir müssen die Ordnung, Deutlichkeit und die gute Schreibart des Herrn Verfassers rühmen. Es sind auch zur Behauptung seines Vortrags häufige Stellen aus der heil. Schrifft, aus Lutheri und anderer Schrifsteller Werken angeführt.

Eben das gute können wir auch von der zweyten Abhandlung sagen. Sie ist in der Gestalt eines Sendschreibens an Herrn Schröter, Organisten an der Hauptkirche zu Nordhausen, gerichtet. Der Verfasser giebt folgende Ursachen des Hasses gegen die Musik an: 1. Weil die mehresten Menschen in ihrer Jugend nicht zur Musik angehalten und gezogen werden: 2. Weil die meisten Menschen in ihrer Jugend sich nicht bemühen etwas rechtes in der Musik zu erlernen, wenn ihnen auch gleich die schönsten Gelegenheiten dazu an die Hand gegeben werden. 3. Weil manche Lehrer in Schulen auf dieselbe nicht gut zu sprechen sind, und diese göttliche Kunst, diese vortreffliche Wissenschaft bey allen Gelegenheiten als etwas schädliches abmahlen, und diejenigen, welche sich derselben befleißigen, in öffentlichen Schulstunden herunter machen, verspotten, mit schimpflichen Namen belegen, und für solche Leute ausschreyen, von welchen die Republik einst den größten Schaden zu befürchten habe. 4. Weil die Musikverständigen an den meisten Orten gar wenig geachtet, und sehr schlecht salarirt werden; ja öfters ihr Brodt mit Nebendingen mühsam verdienen müssen, die sich manchmal mit der Musik gar nicht reimen. 5. Wenn man denen, die sich der Musik beflissen, und auch darinne etwas rechtschaffenes gethan haben, auf keine Weise beförderlich ist, sondern sie sitzen läßt, wenn sich gleich mehr als eine Gelegenheit zeiget, wobey man ihrer gedenken, und ihnen zu einer ehrlichen Bedienung verhelfen könnte. Mit Erlaubniß des Herrn Verfassers: die beyden vorhergehenden Puncte scheinen uns mehr Folgen des Hasses gegen die Musik, als Ursachen desselben zu seyn. Sie sind übrigens mehr als zu wahr, und konnten

den

den Widersachern der Musik schon auch einmal bey Gelegenheit mit vorgehalten werden. Die sechste und eine der wichtigsten Ursachen des Hasses findet sich endlich in dem schändlichen Mißbrauche der lieben Musik. Dieser Punct ist in der That sehr wichtig, und wir hätten ihm eine etwas längere Ausführung gewünscht. Die Sache ist freylich etwas kitzlich, zumal wenn man das öfters ziemlich unordentliche Leben mancher Musikanten dabey in Rechnung bringen wollte: um die arme unschuldige Kunst nicht unrecht leiden zu lassen, muß man die Menschen betrachten, nicht wie sie sind, sondern wie sie seyn sollten und seyn könnten; zumal da es an Beyspielen von exemplarischen Musikgelehrten gewiß nicht fehlen würde. Und in Ansehung der gemißbrauchten Kunst, gilt der Canon: Abusus non tollit usum. Ey was würden wir in der Welt doch übrig behalten, wenn wir alle Dinge, die dem Mißbrauche unterworfen sind, verwerfen und abschaffen wollten? Essen, Trinken, Kleider — kurz alles würde uns geraubt werden.

Von den angezeigten Abhandlungen ist die erste in allen Buchläden, und die andere bey Herr Breitkopfen zu haben.

Stockholm.

Zu fernerer Ermunterung der Kunst des Orgelbauens, welche durch den Fleiß und die Einsicht der vor einem Jahr verstorbenen Directoren Green und Strahle ziemlich hoch gebracht worden, haben die Reichs-Stände Seiner Majestät in Unterthänigkeit angerathen, einem Eleve derselben, Namens Carl Wohlström, nicht allein zur Fortsetzung und Treibung des auf dem Königsholm eingerichteten Werkes einen Vorschuß aus dem Manufacturfond von 42000. Thaler Kupfermünze zu bewilligen, die jedoch in Zeit von 10. Jahren wieder abgetragen werden sollen, sondern auch auf die Orgeln, die außerhalb Landes ausgeschiffet werden, 15. pro Cent Exportations-Prämien zu setzen. Es ist hierbey sogleich verordnet, daß jedweder, der sich das Privilegium Orgeln zu bauen, zu erwerben sucht, vorher von der königlichen Akademie der Wissenschaften, in Gegenwart gedachten Wohlströms, oder eines andern erfahrnen Orgelbauers examiniret werden soll.

Wöchentliche
Nachrichten und Anmerkungen
die Musik betreffend.

Zwanzigstes Stück.

Leipzig den 11ten Novembr. 1766.

Achille in Sciro, Dramma per Musica e Festa teatrale rappresentata nel regio Teatro di Berlino per le nozze delle AA. LL. RR. il Prencipe di Prussia con la Principessa Elisabetta Christina Ulrica di Brunsvico, etc.

Wir sind versichert worden, daß die Art, wie wir neulich die Oper Romolo ed Ersilia bekannt gemacht, den Lesern nicht mißfalle, und wir wollen uns bemühen, ihnen dergleichen Nachrichten auch von andern berühmten Theatern zu verschaffen. Wir können es vor diesesmal mit der neuesten Oper aus Berlin thun, auf dessen Schauplatze der unsterbliche Graun ehemals die Zuhörer bis zu Thränen rührte, und jetzt ein würdiger Nachfolger desselben, Herr Agricola, sich Ruhm und Bewunderung erwirbt. Diese Oper ist den 16ten Julius 1765. zum erstenmal aufgeführet worden. Es ist uns die vollständige Partitur von derselben zu Händen gekommen, und wir theilen aus ihr unsere Auszüge mit. Die Poesie ist vom Herrn Abt Metastasio, in dessen Werken nach der Turiner Ausgabe sie im vierten Theile S. 93. stehet: die Auszierungen der Scenen sind von der Erfindung und Zeichnung des Herrn Carl Bibiena, königl. Theater-Baumeisters und Decorateurs; die Tänze aber von der Erfindung des königl. Balletmeisters, Herrn Denis. Wir wollen zuförderst die singenden Personen bemerken:

Licomedes, König in Scirus.
Achilles, in Frauenskleidern, unter dem Nahmen Pirrha, Liebhaber der Deidamia.
Deidamia, Tochter des Licomedes, und Liebste des Achilles.
Ulysses, Abgesandter von Griechenland.
Teagenes, Prinz von Chalcis, und bestimmter Bräutigam der Deidamia.
Nearchus, Begleiter des Achilles.
Arcas, Vertrauter des Ulysses.

U Die

Die Handlung ist in der Kürze folgende: Der in Frauenskleidern und unter einem entlehnten Namen beym Licomedes, dem Könige der Insel Scirus, verborgene Achilles wird von den griechischen Helden, die sich zum Untergange der Stadt Troja vereinigt hatten, zum Gefährten ihres Feldzuges begehrt; um wegen einer gewissen Prophezeyhung in Sicherheit zu seyn. Ulysses wird von ihnen nach Scirus geschickt, um den Achilles zu holen; Deidamia, die ihn liebt, widersetzt sich seiner Abreise, und der Streit zwischen Ruhm und Liebe, der den Achilles in Verlegenheit setzt, wird glücklich durch den Licomedes entschieden, indem er seine Tochter dem jungen griechischen Helden als Gemahlinn mitgiebt. Dem Stücke selbst ist ein vortrefflicher Prologus vorgesetzt, der vermuthlich vom Herrn Abt Landi ist. Er enthält in einem feyerlichen poetischen Tone, die Anwendung auf die festliche Veranlassung dieser aufgeführten Oper, und schließt mit einem Glückwünschenden Chore, vor welchem folgende Strophe als eine Aufforderung vorher gehet:

In questo fausto giorno,
O Popoli devoti,
Fate suonare intorno
Festivi plausi e voti,
Del vostro gaudio segni,
Pegni di vostra fè.

Wir kommen nun auf unsern Hauptgegenstand; auf die Composition dieser Oper. Herr Johann Friedrich Agricola ist, wie wir schon gesagt haben, der Verfasser derselben, und man muß ihm das gerechte Lob wiederfahren lassen, daß er unter die nicht allzu große Anzahl lyrischer Componisten gehöre, bey denen Erfindung, Feuer, Ausdruck, Melodie, Ordnung und Reinigkeit der Harmonie in einer freundschaftlichen Verbindung stehen. Graun ist tod! Hasse: Ach wer weiß, wie bald die Musen auch um ihn weinen werden! Und diese beyden waren es doch immer, die alle Vollkommenheiten anderer ihres Gleichen besaßen, ohne ihre Mängel zu haben. Wir setzen ihnen mit Freuden einen Agricola an die Seite; und Deutschland, dem diese Männer angehören, hat Ursache stolz auf sie zu seyn. Das größte Verdienst um den guten Geschmack in der Musik, der jetzt ziemlich auszuarten, und ins Schimmernde, ins Tändelnde zu fallen anfängt, wäre, wenn die Werke vorbesagter Männer durch den Druck bekannt gemacht, und der Nachwelt in die Hände gegeben würden. Freylich müßten dazu die mächtigsten Beschützer der Musen, die Großen der Erde, die Hände bieten. Sie verdienen unsern Dank, daß sie durch ihre aufmunternden Wohlthaten, uns so vortreffliche Genies verschafft haben; und den Dank einer Nachwelt zu verdienen, sollte sie das nicht noch zu einer andern großmüthigen Handlung bewegen?

Nun zu unserer vorhabenden Composition: die Sinfonie bestehet eigentlich

nur

nur aus einem einzigen Allegrosatze, aus D♮ im ¾ Takte; dieser Satz ist überaus feurig und harmonisch; die öfftern Absätze mit kurzen Pausen frappiren um so vielmehr, da das übrige in einer stetigen geschwinden Bewegung fortläuft. Eine Marcia im D♭ folgt darauf, und dient der Pallas, die den Prologo singt, zur Entree. Da wir gewohnt sind unsern Leser bisweilen ein kleines Stück ganz vorzulegen, um sie nicht durch beständiges Lesen zu ermüden, so wollen wir es jetzt mit diesem Marsche thun. Er muß auf Andante-Art gespielt werden.

 si volti.

Das Recitativ zum Prologo ist durchaus mit Accompagnement begleitet; es stößt sodann die Arie: In questo fausto giorno daran, welche bey der darinne herrschenden Munterkeit, Passagien für die Singstimme enthält, die Höhe und Geschwindigkeit in der Kehle erfodern. Hier ist der Anfang von der Arie, nach einem Ritornello von 16. Tacten.

Der oben berührte Chor, der aus drey Strophen besteht, muß auf dem Theater vortreffliche Wirkung gethan haben; er ist feyerlich und prächtig. Der folgende Allegrosatz aus D = im $\frac{3}{4}$ Tact, worinne sich die Waldhörner, Oboen, Flöten und Fagotte concertirend hören lassen, ist als der dritte Satz der Sinfonie anzusehen, daß also der ganze Prologo in der Mitte derselben eingeschlossen ist; ein eigener und glücklicher Einfall. Nach Endigung dieses Satzes fängt nun das Stück selbst mit einem abermals prächtigen und aus verschiedenen Strophen bestehenden Chore an. Die erste Arie der Deidamia, die den Achilles einer Kaltsinnigkeit beschuldigt, weil er bey der Anlandung einiger unbekannten Schiffe nicht sogleich mit ihr fliehen will, ist dem Inhalte vollkommen gemäß ausgedrückt; das kleine Ritornell von zwey Tacten ist hier mehr werth, als das prächtigste harmonische Geräusche, zwey Seiten lang. Wir wollen es zugleich hersetzen:

Allegro.

Allegro.
Nò in-
grato, a - mor non senti, a - mor non sen - ti.

Die Melismata dieser Arie sind schön, und erfordern eine geläufige Kehle. Achilles, der durch den Nearchus von der Ankunft des Prinzen von Chalcis benachrichtigt wird, dem Licomedes seine Tochter zur Ehe geben will, wird aufgebracht, und giebt seine Hitze in folgender Arie zu erkennen, die vollkommen im Affecte geschrieben ist. Der Herr Verfasser läßt die Singstimme auch sogleich auf das Recitativ ohne Ritornell eintreten:

Allegro assai.
In - volar - mi il mio te - so - ro? il mio
te - - so - ro? ah dov' è quell' alma ar - di - tà?

Der Uebergang zum Dacapo ist gleichfalls ununterbrochen mit dem zweyten Theile zusammen gehängt, und tritt mit den zwey letzten Zeilen des ersten Theils: Hà da togliermi la vita, chi vuol togliermi il mio ben ein. Ueberhaupt ist diese ganze Arie stark, feurig und meisterhaft gearbeitet.

Der auf den Schiffen angekommene Ulysses erkennt zuvörderst den Nearchus, und hofft daher in seinen Entdeckungen bald weiter zu kommen. Er drückt seine Hoffnung durch eins der in Opern sehr bekannten Gleichnisse in folgender Arie aus:

Fra l'om - bre un lam - po so - lo
basta al noc - chi - er sa - ga - ce

Die Fortsetzung folgt künftig.

Wöchentliche
Nachrichten und Anmerkungen
die Musik betreffend.

Ein und zwanzigstes Stück.

Leipzig den 18ten Novembr. 1766.

Fortsetzung der Oper *Achille in Sciro.*

Licomedes unterredet sich mit seiner Tochter, und macht ihr die Ankunft des Teagenes und die bevorstehende Vermählung mit ihm bekannt. Da er sie nun zu dieser nicht geneigt findet, beklagt er ihre Unbesonnenheit in folgender Arie, die vom Herrn Agricola so vortrefflich characterisirt worden, daß man die Züge des väterlichen Mitleids auf allen Worten findet. Sie ist eigentlich für die Tenorstimme gesetzt; wir wollen aber den meisten Lesern zu gefallen beym Discantschlüssel bleiben.

Andante.
Alme in-caute che torbi-de anco-ra non pro-
va-ste l'ù-mane vi-cen-de ben lo veggio, vi

spiace,

spia - ce v'offen - de il con - sigli - o d'un

la - bro fe - del vi spia - ce, v'offen - de,

Deidamia sagt dem Achilles, daß ihr Vater sie an den Teagenes verheyrathen wolle, und bittet ihn, daß er sich durch seinen zur Unzeit kriegerischen Muth ja nicht verrathen möge. Ulysses kommt dazu, und durch die kühnen Anreden des weiblichen Achilles geräth er auf Vermuthungen, die er hernach seinem Vertrauten, dem Arcas offenbaret. Ulysses wird durch den Nearch zum Könige gerufen, und Arcas, der zurück bleibt, bewundert die Verschlagenheit des Ulysses, chi sa ad ogni istante cambiar genio e tenor. Diese Bewunderung endigt sich in eine doppelte Vergleichung: mit der Veränderung des Himmels, nach einem Sommerregen, und mit den Farben, die auf den Flügeln einer Taube spielen. Dieß ist der Inhalt der Arie des Arcas, welche wir in der Composition für eine von den vorzüglichsten halten. Das unmittelbar vorhergehende Recitativ ist mit einem artigen Accompagnement begleitet. Hier ist die Arie.

Allegro grazioso.

Si varia il ciel ta - lo - - ra dopo l'estiva

piog-

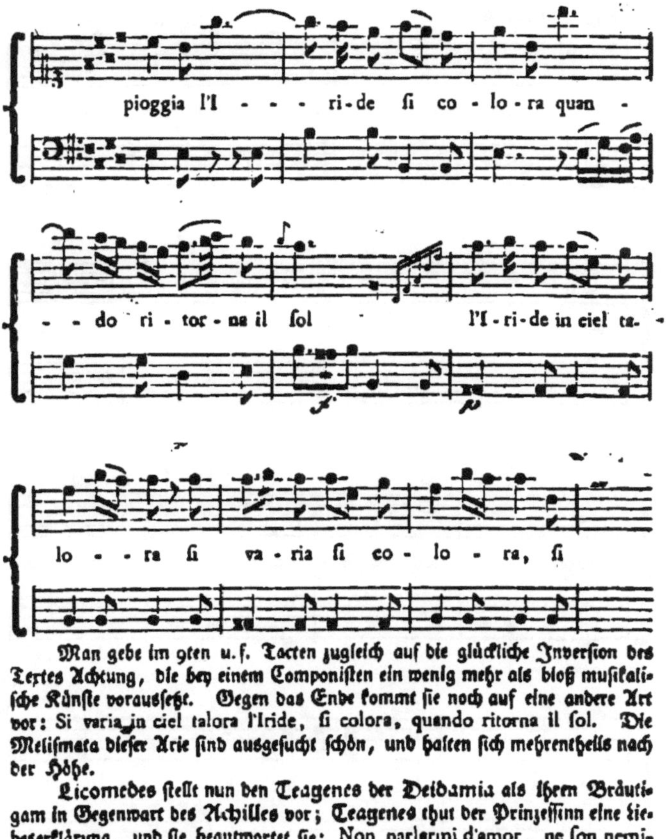
pioggia l'I - - - - ri-de si co - lo - ra quan -
- - do ri - tor - na il sol
l'I - ri - de in ciel ta-
f
p
lo - - ra si va - ria si co - lo - ra, si

Man gebe im 9ten u. f. Tacten zugleich auf die glückliche Inversion des Textes Achtung, die bey einem Componisten ein wenig mehr als bloß musikalische Künste voraussetzt. Gegen das Ende kommt sie noch auf eine andere Art vor: Si varia in ciel talora l'Iride, si colora, quando ritorna il sol. Die Melismata dieser Arie sind ausgesucht schön, und halten sich mehrentheils nach der Höhe.

Licomedes stellt nun den Teagenes der Deidamia als ihrem Bräutigam in Gegenwart des Achilles vor; Teagenes thut der Prinzessinn eine Liebeserklärung, und sie beantwortet sie: Non parlarmi d'amor, ne son nemica; und weiter in der Arie:

Allegro di molto.
Del sen gli ar-do-ri nes-sun - - mi
van-ti nes-sun - - mi van-ti; non soffro a-
mori non voglio a-men-ti troppo m'è
ca-ra la li - - - ber-tà

Das Dacapo schließt mit den Worten: Non soffro amori, sogleich an den zweyten Theil an, der die Cadenz in Gb macht. Mit den Passagien auf a in libertà kann ein Sänger gewiß Ehre einlegen, wenn er sie rein und rund heraus bringt.

Achilles oder vielmehr Pirrha, der sich der Liebe des Teagenes mit Drohungen widersetzt, erregt Erstaunen und Wohlgefallen bey demselben, welches er in folgender Arie, die den Schluß des ersten Acts macht, an den Tag legt.

Allegretto.
Chi mai vi - de al - tro - ve ancora così a-
mabi - le - fierez - za, che mi - - - naccia, ed
in - a - - - mo - ra che di - - - let - ta e

sa tre - - - - mar.

Diese Arie ist mit Waldhörnern, Flöten und Oboen begleitet, welche den Nachdruck derselben sehr glücklich befördern helfen, und zugleich den Schluß des Acts prächtiger machen.

Zweyter Act.

Ulysses unterredet sich mit dem Arcas von den Mitteln zur Entdeckung des Achilles. Pyrrha kommt, und bleibt von fern stehen. Ulysses fängt an die Thaten des Herkules zu erheben, die er in Marmor gehauen vor sich findet. Licomedes kommt dazwischen, der ihm die Schiffe und Waffen verspricht, die er von ihm verlangt hatte. Ulysses rühmt dieses großmüthige Versprechen. Die Arie, die er singt, ist voll Stolz und Kühnheit. Der Nahme Ettore in der vierten Zeile, wovon der Poet die zweyte Sylbe lang gebraucht, ist vom Herrn Agricola allemal sorgfältig in einen Dactylus verwandelt, und in seiner wahren Accentuation hergestellt werden.

Andante maestoso.

Quan - do il soc - cor - so ap - pren - da, che

dal tuo re - gno io gui - do che dal tuo re - gno io

guido

Licomedes bittet die Pyrrha, daß sie der Deidamia wegen der Vermählung mit dem Teagenes zureden solle:

Poco allegro mà con gravità.

Diese Arie ist kurz und ohne Dacapo, indem sie nur aus einem Theile bestehet.

Achilles bezeigt dem Nearchus seinen Unwillen über die weiblichen Kleider die er trägt, und abzulegen beschließt. Nearchus hält ihn mit der Vorstellung, daß Deidamia, wenn er sie verließe, sterben würde, davon ab. „O unglaubliches Wunder der Liebe!„ sagt dieser sodann im Recitative für sich allein; „wenn Achilles in Zorn geräth, ist er wild und fürchterlich; wenn er aber an Deidamien denkt, ist er sanftmüthig und leitselig.„ Die Arie setzt diesen Gedanken durch ein vortreffliches Gleichniß fort, und ist von dem Componisten meisterhaft in Töne gekleidet worden.

Allegro assai.
Co - si le - on fe - ro - ce, che sdegna i lacci e
Corni.
fre - me al cenno d'una vo - ce perde l'u - sato ardir

Es ist leicht zu bemerken, was die kleine Stelle der Waldhörner sagen soll; und der darauf folgende um einen Takt verlängerte Rhythmus drückt das perde l'usato ardir vortrefflich und weit besser aus, als wenn der Herr Verfasser ihn mit den vorhergehenden in Gleichheit gebracht hätte. Der Componist ist in dieser Zeile abermals von der Scansion des Poeten mit Recht abgegangen, und hat pērdĕ anstatt pĕrdē gesetzt. Die Coloraturen auf freme bestehen in Triolen und sind schön. Der zweyte Theil ist im $\frac{3}{8}$ Tact, und nach Beschaffenheit der Worte des Textes mit gedämpften Violinen und Flöten begleitet worden. Wie viel Componisten giebt es, die ihrem Texte so getreu sind?

Die Fortsetzung folgt künftig.

Wöchentliche
Nachrichten und Anmerkungen
die Musik betreffend.

Zwey und zwanzigstes Stück.
Leipzig den 25ten Novembr. 1766.

Anmerkungen über den musikalischen Vortrag.

Der musikalische Vortrag setzet eine vollkommene Fertigkeit im Notenlesen voraus; es sey nun, daß man ein Tutti mit singe, und als Ripienist spiele: oder daß man Arien singe, und Solo und Concerten spiele, und sie mit schöpferischem Geiste noch verschönere. Denn im letzten Falle muß der Musiker, durch vorgängiges Ueben der schweren Stellen des Stückes, sich solche Fertigkeit zu erwerben suchen.

Beym Vortrage selbst müssen die Gedanken dadurch aus dem Herzen zu kommen scheinen. Wer nicht empfindet, was er vorträgt, der erregt auch die Aufmerksamkeit und Leidenschaften des Zuhörers nicht.

In der ernsthaften Musik wird das meiste aneinander gehangen, gezogen und geschleift, und die Violinisten brauchen lange Bogenstriche; in komischen Musiken aber werden die meisten Noten abgestoßen, und die Violinisten bedienen sich kurzer Bogenstriche. Unterläßt man das letzte, so werden die neumodischen Musiken vollends abgeschmackt und unerträglich werden; denn sie sind mehr komisch als ernsthaft. Vor einiger Zeit mußte man sich über den allzuschmachtenden und immer seufzenden Vortrag beschweren, jetzt soll alles hüpfend und muthwillig klingen. Es ist nur zu wünschen, daß wir nicht das Schicksal der alten Musik erfahren, von welcher die Geschichte sagt, daß sie auf eben diese Weise ausgeartet sey, endlich nichts mehr ausgedrückt habe, und daher ganz verfallen müssen.

Dem Zuhörer ist es sehr unangenehm, wenn der Tonkünstler die Kehle oder das Instrument zu sehr anstrenget. Dauert die Anstrengung vollends immer oder lange, so verliert der Zuhörer doppelt, denn der Künstler kann seine

Töne nicht mehr nach dem Bedürfnisse der Materie abändern. Zuweilen scheint zwar die Anstrengung nöthig zu seyn, um den Ort, wo man musiciret, auszufüllen. Wenn man aber doch seine Kräfte übersteigt, kann nichts mehr gerathen, weil man jedem Gange seinen eigenen und unterscheidenden Ton nicht mehr geben kann.

Ein anderer Fehler ist der, wenn die Stimme zu leise ist. Denn auch in der Musik verrathen zu leise Töne Trägheit und Unachtsamkeit, die für den Zuhörer beleidigend ist, da er nicht gerührt wird, wenn er den Musiker so gleichgültig sieht.

Man kann in beyde Fehler zugleich verfallen; ein Violinist kann z. E. in einem Solo bald zu stark bald zu schwach spielen. Das beste ist seine Stimme nicht zu stark anzustrengen, doch aber deren Erhebung und Stärke nach der Beschaffenheit und Anzahl der Personen, vor denen man musiciret, und nach den Umständen des Ortes, wo man sich befindet, möglichst einzurichten. Ein Prediger würde immer fehlen, wenn er vor einer starken Gemeine mit einer leisen und matten Stimme, und in einer kleinen Hochzeitversammlung mit einem starken und heftigen Tone reden wollte.

Noch ein anderer Fehler ist, wenn die Stimme und die Instrumente knarrend, kreischend, klatschend und pfeifend gehen. Die Sänger können, gleich den Rednern, ihre Worte verbeißen und verschlucken, einige Sylben in den langen Wörtern auslassen, und in den kurzen einige niemals aussprechen, sondern darüber wegeilen, ohne daran zu denken, ob sie deutlich verstanden worden, ob sie allen den vollen Klang geben und dem Zuhörer den völligen Verstand der Worte und des Gesanges darlegen. Auch die Instrumentisten sind diesen Fehlern unterworfen, und sie entstehen oft aus einem Gebrechen der Werkzeuge der Sprache und des Gesanges, oder aus einer allzugroßen Flüchtigkeit der Lebensgeister, noch öfterer aber aus einer üblen Gewohnheit, die man sich nicht die Mühe genommen zu verbessern. Besonders bringen die Sänger, welche mehr durch Schwürigkeiten sich hervor thun, und den Beyfall erzwingen, als durch Süßigkeit und Anmuth reizen und entzücken wollen, nur allzuoft kreischende, knarrende und schreyende, statt singender Töne, vor.

Demosthenes, der gröste Redner Griechenlands, hatte drey natürliche Fehler seiner Aussprache zu überwinden, und er überwand sie alle durch unermüdete und anhaltende Bemühung. Der Schwäche seiner Sprache half er dadurch ab, daß er oft am Ufer des Meeres mitten unter dem Geräusche der Wellen, eine Rede hersagte. Seinen kurzen Athem verbesserte er dadurch, daß er einen Berg hinauf gieng, und im Gehen seine Rede wiederholte. Die undeutliche

deutliche, murmelnde und stotternde Art zu reden, gewöhnte er sich dadurch ab, daß er Kieselsteine in den Mund nahm, und so declamirte. Allein wie viel Musiker werden fähig seyn, sich so schweren Bemühungen zu unterziehen?

Ich übergehe den Fehler der Tonkünstler, welche Takt und Bewegung nicht beobachten. Ich will nur derer erwähnen, die das Recitativ so geschwind singen, daß man sie entweder gar nicht, oder nur mit Mühe verstehen kann, da doch immer feyerliche Worte gesungen werden, welche allezeit langsam und mit Nachdruck vorzutragen sind. Es muß zwar bey einem hitzigen Dialogo ein Sänger dem andern allezeit eher unterbrechen als ihn auf sich warten lassen, und oft müssen die Sänger Sylben und Worte geschwind heraus stoßen. Allein auch da finden kluge und erfahrne Sänger Sylben und Worte, bey denen sie sich aufhalten, und dem Verstand und Gedächtniß des Zuhörers zu Hülfe kommen können; denn um beyde müssen sie besorgt seyn. Ueberdem, wo die Würde der Materie und die Wichtigkeit der Gedanken eine vorzügliche Aufmerksamkeit erfordern, da gebührt sichs, daß man nicht nur langsam, mit Nachdruck, und großer Vernehmlichkeit singe, sondern auch, daß, wenn die Instrumente mit gehen, wie in den sogenännten Accompagnementen, man nicht gleich in dem Augenblicke, da die Instrumente aufhören, zu singen anfange. Die Engländer machen einen Strich — vor einem Worte oder Gedanken, welcher wichtig ist. Außer dem mahlen gemeiniglich die Instrumente die vorkommende Gedanken. Lässet nun der Sänger durch allzugroße Eilfertigkeit dem Zuhörer nicht Zeit, das Gemählde zu fassen, so wird dessen Empfindungskraft ermüdet, die Einbildung verwirrt, und das Gedächtniß gar nicht beschäfftiget.

Scheint gleich dem Fehler des zu langsamen Vortrages in der Musik durch den Takt und die Bewegung vorgebeugt zu seyn; so giebt es doch noch eine schwerfällige, träge, schläfrige und sorglose Art des musikalischen Vortrags. Diesen Fehler bemerkt man oft bey Ripienisten, die von Natur so beschaffen sind. Doch kann ein schleppender Vortrag auch folgende Quelle haben. Muß der Tonkünstler sich mit Unterweisung anderer abgeben, so kann er darüber, daß er sie zum Takt und zur Genauigkeit anhält, eine solche Steifigkeit annehmen, daß er auch im Spielen mit andern, die er nicht unterweiset, nicht mehr gewahr wird, daß er zu sehr anhält und schleppet; denn die Schüler sind immer eher zu hitzig und eilig, als zu langsam.

Wie nun eine zu langsame Aussprache alsdenn besonders fehlerhaft ist, wenn man Kleinigkeiten lieset, die keine große Aufmerksamkeit verdienen, also erheischet auch die Natur des Vortrages komischer, ja selbst ernsthafter musika-

 lischer

lischer Stücke, wenn diese Feuer und einen starken Grad der Freude oder des Wohlgefallens ausdrücken, daß man vorzüglich den Fehler der Langsamkeit zu vermeiden suche.

Indessen erhalten die Tonkünstler Verzeihung, welche durch einen oder den andern natürlichen Fehler verhindert werden, so viel Hitze und Feuer in ihren Vortrag zu bringen als man wohl wünschte; falls sie nur solchen Mangel durch Wichtigkeit der Gedanken und zärtliche Empfindungen ersetzen.

Die Fortsetzung folgt künftig.

Fortsetzung der Oper *Achille in Sciro.*

Licomedes, Teagenes, Ulysses und Deidamia sitzen an der Tafel, und halten ein Gastmahl. Arcas und Achilles stehen darneben. Es wird ein Chor gesungen, das in der Musik voll Lebhaftigkeit und Annehmlichkeit ist. Das darauf folgende Recitativ kann als eine kurze Unterredung über der Tafel angesehen werden. Ulysses führt dabey das große Wort, und zwar immer in der Absicht, um hinter die Geheimnisse der Pyrrha zu kommen. Dieser wird zuletzt vom Licomedes befohlen, etwas auf der Zitter zu spielen, und dazu zu singen. Sie setzt sich, und singt folgendes Arioso, welches der Herr Verfasser von den Instrumenten pizzicato begleiten läßt.

Andante.
Se un co - re an - no - di, se un al - ma accendi, che
non pre - ten - di ti - ran - no a - mor?

Dieses

Dieses Arioso ist außerdem, um den Klang der Zitter noch genauer nachzuahmen, mit einem obligaten Clavicimbel begleitet. Es wird von einem Chore wiederholt. Achilles singt hernach noch zwo kurze Strophen, und der Chor setzt nochmals hinzu: Se un alma accendi che non pretendi tiranno amor? Wir bewundern den Componisten in diesem Stücke: Es war Simplicität nöthig, und er ist doch nicht ins Matte gefallen. Die Melodie wurde dadurch bestimmt und gewissermaßen eingeschränkt, daß sie zu einem Chore gebraucht werden sollte, und doch ist sie lebhaft und angenehm. Und den kleinen Umstand, daß Achilles auf der Zitter spielt, nicht zu vernachläßigen, konnte man keinen glücklichern Einfall haben, als außer dem pizzicato der Violinen noch einen Flügel zu Hülfe zu nehmen, der durch gebrochene Accorde die Aehnlichkeit noch besser hervor bringen hilft.

Das folgende Recitativ ist fast ganz mit Instrumenten begleitet. Welche Wahl, welche Abänderung, was für ein Ausdruck in den kleinen Zwischensätzen! Alles ist vortrefflich. Die Handlung ist eben so interessant: Es werden dem Licomedes die Geschenke übergeben, die Ulysses mitgebracht hat; einer bewundert dieses, der andere jenes; dem Achilles aber fallen die schönen Waffen am meisten in die Augen. Unterdessen entstehet ein kriegerischer Lärm; man ruft zu den Waffen; alle gerathen in Furcht, und begeben sich weg, außer dem Achilles, der in einem Gespräche mit sich selbst seinen ganzen Heldenmuth zeigt, bis er von dem Ulysses, der ihn nebst dem Arcas von fern beobachtet, für den Achilles erkannt wird. Voll Herzhaftigkeit will er dem Ulysses überall folgen, wo er ihn hinführen wird. Aber Deidamia — — — Er trägt dem Nearchus, der ihm in den Weg kommt, auf:

Allegretto.
Dil-le che si con-so-li, dil-le che

m'ami, e dil - le, che par - tì fi - do A-

chil - le che fi - do tor - . ne - rà - -

Diese Arie bestehet nur aus einem Theile, und fängt ohne Ritornell sogleich mit der Singstimme an.

Deidamia sucht ihren Geliebten, und erfährt vom Nearchus, daß er im Begriff sey, mit dem Ulysses abzureisen; sie bricht darüber in Klagen aus, die ein wenig ungestüm werden, da ihr Teagenes zu ungelegener Zeit in den Weg kommt. Dieses alles gehet im Recitative vor, welches Herr Agricola abermals durch wohl ausgesuchte und muntere Accompagnements zu beleben gewußt hat, bis Deidamia ihren ganzen Unwillen gegen den Teagenes in folgender Arie ausschüttet:

Andante.
Non ve - di ti - ranno, ch'io mo - ro d'af - fan - no, ch'io

moro

mo - ro d'af-fanno? che bramo che in pace mi

la-sci mo-rir mi la-sci mo-rir

Diese Arie ist im klagenden Tone vortrefflich geschrieben, und durch eine eigene Art von Accompagnement verschönert. Dürfen wir aber sagen, daß wir Deidamien hier lieber ein wenig wüthend gesehen hätten? Doch wir sind aus andern Stellen dieser Oper überzeugt, daß der Herr Verfasser seinen Text sattsam verstanden, und die Situationen der agirenden Personen sehr genau eingesehen habe.

Teagenes voller Verwunderung über die Begegnung der Deidamia, singt folgende Arie, die wegen der doppelten Frage in der ersten Zeile einige Schwierigkeit hat, welche indeß von dem Herrn Verfasser sehr glücklich überwunden worden:

Adagio.
Disse il ver? parlò per gio-co?

mi con - fondo a det - ti suo - i.

Die Fortsetzung folgt künftig.

Wien.

Es hat in den Wissenschaften frühzeitige Gelehrte gegeben, die man mit Recht als Wunder der Natur angesehen. Die Musik hat sich ebenfalls dergleichen frühzeitigen Gelehrten, oder Virtuosen, wie man sie in der musikalischen Sprache nennen muß, zu rühmen. Vor einiger Zeit machte der hochfürstliche Kammermusicus Herr Mozart, der sich außer seinen Compositionen durch seine Violinschule viel Ruhm erworben, mit einer Tochter von neun und einem Sohne von sieben Jahren, in England und Frankreich nicht wenig Aufsehen. Man hat sogar diese musikalische Familie in einem saubern Kupferstiche vorgestellt und verewigt. Herr Mozart, der Vater spielt die Violin, sein Sohn accompagnirt den Flügel, und die Tochter singt mit der Parthie in der Hand. Wir finden in der That dieses Beyspiel von jungen Musikern sehr ausserordentlich; zumal da der Sohn, ein Kind von sieben Jahren, sich schon auf die Composition so verstanden, daß man in Paris ein halbes Dutzend Claviersonaten von ihm in Kupfer gestochen hat. Diese frühzeitigen Virtuosen machen ihrem Vater gewiß viel Ehre, da sie alles durch seinen Unterricht erlangt haben; und da er die bequemen Mittel zu finden gewußt hat, Kindern eine Sache begreiflich und leicht zu machen, die bisweilen ältern und erwachsenen Personen nicht recht in den Kopf will. Wir haben von Wien aus ein ähnliches Beyspiel zu berichten. Ein junger englischer Tonkünstler, Nahmens la Mothe, zwölf Jahr alt, hat sich am 15ten October, als am Theresienfeste, vor Ihro kaiserl. Majestäten, den versammelten Rittern und den höchsten Herrschaften bey der Tafel mit einem Concert auf der Violin, von seiner eigenen Composition hören lassen. Wir haben die nähern Umstände von diesen jungen Virtuosen zur Zeit noch nicht erfahren können, dessen Nahme sehr französisch aussiehet; sollte uns künftig etwas Umständlicheres darüber zu Händen kommen, so werden wir nicht ermangeln, es unsern Lesern vorzulegen.

Wöchentliche

Nachrichten und Anmerkungen die Musik betreffend.

Drey und zwanzigstes Stück.

Leipzig den 2ten Decembr. 1766.

Meine Herren! *)

Da Sie Lebensläufe berühmter Tonkünstler, von den Nachrichten, womit Sie, zur Aufnahme der musikalischen Geschichtskunde, Ihre Leser unterhalten, nicht ausgeschlossen haben: so nehme ich mir die Freyheit, Ihnen den sehr merkwürdigen Lebenslauf, eines der berühmtesten Tonmeister unserer Zeiten, zu beliebiger Einrückung in Ihre Wochenblättern zu übersenden.

Ich habe diese Lebensbeschreibung, als ich mich einsmals mit dem braven Manne, von dem die Rede ist, in dem Orte wo er war, aufhielt, und des Vergnügens seines Umgangs geniessen konnte, aus seinen eigenen mündlichen Erzählungen, die ich ihm von Zeit zu Zeit gleichsam unvermerkt ablockte, und mir immer sorgfältig aufmerkte, zusammen getragen, und hie und da, das, was nicht allein ich, sondern alle Kenner und Liebhaber der Musik von seinen Verdiensten um dieselbe wissen und empfinden, mit eingestreuet. Viele hier und da vorkommende besondere Vorfälle, ob sie sich gleich nicht allezeit unmittelbar auf die kritische Geschichte der Musik beziehen, werden dennoch, wie ich glaube, wenigstens manchen Musiker nicht unangenehm zu lesen seyn. Sie werden

*) Wir überzeugen uns, daß wir unsern Lesern den angenehmsten Dienst durch Bekanntmachung der Lebensgeschichte eines der berühmtesten, rechtschaffensten und verdienstvollsten Männer in der musikalischen Welt, erweisen. Wir können dem Freunde, der uns diesen wohlgeschriebenen und lehrreichen Lebenslauf zum Einrücken gütigst mitgetheilt hat, nicht genug Verbindlichkeit haben. Wie viel nützliche Anmerkungen werden einige Leser, theils zu ihrer Ermunterung, theils zu ihrem Unterrichte dabey machen können!

werden vielleicht manchem aufkeimenden musikalischen Genie, wenn es sich zumal nicht eben in den vortheilhaftesten Glücksumständen befinden sollte, auf verschiedene Art nützlich seyn, und ihm an manchen Stellen zur Aufmunterung, öfters auch zur Lehre dienen können. Mancher wird vielleicht, an einigen Stellen, die wunderbaren Wege der göttlichen Vorsehung, in etwas ernsthaftere Betrachtung zu ziehen Gelegenheit finden. Sollte ich ja, ob ich es gleich nicht gern wollte, durch dieses unschuldig heimtückische Unternehmen mir einigen Unwillen von dem braven Tonkünstler, dessen Leben ich beschreiben will, selbst zugezogen haben: so hoffe ich dennoch desto eher von ihm darüber Verzeihung zu erhalten, wenn er sehen wird, daß doch alles, was ich aufgezeichnet habe, die Wahrheit ist, und mit seinen eigenen Erzählungen, welche immer sehr aufrichtig und nichts weniger als geschminkt waren, genau übereinstimmet. Wenigstens wird er meiner genauen Aufmerksamkeit, auf alles was ihm begegnet ist, seinen heimlichen Beyfall nicht versagen können. Ich liefere also hier den

Lebenslauf
Des Herrn Franz Benda, königlichen Preußischen Kammermusikus.

Herr Franz Benda ist am 25. November 1709, zu Alt-Benatky in Böhmen gebohren worden. Sein Vater, Hanß George Benda, war Altmeister der Leineweberzunft, aber dabey der Musik nicht unkundig: denn er spielte auf dem Hackebrete, der Hoboe und dem Schalümo. Die Mutter war Dorothea Benda, die Tochter eines Schulmeisters, Nahmens Brixy.

Ungefähr im siebenden Lebensjahre lernte Herr Franz Benda das Singen bey dem Cantor zu Neu-Benatky. Dieser hieß Alexius, und war kein ungeschickter Componist, ein guter Organist, und sang den Baß.

Im neunten Lebensjahre wurde Herr Franz Benda, durch einen seiner Vettern Brixy, nach Prag, bey die Benedictiner an der Kirche St. Nikolai, als Sopranist in Dienste gebracht. Dieser Herr Brixy war Herrn Bendas mütterlichen Großvaters Bruders Sohn, und ein nach damaliger Zeit, guter Kirchen-Componist. Herr Benda nahm in kurzer Zeit so im Singen zu, daß er nach einem Jahre seines dasigen Aufenthalts allen andern Prager Sopranisten vorgezogen wurde.

Ein gewisser Student hatte den Auftrag bekommen, für die Dreßdner Kirchenmusik in der Hofkapelle, wo man damals noch keine Castraten, sondern nur die sogenannten Kapellknaben zu Ausführung der hohen Singstimmen hatte, te, den besten Sopranisten in Prag in Dienste zu nehmen. Der Student wählte also natürlicher Weise den Herrn Benda; führte aber seine Unterhandlung mit ihm, um nicht Verdacht zu erwecken, heimlich. Doch die Patres merkten dessen ungeachtet vielleicht etwas davon. Sie nahmen also dem Herrn Benda seinen Oberrock weg, und erlaubten ihm nicht anders als in der Weste herum zu gehen: so daß er auch in die lateinische Schule der Jesuiten, die er damals besuchte, nicht anders als in der Weste, mit dem Mantel darüber, gehen durfte. Endlich aber brachte ihn das unablässige Zureden des Studenten doch dahin, daß er, wegen Mangel des Geldes, seine Schulbücher verkaufte, und ohne Rock, mit dem Studenten heimlich davon, und nach Dresden gieng. Hier wurde er wohl aufgenommen, und sogleich recht gut gekleidet. Nach etwan anderthalb Jahren kam dem Herrn Benda die Lust an, wieder nach Böhmen zurück zu kehren; und da man ihn nicht gutwillig gehen lassen wollte, so nahm Herr Benda wieder bey sich selbst einen kurzen Entschluß. Er dingte sich bey einem Schiffer, der auf der Elbe nach Leutmeritz fuhr, auf, und begab sich heimlich mit ihm davon. In Pirna wurde übernachtet. Als sie aber des folgenden Morgens weiter fahren wollten, sahe Herr Benda zu seinem grossen Entsetzen, zween von Dresden ihm nachgeschickte Leute vor sich, welche ihn sogleich mit Gewalt wieder nach Dresden zurücke führten. Weil aber Herr Benda des Reisens auf dem Wasser nicht recht gewohnt, und über dieses die vorige Nacht ziemlich kalt gewesen war: so verlohr er darüber die hohe Stimme. Man machte folglich bey seiner Zurückkunft nach Dresden keine Schwierigkeit mehr, ihn gutwillig abreisen zu lassen.

Seine Eltern empfiengen ihn bey seiner Rückkunft nach Hause zwar freundlich: sie wurden aber gar bald verlegen, was ferner aus ihm werden sollte. Das erste, was seinem Vater beyfiel, als sie im kurz darauf eingefallenen Osterfeste mit einander in die Kirche giengen, war, daß er den Sohn aufmunterte, einen Versuch zu thun, ob er den Alt singen könnte. Man wagte es. Anfänglich klang zwar die Stimme ziemlich heiser, sie kam aber bald wieder in Ordnung: so daß Herr Benda schon denselben Nachmittag den Alt, und zwar nach seiner vorigen Art, und mit Beyfall sang.

Die nun erlangte Altstimme machte, daß sich Herr Benda sogleich wieder nach Prag begab; wo er in dem Jesuiter-Seminario auf der Altstadt, so bald er sich nur hatte hören lassen, angenommen wurde, obgleich schon sechs Altisten da waren. Sein gutes Singen, und daß er in Dresden Kapellknabe gewesen war, waren zwo sehr wirkende Fürsprachen für ihn. Um diese Zeit,

 nämlich

nämlich im Julius 1723. wurde, bey der Krönung des Kaisers Karls des sechsten zum Könige in Böhmen, zu Prag, die merkwürdige Oper: *Costanza e Fortezza*, von der Composition des so berühmten kaiserlichen Oberkapellmeisters, Herrn Johann Joseph Fux, und zwar unter freyem Himmel, mit aller nur möglichen Pracht, aufgeführet. Eine kurze Beschreibung dieser so sonderbaren Oper ist S. 216. des 1. Bandes vom Herrn Marpurg heraus gegebenen historisch-kritischen Beyträgen zur Aufnahme der Musik, zu lesen. Unser Herr Benda war einer von denen, welche die Chöre mit sangen. Er gesteht selbst, daß ihm das Anhören der größtentheils vortrefflichen Sänger, welche diese Oper vorstelleten, vielen musikalischen Nutzen verschaffet, und sonderlich Gaetano Orsini ihn bis zu Thränen gerühret habe. Eben dieses sagten Herr Graun und Herr Quanz auch. Gaetano muß also wohl ein vortrefflicher Sänger gewesen seyn. Doch daran hat niemand noch gezweifelt.

Nach dieser Oper wurde bey den PP. Jesuiten, in Gegenwart des Kaisers, durch junge Herren aus dem vornehmsten Böhmischen Adel, eine lateinische Comödie aufgeführet, welche mit Musik vermischet war. Diese Musik hatte der nachher so berühmt gewordene königl. Pohlnische Kirchencomponist, Herr Johann Dismas Zelenka gesetzt. Hierinn sang Herr Benda, und ein anderer Discantist von den Kreuzherrn, jeder drey Arien; und außer diesen sang noch ein italienischer Bassist.

Von den P. P. Jesuiten kam Herr Benda zu den Kreuzherrn in Dienste. Hier regte sich die Lust selbst zu componiren bey ihm. Er setzte also zwey Salve Regina, eins nur mit der Orgel allein, das andere aber mit 2. Violinen begleitet. Er sagte mir einsmals selber: der Himmel wüßte, wie sie in Ansehung der musikalischen Regelmäßigkeit hätten mögen beschaffen gewesen seyn. Er erinnerte sich aber, daß er, zumal das erstere, weil die Singstimme dabey viel zu thun gehabt hätte, verschiedenemale, auf Befehl des Paters Regens Chori hätte singen müssen. Endlich verlohr sich bey ihm auch die Altstimme, und er kehrte von neuem wieder nach Benatky zu seinen Eltern zurück.

Die Fortsetzung folgt künftig.

Beschluß der Oper *Achille in Sciro*.

Wir sind bis auf den dritten und letzten Act gekommen. Da in diesem das Recitativ öfterer declamatorisch wird, so hat auch Herr Agricola hier fleißig das Accompagnement der Instrumente angewandt. Wir haben darunter ungemein viel Schönes gefunden, wobey wir uns aber nicht aufhalten können; auch vortreffliche malerische Stellen finden sich darunter.

Nun weiter im Texte: Achilles erscheint nun nicht mehr in Frauenkleidern, sondern als ein Held gerüstet. Er brennt für Ungeduld, durch seinen Degen die träge Ruhe zu Scirus zu entschuldigen. Ulysses bewundert ihn in dieser Gesinnung, in diesem Feuer, das man zu unterdrücken vergebens gesucht hatte, das aber mit desto größerer Macht ausbricht, je enger es bisher eingeschränkt gewesen. Das ist es, was er in der schönen und prächtigen Arie sagt, die von allen Seiten betrachtet, als ein Meisterstück des Componisten anzusehen ist. Welches Feuer in der Erfindung, welche Kraft und welcher Ausdruck in den ausfüllenden Mittelstimmen! Waldhörner und Oboen begleiten diese Arie, wie billig. Hier ist der Anfang der Melodie:

Wir müssen abbrechen, weil uns die Zeilen ein wenig zu lang sind. Um den Sinn derselben ganz zu haben, setzen wir die Worte der zwo folgenden her:

A dispetto del carcere indegno
Con più sdegno gran strada si fà.

Die Arbeit der Mittelstimmen besteht in Triolen und Sechzehnteln, und nichts konnte der Sache angemessener seyn, als diese Art des Ausdrucks.

Indem Ulysses, Achilles und Arcas zu Schiffe gehen wollen, um Scirus zu verlassen, kommt Deidamia, und hält sie zurück. Der Streit zwischen Ruhm und Liebe im Herzen des Achilles; Deidamia, die auf einer Seite seine Reise zu hintertreiben sucht; Ulysses auf der andern Seite, der sie beschleunigen will, machen diese Scene überaus lebhaft und interessant. Der Componist hat auch keine Gelegenheit vorbey gelassen, den Nachdruck der Worte durch die ausgesuchtesten Accompagnements noch fühlbarer zu machen, bis zu der vortrefflichen und überaus zärtlichen Arie, in welcher Achilles Deidamien von seiner beständigen Liebe Versicherung giebt. Es ist diese Arie mit gedämpften Violinen, Fagotten, Oboen und Violinen begleitet.

Allegretto.
tr
Tor-nate se - reni begli astri d'a-more begli a - stri d'a - mo - re la spe-me ba - le-ni nel
vostro do - lo - re nel vo-stro do-lo - re se

mesti

Deidamia voll Verwirrung und Unruhe, da zumal Ulysses zum Könige gegangen ist, um ihm die Entdeckung des Achilles bekannt zu machen, suchet in folgender Arie das Mitleid gegen sich rege zu machen:

Ein vortreffliches Adagio, daß wir auf der Berliner Opernbühne hätten hören mögen, und dagegen nie in den Händen gewisser ungehirnten Variationsmacher zu sehen wünschen.

Nearchus, der nun den Achilles sich aus den Händen gerissen siehet, beklagt sich in folgender Arie:

Licomedes beruhiget endlich alle wieder, indem er dem Achilles seine Tochter zur Gemahlinn giebt, nachdem der großmüthige Teagenes selbst eine Fürbitte für ihn einge-

eingelegt. Man höre wie zufrieden Licomedes mit dieser Verbindung ist.

Es ist viel in dieser Arie, womit der Sänger die Geschwindigkeit der Kehle in Passagien zeigen kann.

Licomedes willigt endlich auch in die Abreise des Achilles: Vada, sagt er zur Deidamia, ma sposo tuo; ti torni al fianco, ma cinto di trofei. Ein prächtiges Chor: Ecco felici Amanti, ecco Imeneo già scande, &c. machen den Beschluß der ganzen Oper, die dem musikalischen Verfasser derselben, dem Herrn Agricola unendlich viel Ehre macht. Gesang und Harmonie zeigen sich in einem Grade der Vollkommenheit, der nicht allein das Ohr entzückt, sondern auch den Verstand befriedigt, und das Herz in Empfindungen hinreißt. Und noch ist dieses immer nicht das ganze Verdienst des Herrn Verfassers; wir wissen, daß Herr Agricola im theoretischen Felde der Musik, und überhaupt im Felde der Gelehrsamkeit viel weiter gekommen sey, als die meisten der heutigen Modecomponisten.

Wöchentliche
Nachrichten und Anmerkungen
die Musik betreffend.

Vier und zwanzigstes Stück.

Leipzig den 9ten Decembr. 1766.

Meine Herren!

Ich übersende Ihnen hiermit einige Nachrichten von einer Kapelle, welche sowohl wegen ihrer Durchlauchtigsten Stifter und Erhalter, als auch wegen so vieler geschickten Virtuosen jederzeit einen vorzüglichen Rang vor vielen andern behauptet hat.

Sie werden mir Beyfall geben, wenn ich Ihnen den für die Musen ewig verehrungswürdigen Nahmen unseres in glorwürdigsten Andenken ruhenden Durchlauchtigsten Marggrafen Friederichs zu Brandenburg Culmbach nenne.

Ob schon diese Kapelle durch das im Jahr 1761. erfolgte Absterben ihres berühmten und verdienstvollen Kapellmeisters des Herrn Hofrath Pfeiffers einen großen Verlust, und bald darauf durch den Hintritt unsers höchstsel. Herrn Marggraf Friederichs darinnen einige Veränderung erfahren müssen, daß nebst denen italiänischen Virtuosen auch sämmtliche Castraten und Sängerinnen abgegangen: So haben im Gegentheil Sr. jetztregierende Hochfürstl. Durchl. zu Bayreuth alle Instrumentalisten zu höchst Dero Ergötzung nach ermüdenden Regierungs-Geschäfften und zur Zierde Dero Hofes beybehalten: Und stehen selbige in folgender Ordnung:

Musik-Director.

Herr Jacob Friedrich Kleinknecht aus Ulm. Ist wegen seiner ausnehmend schönen und meisterhaften Instrumental-Compositionen den Meistern, Kennern und Liebhabern in und außer Deutschland bekannt genug und schätzbar. Wie denn auch erst kürzlich 6. Trio von dessen Arbeit in London, ohne seine Veranstaltung in Kupfer gestochen, zum Vorschein gekommen. In allen seinen Werken herrscht der feinste Geschmack, Melodie und Gründlichkeit.

tik. Der allgemeine Beyfall bestätiget dieses genugsam. Von dessen Arbeit sind bereits vor vielen Jahren 6. Solo für die Flöte-Traverse, und drey Trio für dieses Instrument in Hafnerischen Verlag heraus gekommen, und befinden sich in dem Miscellan-Werke auch einige Sonaten für das Clavier von demselben. Sein älterer Bruder der

Concert-Meister.

Herr Johann Wolffgang Kleinknecht; hat es auf seinem Instrument zu derjenigen Stärke und Vollkommenheit gebracht, welche so wenige erreichen. Seine Ausführung ist pünktlich, voll Feuer und Schönheit, und belebend für ein ganzes Orchester.

Flöt-Traversisten.

Herr Christ. Friederich Döbbert aus Berlin. War einer der berühmtesten Hoboisten seiner Zeit, wurde aber auf Verlangen des hochseel. Herrn Marggrafen Friederichs bewogen, dieses sein Instrument mit der Flöte zu vertauschen, worauf er Hochgedachten Herrn Marggrafen lange Zeit informiret, und den Ruhm sich beymessen kann, denselben unter die Zahl der Virtuosen auf diesem Instrumente geführet zu haben.

Herr Georg Gotthelf Liebeskind, aus Merseburg gebürtig. Wurde von Sr. Hochfürstl. Durchlaucht dem verstorbenen Herrn Marggraf auf einige Jahre nach Berlin gesendet, um durch Anweisung bey dem berühmten Herrn Quanz vollkommener zu werden. Welche Gelegenheit demselben sehr günstig gewesen. Seine Spielart ist sehr lebhaft und brillant, und seine Execution in Passagen erregt Verwunderung und Erstaunen.

Herr Johann Stephan Kleinknecht, der dritte Bruder des Concertmeisters. Er vereiniget in sich alle Gaben eines der besten Flöt-Traversisten. Sein von dem reinesten Tone begleiteter Vortrag ist rührend und voll Annehmlichkeit. Er setzet selbst Concerte und Solos für sein Instrument.

Violinisten.

Herr Jacob Friederich Richter aus Dreßden. Er ist nebst dem Prädicat eines Secretarii, zugleich Landschafftl. Registrator, hat sein Instrument vollkommen innen, und genießt das Vergnügen an seinem zwölfjährigen Sohn einen Hoffnungsvollen Musicum zu erblicken, welcher bey seinem noch frühen Alter die schwereſten Concerte auf der Violine rein und deutlich spielet.

Herr

Herr Christ. Heinrich Rörbitz aus Bayreuth. Ein gründlicher Musicus und braver Violinist. Sr. Königl. Hoheit die verstorbene Frau Marggräfinn ließen denselben die Sing-Composition bey dem verstorbenen Herrn Kapellmeister Graun in Berlin erlernen.

Herr Bernhard Joachim Hagen, aus Hamburg. Ein Eleve des verstorbenen Herrn Hofrath und Kapellmeisters Pfeifer, in der Violin. Er spielet auch die Laute, und setzet für dieses Instrument sehr niedlich.

Herr G. H. Thomas aus Nürnberg. Spielet auch das Clavier, und ist in der Composition nicht unerfahren.

Herr Joh. Christ. Hofmann, ein gleichmäßiger Scholar in der Violin, von dem verstorbenen Herrn Hofr. und Kapellmeister Pfeifer.

Herr Johann Michael Glaßer aus Erlangen, spielet nebst der Violin noch verschiedene andere Instrumente.

Herr Gottfried Wilhelm Morus; aus Redwitz, stehet zugleich als landschafftl. Registrator in Hochfürstl. Diensten. Ist ein guter Musicus, und spielet eine sehr schöne Violin.

Herr J. Heinrich Breyl, aus Bayreuth, spielet nebst der Violin auch das Clavier vollkommen gut, und verstehet die Composition.

Herr G. W. Puchta.

Herr Joh. Georg. Friedr. Kern: beyde aus Bayreuth.

Kammer-Hautboist.

Herr Christ. Ferd. Wunderlich aus Bayreuth. Spielet die Oboe Meisterhaft. Ist ein sehr geschickter Musicus, und spielet noch viele andere Instrumente.

Hautboisten.

Herr Peter Frank, aus Bayreuth.

Herr Joh. C. Tiefert aus Bayreuth. Ist zugleich Copist.

Kammer-Cornoisten.

Herr Johann Georg Vogel aus Bayreuth.

Herr Joh. Friedr. Heniel, aus Bayreuth.

Bratschisten.

Herr Sam. Friedr. Leuthard, Sen. aus Bayreuth, zugleich Organist bey der Hauptkirche.

Herr Joh. Lorenz Steinhäußer, aus Bayreuth.

Bassonisten.

Herr Joh. Gotth. Liebeskind, Sen. aus Dreßden, hat sein Instrument ehedessen mit vieler Stärke und Vollkommenheit gespielet, ist aber nunmehro wirklich. Kammer-Registrator und der Vater des obangeführten Flöttraversisten, und des

Herrn Joh. Christ. Liebeskind, zweyten Bassonisten, welcher auch die Flöte sehr gut spielet.

Violoncellisten.

Herr Joh. Balthasar Köhl, aus Coburg. Dermahlen Organist bey der Hauptkirche zu Christ-Erlang, verdienet unter die besten und geschicktesten Cembalisten gesetzet zu werden. Den Grund zur Composition legte er unter Anführung des verstorbenen Herrn Hofr. und Kapellmeisters Pfeiffer. Seine für das Clavier gesetzte Concerte und Solos bringen ihm Ehre. Sein fruchtbares Genie zeiget sich besonders im Kirchen-Stil. Nebst einer großen Anzahl geistlicher Cantaten sind die Hirten von Herrn Rammler, und die Pilgrimme auf Golgatha von Herrn Zachariä besonders schön, und verdienen durch den Druck bekannter zu werden. Im Haffnerischen Verlag zu Nürnberg sind von ihm schon verschiedene Clavier-Sonaten heraus gekommen, und seine Chorale mit schönen Variationen sind bekannt. Außerdem hat er auch noch unter der Regierung des letztverstorbenen Herrn Marggrafen sehr viele große Ballette verfertiget, und für mehrerley Instrumente, z. E. die Flöte-Traverse, Oboe, Viola di Gamba, Fagott mit gleichmäßig gutem Erfolg vieles gearbeitet, worinnen er täglich continuiret.

Herr Nic. Friedr. Hofmann aus Bayreuth.

Herr Georg W. Puchta, aus Bayreuth.

Herr Leuthard jun. aus Bayreuth.

Contraviolinist.

Herr Joh. Georg Vitus Halmb, aus Koloschowitz in Böhmen, ein guter Musicus und sehr braver Contraviolonist.

Notist.

Herr Chr. Erdm. Ludwig Andreä, aus dem Bayreuthischen.

Wann es mir der Raum und andere Umstände vergönneten, so könnte ich nun auch eine schöne Anzahl eifriger und zum Theil bis an die Stufe der Virtuosen gelangter Liebhaber der Musik auf allen Instrumenten besonders der

Flöte-

Flöte-Traverse, Violin, Viola di Gamba, Laute und Clavier hier anführen, welche durch die von dem höchstsel. verstorbenen Durchlaucht. Marggrafen Friederich errichtete, und einige Jahre bestandene musikalische *) Akademie noch mehr ermuntert worden: Indem dieser unschätzbare gnädigste Freund der Talente sie dazu eingeladen, und sich ihnen in allen gleichgestellet hat.

Ich habe im übrigen diese Nachrichten mit derjenigen Aufrichtigkeit entworfen, welche man dem Publico schuldig ist, und zweifle dahero keineswegs, Sie meine Hochzuehrende Herren werden solche auch ohnverändert in diejenigen musikalischen Nachrichten mit einzuverleiben belieben, welche bis dahero, und jederzeit mit vielen Vergnügen lieset

T. den 30. Octbr. 1766.

Dero ergebenster Diener
D. G. D. L. v. D. G.

*) Der Herr Verfasser gegenwärtigen Aufsatzes würde uns sehr verbinden, wenn es ihm beliebte von dieser musikalischen Akademie, und wie die Einrichtung derselben gewesen, uns gelegentlich einige Nachricht mitzutheilen.

Fortsetzung der Lebensgeschichte des Herrn Franz Benda.

Weil vor der Hand keine Gelegenheit war, sich mit Singen zu erhalten, und Herr Benda doch seinen Eltern nicht zu sehr zur Last fallen wollte: so suchte er die Instrumentalmusik mit mehrerm Ernste wieder vor. Er hatte vorher schon auf der Violine einen Anfang gemacht: wer ihm aber die erste Unterweisung darinn beygebracht, kann er sich nicht mehr erinnern. Zwar muß dieß sehr frühzeitig geschehen seyn: denn in Dreßden hatte er schon bey den Concerten, so die Kapellknaben unter sich aufführten, die Bratsche gespielet, und für sich auf der Violine die vivaldischen Concerte geübet.

Aber, leider, jetzo war für den Herrn Benda kein anderer Weg, mit der Instrumentalmusik sich etwas zu verdienen, offen, als der, daß er sich entschließen mußte, zu Tanze zu spielen. Er begab sich also in die Gesellschaft einer Musikantenbande, welche aus lauter Juden bestand. Unter derselben befand sich ein alter blinder Jude, Namens Löbel, welcher, nach seiner Art, sehr gut auf der Violine spielte. Er zog einen vortrefflichen Ton aus seinem Instrumente; erdachte seine Stücke, die gewiß recht artig waren, selbst, und spielte Tänze bis ins hohe dreygestrichene a mit der größten Reinigkeit. Dieser Mann erregte bey dem Herrn Benda eine heimliche Eifersucht: so daß dieser sich verdoppelte Mühe gab, seine Violine auch gut klingen zu machen, und um jenem in keinem Stücke etwas nachzugeben, auch sich einige Tanzstücke setzte, welche nicht leicht waren. Herr Benda versichert aufrichtig, daß er es wohl diesem blinden Manne meistens zu danken hätte, daß er sich, um eines guten Tons auf der Violine mächtig zu werden, Mühe gegeben habe. Wie glücklich ist ihm nicht diese Mühe gelungen!

Doch, Herr Benda fieng bald hernach an, sich des Tanzspielens einigermaßen zu schämen. Und da seine Vaterstadt mit keinem Kuchenbecker versehen, diese Profession aber in Böhmen, wenigstens damals gar einträglich war: so hatten seine Eltern die Absicht, daß er dieses Handwerk erlernen, sich in der Stadt ansäßig machen, und des Bürgermeisters Tochter, die ihm gewogen war, heyrathen sollte. Aber der Graf von Kleinau, der in Benatky residirte, erfuhr diesen Anschlag, und er gefiel ihm nicht. Er machte vielmehr dem Herrn Benda Muth, weiter bey der Musik zu bleiben. Er beschenkte ihn mit zwölf Thalern, und rieth ihm, sich wieder nach Prag zu begeben, und allda bey einem gewissen, in des regierenden Fürsten von Lobkowitz Diensten stehenden Violinisten, Namens Konyczek, die Violine weiter zu studiren. Herr Benda folgte diesem guten Rathe, und begab sich von neuem nach Prag. Er wurde wegen des Honorariums bald mit seinem Meister einig. Seine Wohnung nahm er im Hause einer alten Wittwe, auf einer Dachstube. Seine Eltern, welche ihn bisweilen besuchten, schickten ihm von Zeit zu Zeit Brod, Käse, Butter, und etwas kalte Küche. Warmes Essen genoß er damals gar selten. Die Lust zur Musik aber nahm täglich bey ihm zu. Er stand des Morgens sehr früh auf, weil er schon um sechs Uhr sich bey seinem Meister, in die, um diese Zeit ihm angesetzte Lehrstunde, einfinden mußte. Die übrigen Stunden des Tages wurden mit Violinspielen und mit Notenschreiben abwechselnd zugebracht. Es geschahe sehr oft, daß er in einem Tage ein ganzes Violinconcert abschrieb. Vor 11. Uhr des Abends gieng er selten zu Bette.

Nachdem 10 Wochen auf diese Art verflossen waren, sagte sein damaliger Meister zu ihm, „daß er sich ein Gewissen machen würde, ihn länger aufzuhalten, und ferner Geld von ihm zu nehmen. Er möchte nur fernerhin für sich selbst fleißig seyn; seiner, des Meisters Hülfe wäre er nicht mehr benöthiget.„ Herr Benda begab sich also abermals zu seinen Eltern nach Benatky, wo er zuweilen in der Kirche, und auch bey dem Grafen von Kleinau Concerte zu spielen pflegte. Er hatte dabey mit den Söhnen des Grafen öftern Umgang: und wenn diese, wie zuweilen geschahe, unter sich Comödien aufführeten; so mußte Herr Benda dabey mehrentheils eine Frauenzimmer-Rolle vorstellen. Inzwischen besuchte der Graf von Ostein, ein kaiserlicher Geheimerrath, den Grafen von Kleinau zu Benatky. Weil der letztere die Absicht hatte den Herrn Benda mit der Zeit als Kammerdiener in seinen Diensten zu gebrauchen, aber ihn auch als Musicus noch mehr qualificiret haben wollte, so machte er ihn dem Grafen von Ostein bekannt, und bat denselben, ihn auf einige Zeit mit sich nach Wien zu nehmen, und bey einer Herrschaft zu recommandiren. Diese Reise gieng vor sich. Beym Abschiede bekam Herr Benda von seinem guten Vater, anstatt eines großen Reisegeldes, welches zu geben nicht in des Vaters Vermögen war, folgenden Unterricht: „Er sollte sich vor dem Trunke, der Hurerey und dem Spiele hüten, so würde „es ihm, bey fleißiger Ausübung der andern christlichen Pflichten, ganz gewiß „wohl gehen.„ Herr Benda gesteht aufrichtig, daß ihm diese väterlichen Worte, nachher bey so manchen Versuchungen, gar sehr zu statten gekommen sind. Damals war Herr Benda noch nicht völlig 18. Jahre alt.

In Wien empfahl ihn der Graf von Ostein, dem bis jetzo noch lebenden Grafen von Ublefeld. Dieser Herr ließ sich damals durch den berühmten kaiserlichen Violoncellisten Francischello auf dem Violoncell unterrichten. Herr Benda hatte also Gelegenheit nicht nur den gedachten großen Virtuosen einigemale spielen zu hören, sondern auch selbst verschiedenemale mit ihm Trios zu spielen.

Einer der besten Waldhornisten, Namens Zimmermann, welcher mit dem Herrn Benda Geschwisterkind war, stand damals bey dem Feldmarschall Grafen von Montecuculi in Diensten. Dieser Zimmermann machte den Herrn Benda bey seinem Herrn bekannt, und beredete ihn, die bisherigen Dienste des Grafen von Ublefeld zu verlassen, und in des Feldmarschalls Dienste zu treten. Herr Benda that es, einer kleinen Verbesserung des Gehalts wegen; blieb aber auch hierinn nicht länger als etwann ein halbes Jahr. Denn ein gewisser Baron von Andler, nachheriger Graf, beredete ihn, mit nach Hermannstadt in Siebenbürgen zu gehen, und bezahlte ihn reichlicher als der Feldmarschall gethan hatte. Aber auch hier war Herr Benda nicht länger als ein Jahr: denn er gieng mit dem Marquis von Luneville wieder nach Wien zurück. In Siebenbürgen machte er mit dem jetzigen Hochfürstl. Zerbstischen Concertmeister, Herrn Carl Höckh Freundschaft, welche noch bis jetzo dauert. In Wien wurde er bey seiner Zurückkunft mit dem Herrn Czarth, welcher nachher königl. Preußischer Kammermusikus gewesen, jetzo aber in Churfl. Pfälzischen Diensten steht, bekannt. Herr Benda war mit seinem Dienste bey dem Marquis, so wie Herr Czarth mit dem seinigen bey dem Grafen sen von Pachta nicht sonderlich zufrieden. Sie beredeten sich beyde miteinander heimlich davon zu gehen. Und weil Herr Höckh mit seinem Collegen dem seel. Weidner auch in Wien ankam, und diese auch weiter gehen wollten: so wurde beschlossen, daß Herr Benda und Herr Czarth vorher zu Fuße nach Breßlau gehen, die andern beyden aber mit der Post nachkommen sollten. Herr Benda, um sich desto unkenntbarer zu machen, zog sich einen langen weißen Rock an. Sie konnten nichts als, außer etlichen wenigen Musikalien, ihre Violinen, Czarth auch eine Flöte, mitnehmen. Sie kamen glücklich durch, und in Breslau an. Sie ließen sich in der Kirche am Sande hören, und wurden von den Patern wohl aufgenommen. Von Wien erinnert sich Herr Benda noch, daß der alte Timmer, der bey Hofe den Tenor sang, einer der besten dasigen Violinisten gewesen sey.

Nachdem Herr Höckh und sein Gefährte, wenig Tage hernach, auch in Breßlau angekommen waren, setzten alle vier, nach einem kurzen Aufenthalte daselbst, mit einigen Fuhrleuten ihre Reise nach Warschau fort. Als sie noch wenige Meilen von Warschau entfernet waren, und, der großen Hitze wegen, sich von den Fuhrleuten, die auf der Landstraße fortfuhren, etwas entfernt hatten, um in einem unfern, und längst des Weges liegenden Busche fort zu gehen, fanden sie ein großes Felleisen im Busche liegen. Sie riefen verschiedenemale, und hielten sich etwas auf. Da sich aber niemand meldete, nahmen sie das Felleisen mit sich, fragten auf allen Dörfern, durch welche sie kamen, und so gar in Warschau noch, nach: konnten aber den Besitzer desselben nicht ausforschen. Sie hielten es also für ihr Eigenthum, öfneten es, und theilten die darinn gefundenen Sachen: da denn fast jeder von ihnen das darinnen fand, was ihm am meisten nöthig war. Herr Benda, welcher sich seines langen weißen Rocks bereits schämte, bekam ein tuchen Kleid, welches ihm so gut passete, als wenn es für ihn gemacht gewesen wäre. Sie zogen in Warschau alle vier zusammen auf ein kleines Stübchen, in dem sogenannten alten Casimirischen Palaste, worinn seit mehr als 50. Jahren kein Mensch mehr gewohnet hatte. Ein deutscher Maler, welcher in der Nähe wohnte, und dessen Sohn etwas auf der Violine spielte, verhalf ihnen zu dieser Wohnung. Die Klöster, in welchen sie des Sonntags musicirten, beschenkten sie mit rohen Victualien, welche ihnen hernach die Frau Malerinn kochte. Ihre Gesellschaft auf den Schlosse waren Krähen und Raben: und wenn sie unter sich musicirten, glaubten die vorbeygehenden Leute, daß es Geister seyn müßten, welche sich da hören ließen.

Die Fortsetzung folgt künftig.

Wöchentliche
Nachrichten und Anmerkungen
die Musik betreffend.

Fünf und zwanzigstes Stück.
Leipzig den 16ten Decembr. 1766.

Fortsetzung der Lebens-Geschichte des Herrn Franz Benda.

Nachdem Herr Benda wieder nach Dresden zurück gekommen war, erhielt er vom Herrn Quanz, der sich damals in Ruppin befand, einen Brief, worinn ihm des damaligen Kronprinzen von Preussen, Seiner jetzt regierenden königl. Majestät, Dienste angetragen wurden. Er nahm sie an: und reisete über Zerbst nach Ruppin. In Zerbst hatte er die Ehre sich bey der Hochfürstl. Herrschaft hören zu lassen. Es wurde ihm allda die Concertmeisterstelle angetragen. Weil er sie aber nicht annehmen konnte: so brachte er seinen alten Freund den Herrn Höck, dazu in Vorschlag, und verschrieb ihn aus Pohlen. Dieser bekleidet auch die gedachte Stelle noch bis jetzo mit vielem Ruhme.

Am 12. April 1733. trat Herr Benda die Kronprinzlichen Preußischen Dienste an. Er fand bey seiner ersten Ankunft in Ruppin den jetzigen königl. Concertmeister, Herrn Johann Gottlieb Graun schon allda. Noch hatte Herr Benda keinen Violinisten gehöret, der ihm, zumal im Adagio, so viel Genugthuung verschafft hätte, als eben Herr Graun. Er bat ihn also freundschaftlich 3. bis 4 Solos hauptsächlich im Punkte des Adagio mit ihm durchzugehen, und erhielt was er bat. Er rechnet also den Herrn Graun für seinen zweyten Lehrmeister auf der Violine. Er fieng hierauf an, selbst Solos für dieses Instrument zu setzen: und bey den erstern leisteten ihm auch, zumal in Ansehung des Basses, Herrn Grauns Verbesserungen desselben, gute Dienste. Als nachher der Kapellmeister Herr Karl Heinrich Graun in die Kronprinzlichen Dienste trat, und mit dem Herrn Benda in einem Hause wohnte, schrieb dieser unter jenes Anweisung harmonische Choräle. Darauf wagte er es: eine Sinfonie, und weiter hin auch Concerte zu setzen. Den ferneren, und zwar überaus wohl angelegten Unterricht in der musikalischen Setzkunst, hat er dem Herrn Quanz zu verdanken.

Im Monate Junius des 1733. Jahres war das Kronprinzliche Beylager. Zu diesen Feyerlichkeiten war auch der höchstseel. Marggräfinn von Bayreuth königl. Hoheit nach Berlin gekommen. Sie höreten den Herrn Benda täglich sowohl spielen als singen, und baten sich aus, daß Se. königl. Hoheit der Kronprinz, ihm, auf einige Wochen nach Bayreuth zu reisen, Urlaub geben möchte. Herr Benda reisete also im März 1734. dahin. Bey einem Aufenthalte von 7. Wochen hatte Herr Benda die Gnade höchstdieselben im Singen zu unterrichten. Auf der Hinreise hatte Herr Benda in Leipzig das Vergnügen den Herrn Kapellmeister Bach, und seine Herrn Söhne kennen zu lernen. Den Rückweg nahm Herr Benda über Dresden, fand daselbst seinen zweyten Bruder Johann Benda, und nahm ihn mit sich nach Ruppin, wo er gleich als Bratschist kronprinzliche Dienste bekam.

Im Sommer des 1734. Jahres giengen der König und der Kronprinz von Preußen zu der kaiserlichen und Reichsarmee, an den Oberrhein. Der Kronprinz wollte den Herrn Benda zwar mit dahin nehmen. Weil aber der Frau Marggräfinn von Bayreuth königl. Hoheit, abermals um denselben hatten bitten lassen: so mußte er wieder nach Bayreuth gehen. Dieß geschah in Gesellschaft des nachherigen Kapellmeisters Herrn Graun, und des damaligen Kronprinzlichen Clavieristen Herr Schaffrath. Zu Bayreuth sang Herr Benda öfters mit dem Herrn Graun Duette. Letzterer aber, weil er damals noch als Vicekapellmeister in Herzogl. Braunschweigischen Diensten stand, und nur vorher als Gast nach Berlin gekommen war, reisete bald wieder zu Verfertigung einer neuen Oper, nach Braunschweig zurück. Herr Benda und Herr Schaffrath aber blieben ganzer 13. Wochen in Bayreuth, bis der Kronprinz nach geendigtem Feldzuge durch Bayreuth zurück reisete, und gedachte beyde Herren nachkommen ließ.

Im Carneval des 1738ten Jahres reisete Herr Benda, auf Einladung des Herrn Concertmeisters Pisendel, welcher mit ihm in einem freundschaftlichen Briefwechsel stand, nach Dresden, um die Hassische Oper: La Clemenza di Tito anzuhören. Der am königl. Pohlnischen Hofe damals sich befindende Russische kaiserliche Gesandte, Herr Graf von Keyserling, hatte aus dem Thorzettel ersehen, daß ein Kronprinzlicher Preußischer Musikus einpassiret wäre. Er ließ den Herrn Benda gleich den folgenden Tag zu sich bitten, und erwies ihm viele Höflichkeit, und nach der Zeit auch, bis an des Herrn Grafen Ende, sehr viele Gnadenbezeugungen, welche Herr Benda

stets

stets in dankbarlichem Andenken behalten wird. Eben in des Herrn Grafen Hause hatte Herr Benda damals Gelegenheit, den berühmten königl. Pohlnischen und Churfürstl. Sächsischen Lautenisten Herrn Sylvius Leopold Weiß, einigemal in seiner rechten Stärke zu hören. Eines Tages lud Herr Weiß den Herrn Benda nebst dem Herrn Pisendel zum Mittagsessen ein, und ließ heimlich Herrn Bendas Violinkasten nachholen. Des Nachmittags bat man den Herrn Benda ein Solo zu spielen, wobey ihn Herr Pisendel mit der Viola Pomposa*) begleitete. Nach dem ersten Solo wurde das zweyte gefodert, und so gieng es immer weiter: so daß, da die Gesellschaft bis um Mitternacht beysammen blieb, und Herr Benda vier und zwanzig Solos in seinem Kasten hatte, er nicht eher los kam, als bis er sie alle nach und nach durchgespielet hatte. Herr Weiß spielte selbigen Nachmittag auch 8. bis zehn Sonaten auf der Laute.

Im Jahre 1739. am zweyten May, machte Herr Benda zum erstenmale Hochzeit, und zwar mit der Demoiselle Eleonora Stepheni, deren seel. Herr Vater zuerst Oberzollinspector und Postmeister, hernach aber Kriegscommissarius in Colberg gewesen war. Diese Heyrath geschahe in Ruppin. Die aus dieser Ehe gekommenen Kinder werden wir weiter unten anzuführen Ursache haben.

Eilf Monathe nach dieser Hochzeit, nämlich am grünen Donnerstage 1740. brannte die Stadt Rheinsberg, woselbst Herr Benda wegen der damals dort befindlichen Residenz des Kronprinzen, wohnte, fast völlig ab. Herr Benda verlohr bey diesem unglücklichen Brande beynahe sein ganzes Vermögen, bis auf seine Violine, und einige sehr wenige Musikalien. Ein kurze Zeit vorher fertig gewordenes Concert verbrannte mit. Herrn Bendas Gedächtniß war aber so gut, daß er das Concert in zween Tagen wieder zu Papiere bringen konnte.

Kurz darauf kamen des jetzigen Königs Majestät zur Regierung. Die damalige Kapelle zog also mit nach Berlin.

Im Jahre 1742. wurde des Herrn Benda bis dahin genossene Besoldung, vom Könige ansehnlich vermehret; welches überhaupt Zeit seiner Dienste an diesem Hofe noch mehrmals geschehen ist.

In eben diesem 1742. Jahre nahmen Seine königl. Preußische Majestät

*) Dieses Instrument ist wie ein Violoncell gestimmt, hat aber in der Höhe eine Sayte mehr, ist etwas größer als eine Bratsche, und wird mit einem Bande so befestiget, daß man es vor der Brust und auf dem Arme halten kann. Der seel. Kapellmeister Herr Bach in Leipzig hat es erfunden.

auch des Herrn Benda zween jüngste Brüder als Violinisten in Dero Dienste. Der ältere von diesen beyden Herrn, George Benda, ist im Jahre 1748. als Kapellmeister in Herzogl. Sachsengothaische Dienste getreten, und verwaltet, wie jedermann weis, dieses Amt als ein erfindungsreicher und gründlicher Componist noch daselbst mit vielem Ruhme. Der jüngere, Herr Joseph Benda, steht noch, als ein gleichfalls genug bekannter sehr braver Violinist, in königl. Preußischen Diensten. Ein anderer älterer Bruder, als die beyden itztgedachten, dessen wir oben schon erwähnet haben, Namens Herr Johann Benda ist, als Königl. Violinist vor einigen Jahren in Berlin gestorben.

Auch in dem 1742ten Jahre, kamen durch königl. allergnädigsten Vorschub, des Herrn Benda beyde Eltern aus Böhmen nach Berlin. Sie zogen einige Zeit darauf in das neue Haus, welches dieser ihr Herr Sohn in dem bey Potsdam für die Böhmen neuangelegten Dorfe Nowawes, für sie hatte bauen lassen; und genossen daselbst, bis an ihr, vor nur wenigen Jahren erfolgtes Lebensende, den werkthätigen Beystand, vornehmlich des Herrn Franz Benda, zu großer Erleichterung ihres Alters, und zu großem Vergnügen des liebreichen Sohnes, der ihnen beyzustehen die Gelegenheit hatte, auch im Jahre 1756. das 50. jährige Hochzeit- Jubiläum derselben, nebst seinen Freunden, durch allerhand unschuldige Ergötzlichkeit zu feyern, die Freude genoß.

Die einzige Schwester des Herrn Benda, Frau Anna Hattasch ist eine brave Sängerinn, und steht nebst ihrem Gemal, dem Herrn Dismas Hattasch, einem sehr geschickten Violinisten, in Herzoglichen Sachsengothaischen Diensten.

Herr Benda hat aus seiner ersten Ehe, welche dreymal hinter einander mit Zwillingen gesegnet war, zusammen 8. Kinder erlebet, wovon ihrer sechs noch am Leben sind. 1) Mademoiselle Wilhelmine. Diese ist als Kammerfrau in Diensten bey Ihro Herzogl. Durchlaucht der verwittweten Herzogin von Weymar. In eben diesen Diensten befindet sich auch, ebenfalls als Kammerfrau, die zweyte Tochter, Madlle Maria Carolina. Diese singt nicht nur sehr gut, sondern spielt und accompagnirt auch nicht schlecht auf dem Claviere. 3) Herr Friedrich Wilhelm Heinrich, und 4) Herr Karl Heinrich Hermann, beyde königl. Preußische Violinisten, und würdige Schüler ihres Vaters. 5) Madlle Henriette, und 6) Madlle Juliane, welche sehr gute Hoffnung giebt im Singen und Clavierspielen mit der Zeit was besonderes zu leisten.

Am 25. August 1758. starb dem Herrn Benda seine erste Gemahlinn. Er verheyrathete sich zum zweytenmale mit der Madlle Caroline Stephani einer Schwester der seel. verstorbenen, am 13. August 1761.; hat aber aus dieser Ehe keine Kinder. Der Beschluß folgt künftig. Eutin.

Eutin.

Es sind uns von daher zu Gesichte gekommen: Vier und zwanzig geistliche Oden und Lieder, und eine Cantate mit Melodien fürs Clavier, nebst zwo Violinen und dem Baß, von Johann Heinrich Hesse, Hof-Cantor und Musikdirector in Eutin, vom Autor selbst verlegt, und in der hochfürstl. Bischöfl. lübeckischen Hofbuchdruckerey gedruckt. 22. Bogen in Folio. Wir müssen diesen Melodien nachrühmen, daß sie meistentheils fließend, leicht und angenehm sind. Einige derselben haben im Anfange, in der Mitte oder am Ende kurze Sätze für die begleitenden Instrumente allein. Unter den künstlichern bemerken wir besonders das zweyte Lied, welches mit einer dreystimmigen canonischen Nachahmung all' Ottava anhebt, die nicht übel ist. Das fünfte Lied: **Du klagst, o Christ, in schweren Leiden**, ist mit einer doppelten Melodie versehen, und der Componist ist hier auf seinen Text aufmerksamer gewesen, als es die meisten unserer Oden-Componisten zu seyn pflegen, indem er die Klagen eines schwermüthigen Christen in den ersten fünf Versen, und den Trost in den darauf folgenden nicht nach einerley Melodie will gesungen haben. Der Baß unter der Singstimme ist überall mit Ziffern versehen, und so viel wir bey Durchlesung dieser Lieder haben bemerken können, ist die Harmonie, die Modulation, ingleichen die Anordnung der Rhytmen ziemlich tadelfrey; bis auf einige Kleinigkeiten hin und wieder, die nicht ein jedes Ohr bemerken möchte. Im siebenden Liede hat sich der Herr Verfasser eine Freyheit wider die Modulation erlaubt, die wir ihm nicht gut heißen können. Er führt uns im sechsten Tacte nach H moll hin, und macht den Schluß in D dur. Wir wollten es als ein inganno gelten lassen, wenn die Worte einige Veranlassung dazu gäben; aber:

Auf Gott, und nicht auf meinen Rath
Will ich mein Glücke bauen
Und dem, der mich erschaffen hat

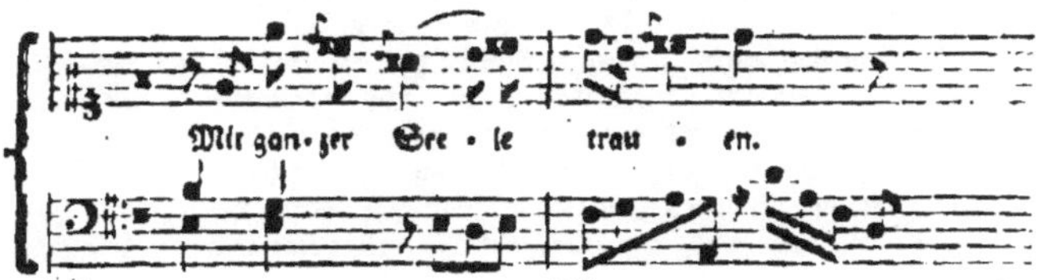
Mit gan- zer See - le trau - en.

würde melodischer und den Worten angemessener seyn, wenn entweder H moll heraus bliebe, oder der Schluß auch ins H moll gemacht würde.

Nun noch ein paar Worte von der Cantate: diese verdient weder der Poesie noch der Composition nach allhier zu stehen. Wenn sich Herr Hesse nicht selbst dazu bekennete, würden wir schwerlich glauben, daß sie von ihm seyn könnte. Weiter wollen wir auch nichts davon sagen; wir kehren lieber zu den Liedern zurück, und müssen nicht vergessen der poetischen Verfasser derselben zu erwähnen. Die ersten achtzehn sind von den überall bekannten Liedern unsers verehrungswürdigen, und um die Erbauung so verdienten Herrn Professor Gellerts. Das 22-24te sind drey Psalme, nach der Uebersetzung des Herrn Hofprediger Cramers. Das 19, 20, 21, ist von einem ungenannten Dichter, der zwischen den beyden vorher erwähnten Männern gewiß nicht am rechten Orte steht.

Es fällt uns ein, daß vor einigen Jahren der jetzige Postrath, Herr Gräfe in Braunschweig, den Einfall hatte, einige Gellertische Lieder und Cramerische Psalmen mit ein paar Violinen und Baß odenmäßig zu componiren. Herr Hesse sagt uns nicht, ob er durch dieses Beyspiel ermuntert worden, einen ähnlichen Versuch zu machen, oder ob er von selbst darauf gefallen. Dem sey aber wie ihm wolle; so halten wir doch dieses Unternehmen für sehr löblich und nützlich. Wir wünschten nämlich, daß dergleichen Gesänge, zu deren Aufführung keine große Anzahl von Künstlern und auch eben keine Virtuosen erfodert werden, auf den Dörfern und kleinen Städten, anstatt der gewöhnlichen Kirchenmusiken eingeführt würden. So wenig wir den Gottesdienst dieses Schmucks beraubt sehen möchten, so sehr mißfällt uns doch das, anstatt einer vernünftigen und bewegenden Musik aufgestellte unharmonische Gekratze und Geschrey, daß wir so oft an kleinen Orten angetroffen haben, und wo der Zuhörer, wenn auch seine Ohren durch die rauhen und kreischenden Töne nicht beleidigt werden sollten, doch selten ein Wort vom Texte versteht. Wie viel Nutzen würde die Einführung dieser vortrefflichen Lieder haben! die Texte sind gedruckt, und um einen sehr leidlichen Preis zu haben. Die Melodie, die so oft wiederholt wird, als das Lied Verse hat, würde sich dem Gedächtnisse der Zuhörer unvermerkt eindrücken, und bald würde man in den Häusern das mit Vergnügen und mit Erbauung wiederholen hören, was man in der Kirche nicht ohne Vergnügen und Erbauung angehört hatte. Wir können zu diesem heilsamen Endzwecke, nebst den Gräfischen Liedern, die gegenwärtigen des Herrn Hesse nicht genug anpreisen. Wir wollen eine von den Hessischen

Melodien

Melodien hersetzen, und zweifeln nicht, daß sie die Liebhaber auch auf die andern aufmerksam machen werde.

Langsam mit Affect.

Du klagst o Christ in schwe - - ren
Lei - den Und seuf - zest daß der Geist der
Freuden von dir ge - wi - chen ist Du klagst und
rufst Herr wie so lange und Gott ver-

zeucht

zeucht und dir wird bange daß du von
Gott ver - las - sen bist.

Wöchentliche

Nachrichten und Anmerkungen

die Musik betreffend.

Sechs und zwanzigstes Stück.

Leipzig den 23ten Decembr. 1766.

Beschluß der Lebens-Geschichte des Herrn Franz Benda.

Wir kehren zu der Musik des Herrn Franz Benda zurück. Im ersten Jahre seiner Dienste bey den jetzigen Könige von Preußen, mußte er fast täglich bey der Kammermusik seines Herrn ein paar Arien singen. Weil er aber damals, fast allemal, wenn er gesungen hatte, Kopfschmerzen fühlte, und überdieß einige Zeit darauf der seel. Kapellmeister Graun in die Dienste des gedachten Herrn kam: so machte sich Herr Benda von dem öffentlichen Singen völlig los. Indessen hat er doch, auch in den folgenden Zeiten, nicht ermangelt, mit seiner Einsicht in die Singkunst, wenigstens durch Unterweisen, geschickten Leuten nützlich zu seyn. Nicht nur seine zweyte Tochter, Madelle Maria Carolina, sondern auch der brave königl. Sopranist Herr Paolo Bedeschi, welcher die Anfangsgründe in Bologna, unter der Anführung des berühmten alten fast 90jährigen Componisten, Jacob Anton Perti,*) geleget hatte, haben das vornehmste von dem was sie im Singen leisten, der Anweisung des Herrn Benda zu danken. Anderer zu geschweigen.

Des Herrn Benda Composition besteht aus vielen Concerten, Solos, und Sinfonien.

Der Ton, den er in der Ausführung auf der Violine heraus bringt, ist einer der schönsten, vollesten, reinesten und angenehmsten, die man jemals auf diesem Instrumente gehöret haben kann. Herr Benda besitzet zwar alle nur

ersinn-

*) Der im Jahre 1683 eine Oper Coriolano zu Venedig, und auch in eben diesem Jahre zu Wien das Te Deum über den Entsatz dieser Stadt in Musik gesetzt hatte, und wenigstens im Jahre 1745 noch lebte, und vielleicht auch noch componirte.

ersinnliche Schritte in der Geschwindigkeit, Höhe, und allen ihr möglichen Schwierigkeiten des Instruments, und weiß zu rechter Zeit, sehr vernünftigen Gebrauch davon zu machen. Aber das edle Sangbare, (das Edle sage ich, um es von dem matten, niedrigen und einfältigen Sangbaren wohl zu unterscheiden) das edle Sangbare ist das, wozu ihm seine natürliche Neigung vornehmlich, und mit dem besten Erfolge zieht. Seine Composition auch neigt sich hauptsächlich dahin, ob es ihr gleich dabey an Feuer und erhabenem Wesen nicht fehlet. Sie ist, so wie seine Ausführung, bis zu einem hohen Grade rührend und angenehm, bisweilen gar scherzhaft: aber doch dabey nichts weniger als gemein, und trivial, sondern immer edel, ausgesucht und von neuer und besonderer Erfindung. Seine Stärke und Genauigkeit in Ausführung einer zahlreichen sowohl als schwachen Musik, und im richtigen Ausdrucke des Sinnes eines Componisten, kennen alle, welche mit und unter ihm zu spielen, oder nur eine Musik, die von ihm angeführet wird, zu hören, das Vergnügen haben können.

Herr Benda hat vor vielen auswärtigen hohen Personen sich hören zu lassen Gelegenheit gehabt, und niemals ist es ohne großen, ja zuweilen gar außerordentlichen Beyfall geschehen. Wir nennen davon den schon angeführten Hof zu Bayreuth, den jetzigen Herzoglichen Hof zu Braunschweig, die Herzoglichen Höfe zu Gotha und Weymar, den Hof zu Rudolstadt, den verstorbenen Churfürsten zu Cölln, den verstorbenen Bischof von Lüttich, den hochseel. letztverstorbenen Churfürsten zu Sachsen, welcher alles, was nur Italien Zeit seiner Reisen von Violinisten vorzügliches besaß, mit Einsicht gehöret hatte; Desselben Durchl. Gemahlinn die verwittwete Churfürstinn von Sachsen, diese so große Meisterinn der Musik; und andere hohe Standes-Personen mehr.

In der Residenz eines großen auswärtigen Hofes, durch welche er einsmals reisete, ob er gleich vor der Landesherrschaft sich hören zu lassen nicht eben willens war, sahe ihn ein vornehmer italiänischer Graf, im Hause eines andern vornehmen Mannes. Der Graf war ein Liebhaber und Kenner der Musik; und als er vernommen hatte, daß Herr Benda ein Violinist wäre, versicherte er ihn in der ersten Anrede, daß, wer den berühmten S.. zu T.. nicht gehöret hätte, nicht wissen könnte, was auf der Violine schönes hervorzubringen möglich wäre. Herr Benda antwortete dem Grafen, daß er zwar den Herrn S.. niemals gehöret hätte: er hätte sich aber von einigen Freunden, welche den Hrn S.. auch persönlich kenneten, die Schmeicheley müssen vor-

sagen

sagen lassen, daß sein, Herrn Bendas Bogenstrich, mit dem Striche des Hrn. S. einige Aehnlichkeit hätte. Diese Antwort von einem Deutschen, kam nun freylich wohl dem Grafen etwas verwegen vor. Er wurde aber dadurch nur desto begieriger den Herrn Benda spielen zu hören. Als dieß geschehen war, fehlte nicht viel, daß der Graf seinen vorigen Ausspruch vom Hrn. S. nicht widerrufen, und nun auf den Herrn Benda angewendet hätte. Kurz, er ward von seinem Spielen so eingenommen, daß er selbst ihn sogleich bey der Landesherrschaft, vor welcher, sich mit Ehren in der Musik hören zu lassen, eben nicht so gar leicht ist, bekannt machte, und nicht eher ruhete, als bis Herr Benda einigemale vor der Herrschaft gespielet hatte. Diese ließ ihm auch alle Gerechtigkeit wiederfahren, und bekannte ohne Zurückhaltung von seinem Spielen und seiner Musik sehr gerührt zu seyn. Es wurde ihm unter der Hand zu verstehen gegeben, daß; wenn er geneigt wäre, seine bisherigen Dienste aufzugeben, und die dasigen anzunehmen, er ungemein vortheilhafte Bedingungen zu erwarten haben, und seine Einkünfte sehr erhöhet sehen sollte. Herr Benda verbat aber alles: weil er seinem Könige sowohl, als seinen Berlinischen Verwandten und Freunden, viel zu sehr ergeben war.

Man könnte, mit Anführung eines Ausspruchs vom Herrn Tartini, welchen dieser einem von Herrn Bendas besten Schülern, der vor ihm gespielet hatte, über seines Meisters Spielart und Composition ganz freywillig gab, hier diejenigen beschämen, welche so oft die Verdienste dieser beyden Männer, auf eine so unwissende als ungeschickte Art, haben abwägen wollen. Und dieses könnte man, mit desto mehrerm Rechte thun, da nicht allein niemand zweifelt, daß Herr Tartini in diesem Stücke ein sehr competirender Richter sey; sondern auch, da er allen, die etwas genauere Nachricht von ihm haben, nicht anders als ein rechtschaffener und billiger Mann bekannt ist. Allein, man braucht nicht einmal hier weitere fremde Zeugnisse anzuführen: da ein jeder, der des Herrn Benda Composition entweder von ihm, oder von einem seiner guten Schüler spielen höret, am besten selbst urtheilen kann.

Herr Benda hat, Zeit seiner königlichen Preußischen Dienste, unterschiedene treffliche Violinisten erzogen, welche seiner Unterweisung, und der Musik selbst große Ehre machen. Wir bemerken von denselben vornehmlich:

1) Seinen jüngsten Bruder, Herrn Joseph Benda, königl. Preußischen Violinisten;

 2) Seine

2) Seine, des Herrn Franz Benda nämlich, beyden Söhne, Herrn Friedrich Wilhelm Heinrich, und Herrn Carl Heinrich Herrmann Benda; beyde königl. Preußische Violinisten:
3) Den Herrn Ryrbitz, Componisten und Violinisten des Durchl. Marggrafen von Barreuth:
4) Den Herrn Johann August Bodinus, ersten Violinisten in Hochfürstl. Schwarzburg-Rudolstädtischen Diensten:
5) Den Herrn Ludwig Pitscher, welcher in den Diensten Sr. Königl. Hoheit des Prinzen Heinrich, Bruders des Königs von Preußen, in der besten Blüthe seiner Jahre gestorben ist;
6) Den Herrn N.N. Veichtner, jetzo in Diensten des Durchl. Herzogs von Curland:
7) Den Herrn C. W. Romnitz, in Diensten Sr. Durchl. des Prinzen Wilhelm von Braunschweig:
8) Den Herrn N.N. Rust, Hochfürstl. Anhalt-Dessauischen Violinisten: und noch andere mehr.

Herr Benda rechnet, daß er in seinen, nun beynahe 34 jährigen Königl. Preußischen Diensten, Sr. Majestät dem Könige an 40 000. Concerte zu accompagniren, die Gnade gehabt habe.

Z.

Paris.

Sei Sinfonie, composte *da P. Vanwaldere*, Virtuoso da Camera di S. A. S. il Prencipe Carlo. Mis au jour par M. Venier. &c. Diese sechs Sinfonien gefallen uns alle sehr wohl. Sie sind voll Feuer, voll Erfindung; dem jetzigen Geschmacke, der mehr comisch als ernsthaft ist, nicht ganz abgeneigt, aber doch weit zusammenhängender, ordentlicher und gravitätischer, als die Arbeiten einiger andern in Paris jetzt Mode gewordener Componisten. Was sie besonders von andern Sinfonien unterscheidet, und ungemein brillant machet, ist der arbeitsame Baß, der immer in Bewegung ist, und bald vortreffliche Nachahmungen hervorbringt, bald die künstlichsten Bindungen unterstützt und belebt. Keine Menuetten und Trios. Jede Sinfonie bestehet aus drey ernsthaften Sätzen, die ihre gehörige Länge und Ausführung haben, und bisweilen eher zu lang als zu kurz sind. Die Waldhörner und Oboen helfen dabey nur ausfüllen, und können allenfalls weggelassen werden. Die Tonarten, aus denen ren diese Sinfonien gehen, sind in der Ordnung folgende: die erste aus G moll; die zweyte, aus C dur; die dritte, aus B dur; die vierte, aus G dur; die fünfte, aus Es dur; die sechste, aus D dur. Der Kupferstich ist sauber und correct, dabey aber ein wenig enge, indem allemal eine Sinfonie auf zwey Seiten stehet. Was uns daran, so wie an allen in Frankreich in Kupfer gestochenen Noten am meisten mißfällt, ist die Bezeichnung des Forte und Piano durch ein großes F. und P. welche beyden Buchstaben einander so ähnlich sind, und so leicht verwechselt werden können, daß es eben so viel wäre, wenn sie gar nicht dabey stünden. Der Preiß dieser Sinfonien ist zu Paris und Lyon 12 Livres.

Merseburg.

Am vergangenen 30 November wurde das über ein Jahr erledigt gewesene Cantorat in dieser Stadt, nachdem der vormalige Cantor und Schulcollege, Herr M, August Friedrich Graun, ein Bruder des seeligen Kapellmeisters, und des noch lebenden Herrn Concertmeisters in Berlin, mit Tode abgegangen, durch einen andern sehr geschickten Mann von Leipzig aus wieder besetzt, als welcher an diesem Tage sein Amt, mit einer dazu selbst componirten schönen Musik antrat. Wir wünschen der guten Stadt Merseburg zur Erlangung eines so brauchbaren und geschickten Mannes aufrichtig Glück. Seine Fertigkeit in der praktischen Musik, besonders auf dem Claviere, seine Einsichten in den theoretischen Theil dieser Kunst, und seine vortreffliche Anlage zu einem Componisten würden uns einige Lobsprüche abnöthigen, wenn wir nicht seine Bescheidenheit zu beleidigen befürchteten, zumal da die Musik nicht das einzige Feld ist, auf welchem er sich geübt, sondern da er auch in den akademischen Wissenschaften, besonders der Theologie, der er sich gewidmet, ein rühmliches Muster des Fleißes für viele abgeben kann.

Es ist derselbe, Herr Christian Friedrich Penzel, zu Oelsnitz im Voigtlande den 25 Novbr. 1737 gebohren, allwo sein Herr Vater Küster an der Stadtkirche gewesen. Nachdem er die dasige Stadtschule vom sechsten bis ins vierzehnte Jahr besucht, und unter andern wissenschaftlichen Dingen, auch den Anfang zur Musik bey dem geschickten Cantori daselbst, Herrn Joh. George Nacke gemacht hatte, kam er nach Leipzig in die Thomasschule, und verließ dieselbe nach fünf Jahren wieder, um den Lauf seiner Studien als ein akademischer Bürger weiter fortzusetzen. Nach Vollendung derselben hat er ein paar Jahre eine Hofmeisterstelle bey dem Herrn Rittmeister von Rackel bekleidet.

Im

Im vorigen Jahre bewarb er sich um das Cantorat zu Merseburg, und legte den fünften Sonntag nach Trinitatis eine Probe in der Stadtkirche daselbst ab. Ob man nun zwar sogleich mit der Wahl bey ihm beruhete, so haben doch einige vorher zu machende neue Einrichtungen die Sache ein wenig länger verzögert, als es in dergleichen Fällen zu geschehen pflegt. Er ist zugleich Collega IV zu bey dem Gymnasio dieser Stadt. Wir sind versichert, daß ein Mann von seinem Fleiße und von seiner Geschicklichkeit ungemein viel Nutzen in einem solchen Amte schaffen werde.

Leipzig.

Der ungenannte Liebhaber und Freund der Musik, der uns unter dem 21 November eine Claviersonate nebst einem kurzen Schreiben zugeschickt, in welchem er sich unser Urtheil über diese seine Composition ausbittet, wird es nicht ungütig nehmen, wenn wir das, was ihn allein interessiren und verständlich seyn kann, nicht vor den Augen aller unserer Leser sagen; wir müßten wenigstens die Sonate größtentheils mit unserm Urtheile zugleich abdrucken lassen, und dieses wird er vielleicht eben so wenig gerne haben wollen, als wir es nicht gern thun möchten. Wenn es ihm gefällt uns einen Ort anzuzeigen, wohin wir unsern Brief addressiren können, so erbiethen wir uns, seinem Verlangen Genüge zu leisten, und nichts von dem, was wir an seiner Arbeit zu loben oder zu tadeln finden, zu verschweigen.

Da das Zweyte Quartal der wöchentlichen Nachrichten und Anmerkungen, die Musik betreffend, zu Ende läuft, so werden diejenigen, die gedachte Wochen-Schrift aus hiesiger Zeitungs-Expedition erhalten, höflichst ersuchet, die Prænumeration a 1mo Jan. 1767. bis ult. Mart. c. a. gütigst einzusenden; weil man ohne Prænumeration, und woher solche außen bleibt, obbesagte Wochen-Schrift dahin nicht ferner abfolgen wird. Wir wollen übrigens hier nochmals anmerken, daß dieses Blatt alle Montage in der Zeitungs-Expedition allhier ausgegeben werde, und so ebenfalls wöchentlich auf allen Postämtern inn- und außerhalb Sachsen gegen vierteljährige Pränumeration zu haben sey.

Wöchentliche Nachrichten und Anmerkungen die Musik betreffend.

Drittes Vierteljahr,

vom 27sten bis 39ten Stück.

Leipzig,
Im Verlag der Zeitungs-Expedition.
1767.

Wöchentliche

Nachrichten und Anmerkungen die Musik betreffend.

Sieben und zwanzigstes Stück.

Leipzig den 30ten Decembr. 1766.

Einige Nachrichten von dem Leben des berühmten Sängers Herrn Felice Salinbeni.

Ich halte es für billig, das Andenken dieses wirklich großen Sängers, auch dadurch erhalten zu helfen, daß ich, so viel ich theils durch einigen Umgang mit ihm und andern seiner Bekannten, von seinen Lebensumständen zuverläßig habe erfahren können, theils aus öfterm Anhören desselben, wenn er sang, von seiner Stärke in der Singkunst selbst empfunden habe, hier bekannt mache. Mich dünkt, es ist um so viel nöthiger sich bisweilen der vorigen berühmten Sänger zu erinnern: da die Singkunst, als Singkunst, und in ihrem ganzen Umfange betrachtet, jetzo in Italien selbst sehr abnimmt, und gute Sänger daselbst immer seltener werden.

Herr Felice Salinbeni ist, ungefähr um das Jahr 1712. in Mayland gebohren worden. Daß seine Aeltern weder reich noch von großem Stande gewesen seyn müssen, kann man daraus ganz sicher schließen, weil sie ihn einer beständigen hohen Stimme haben fähig machen lassen.

Das vornehmste in der Singkunst hat er von dem Herrn Nicola Porpora erlernet; und weil sein Landsmann, der ungefähr im Jahre 1741. zu Bologna verstorbene vortreffliche Contraltist, Herr Giuseppe Appiani, insgemein Appianino genannt, bey seiner gar besonders schönen Stimme, auch viel Geschicklichkeit in der ausgehaltenen, gezogenen, doch aber auch dabey netten und brillanten Singart besaß: so erregte dieses bey dem Herrn Salinbeni die löbliche Eifersucht, jenem auch hierinn gleich zu werden. Sie waren gute Freunde, und studireten, hauptsächlich in der nur genannten Absicht, die Steffanischen Duette, nochmals für sich mit großem Fleiße, mit einander durch.

Im Jahre 1731 wurde zu Rom die Oper Cajo Fabrizio, von Herrn Hassens Composition, mit gar besonderm Beyfalle aufgeführet. Hierbey erschien Herr Salinbeni zum erstenmale auf der Singbühne, und hatte die Rolle der Bircenna auszuführen.

In eben dem 1731 Jahre sang auch Appiano, vielleicht zum erstenmale öffentlich in Mayland, in der gleichfalls Hassischen Oper Arminio, welche den Worten und der Musik nach, von dem nachher in Dresden und Berlin aufgeführten neuern Hassischen Arminio ganz verschieden ist. Herr Hasse hat also diese beyden braven jungen Leute, und zwar auf das vortheilhafteste, auf dem Theater bekannt gemacht.

Nicht lange nach der Oper Cajo Fabrizio sang Salinbeni auch die Rolle des Poro, in der auch vom Herrn Hasse neugesetzten Oper, Alessandro nelle Indie. Dieß ist wieder eine, von der in Dresden aufgeführten, verschiedene Composition.

Ungefähr im Jahre 1733. kam Herr Salinbeni nach Wien, in Römischkaiserliche Dienste. Hier hat er im Jahre 1734. in der Oper: la Clemenza di Tito die Rolle des Sesto; nachher in der Oper Olimpiade die Rolle des Megacle; in der Oper Achille in Sciro, 1736, die Rolle des Achille; und in eben diesem Jahre, in der Oper Tito riconosciuto die Rolle des Tito vorgestellet. Jede dieser 4 Opern war damals neu; und die Rolle des Salinbeni in denselben, ist vom Metastasio eigentlich für seine Person und seine Fähigkeiten in der Action eingerichtet worden. In der Oper Olimpiade gegen das Ende der 4ten Scene des 1sten Acts, findet man sogar in der Beschreibung, welche Argene von ihrem Liebhaber dem Meglacle macht, die Person des Salinbeni sehr genau abgeschildert. Dieß sind die Verse:

Argene: Io l'ò presente. Avea
Bionde le chiome, oscuro il ciglio: i labbri
Vermigli sì, mà tumidetti; e forse
Oltre il dover: Gli sguardi
Lenti e pietosi: Un arrossir frequente:
Un soave parlar: . . . .

Unge-

Ungefähr im Jahre 1737. nahm Herr Salinbeni, weil ihm, wie er selbst nachher sagte, die Composition des kayserlichen Vice-Capellmeisters Hrn Caldara zu altväterisch und nicht brillant genug vorkam, und das öftere Singen in der Kirche zu beschwerlich schien, wieder zu Wien seinen Abschied, und kehrete nach Italien zurück. Wo er da, durch einige nachfolgende Jahre gesungen habe, weis ich nicht genau anzugeben. So viel ist mir bekannt, daß er im Jahre 1742. zu Venedig auf dem Theater (wo ich mich nicht irre) S. Samuele, in der von dem jetzigen Chevalier Herrn Christoph Gluck in Musik gesetzten Oper Demetrio, den Alceste mit Beyfall vorgestellet hat.

Im Jahre 1743. wurde Herr Salinbeni in königliche Preußische Dienste berufen, und kam im December dieses Jahres in Berlin an. Die Rolle, womit er zum erstenmale sich auf dem Berliner Theater hören ließ, war Cesare in der Metastasischen Oper Catone in Utica. Der Beyfall, welchen er vom Könige sowohl als vom ganzen Publico erhielt, war außerordentlich, und blieb auch eben so, die ganze Zeit seines Aufenthalts in Berlin. Doch betraf dieser Beyfall, und zwar mit Recht, immer mehr sein Singen als seine Action, welche letztere freylich, ausgenommen in zärtlichen Rollen, nur gar sehr mittelmäßig war. In Berlin hat er in 14. Graunischen Opern, und einigen Serenaten, immer die männliche Hauptrolle vorgestellet. In den meisten hatte er unter andern Arien, immer ein schönes Adagio, welches er auch allemal als ein Meister in dieser Art ausführete. In dem einzigen Hassischen Arminio von des Herrn Abts Pasquini Poesie, hatte er nicht die Hauptrolle, sondern die vom Segimiro, welche ihn auch, sowohl dem Inhalte als der Musik nach, am besten kleidete.

Im Herbste des 1750. Jahres nahm er, zum großen Misvergnügen der berlinischen Liebhaber und Kenner des schönen Gesanges, wieder seinen Abschied aus königlichen Preußischen Diensten, und gieng nach Dresden. Daselbst sang er, in dem darauf folgenden Winter, erstlich in der Oper Leucippo, welche damals wiederholet wurde, und wozu ihm der Herr Oberkapellmeister Hasse 5 ganz neue Arien gesetzet hatte. Darauf sang er auch in der, vom Hrn Hasse damals ganz neu gesetzten Oper: Ciro riconosciuto. Wie groß der Beyfall, den er auch in Dresden von den königlichen Herrschaften sowohl, als vom ganzen Publico erhielt, gewesen sey, wird sich noch jeder Musikkenner, der ihn damals gehöret hat, erinnern, sobald man ihm unter andern, nur die im Ciro befindliche Arie: Parto, non ti sdegnar nennet.

Kurz nach geendigter Oper Ciro, unternahm Herr Salinbeni, wegen seiner kränklichen Leibesumstände, welche sich schon in Berlin zu äußern angefangen hatten, eine Reise nach Italien. Er konnte aber sein Vaterland nicht erreichen, sondern starb im Sommer des 1751. Jahres, nach einer langen und schweren Krankheit, in, oder nicht weit von Laubach in Krain; für die Singkunst, leider, viel zu früh. Die Ursache seiner Krankheit war, nach der größten Wahrscheinlichkeit, nicht sein Fleiß im Singen, sondern der Mangel an Diät: als welche er, sowohl dem Leibe als Gemüthe nach, gar nicht in Acht zu nehmen verstand.

Er war unstreitig einer der größten Sänger, welche Italien hervorgebracht hat. Zwar war er nicht allgemein in allen Singarten, ohne Unterschied; aber in denen, wozu ihn sein Genie trieb, desto vortrefflicher. Seine Stimme war sehr angenehm: zwar nicht eine der stärksten, aber doch auch nicht schwach, sondern durchdringend ohne Kreischen, und dabey so ziemlich voll. Auch auf großen Theatern, dergleichen die zu Berlin und Dresden sind, konnte man ihn überall ungemein deutlich hören und verstehen. Der Umfang seiner Stimme erstreckte sich vom ungestrichenen a bis ins dreygestrichene c: doch konnte er bisweilen auch noch einen ganzen Ton drüber, und einen drunter, erreichen. Seine Intonation war überaus rein. Schwerlich hat ein Sänger jemals das Vermögen seiner Stimme sowohl, als auch einige kleine Schwächen derselben, besser gekannt, und die letztern vor den Zuhörern besser zu verbergen gewußt als eben Herr Salinbeni. Nie unternahm er im Singen etwas, von dem er nicht vorher gewiß wußte, daß es ihm gut gelingen würde. Das Adagio war hauptsächlich sein Feld. Dieses sang er ungemein rührend. Mehr als einmal hat er den Zuhörern dadurch Thränen ausgepresset. An schönen und wohl erfundenen willkührlichen Veränderungen war er sehr fruchtbar: wozu ihm sehr viel half, daß er mit den Grundsätzen der Harmonie so ziemlich gut bekannt war, und noch in Berlin, von dem nunmehr verstorbenen Hrn Christoph Schaffrath, weitern Unterricht darinn genommen, und wohl angewendet hatte. Nächst dem Adagio war das sogenannte brillante Andante, und andere auf diese Art sich beziehende Arien, sein Werk. Das Allegro sang er, weil seine Stimme sehr geläufig war, zwar rund, deutlich, und in seiner rechten Geschwindigkeit: doch schien ihm hier bisweilen etwas am dazu gehörigen Feuer und Nachdrucke zu fehlen. Im übrigen war seine ganze Singart ungemein nett und sauber. Die kurzen Triller, die Doppelschläge, und die sogenannten Abzüge nach Vorschlägen, machte er überaus gut. Seine langen

gen

gen Triller waren zwar auch nicht schlecht; aber doch ein wenig zu geschwind, und nicht völlig scharf genug. Die Ursache davon lag gewiß nicht in dem Mangel seines Fleißes, sondern wahrscheinlicher Weise in der allzugroßen Biegsamkeit der Stimmsaiten seiner Luftröhre. Sein Tragen der Stimme, und sein Aushalten der Töne war unverbesserlich schön. Er wußte bey einer sogenannten Messa di Voce, die Stimme, mit großer Reinigkeit und Glätte, von der äußersten Schwäche an, bis zu einem solchen Grade der Stärke zu treiben, daß man eine vortrefflich gespielte Trompete zu hören glaubte, und daß manchmal den Zuhörern seinethalben darüber bange wurde. Je seltener er aber, wie er pflegte, dergleichen lange Aushaltungen hören ließ: destomehr Verwunderung erregten sie.

In der Action, besonders wenn sie sehr feurig und heftig seyn sollte, bestand seine Stärke eben nicht. Deswegen waren auch die sogenannten Arie parlanti oder Actions-Arien, nach ihrer eigentlichsten Beschaffenheit, ihm nicht sonderlich vortheilhaft. Doch, wo ist wohl der Sänger zu finden, welcher in allen Stücken vollkommen ist?

Daß Herr Salinbeni einen sehr feinen Verstand, und eine gute Lebensart, im gesellschaftlichen Umgange gehabt habe, ist allen denen die ihn gekannt haben, bewußt. Wenn er nicht höhnisch und unbilliger Weise angegriffen wurde, war er sehr bescheiden und verträglich, und fieng niemals mit seinen Mitsängern Streitigkeit an. Da er seiner eigenen Verdienste gewiß seyn konnte: so konnte er auch Verdienste an andern Sängern gar wohl leiden. Er sprach von dem guten Singen anderer so wenig übel, daß er vielmehr, manchmal, in billigen und wahren Dingen, ungebeten, ihre Vertheidigung übernahm. Wenn wir doch, was die Verdienste um die Singkunst betrifft, noch viel Salinbenis hätten!

Der Herr Graf Algarotti hat auf seine eigene Kosten, des Herrn Salinbeni Bildniß von dem königl. Preußischen Hofkupferstecher, Herrn George Friedrich Schmidt, in Kupfer stechen lassen. Dieses Bildnisses beste Beschreibung, und bestes Lob, ist der Name seines vortrefflichen Verfertigers.

R.

Paris.

Six Simphonies dediées à S. A. S. Monseigneur le Prince Palatin Duc Regnant des Deux-Ponts, nouvellement composées par Mr. *Toeschi*, Maitre des Concerts de S. A. S. Electorale Palatine, etc. Diese sechs Sinfonien des Hrn Toeschi in Mannheim sind in Ansehung der Schreibart vermischt. Viel heutiger Modegeschmack und etwas französischer mit unter geben den Stoff dazu ab. Wir wollen unsere Gedanken, die wir bey diesen Sinfonien haben, ohne Partheylichkeit sagen. Herr Toeschi, den wir als einen braven Violinisten hochschätzen, und auch als Componisten nicht verachten, wird sich durch unser Urtheil nicht sogleich beleidigen lassen, wenn wir sagen, daß uns nicht alles in seinen Sinfonien gefällt. Wir wollen uns auf keine kritischen Untersuchungen der rhythmischen und harmonischen Richtigkeit einlassen; wenigstens können wir sagen, daß der Herr Verfasser darinne sorgfältiger und aufmerksamer sey, als viele andere Mode gewordene Componisten. Wir wollen uns bloß an die Ideen und die Ausbildung derselben halten, und sagen, was ein jedes aufmerksames Ohr dabey empfinden wird. Erfindung, Feuer, vielerley melodische und harmonische Schönheiten kann man diesen Sinfonien des Herrn Toeschi nicht absprechen. Gewisse Stellen aber kommen uns zu oft, oder dauern zu lange; andere haben zwar die Mine des künstlichen, der Stoff dazu ist aber zu mager, und die Einkleidung verdirbt vollends was sonst noch gut daran war. Wem sollte z. E. folgende Stelle aus der ersten Sinfonie, die im C♮ ist, wohl gefallen?

Im dritten Tacte tritt die zweyte Violin nachahmend ein, und macht das Uebel noch ärger. Diese Stelle kommt sogleich noch einmal, und in der andern Hälfte dieses Allegrosatzes noch zweymal in der Transposition der Unterquinte vor. Ueberhaupt hat Herr Toeschi jeden Gedanken in diesem Satze immer

immer zweymal auf einander gesagt. Die aus dem erstern Unisono beybehaltene und oft wiederholte Stelle des Basses thut hier noch die beste Wirkung. Das darauf folgende Andante hat einen eigenen Character, und ist schön; nur an einem Orte, im 10ten und 13ten Tacte, wünschten wir den Baß ein wenig verändert. Das folgende Presto ist ungemein feurig und brillant. Eine vierstimmige canonische Nachahmung von acht Tacten all'unisono kommt sehr unerwartet, und thut eine glückliche Wirkung. Ueberhaupt hat Herr Toeschi keine Gelegenheit vorbey gelassen, dergleichen Nachahmungen wenigstens in der Oberstimme und dem Basse hin und wieder anzubringen.

Wir können uns bey den andern Sinfonien nicht so lange aufhalten. Das Schöne und Gute, das wir darinne angetroffen haben, hat mehr als einmal den Wunsch bey uns erregt: Möchte doch Hr. Toeschi sich immer gleich bleiben! Möchte er doch durch die Liebe zum Sonderbaren, und vielleicht durch die Furcht nicht neu genung zu seyn, weniger hingerissen werden! Bald zerstückelt er die Melodie in kleine Brosammlein, daß man beynahe gar nichts davon genießen kann, wie z. E. im Presto der zweyten Sinfonie aus F♮, und im ersten Satze der 5ten, wo auch viel Gerupftes vorkommt. z. E.

Allegro.

Unsere Leser werden leicht errathen, daß es hier wieder etwas nachzuahmen giebt: Der Gedanke aber, der hier in vier Stimmen hinter einander eintritt, ist ein wenig zu alltäglich, daß wir uns wundern, warum ihn Herr Toeschi nicht verschmähet hat. Dieses comische Gepitzele aber ist nirgends häufiger, als im dritten Satze eben dieser Sinfonie; es dauert einmal gar 29. Tacte nach einander fort. Wir wollen es denen nicht wehren, die es schön finden; uns gefällt es nicht. Die zweyte Sinfonie, die dritte aus B♮ und die vierte aus A♯ haben uns am besten gefallen, weil sich der Componist besser in den Schranken des Ernsthaften gehalten hat. Eins möchten wir den Herrn Toeschi noch bitten, daß er die Gränzen des Bequemen und Leichten nicht so oft überschreiten möchte, sonst dürften einige Violinisten, wenn sie seinen Namen nennen hören, bey sich denken:

Hic niger est, hunc tu Romane caveto

„Der böse Mann! vor den müssen wir uns hüten; er legt uns Concerte
„vor, wenn wir Sinfonien von ihm spielen wollen."

Wir

Wir müssen noch anmerken, wie es auf dem Titel steht, daß man die ersten vier Sinfonien auch nur vierstimmig spielen könne; die fünfte und sechste aber müssen mit Hörnern und Oboen besetzt werden, weil diese obligat sind. Diese Sinfonien kosten zu Paris und Lyon 12. Livres. Die Noten sind leserlich und schön; aber nicht immer correct genug; sie sind von Mademoiselle Vendome gestochen.

Hamburg.

Es fehlet uns noch zur Zeit an einer allgemeinen, und mit gehöriger Kenntniß verfaßten Geschichte der Musik, und man muß sich billig wundern, daß bey der großen Menge Liebhaber dieser Wissenschaft niemand bisher dergleichen unternommen. Nunmehro hat sich Herr Blainville, der, wie wir vernehmen, alle hierzu erforderlichen Fähigkeiten besitzt, entschlossen, diesem Mangel abzuhelfen. Er wird ehestens eine histoire generale et philologique de la Musique ans Licht stellen, und hat in dieser Absicht den Plan dieses Werkes bekannt gemacht, welchen wir unsern Lesern vorlegen wollen, damit sie zum voraus sehen können, was man davon zu erwarten hat.

Das ganze Werk bestehet aus vier Abtheilungen. In der ersten wird von der Musik der Hebräer gehandelt. Herr Blainville untersuchet, wie sie beschaffen gewesen, und was vor einem Gebrauch man davon gemacht habe. In den beygefügten Kupfertafeln sind ihre Blase-Instrumente sowohl, als Saytenspiele, getreulich vorgestellet. Es wird zugleich von den Arten, von den Besonderheiten ihrer Musik, und von ihren Tonkünstlern, wie auch von dem Accompagnement ihrer Instrumente mit, oder ohne Vocalmusik gehandelt.

In der zweyten Abtheilung lernt man, wie die Musik von den Hebräern auf die Babylonier, und von diesen auf die Griechen gekommen ist. Die Hebräer legten sich gleichsam nur aus einem natürlichen Triebe auf die Musik; allein die Griechen reducirten die Künste auf gewisse Grundsätze, und die Musik, welche bey ihnen eine der ersten Stellen behauptete, näherte sich mit schnellen Schritten der Vollkommenheit. Pythagoras, dieser Vater der Weltweisen, erfand das Monochord, theilte die Sayte nach allen möglichen Verhältnissen ein, und ordnete nach den daraus entstehenden Tönen, die Grade, die Intervalle, und wieß jedem seine gehörige Stelle an. Hierauf nahm ein mit Genie begabter Mann, der zugleich Dichter, Philosoph und Tonkünstler war, die Schönheit der Sprache mit zu Hülfe, und schilderte, vermittelst einer musikalischen Declamation, eines genau abgemessenen Rythmus, und einer jeglichen Art eigenen Melodie, die erhabensten Gegenstände sowohl, als die gewöhnlichsten, und bekanntesten.

Die Fortsetzung folgt künftig.

Wöchentliche
Nachrichten und Anmerkungen
die Musik betreffend.

Acht und zwanzigstes Stück.

Leipzig den 6ten Januar. 1767.

Lebenslauf des Herrn Johann David Heinichen. Königlichen Pohlnischen und Churfürstl. Sächsischen Kapellmeisters.

Aus Walthers musikalischen Wörterbuche, Matthesons musikalischer Ehrenpforte, Hrn. Heinichens eigenen Schriften, und den, von einigen Freunden und Zeitgenossen desselben erhaltenen Nachrichten, zusammen getragen, und mit eigenen Anmerkungen des Verfassers dieser Lebensbeschreibung, versehen.

Herr Johann David Heinichen ist im Jahre 1683, am 17. April, in Crössuln, einem 2 Stunden von Weißenfels, nahe bey Teuchern liegenden Dorfe, gebohren worden. Sein Vater war der Priester des Ortes.

Gegen das Ende des vorigen Jahrhunderts, kam Herr Heinichen nach Leipzig auf die St. Thomas-Schule, in welcher viele der berühmtesten deutschen Tonkünstler den Grund zu ihrer nachmals vollkommener gewordenen großen musikalischen Wissenschaft geleget haben. Der damalige Cantor an dieser Schule, war Herr Johann Schelle. Herr Heinichen muß sich frühzeitig, und ohne Zweifel unter Hrn Schellens oder Hrn Johann Kuhnaus, welcher damals Organist an der Thomaskirche war, Anführung, in der Tonsetzkunst geübet haben. Denn schon vor dem Jahre 1700 konnte er seinem damaligen Mitschüler, dem nachherigen berühmten Hessen-Darmstädtischen Kapellmeister, Hrn Christoph Graupner, wieder Unterricht in derselben geben a).

Als

a) s. Matthesons Ehrenpforte, S. 411.

Als aber der gedachte berühmte Kuhnau im Jahre 1700. Schellens Nachfolger im Cantorate geworden war, bedienten sie beyde, Heinichen und Graupner sich seiner weitern Unterweisung im Clavierspielen, und in der Tonsetzkunst.

Das Clavierspielen hat dem Hrn Heinichen, aller wahrscheinlichen Vermuthung nach, niemals recht am Herzen gelegen. Desto mehr Fleiß wendete er hingegen auf die Tonsetzkunst, und besonders auf den Contrapunkt. Damals wurde der Contrapunkt, mit Hintansetzung mancher anderer und beträchtlicherer Schönheiten in der Musik, jungen Leuten als das herrlichste und beste in der Tonkunst, nicht aber als ein nothwendiges Mittel zur Erlangung grösserer musikalischer Vollkommenheiten, nicht als nur ein Stück von dem ganzen Schönen in der Tonkunst, angepriesen. Doch ist eben nicht zu glauben, daß ein Mann von so erhelletem Kopfe und von solcher Gelehrsamkeit, wie Herr Kuhnau zu seinen Zeiten war, einer dieser so übertriebenen Verehrer des Contrapunkts gewesen sey: ob er ihn gleich aus dem Grunde verstand. Dem sey aber wie ihm wolle. Herr Heinichen schreibt S. 935. seines Generalbasses in der Composition von sich selbst, „daß er, als er noch ein Contrapunktsschü„ler gewesen, für lauter Contrapunctsbegierde, kaum habe essen, trinken und „schlafen können. Daß er den harmonischen Geheimnissen der Musik, damals „so lange nachgegrübelt habe, bis er den Hauptschlüssel aller Canons gefunden, „vermöge dessen er, zur ersten Probe, eine ziemlich lange Sonate für 6. Vio„linen gesetzet habe, welche nur aus zwey Hauptstimmen gespielet wurde, so „daß in jedweder Stimme 3 Violinen, bey gewissen Zeichen, hinter einander „anfiengen, und also die ganze Sonate, gleichsam in einem beständig fortge„henden Hauptsatze und Gegensatze, auf sechsfache Art, durchcanonirten.“ Schwerlich wird irgend einer unserer jetzigen neuesten italiänischen Modecomponisten, und ihrer deutschen Nachsprecher, alles dieses mit Wahrheit von sich rühmen können. Denn die meisten dieser Herren sind jetzo so in den komischen Geschmack vertieft, daß sie auch eine nothwendige und für rechte Componisten unumgängliche Mühe nicht sonderlich zu lieben scheinen. Die Gasparinis, die Lottis, die Alessr: Scarlattis u. s. w. verstanden den Contrapunkt in hohem Grade. Die sind aber aus der alten Welt.

Nachdem Herr Heinichen die Thomasschule verlassen hatte, widmete er sich, auf der Akademie in Leipzig, der Rechtsgelahrtheit; und zwar mit so gutem Erfolge, daß er nach seinem Abschiede von Leipzig, Advocat in Weißenfels wurde, und es auch einige Jahre blieb.

Um

Um diese Zeit war die Musik der leipziger Opern, sowohl in Ansehung der musikalischen Composition, als der Ausführung, (nicht aber in Ansehung der Poesie) in einem sehr blühenden Zustande. Sonderlich thaten sich in der Ausführung, die drey braven Schwestern, Mesdemoiselles Döbrecht, nachher vermählte Mesdames Ludwig, Simonetti, und Hesse, sowohl was Singen als Agiren anbelangt, sehr hervor. Ihr Bruder, Herr — — Döbrecht, war ein fertiger Bassist und guter Hauptacteur in diesen Singspielen, und führte zugleich die Aufsicht darüber. Nach Herrn Telemanns Abzuge von Leipzig setzete der damalige Musikdirector an der neuen Kirche in Leipzig, Herr Melchior Hofmann, ein sehr gefälliger und rührender Componist, viele Opern für die leipziger Singbühne. Ueber dieses waren auch, außer der Opernzeit die Collegia musica, unter Hofmanns und anderer braven Leute Direction, in sehr guten Umständen. Welch Wunder, daß der natürlich eifrige Trieb des Hrn Heinichen zur Musik in Leipzig immer mehr angefeuert, und sein Geschmack darinn unterrichtet und gebessert worden ist.

Als Herr Heinichen, nach seinem ersten Abzuge von Leipzig, schon in Weissenfels, seit etlichen Jahren, Advocat war, entstand einsmals eine Mishelligkeit zwischen den Opernvorstehern, und dem Herrn Melchior Hofmann. Und weil dieselbe nicht sogleich beygeleget werden konnte; so überredete Herr Döbrecht den Hrn Heinichen, sich wieder nach Leipzig zu begeben, und die Verfertigung einiger Opern zu übernehmen. Es geschah; und zwar mit gutem Erfolge. Zu gleicher Zeit trat auch Herr Heinichen die Anführung des einen Collegii musici an, welches sich auf dem damaligen Lehmannischen Caffeehause am Markte versammelte.

Die Namen der Opern, welche Herr Heinichen in Leipzig in Musik gebracht hat, können nicht eigentlich angezeiget werden. Eine davon, deren Partitur der Verfasser dieser Lebensbeschreibung besitzet, heißt Helena und Paris.

Er bemühete sich in diesen Opern sehr, sich dem melodiereichen Geschmacke Melchior Hofmanns und anderer seiner Vorfahren auf dem leipziger Theater, zu nähern. Denn ein solcher Geschmack scheint ihm, wenn man nach seinem etwas finstern und eigensinnigen Temperamente, und einigen von seinen ganz alten Compositionen urtheilen sollte, nicht eben von Natur eigen gewesen zu seyn. Dennoch setzte er damals gern manchmal mit vielen obligaten und arbeitsamen Instrumentalstimmen: von welcher allzuarbeitsamen Setzart aber er bey reiferem Alter, den bey manchen Gelegenheiten sich äußernden allzu geringen Nutzen, selbst bekennet. Z. E. S. 29. seines Generalbasses in der Composition, und an andern Stellen mehr.

Unter diesen praktischen musikalischen Beschäfftigungen, womit er aufs neue einige Zeit in Leipzig zubrachte, verfertigte er einen Tractat unter dem Titel: Neu-erfundene und gründliche Anweisung zu vollkommener Erlernung des Generalbasses, wobey zugleich auch andere schöne Vortheile in der Musik an die Hand gegeben, und alles mit Exempeln, und hierzu mit Fleiß auserlesenen nützlichen Compositions-Regeln erläutert worden x. xc. Dieser ist zu Hamburg im Verlage Benjamin Schillers 1711. gedruckt heraus gekommen.

Ohngefähr um das Jahr 1711. bot ein gewisser Rath Buchta, aus Zeitz, welcher nach Wälschland gieng, dem Herrn Heinichen die freye Reise mit ihm nach Venedig an. Dieser ergriff diese gute Gelegenheit mit Vergnügen, und hielt sich einige Zeit in gedachtem Venedig auf. Seine musikalischen Verdienste blieben daselbst nicht unbekannt. Im Carneval des 1713. Jahres bekam er daselbst, auf dem Theater St. Angelo 2. Opern, in Musik zu bringen. Die erste hies Calfurnia, und die zweyte: le Passioni per troppo Amore. Auf den andern venetianischen Singbühnen arbeiteten in diesem Carneval die drey berühmten wälschen Tonmeister, Carl Franz Polarolo, Anton Lotti, und Franz Gasparini. Alle drey waren viel zu rechtschaffene Männer, als daß sie, wie wohl sonst unter ungesittetern Componisten geschieht, diesem so braven Fremdlinge, der sich überdieß nicht zu ihrem Glauben bekannte, heimtückische und hinterlistige Streiche, zur Verminderung seines sowohl verdienten Ruhmes, hätten spielen sollen. Desto boshafter aber verfuhr, wer weis auf wessen Anstiften, der eigene Unternehmer oder Impressario des Theaters St. Angelo, dadurch, daß er die eine dieser Opern, vermuthlich die letzte, nach einer zwey- oder dreymaligen Aufführung zurück setzen, und eine andere, von einem einheimischen Componisten auf die Bühne bringen wollte. Doch das Publicum rettete Heinichens Ehre, und verlangte daß seine Oper noch weiter aufgeführet werden sollte: welches denn auch, und zwar so oft geschah, als kaum irgend eine Oper in einem Carneval zu Venedig ist aufgeführet worden.

Der hierdurch heimlich erbitterte Opernunternehmer suchte darauf dem Hrn Heinichen unter allerhand Vorwande, wegen der verabredeten Bezahlung von 200. venetianischen Dukaten, für diese Oper Schwierigkeiten zu machen: sogar daß es darüber zum Proceß kam. Herr Heinichen hatte zu seinem Glücke mit dem Kellner oder Küfer in dem Gasthofe allo Scudo di Francia, wo er seine Wohnung genommen hatte, Freundschaft gemacht. Dieser Kellner hieß Kühnlein und war ein Nürnberger von Geburth. Er erwieß nicht nur dem Herrn Heinichen die ganze Zeit seines Aufenthalts in

Venedig

Venedig viele thätige Beyhülfe; sondern schoß auch die Unkosten dieses Processes vor, und übernahm denselben durchzutreiben. Herr Heinichen aber begab sich unterdessen nach Rom.

Hier wollte es ihm nicht recht glücken. Die Gabe sich in Gesellschaften vorzudrängen, und sich gleich mit jedermann in Bekanntschaft einzulassen, hatte er entweder nicht, oder er wollte sie nicht immer anwenden. Er lebte also in Rom sehr eingezogen und versteckt. Seinen meisten Umgang hatte er mit einem gewissen Abte, der für einen großen Nativitätsteller und beynahe gar Wahrsager gehalten wurde. Dieser sagte einsmals dem Hrn Heinichen vorher, daß auf einen gewissen Tag, den der Abt nannte, ihm ein besonder Glück bevorstünde. Das konnte nun wohl von des Abts Seite sehr natürlich und ohne Hexerey zugehen. Aber weil diesen ganzen Tag sich niemand bey Hrn Heinichen meldete, so wurde er böse auf den Abt, auf den er vorher doch einiges Zutrauen gesetzt gehabt hatte, und gieng des Abends vor Verdruß aus. Als er aber ganz spät wieder nach Hause kam, fand er an seine Stubenthür angeschrieben, daß man ihn an einem gewissen bestimmten Orte zu sprechen verlangte. Er konnte nicht errathen von wem diese Botschaft kommen müßte; doch begab er sich an gedachten Ort, und erfuhr, daß ihn der damals durch Italien reisende Fürst Leopold von Anhaltcöthen, zu seinem Componisten annehmen und weiter auf der Reise mitnehmen wollte. Hatte nicht vielleicht der Abt, entweder selbst oder durch andere, den Herrn Heinichen an den Fürsten empfohlen? Dieser Fürst Leopold war ein großer Kenner und Beförderer der Musik. Er spielte selbst die Violine nicht schlecht, und sang einen guten Baß. Er ist eben der, bey welchem nachher der seel. Herr Johann Sebastian Bach einige Jahre als Kapellmeister in Diensten gestanden. Herr Heinichen nahm dieses gnädige Anerbieten des Fürsten, doch nur in so weit an, als es ihm Gelegenheit verschaffete, die übrigen Provinzen Italiens zu durchreisen. Ich weis nicht wie lange er bey dem Fürsten wirklich in Diensten geblieben. Genug, er gieng nicht mit nach Deutschland zurück, sondern kam einige Zeit nachher wieder nach Venedig. Hier erfuhr er, daß sein obgedachter, vom Hrn Rühnlein fortgeführter Proceß gewonnen, und der Opernunternehmer nicht allein zu Bezahlung des dem Hrn Heinichen schuldigen Honorariums, sondern auch zu Ersetzung des Verzugsschadens und aller Unkosten, welches alles sich zusammen auf 1600 venetianische Ducaten belaufen haben soll, verurtheilet worden war.

Die Fortsetzung folgt künftig.

Berlin.

Phillis und Thirsis, eine Cantate, in Musik gesetzt, von C. P. E. Bach.

Wir Deutschen haben immer die Ohren von italiänischen Coloraturen so voll, daß ein guter deutscher Gesang selten die gehoffte Wirkung bey uns thun kann. Wir läugnen die Bequemlichkeit der italiänischen Sprache zu dergleichen Zierrathen des Gesanges keinesweges; wenn man aber auf das wahre Schöne und Gute in der Singcomposition siehet, wenn ein Gesang nicht bloß das Ohr kitzeln, sondern auch dem Verstande gefallen, und was noch mehr ist, das Herz rühren soll: so thun wir Unrecht, wenn wir unsere Sprache zu weit zurück setzen, oder sie gar zum Gesange für unfähig erklären. Wir haben hier ein redendes Beyspiel vor uns: eine Poesie voll Empfindung, und einen darauf verfertigten Gesang, der voll meisterhafter Schönheiten, voll Kraft und Nachdruck ist, ohne sich alle Augenblicke über große Haufen von Sechzehntheilen auf und abzuwälzen, und ein ewiges a — dem Ohre vorzuträllern. Man kann hier aus der ersten Arie sehen, welcher Inversion auch unsere Sprache nicht selten fähig ist, wenn der Componist sich darein zu schicken weis.

> Thirsis, willst du mir gefallen,
> Singe mir nur Klagen vor.

Nun wiederholt der Componist:

> Singe Klagen, singe Klagen,
> Klagen singe mir, o Thirsis, vor,
> Mir zu gefallen singe mir nur Klagen vor.

Kann man es schöner verlangen? und behandelt ein italiänischer Componist seinen Text wohl mit so vieler Vernunft, wenn es nicht etwann ein Hasse, Graun, und Agricola ist. Wer demnach über dem a in Worte klagen eine Menge bunte Wälzer für die Singstimme vermuthet, dem müssen wir sagen, daß er sich irret. Herr Bach hat dieses Wort durch nichts, als eine vortreffliche Tonwendung, einige harmonische Bindungen, und zwar in Viertelnoten ausgedrückt. Wir bewundern ihn, daß er mit wenigem so viel auszurichten vermag, wenn ein anderer mit vielem sehr wenig ausgerichtet haben würde. Diese erste Arie ist im E♮. Die ganze Begleitung der Cantate bestehet aus zwo Flöten, und dem bezifferten Basse. Das auf die erste Arie folgende Recitativ

ist

ist ohne Begleitung, aber sehr richtig declamirt, und mit ausgesuchten Harmonien unterstützt. Die zwente Arie ist der Einrichtung nach der ersten gleich, und nicht weniger schön. Die Aehnlichkeit des Ausdrucks der Worte: Ach liebe doch! und der Antwort: Ich liebe, ist eine von den hervorstechenden Schönheiten, die ein angehender Componist nicht unangemerkt lassen wird. Kurz, diese Cantate gefällt und rührt allemal, wenn sie von einer guten Stimme gesungen und von ein paar guten Flötenspielern begleitet wird. Sie ist auf zwen Bogen in Folio auf sehr feinem Papiere mit wintерischen Noten abgedruckt, und kostet 6 Groschen.

Leipzig.

Am 7ten Januar wurde die comische Oper: Lisuart und Dariolette, oder die Frage und die Antwort, in einer veränderten und verlängerten Gestalt wiederum auf das Kochische Theater gebracht. Eine Nachricht von den benden vorhergegangenen Vorstellungen findet man im 5ten Stück des zwenten Bandes der in Hamburg herauskommenden Unterhaltungen; allwo man auch im ersten Bande den Text der ganzen Oper, bis auf die neuen Zusätze, abgedruckt findet. Wir wollen nächstens auf dieses Stück zurück kommen, und von der musikalischen Einrichtung desselben eine ausführliche Beschreibung mittheilen, auch einige Betrachtungen über die Beschaffenheit eines guten Singspieles überhaupt anstellen. Wir würden unserm deutschen Vaterlande Glück wünschen, wenn wir dieses Stück als den Vorboten des ernsthaftern Geschmacks auf der Singbühne ansehen dürften, und wenn wir uns daher Hoffnung machen könnten, jene großen Leidenschaften, jene Heldentugenden einst an der Stelle gemeiner Thorheiten und Ungezogenheiten des Pöbels glänzen, und durch die Musik verschönert zu sehen. Hamburg und Leipzig sind ehemals durch ihre Opernbühnen berühmt gewesen. Der Geschmack in der Musik hat sich seit der Zeit gar sehr geändert, und die Poesie der damaligen Zeit verdient gegen die heutige kaum den Nahmen der Poesie: Das Vorurtheil demnach, das bisher immer den Deutschen im Wege gestanden, und sie den Italiänern weit nachgesetzt hat, dauert gewissermaaßen noch; und wie sehr wäre zu wünschen, daß es endlich einmal über den Haufen geworfen würde.

Beschluß

Beschluß der Nachricht von Blainville, Geschichte der Musik.

In der dritten Abtheilung wird man die Abbildungen der verschiedenen musikalischen Instrumente, deren sich die Griechen bedienten, die verschiedenen Arten von Flöten, die Leyer, und besonders die verschiedenen Gestalten, und Abänderungen dieses Instrumentes, die Noten der Griechen, und einen nach griechischer, und unserer Art in Noten gesetzten Hymnus finden. Alles ist genau, getreu und methodisch erklärt.

Diese Musik der Griechen kam auf die Römer; allein sie machte bey ihnen nur einen mittelmäßigen Eintruck. Es sind aber gleichwohl einige Ueberbleibsel dieser Musik bey den orientalischen Völkern zu finden, wie man aus einer kurzen Nachricht sehen wird, die Herr Blainville von der sogenannten türkischen Musik, und von ihren verschiedenen musikalischen Instrumenten geben will. Bey dieser Gelegenheit wird auch von der Persischen, Chinesischen Musik, u. s. w. gehandelt werden.

Die vierte Abtheilung wird eine Abhandlung von der Harmonie enthalten, und eine abgekürzte Uebersetzung von dem Werke des berühmten Tartini liefern. Das ganze Werk wird aus einem Bande in 4to bestehen, und ohngefähr 300. Seiten stark werden. Es befinden sich dabey 60. Kupferplatten, und wir zweifeln nicht, daß sich Herr Blainville durch dies Werk um die musikalische Welt verdient machen werde; besonders wenn er nicht das bereits gesagte blos wiederholt, und aus andern Büchern abschreibt, sondern das Feld der Musik, und zwar der alten Musik, mit neuen Entdeckungen bereichert; und wie viel Gelegenheit wird er nicht dazu finden! Wir läugnen nicht, daß wir sehr begierig sind, das Werk des Herrn Blainville zu sehen; wir wollen auch nicht ermangeln, unsern Lesern sogleich einen ausführlichen Auszug davon vorzulegen. Wir würden ohnstreitig auf diese Geschichte der Musik weniger aufmerksam seyn dürfen, wenn Herr Marpurg seine kritische Einleitung in die Geschichte der alten und neuern Musik vollendet hätte, oder noch vollenden wollte.

Wöchentliche
Nachrichten und Anmerkungen
die Musik betreffend.

Neun und zwanzigstes Stück.
Leipzig den 13ten Januar. 1767.

Fortsetzung des Lebenslaufs Herrn Joh. David Heinichens. Königl. Pohlnischen und Churfürstl. Sächsischen Kapellmeisters.

Bald hernach bekam Herr Heinichen Gelegenheit einer, ehemals in dem venetianischen Hospitale agli Incurabili erzogenen, nachher aber an einen reichen Kaufmann verheiratheten braven Sängerinn, welche mit ihrem Vornahmen Angioletta hieß, bekannt zu werden. Diese fand Geschmack an Hrn Heinichens Cantaten, deren einige mit dem concertirenden Claviere, welches sie auch gut spielete, gesetzt waren. Der Mann dieser Sängerinn hatte von Zeit zu Zeit an den damals in Venedig sich aufhaltenden königl. Churprinzen von Sachsen, nachherigen König von Pohlen und Churfürsten von Sachsen Augustus den II. Gelder auszuzahlen. Der Prinz kam zuweilen in sein Haus, und dabey hatte Madame Angioletta oft Gelegenheit vor ihm zu singen und zu spielen. Sie sang nicht nur etliche von Heinichens gedachten Cantaten, welche dem Prinzen sehr gefielen, und machte dabey demselben bekannt, daß der Verfasser der Cantaten ein gebohrner Sachse sey: sondern ihr Mann gab auch dem Prinzen, an seinem Geburtstage, in seinem Hause ein großes Tractement, und Madame Angioletta ließ dazu von Herrn Heinichen in aller Stille eine Serenate componiren, welche auf ihre Unkosten an diesem Tage vor ihrem Hause, welches am großen Canale, ohnweit der Brücke di Rialto lag, auf dem Wasser aufgeführet wurde. Das Volk versammelte sich bey dieser Aufführung in großer Menge auf der Brücke und längst des Canales. Als eben die erste Arie gesungen wurde, fiengen die Uhren der Stadt zu schlagen an. Das Volk, welches dadurch am Zuhören verhindert wurde, fieng an seinen Unwillen darüber zu bezeigen, und erregte ein so lautes Geräusch, daß man von der Musik gar nichts mehr hören konnte. Madame Angioletta ließ sogleich das Volk höflich bitten, daß es stille seyn und weiter zuhören möchte. Man wurde wieder stille, und verlangte die erste Arie noch einmal zu hören: bey deren Endigung dann ein großes Beyfallsgeschrey vom Volke erfolgte. Und mit eben dem Beyfalle wurde die ganze Serenate aufgenommen. Auch dem Prinzen gefiel die Serenate ungemein, und Se. Königl. Hoheit ließen dem Hrn Heinichen sogleich Dero Dienste antragen. Dieß geschah, wahrscheinlich, im Jahre 1717. Herr Heinichen nahm diese Dienste, mit dem Titel eines Churprinzlichen Kapellmeisters an, und kam 1718. nach Dresden.

Bey dem im folgenden 1719. Jahre erfolgten Beylager des Königl. Churprinzen, wurden unter andern 2. Serenaten von Herr Heinichens Composition durch die damals in Dresden befindliche auserlesene Gesellschaft guter italiänischer Sänger, unter denen sich aber doch auch eine brave Deutsche, nämlich die oben schon angeführte Madame Hesse befand, aufgeführet. b) Das darauf folgende Jahr sollte noch, durch eben diese Gesellschaft, eine vom Hrn Heinichen ganz neu gesetzte Oper den Dresdnischen Schauplatz zieren. Allein der Castrat Senesino nahm, bey einer Probe, Gelegenheit, über eine für den Berselli gesetzte Arie, mit dem Kapellmeister Streitigkeiten anzufangen, und sich öffentlich gegen ihn gar unanständig zu bezeugen. Dieser Vorfall wurde an den König nach Fraustadt berichtet. Inzwischen war zwar schon, durch einige Vornehme des Hofes zwischen den Herren Heinichen und Senesino Versöhnung gestiftet worden. Aber der König fand für gut; alle italiänische Sänger, die er in Diensten hatte, abzudanken. c) Herr Heinichen blieb, als nunmehr königlicher Kapellmeister, in Diensten. Doch hatte er weiter keine Gelegenheit theatralische Sachen zu verfertigen. Er arbeitete also für die katholische Kirche von Zeit zu Zeit Kirchenmusiken, wozu er um so vielmehr Gelegenheit hatte, weil sein College im Kapellmeisteramte, der Herr Johann Christoph Schmidt, der zwar den Contrapunkt gründlich verstand, aber sonst ein sehr unfruchtbarer Kopf war, wenig oder nichts mehr componirete.

Diese Kirchenmusiken des Herrn Heinichen waren zwar nicht von dem größten Feuer: doch aber auch nicht matt. Sie waren von gutem Gesange, und sehr reiner und voller Harmonie. In jedem von einiger Länge war eine

b) S. Matthesons Ehrenpforte, S. 364. und Marpurgs Beyträge, S. 212. des ersten, und S. 13. des dritten Bandes.

c) S. Marpurgs Beyträge, I. B. S. 214.

eine und die andere Fuge, welche zwar wohl gearbeitet, aber doch dabey sehr klar und deutlich waren. Sie hielten just das rechte Mittel zwischen allzuvieler und allzuweniger Arbeit.

In diesen Zeiten arbeitete er sein obenangeführtes Ao. 1711. herausgekommenes Buch, ganz um, nannte es: der Generalbaß in der Composition, und gab es wohl dreymal stärker als die erste Edition, im Jahre 1728, auf seine eigenen Kosten, in Dresden heraus.

Am 16. Julius 1729. starb er in Dresden an der Schwindsucht: erlebte also die Ausführung der Anstalten, welche sein König, schon damals zur Wiederherstellung der Opernbühne dadurch machte, daß er in Italien 4 junge Sänger und 3. Sängerinnen unterrichten ließ, nicht. Für diese, in kurz darauf folgenden Zeiten gleichsam von neuem errichtete vortreffliche Singbühne zu arbeiten, war Herr Heinichens Nachfolger, dem Herrn Johann Adolph Hasse vorbehalten.

Herr Heinichen hatte sich im Jahre 1721. mit Madlle Erdmuth Johanna Libischinn, eines Kaufmanns aus Weißenfels Tochter, verheyrathet. Aus dieser Ehe hat er eine einzige Tochter hinterlassen.

Wir haben oben schon etwas von der Beschaffenheit der Composition des Herrn Heinichen, so lange er in Leipzig war, und daß er diese Setz- und Denkungsart in den folgenden Zeiten sehr geändert habe, aus dem eigenen Augenscheine, aus der Erfahrung anderer, und Herrn Heinichens eigenen Zeugnissen angeführet. Die Setzart, der er sich bey reifern Jahren bediente, war auch im Theatral- und Kammerstyle, sehr leicht und fließend. Seine meisten Arien waren sehr kurz, aber von sehr gefälliger und angenehmer Melodie. Hierzu mochten ihm des seel. Melchior Hofmanns Opern ohne Zweifel die erste Veranlassung gegeben haben. Es kann seyn, daß er, in Vergleichung mit einigen andern Componisten in melodischen Erfindungen überhaupt nicht der fruchtbareste Kopf von Natur gewesen ist. Desto genauer aber waren ihm alle erlaubten Mittel bekannt, deren sich ein Componist bedienen kann, um seine Erfindungskraft, auf eine vernünftige Weise zu nähren und zu unterstützen. Er giebt einige davon in der weitläuftigen Vorrede seines Generalbasses in der Composition, sehr umständlich an den Tag. Nur ist es zu bedauern, daß diese Anzeige nicht etwas bestimmter und ordentlicher ist, auch hier und da ihre Ausnahme leidet. Aber, wer hatte denn in den damaligen Zeiten, wohl schon über die Musik bestimmt und ordentlich gedacht und geschrieben? Folglich ist es dem Hrn Heinichen, der ohnedem mehr zu thun hatte als Lehrbücher zu schreiben, um so vielmehr zu Gute zu halten, wenn auch die Anwendung seiner Erfindungsfindungsregeln, bey dem sehr vielen Guten, das sie enthalten, doch nicht an allen Orten richtig und brauchbar ist; wenigstens von dem, der sich solcher Hülfsmittel zu bedienen nöthig hat, viel Unterscheidungskraft erfodert, damit nicht, über den neuen Erfindungen bey einigen Gelegenheiten, der eigentliche und wahre Ausdruck verlohren gehe.

Herr Heinichen verstand die Harmonie und ihre Gesetze vollkommen, und als ein Mann, der sich nicht bloß mit den alten Regeln behilft, sondern der darüber vernünftig nachgedacht, und sich durch eigene beständige praktische Ausübung Meister davon gemacht hat. Er verstand nicht weniger den Contrapunkt mit allen seinen Künsten aus dem Grunde. Er sahe aber auch den Nutzen und die Gränzen der Notenkünsteleyen auf das richtigste ein. Nur scheint es, daß, wie er nach seinem eigenen öffentlichen Geständnisse, ohnstreitig in seiner Jugend den contrapunktischen Künsten zu viel Werth zugetrauet, und zu viel Mühe darauf gewendet hatte, er nachher ihren Nutzen in seinem Buche, ein klein wenig mehr als billig ist, einzuschränken, und ihre wesentlichen Vortheile herunter zu setzen gesuchet habe, denn, daß es Contrapunkte gäbe, die auch schön ins Gehör fielen, das bewiesen seine eigenen Fugen. Doch, es ist auch wieder wahr, daß sowohl vor, als noch zu seinen Zeiten, etliche Componisten sich mehr mit den harmonischen Künsten groß machten, als ihr Nutzen verdienet: und also wollte Herr Heinichen vielleicht sich dem Misbrauche derselben desto nachdrücklicher und eifriger entgegen setzen. Die Mittelstraße aber zu halten ist allezeit schwer. Man kann sich deswegen leicht vorstellen, daß einige große Componisten, weil er nicht nur in manchen Privatunterredungen, sondern auch im Generalbasse in der Composition gewisse hämische Züge wider die contrapunktischen Künste, und einige Verfasser derselben hier und da hatte einfließen lassen, deswegen nicht zum besten mit ihm zufrieden waren. Schlimm war es, daß einige der großen Contrapunktisten damaliger Zeit, ob sie gleich nicht fürs Theater setzten, doch an musikalischer Erfindung reicher waren, als Herr Heinichen selbst, und daß bey einem und dem andern, alle Contrapunkte und Canons noch lange nicht den wichtigsten Theil seiner musikalischen Verdienste ausmacheten. Wiewohl auch wieder nicht zu läugnen ist, daß es damals noch andere gab, welchen, außer einem heraus gequälten Contrapunkte oder Fuge, weiter nicht viel gescheutes vorzubringen möglich war. Herr Heinichen hatte sich daher auch noch auf seinem Todbette vorgenommen, wenn er wieder gesund werden sollte, eine Messe, nach Art derer, die man vom Pränestino, Francesco Gasparini, Lotti, und vornehmlich vom alten Fux hat, zu componiren, in welcher alle Arten der Contrapunkte und Canons

nons vorkommen sollten. Diese Messe wollte er drucken lassen, und zugleich den Schlüssel zu allen contrapunktischen und canonischen Künsten, in einem besondern Buche öffentlich bekannt machen, und beschreiben. Es ist ein Verlust für die Musik, daß ihn der Tod an diesem löblichen Vorhaben gehindert hat.

Er kannte über dieses, die verschiedenen Gesetze des wahren Kirchen- und Theaterstyls, sehr genau. Nicht allein seine, obgleich jetzt sehr raren, praktischen Werke, sondern auch sein Lehrbuch, beweisen es zur Genüge.

Eben dieses, sein schon so oft genanntes Buch, ob es gleich noch nicht alle Lehren des Generalbasses enthält, einige auch nicht immer auf die beste Art anwendet, so ist es doch nicht allein das erste gedruckte Werk, welches so gründlich und ausführlich den Generalbaß abhandelt; sondern es hat auch so viele, theils zerstreuete, theils hier und da, nach Beschaffenheit der Absicht des Verfassers zusammen vorgetragene Lehren gewisser Theile der Composition in sich, daß man vor ihm, kein Buch wird aufweisen können, welches so viel nützliche, und so ausgebreitete Lehren der Musik enthielte, und zwar von einem Manne, der in allem, was er darinn abhandelte, selbst ein ausführender Meister war. Man sieht, daß darinn nicht der bloße Generalbaß-Unterweiser, sondern der große Componist schreibt, dem manchmal seine Materie gleichsam zu klein vorkömmt, so daß er hier und da, wo nur irgend Gelegenheit dazu ist, in wichtigere Musiklehren ausschweifet. Ueberall aber sieht man, daß er die gute Wirkung jeder Musik zu seinem Hauptzwecke gehabt habe. Daß er dieses nicht ordentlicher, und vielmehr in abgesonderten Theilen bewerkstelliget habe, muß man theils den damaligen Zeiten, welche an guten und zugleich in guter Ordnung abgefasseten musikalischen Schriften, noch nichts weniger als fruchtbar waren, theils dem Mangel der Muße bey dem Verfasser selbst, zuschreiben. Ganz gewiß hat sein Buch, wenigstens in Deutschland, vielen Nutzen gestiftet; Es verdienet auch immer noch jetzo gelesen zu werden. Auch Hrn Heinichens eigenes Beyspiel, und seine praktischen Werke, haben ohne Zweifel, einige vortreffliche Tonmeister neuerer Zeiten, die sich in gewisser Betrachtung in Dresden vornehmlich gebildet haben, aufgemuntert und belehret: obgleich keiner einige förmliche Unterweisung von ihm bekommen hat.

R.

Ueber die Musik:

Folgender Artikel über die Musik, den wir in dem vor kurzen herausgekommenen Dictionaire d'Anecdotes finden, wo man ihn vielleicht nicht vermuthete, wird unsern Lesern, wie wir hoffen, nicht unangenehm seyn.

Herr Martinelli, Verfasser einiger kritischen Briefe über die italiänische Musik, schreibt die Veränderungen des Geschmacks in dieser Musik den Sängern und Sängerinnen zu, die er gern mit jenen coquetten Schönen vergleichen möchte, die ihren Ansoderungen alles aufopfern. Die Musik, sagt er, war anfänglich bloß dem Lobe des Allerhöchsten gewidmet. Sie war ungeschmückt, aber majestätisch. Als sie hernach auf das Theater kam, ward sie schon arbeitsamer, abwechselnder, angenehmer und lebhafter; man sahe immer mehr und mehr ein, wozu sie fähig sey. Dem ohngeachtet behielt sie bis zum Anfange dieses jetzigen Jahrhunderts viel von jener natürlichen Einfalt, von jenem männlichen und eingeschränkten Tone, der den Charakter der Kirchen-Gesänge ausmachte. Siface und Latilla, beyde Toscaner, und die größten Musiker aus dieser alten Schule, haben die Epoche dieses simplen, natürlichen und gravitätischen Gesanges auf ihre Zeit fest gesetzt. La Santa Stella, la Reggiana, Nicolino und Senesino waren aus eben der Schule. Der erste, fährt eben dieser Autor fort, welcher anfieng unsere Musik zu verderben, war Pisiccolo, aus Bologna. Er sang anfänglich auf dem Theater; da er aber, weil seine Stimme weder schön, noch seine Figur angenehm war, sich gezwungen sahe, den Schauplatz zu verlassen, ward er ein Geistlicher, und fieng an in einer Kunst Unterricht zu geben, die er selbst mit Beyfall nicht hatte ausüben können.

Seine berühmtesten Schüler waren Bernacchi und Pasi, beyde aus Bologna, und Landesleute von ihm. Der erste, der besonders geschickt war die geschwindesten und schwerersten Passagien, in dem kurzen Raume einer Ariette zu durchlaufen, wurde von einigen Enthusiasten, welche Schwierigkeiten liebten, mit Beyfall gehört; er gefiel aber nie durchgängig, weil er öfters den Ausdruck der Empfindung vernachläßigte, um sich einem pinderischen Fluge zu überlassen. Man nehme noch dazu, daß er keine sehr angenehme Stimme hatte, und daß auch seine Figur sich nicht besonders ausnahm. Pasi hingegen behielt von den Unterweisungen seines Meisters nur das, was er nöthig hatte um eine zwar schwache, aber doch sehr angenehme Stimme mit Vortheil hören zu lassen. Dieses, mit einer angenehmen Gestalt verbunden, erwarb ihm in kurzer Zeit den Ruhm eines der angenehmsten und vollkommensten Sänger, den man auf dem

dem Schauplatze gehört hatte. Paita lebte mit dem Bernacchi zu gleicher Zeit, und ob er gleich den Tenor sang, auch eine sehr unangenehme Stimme hatte, so übte er sich doch mit diesem in eben der Singart. Um eben die Zeit kamen die Cuzzoni und Faustina aufs Theater. Die erstere hatte keinen großen Umfang in der Stimme, sie war aber durchaus sehr hell und sehr angenehm; sie sang in eben dem Geschmacke, und nach eben der Art als Pasi. Man nannte sie insgemein die goldene Leyer. Die Stimme der Faustina war feuriger, und von ungemeiner Leichtigkeit; sie wurde als eine neue Sirene angesehen. Um das Vergnügen zu beschreiben, mit welcher man sie hörte, sagte man, daß die Podagristen das Bette verließen, wenn sie singen sollte. Man prägte zu Florenz Münzen auf sie, und allenthalben, wo sie sang, war der Beyfall außerordentlich. Der künstliche und ausgearbeitete Gesang des Bernacchi bekam viele Nachahmer unter den jungen Leuten auf dem Theater; alle die ein Talent zu haben vermeynten, versuchten, ob es ihnen in einem so schweren Unternehmen gelingen würde, und die Componisten sahen sich genöthigt, diesem herrschenden Geschmacke nachzugeben. Polihymnia war nicht mehr eine artige und ungeschminkte Schäferinn; sie verließ nunmehr das gefällige und einnehmende Aeußerliche, mit welchem sie stets auf dem Schauplatze erschien, und wurde eine flatterhafte und eigensinnige Coquette; sie trug ihre Gedanken auf eine so verwickelte und zweydeutige Art vor, daß es nicht mehr möglich war, sie zu verstehen. Die Faustina, da sie sich einen so großen Nahmen machte, trug auch viel zur Einführung einer neuen Singart bey. Die Sänger von beyderley Geschlechte sahen nicht mehr auf ihre Talente, und auf die Beschaffenheit der Stimme, die sie hatten, sondern wollten nur sie nachahmen, und der Componist war genöthigt, sich nach ihrem Eigensinne zu bequemen. Zum Beweise aber, wie groß die Herrschaft des schlimmen Geschmacks sey, kann das dienen, daß niemand den ungekünstelten Geschmack der Cuzzoni und des Pasi zu studieren verlangte, weil er zu natürlich war. Indem diese Revolution sich ereignete, trat Farinelli mit einer seiner riesenmäßigen Gestalt angemessenen Stimme auf. Er hatte, gegen die gewöhnlichen Discantstimmen gehalten, sechs bis sieben Töne mehr, die alle gleich hell, geschmeidig und angenehm waren; er besaß außerdem die ganze musikalische Wissenschaft in einem hohen Grade, und so, wie man es von dem würdigsten Eleven des gelehrten Porpora erwarten konnte.

Er durchlief mit einer Leichtigkeit, die ihres Gleichen nicht hatte, alle vom Bernacchi in der Musik mit einigem Erfolge gebahnten Stege, und ward in einem Augenblicke der Abgott der Italiäner und der musikalischen Welt. Dieses Wunder der Natur und der Kunst richtete große Unordnung im Reiche der Harmonie an; die Componisten, die Sänger, die Instrumentisten, von gleichem Entzücken hingerissen, wollten mit aller Gewalt farinellisiren. Das Natürliche und der Ausdruck der Empfindungen verschwanden aus dem Gesange; man gab sich allenthalben nur mit dem Unmöglichen ab. Einige haben indeß den pindarischen Schwung des Farinelli besser zu nutzen gewußt, unter andern Salinbeni a), der seit einiger Zeit gestorben ist, Caffarelli und die Mingotti, alle Schüler des berühmten Porpora. Diesem großen Meister, setzt Martinelli hinzu, haben wir das zu danken, was wir empfinden, wenn wir diese geschickten Eleven singen hören, weil er sie gelehrt hat, den Charakter und das wahre Gefühl der Leidenschaften auszudrücken, welches man den Gesang des Herzens nennen kann. Alle jene eigensinnigen Schwierigkeiten, jene Läufer und Passagien, wo die Stimme über allen Tönen herum fliegt und hüpft, sind bloß fürs Ohr. Sie sind in der That geschickter die Bewunderung der Anfänger zu erwecken, als dem zu gefallen, der gern empfinden will.

Es ist weniger Unterschied zwischen den Luftsprüngen eines Seiltänzers, und den markigten und wohl angemessenen Schritten eines geschickten Tänzers. Wenn diese großen Musiker ihren Gesang bisweilen mit Klingklang und Läufern, die bis an die Wolken giengen, überladen haben, so muß man es als ein Opfer ansehen, das sie dem herrschenden Geschmacke brachten. Sie befürchteten, daß man an ihrer Geschicklichkeit in der Ausführung zweifeln möchte, wenn sie nicht von Zeit zu Zeit den ebenen Weg verließen; sie sind aber auch die ersten gewesen, die dergleichen Ausschweifungen getadelt haben.

Die Fortsetzung folgt künftig.

a) Nicht Salimbelli, wie er im Originale heißt. Wir haben in einem der vorigen Stücke das Leben dieses vortrefflichen Sängers mitgetheilt, so wie wir es von den Händen eines berühmten und geschickten Mannes erhalten haben.

Wöchentliche
Nachrichten und Anmerkungen
die Musik betreffend.

Dreyßigstes Stück.

Leipzig den 20ten Januar. 1767.

Etwas zur Nachricht für einige Herren Organisten.

Man sollte nicht meynen, daß es in unsern Tagen möglich seyn könnte, noch hin und wieder solche Personen unter den Musikern von Profession anzutreffen, die, wie eine Otter die Ohren zustopfen und die Augen verbinden, um nicht zu hören und zu sehen, was ihnen zur Lehre und Besserung gesagt und geschrieben worden. Ich will dieses keinesweges von allen und jeden Musikern gesagt haben, sondern mich jetzo bloß auf einige unter den Herren Organisten einschränken, in der guten Hoffnung, sie, durch Vorstellung ihrer Ungereimtheiten, auf bessere Gedanken zu bringen, und auf die Zukunft für der Schande zu bewahren, die ihnen gewiß auf dem Fuße nachfolgt, wofern sie sich nicht in ihrem Amte getreuer, ernsthafter und behutsamer erweisen, und in Absicht auf ihre Kunst und Wissenschaft, eines mehrern Nachdenkens sich befleißigen. Wem ist es nicht zur Gnüge bekannt, was verschiedene berühmte Männer in ihren vorhandenen Schriften für heilsame Lehren für die Herren Organisten niedergeschrieben und der Welt vor Augen geleget? **Adlung**, **Marpurg**, **Mattheson**, **Mizler**, **Sonnenkalb**, und andere mehr, können in dieser Sache als unverwerfliche Zeugen dienen. Allein was hülfts, wenn noch so viel gutes gesagt und geschrieben wird, wenn es diejenigen, die es am meisten nutzen sollten, keiner Achtung würdigen? Und eben so gehts mit den meisten Lehren der praktischen Musik, welche von manchen klug seyn wollenden Organisten so angesehen werden, als ob solche für sie ganz und gar nicht geschrieben wären. Daß dem also sey, wird aus nachgesetzten Beyspielen zur Gnüge erhellen.

Alle vernünftige Musiker halten mit Recht dafür, daß die Choralvorspiele eines geschickten und gescheiden Organistens so beschaffen seyn sollen und müssen, wie es der Charakter und der Affekt des Liedes, das gesungen werden soll, erfordert. Wer wird es demnach gut heißen, wenn Herr Lucilius vor dem Sterbeliede: Mitten wir im Leben sind ꝛc. eine Polonoise aus Fischers Clavierpartien mit starkgezogenem Werke abspielet, und dann den Choral steif hinter drein hören läßt? Niemand wird ihm den Beyfall geben, den er sich doch zum Voraus unterm Spielen bey allen Griffen selber zunickt. So unüberlegt dieß gethan ist, eben so abgeschmackt kömmt es auch heraus, wenn eben derselbe bey einem Liede freudiges Inhalts sich also bezeigt, als ob alle Finger zusammen gewachsen, und mit großer Mühe von einer Taste zur andern fortzubringen wären. Vielleicht sucht dieser Herr was besonders darinnen, daß er alles verkehrt anbringt? Es kann seyn! Aber solchergestalt muß er es sich auch nicht verdrießen lassen, wenn er von verständigen Leuten für einen einfältigen Sonderling, wie billig, gehalten wird.

Herr Schwanzstern hat wieder sein eigenes. Er hat seine Freude an langen Schlüssen, die er zum Eckel der ganzen Gemeinde bey allen möglichen Gelegenheiten anbringt. Ja, das Recitativ ist bey ihm davon nicht ausgenommen, sondern die kleinsten Einschnitte desselben werden mit einem langen Vorhalt und drauf folgendem Schlusse, trotz allen freundschaftlichen Erinnerungen des Musikdirectoris, häufig versehen. Beym Schlusse eines Chorals ist demselben eben so unerträglich zuzuhören, indem er, nachdem die Gemeinde bereits eine geraume Zeit ihren Gesang geendiget, erst noch durch allerhand Wendungen, bald in Dur- bald aber in Molltönen, den Schluß sucht, und nach langen Umwegen erst finden kann. Alles hält dieser Herr für nothwendige Zierlichkeiten und für zierliche Nothwendigkeiten, welches daraus erhellet, weil er, wenn etwann ein Scholar oder jemand anders an seiner Statt spielen muß, demselben aufs ernstlichste anbefiehlet, ja die Schlüsse nicht zu vergessen. Verdient er nicht ebenfalls in die Rolle der Sonderlinge gesetzt zu werden?—

Herr Fuselius ist in seiner Art ein guter Organist. Er besitzt viele Vorzüge, die man bey vielen andern vergeblich sucht. Schade aber ists, daß er sich zu manchen Zeiten vergißt, und den Brandtewein mehr als sein Amt liebt! Denn vielmals kömmt er so bezecht in die Kirche, daß er kaum die Thür zur Orgel finden kann. Was Wunder also, wenn er von dem vorgelegten Generalbasse keine Note trifft, und sich vor der versammleten Gemeinde aufs entsetzlichste selbst beschimpft? Wird nicht auf solche Weise das Gute, das man bey andern

andern Fällen und bey nüchterm Muthe blicken läßt, sehr verdunkelt? Fällt nicht Ehre und Ansehen, bey einer solchen niederträchtigen Aufführung, weg? Anderer unausbleiblichen Folgen nicht zu gedenken. Zu wünschen wäre es, daß dieser sonst brave und in seiner Wissenschaft gesetzte Mann, von diesem Fehler möchte zurückkehren, und sich einer steten Nüchternheit befleißigen! Gewiß dieß würde ihm auch noch bey der Nachwelt zum größten Ruhme gereichen, als welchen er seiner gründlich erlernten Wissenschaften wegen sehr wohl verdienet.

Herr Starkschall ist ein Mann, der gelenke Finger und zuweilen gute Einfälle, aber öfters wenig gute Ueberlegung hat. Dieß letztere liegt darinn klar genug am Tage, weil er sich mit seinem Spielen nicht nach den Umständen, bey welchen gespielet wird, richtet, und folglich seine Orgel nicht so braucht, als es die Klugheit erfordert. Dahin gehört, z. E. wenn derselbe bey der Kirchenmusik, und zwar NB. bey einem schwachbesetzten Chor, die Orgel so stark ziehet, daß von andern mit musicirenden Personen und Instrumenten gar nichts zu vernehmen. Er allein will nur gehört seyn. Er plumpt mit etlichen 16 - und achtfüßigen Stimmen in seinen Generalbaß hinein, daß einem Kopf und Ohren wehe thun, und alle Zuhörer billig einen Eckel an dergleichen Musiciren bekommen müssen. Ja, er hält es für etwas Galantes, in einem Recitative den 16 füßigen Posaunenbaß nebst den stärksten Manualstimmen zu gebrauchen; wodurch doch nichts anders bewerkstelliget wird, als daß man dem Sänger sein Amt sauer, und sich selbst zum Gelächter macht. In Arien ist die Spielart auch nicht viel besser: denn in den mehresten hört man nichts, als die Orgel. Und obgleich häufig Klagen deswegen geführet worden; so ist die gehofte Besserung doch noch nicht erfolgt. Wer kann bey solchen Umständen sagen, daß dieser Herr seinem Amte getreulich obliege? Giebt er nicht dadurch deutlich zu verstehen, daß er in die Zahl dererjenigen Menschen gehöre, von welchen Terenz saget: faciunt intelligendo ut nihil intelligant?

Wer diese hier bekannt gemachte Aufführungen lieset, der wird solche sogleich für sehr widersinnig und einem rechtschaffenen Organisten unanständig halten, wie es denn auch in der That nicht anders seyn kann. Niemand denke aber, als wären dieses nur bloße Erdichtungen, womit man das Amt und Person eines Organisten lächerlich zu machen suche. Nein! Es sind wirklich erlebte Vorfälle, deren jeder also beschrieben worden, wie er sich in der That verhält. Man hat nicht die Absicht gehabt, jemanden öffentlich zu beschimpfen oder zu verkleinern: denn sonst hätte man sich keiner fremden Namen bedienen, sondern Scapham Scapham nennen müssen. Nichts als Besserung wird hier-

 durch

durch gesucht. Wird dieselbe vermittelst dieser Zeilen befördert; so ist der Zweck erreicht, den man zu erhalten von ganzem Herzen wünschet. Ein jeder, den es angehet, der merke sichs zur Nachricht und bessere sich.

* * *

den 8ten Januar 1767.

A. B. C.

Vorstehender Aufsatz ist uns zum Einrücken zugeschickt worden. Er kann in der That hin und wieder zu einem Spiegel dienen, und wer sich darinne erkennet, der ist allerdings gemeynt. Die Verfasser der musikalischen Nachrichten sind übrigens, wie auch der unbekannte Verfasser gegenwärtigen Aufsatzes, weit entfernt, wahre Verdienste an rechtschaffenen Männern zu verkennen; sie sind sogar geneigt, sie wegen einiger kleinen Mängel zu entschuldigen, so lange sie wissen, daß das Brodt eines Organisten, an den meisten Orten, immer auch ein gar kümmerliches Brodt sey. Es ist unter solchen Umständen nicht zu verlangen, daß sie alle gleichgroße Männer seyn sollen: Unwissenheit aber, die sich Klugheit zu seyn dünkt; eine eigensinnige, störrige und neidische Gemüthsart, oder gar ein Organist, der sich betrinkt, und sein Amt trunken verrichtet, werden mit Recht bestraft. Wenn unser Blatt dergleichen Herrn in die Hände fallen sollte, so versichern wir, daß wir nicht wissen mögen, wer sie sind; sondern wir wünschen bloß, zur Ehre ihres Amtes, daß sie sich bessern.

Ueber die Musik.

Fortsetzung.

Der berühmte Tartini zu Padua wird mit Grunde als der größte Violinist in Italien angesehen; aber nie hat dieser große Künstler das Geräusch, welches bloß die Ohren in Verwunderung setzt, mit der Melodie verwechselt, welche in die Seele redet. Die berühmtesten italiänischen Virtuosen kommen öfters, sich vor diesem großen Meister hören zu lassen, und um seinen Beyfall zu erhalten, lassen sie ihren Bogen auf eine seltsame Art hüpfen und springen, und legen alle ihre Künste, ihre ganze Stärke an den Tag. Das ist brillant, sagt Tartini meistentheils ganz frostig, wenn sie aufgehört haben, das ist feurig, das ist sehr stark; aber ich habe nichts dabey gefühlt, setzt er hinzu, und legt die Hand auf die Brust.

Martinelli, wenn er uns die Gewalt der Musik in Dämpfung des Zorns beweisen will, führt folgende neuern Beyspiele an. Eines Tages, als

Stra-

Stradella, ein berühmter Violinist aus Napoli, sich mit einem musikalischen Stücke zu Venedig hören ließ, machte er bey einem jungen Frauenzimmer von Stande einen so großen Eindruck, daß er sogleich ihr Herz, bald darnach ihre Person raubte, und mit ihr nach Rom flüchtete. Der Vormund dieses Frauenzimmers, ein Edelmann, über diese Entführung aufgebracht, stiftete einen jungen Menschen an, der die junge Schöne heyrathen wollte, daß er mit dem Blute des Räubers eine Beleidigung rächen sollte, die ihnen gemeinschaftlich wiederfahren war. Dieser Liebhaber kam nach Rom, erkundigte sich nach seinem Nebenbuhler, und erfuhr, daß er an dem und dem Tage in einer gewissen Kirche spielen würde. Er begab sich in die Kirche, hörte den Stradella, und dachte von dem Augenblicke an weiter auf nichts, als ihm durchzuhelfen, schrieb auch an den Edelmann, daß, sogleich nach seiner Ankunft, Stradella sich aus dem Staube gemacht habe.

Das zweyte Beyspiel, das er erzählt, betrifft den Palma, ebenfalls einen napolitanischen Musicus. Es kam ihm einer von seinen Gläubigern mit Ungestüm ins Haus, und wollte ihn mit aller Gewalt arretiren lassen; er antwortete auf seine Schmähungen und Drohungen mit einer Ariette. Der Gläubiger war still und hörte zu; Palma sang noch eine Arie, begleitete sie mit dem Flügel, merkte sich die Accorde, die den meisten Eindruck auf das Herz seines Gläubigers machten, und brachte es endlich so weit, daß er ihn weichherzig machte; dieser dachte nun weder an seine Foderung noch an die Bezahlung mehr, sondern liehe ihm noch eine Summa darzu, um die ihn Palma ansprach, um sich aus einer andern Verlegenheit zu reißen. Wenn Stradella mit einer bloßen Sonate auf der Violin, setzt der Autor hinzu, den wüthenden Zorn eines mit Recht aufgebrachten Liebhabers, der, um sich zu rächen, eine Reise von mehr als hundert Meilen gethan hatte, besänftigen können; wenn Palma mit einer heißern Stimme, das Herz eines ungeduldigen Gläubigers so sehr gewinnen können, daß er noch eine neue Wohlthat von ihm erhält: was müssen die melodischen Gesänge eines Philosophen und Poeten, des Orpheus, nicht vermocht haben, der das selbst ausführte, was er componirte.

Die Franzosen haben den Italiänern den Preiß der Melodie streitig machen wollen. Der Vorzug, den alle Nationen dem italiänischen Gesange geben, scheint diesen Streit entschieden zu haben. Man kann sich von dem Uebergewichte der Italiäner in diesem Stücke noch dadurch überzeugen, daß man auf die verschiedenen Eindrücke Achtung giebt, welche der italiänische und französische Gesang auf ein unkundiges Ohr machen. So hat es Rousseau gemacht. Ich habe, sagt er, zu Venedig einen Armenianer, einen Mann von Verstande,

 gesehen,

gesehen, der noch niemals Musik gehört hatte, und in dessen Gegenwart man in einem Concerte, einen französischen Monologue, der sich mit dem Verse anfängt:

Temple sacré, séjour tranquille

und eine Arie von Galuppi, die sich anfängt:

Voi che languite senza speranza

aufführte; die französische Arie wurde mittelmäßig, und die italiänische schlecht gesungen, von einem Menschen, der bloß an die französische Musik gewöhnt, und damals ein großer Verehrer des Rameau war. Ich bemerkte an dem Armenianer, so lange der französische Gesang dauerte, mehr Verwunderung als Vergnügen; aber sobald nur die italiänische Arie anfieng, sahe jedermann, daß sich sein Gesicht aufheiterte; er gerieth in Entzückung, und seine Seele stand allen Eindrücken der Musik offen; und ob er gleich wenig von der Sprache verstand, so verschafften ihm doch die bloßen Töne ein empfindliches Vergnügen. Er wollte von dem Augenblicke an gar keine französische Arie mehr hören.

Die Italiäner besetzen ihre Musiken mit Castraten. Ein Franzose gestand, daß er sich an ihre Stimmen nicht gewöhnen könne, und daß ihm allemal etwas dabey zu fehlen schiene. Eben dieses wollte vielleicht auch ein junges Frauenzimmer sagen, als sie den berühmten Carestini gehört hatte. Man lobte diesen Sänger ungemein: Ja, sagte sie: er hat eine schöne Stimme; es scheint ihm aber doch etwas zu fehlen.

Ein Castrat, der eine schöne Stimme hat, kann auf Erwerbung ansehnlicher Schätze Rechnung machen. Der berühmte Farinelli, als er, von Madrid zurück kam, wo ihm seine Stimme das glänzendste Glück a) verschafft hatte, erzählte dem Pabst Benedict XIV. was für Güter er erworben, und was für Ehre er genossen habe. „Das heißt so viel, sagte der Pabst, nachdem er aus„geredet hatte, daß ihr dort das gefunden habt, was ihr hier verlassen hattet.„

Allegro

a) Man kann in Mathesons vollkommnen Capellmeister auf der 27ten Seite nachlesen, worinne die Vortheile bestanden, die Farinelli in Spanien gehabt. Der König gab ihm einen jährlichen Gehalt von 14000 Stück von Achten, hielt ihm eine eigene Kutsche, schlug den Castraten zum Ritter, schenkte ihm sein Bildniß, mit Diamanten besetzt, welches man auf 5000 Thaler schätzte, ohne die andern Geschenke, die er von der Königinn, dem Kronprinzen und andern Grands von Spanien bekommen.

Si volti.

Wöchentliche
Nachrichten und Anmerkungen
die Musik betreffend.

Ein und dreyßigstes Stück.

Leipzig den 27ten Januar. 1767.

Ueber die Kirchengesänge.

Der vortreffliche Schatz von geistlichen Liedern, den unsere Kirche besitzt, ist in der That so hoch zu schätzen, daß man nicht allein auf die Erhaltung desselben, sondern auch auf eine glückliche Vermehrung mit neuen geistreichen Liedern und Melodien bedacht zu seyn große Ursache hat. Es ist einigen berühmten Männern gelungen, nützliche Beyträge zu diesem so reichen Schatze zu thun; ihre Lieder machen ihrem poetischen Genie, und noch mehr ihrem Herzen Ehre: Gellert, Klopstock, Cramer, Schlegel u. a. sind in den Händen der Andacht jetzt beynahe eben so oft, als bisher ein Luther, der Vater dieser Gesänge, ein Gerhard, ein Rist u. s. w. Sie haben sogar den Vorzug vor diesen, daß ihre Lieder weniger Härte, weniger Zwang an sich haben, und dem verfeinerten Geschmacke unserer Zeit gemäßer sind, als die Poesien jener ältern Liederdichter. Indeß wird man den Geist jener frommen Männer, selbst in ihrer bisweilen rauhen Sprache, und dem Gezwungenen ihrer Verse nie verkennen; sie werden noch immer Andacht und Rührung im Herzen erwecken, und Muster für ihre Nachfolger bleiben, so wie die meisten zu diesen alten Gesängen verfertigten Melodien Muster für die künftigen Liedercomponisten seyn werden.

Wir wollen einige Anmerkungen über diese Art der Composition machen, wie man sie in denen in der Kirche eingeführten Melodien gegründet finden wird, ohne daß wir uns schmeicheln alles zu sagen, was darüber gesagt werden könnte.

Man kann die Eigenschaften einer guten Kirchenmelodie füglich auf folgende drey Stücke einschränken, daß sie leicht, rührend und in Ansehung der Harmo-

Harmonie natürlich seyn müsse. Die Absicht, wozu sie gebraucht werden soll, bestimmt diese Eigenschaften, und schreibt dem Componisten die Gränzen vor, wo ultra citraque nequit consistere rectum. Sie soll in einer Versammlung von Personen gesungen werden, die meistentheils der Musik ganz unkundig sind, und oft noch dazu sehr ungeübte Organa haben: sie muß daher leicht und faßlich seyn. Es folgt daraus, daß alle zu gekünstelten Fortschreitungen durch halbe Töne, unbequeme und schwer zu treffende Sprünge, ja auch selbst die erlaubten Sprünge, wenn sie zu oft und zu häufig auf einander folgen, hier am unrechten Orte sind. Eine Stufenweise Auf- und Abschreitung in der einem jeden Tone gemäßen Tonleiter, die bisweilen durch einen kleinen Sprung unterbrochen werden kann, ja selbst das Liegenbleiben einiger Sylben auf einem Tone sind hier wesentliche Schönheiten. Man sehe davon ein Beyspiel an dem Liede: Christus der uns selig macht.

Wiewohl man sich auch in dieser Melodie von einigen kleinen Fehlern belehren kann, die ein Componist geistlicher Gesänge lieber vermeiden muß. Wir wollen jetzt nur des Octavensprunges zwischen dem Ende und Anfange des Liedes gedenken, welcher vielleicht allein Ursache ist, daß die Gemeine, da dieses Lied ohne Orgel gesungen wird, insgemein am Ende desselben um eine Quarte herunter gezogen hat. Allzu fremde Wendungen und Modulationen sind ebenfalls der Leichtigkeit eines solchen Gesanges zuwider; das nähere Aufhalten um den Hauptton, oder die öftere Zurückkehr zu demselben sind hier eher eine Schönheit als ein Fehler; übrigens ist es gut, wenn man in diesem Stück einem gesunden Gefühl, und der bey allen Melodien zu beobachtenden Ordnung in der Modulation, in den Einschnitten und Clauseln folgt; das, wo nichts gezwungenes, widriges und schwerfälliges mit unterläuft, ist immer das Beste, und die Herrn Organisten thun öfters sehr unrecht, die den simpelsten und sanftesten Choralgesang mit einer so fremden und aus allen Fächern herausgeholten Harmonie aufstutzen, daß die Gemeine öfters nicht weis, ob sie oder er Unrecht habe.

Alle Spiel- und Singmanieren gehören ebenfalls nicht hieher, wenigstens muß sie der Componist nicht vorschreiben, weil die wenigsten von denen, für die solche Melodien geschrieben werden, ihre Kehlen darzu würden bequemen können. Der Componist thut ferner wohl, wenn er den Umfang einer solchen Melodie nie über einer Octave ausdehnt; der Ambitus des oben angeführten Liedes enthält eine None, und ist schon zu weit; es hält sich dabey viel in der Tiefe auf,

auf, und eben dieser Umstand macht es für viele, besonders Frauenzimmerkehlen schwer. Der Umfang von ā zu d̄, oder von a zu ē ist für diese Art der Gesänge der bequemste und brauchbarste; man erhält dadurch den Vortheil, daß eine solche Melodie von allen Stimmen gesungen werden kann. Der Ausdruck muß ferner syllabisch seyn: das ist, jede Sylbe muß nicht mehr als einen Ton oder Note bekommen, und nur bisweilen kann man, um einen kleinen Sprung, z. E. einen Terzjensprung auszufüllen, die Zwischennote im Nachschlage mitnehmen, und einer Sylbe zwey Noten geben, und z. E. in oben angeführtem Liede singen:

Und dieß wird ohngefähr das seyn, was ein Liedercomponist zu beobachten hat, wenn seine Melodien leicht und faßlich seyn sollen. Wie er sie aber auch rührend machen könne, möchte wohl durch nichts weniger, als durch Regeln gelehrt werden können. Wenn es ja Regeln dazu geben sollte, so ist das gewiß die beste: „Sey selbst gerührt, wenn du andere rühren willst.“ Es wird alsdann nicht möglich seyn zu einem traurigen, klagenden, und von Buße handelnden Texte eine muntere Tonart zu wählen, und eine freudige Melodie zu setzen, oder umgekehrt ein freudiges Lob Gottes in jammernden Tönen abzusingen. Außerdem trägt auch alles, was in Absicht auf die Leichtigkeit eines Kirchengesanges zu beobachten ist, gewiß zur Rührung viel bey, und wenn es auch nur dadurch seyn sollte, daß das Herz sich ungestörter mit der vorhabenden Materie beschäfftigen könne, je weniger der Verstand genöthigt wird, seine Aufmerksamkeit auf einen Nebenumstand zu wenden.

Wir müssen noch ein paar Worte vom Gebrauche der Harmonie im Choralgesange sagen. Vielleicht ist es hier am schwersten die sichere Mittelstraße zu treffen, und weder in das Platte noch in das Gekünstelte zu verfallen. Eine beständige Folge von lauter consonirenden Accorden, würde freylich einen Choral schlecht unterstützen, und ihn dem Ohre sehr träge machen; aber ein wüstes Gewühle in weit hergeholten Dissonanzen schadet ihm gewiß noch mehr, weil es der Leichtigkeit schadet. Den alten Melodien siehet man es zum Theil an, daß ihre Verfasser den Contrapunkt verstanden; sie haben sich daher verschiedener Sätze enthalten, die in dieser Schreibart nicht brauchbar waren; ob wir uns nun gleich an diese Observanz eben nicht zu kehren haben, und endlich wohl von allen Sätzen der Harmonie im Choralstyl Gebrauch machen können, so müssen wir ihnen doch darinne folgen, daß wir mit dem Gebrauche gewisser harten Dissonanzen sparsam umgehen, und auch die, deren wir uns öfterer bedienen dürfen, legal behandeln, das ist, gehörig vorbereiten und richtig auflösen.

In diesem Verhältnisse ist eine vorsichtige Vermischung consonirender und dissonirender Sätze unter einander schön; sie giebt dem Gesange eine gewisse Kraft, und, vermöge der daraus bald in dieser bald in jener Stimme entstehenden Bindungen, eine gewisse Festigkeit, die zur Schönheit des Ganzen ungemein viel beyträgt, und auch der Leichtigkeit des Gesanges nicht schadet. Wenn man sich aber der Dissonanzen nur bedient, um ohne Absicht und Wahl in entfernte Tonarten auszuschweifen, so ist dieses unbesonnene Wesen eher Schwärmerey als Kunst zu nennen. Wir erinnern uns hierbey eines einzigen Organisten, der sich bisweilen eines solchen Kunstgriffs meisterhaft zu bedienen wußte, wenn ihn ein Ausdruck des Liedes dazu Anlaß gab, und der uns einmal mit einer harmonischen Wendung in dem Liede: **Ich hab in Gottes Herz und Sinn**, und zwar bey den Worten; **Wenn er mich auch gleich wirft ins Meer**, in der That erschreckt hat; aber wie viel Organisten möchten wohl so viel Einsicht und Stärke in ihrer Kunst besitzen, als dieser würdige Mann?

Wir sind zur Aufsetzung dieser unserer unvollkommenen Gedanken über die Composition der Kirchengesänge durch einen besondern Umstand veranlasset worden. Ein angesehener und geschickter Mann in einem öffentlichen musikalischen Amte hat uns mit einer Zuschrift beehrt, worinne er uns unter andern folgendes meldet:

„Seit einigen Jahren habe die sämmtlichen geistlichen Oden und Lieder „des Herrn Prof. Gellerts nach und nach mit neuen Choralmelodien versehen, „und wäre gesonnen, selbige drucken zu lassen, wenn sich ein billiger Verleger „dazu finden sollte. Sie sind sowohl in zwey als vier Stimmen verfertigt; „und ein Verleger könnte sich diese oder jene Gattung, oder beyde zugleich „erwählen, und im letzten Falle das Werk so drucken lassen, wie des berühm„ten Hrn Doles Melodien im Drucke veranstaltet worden.

„Ich sende hierbey einige zweystimmige Melodien zu einer kleinen Probe, „und ersuche dieselben gehorsamst, wenn Sie selbige einer Anzeige werth be„finden sollten, sie in dero Wochenschrift gelegentlich bekannt zu machen. —

„Ich will es hierbey gern gestehen, daß in meinen Augen die Verferti„gung ungekünstelter und faßlicher Choralmelodien eine so leichte Sache nicht „ist, als sie vielleicht einem andern vorkommen möchte. Ob ich aber in al„len Fällen meinem Zweck gemäß gearbeitet, werde alsdann erfahren, wenn „etwas von meinen Melodien weiter bekannt werden sollte. Daß ich auch „über diejenigen Lieder neue Melodien verfertiget, die bereits nach Kirchen-

„melodien gesungen werden können, möchte mir wohl von einigen für einen „Vorwitz oder Verwegenheit ausgelegt werden. Derowegen habe es für „nöthig geachtet, mich gegen diesen zu besorgenden Vorwurf zu rechtfertigen. „Dieses habe ich in einer besondern Abhandlung gethan, über die Frage: „**Ob es gut und der Andacht zuträglich, wenn viele Lieder nach „einer Melodie gesungen werden; oder ob es besser, wenn ein je„des Lied seine eigene Melodie habe?** Diese Abhandlung soll den Me„lodien, wenn es damit zum Drucke kommen sollte, anstatt einer Vorrede „vorgesetzt werden.„

Hier sind ein paar von diesen uns zugeschickten Chorälen. Wir zweifeln nicht daß unsere Leser die Eigenschaften des Leichten und Rührenden darinne finden werden; wir können ihnen künftig noch einige davon vorlegen; aber vielleicht wünschen sie vielmehr dieselben alle beysammen zu haben. Dieses würde geschehen können, wenn ein Verleger die Veranstaltung zum Drucke dieser sämmtlichen Melodien machen wollte; wir sind erbötig ihm davon genauere Nachricht zu geben, damit er mit dem Hrn Verfasser selbst darüber eins werden könne.

An dir allein, an dir hab ich ge-sün-digt, und
ü-bel oft vor dir gethan. Du siehst die Schuld, die mir den Fluch ver-
kündigt; sieh, Gott, auch meinen Jammer an.

Wer Gottes We-ge geht, nur der hat großen Frie-
den, er widerstrebt der bö-sen Lust; er kämpft, und
ist des Lohns, den Gott dem Kampf beschie-den, ist seiner
Tu-gend sich be-wußt.

* Noch eine Frage könnte hier aufgeworfen werden, die wir oben vergessen haben: „Kann ein Componist bey Verfertigung solcher Kirchengesänge von den „alten Tonarten Gebrauch machen?„ Wir haben noch verschiedene Melodien in der Kirche, die nach denselben gesetzt sind, und wer sie wissen will, darf nur in Walthers musikalischen Lexico den Titel Modus musicus aufschlagen, wo er sie alle unter ihrer Tonart angezeigt finden wird. Wir würden nun zwar

eben

eben nicht rathen, daß man sich zur Ausbildung einer ganzen Melodie derselben bedienen solle; aber es ist auch nicht zu läugnen, daß ein Choral sehr oft etwas Eigenthümliches, etwas Feyerliches daraus entlehnen könne; besonders glauben wir, daß die Harmonie und die Modulation eines Liedes dadurch bisweilen eine andere Richtung bekommen können, die ihnen die Mine des Neumodischen und Galanten benimmt. Diese Materie verdient einer weitern Untersuchung, wozu wir hier nicht Raum haben. Vielleicht gefällt es dem Herrn Verfasser obiger Melodien seine Gedanken darüber schriftlich aufzusetzen, und der Welt bekannt zu machen.

Amsterdam.

SEI SINFONIE, a due Violini, Viola e Basso, due Corni, due Oboe o Flauti traversi, dedicate alla Molt' Illustre e Graziosissima Sigra. La Sigra. Susanna Vorstermann, da *Giovanni Gabriel Meder*. Opera prima. a Amsterdam chez J. J. Hummel, Marchand et Imprimeur de Musique.

Auch von diesen sechs Sinfonien läßt sich viel Gutes sagen: sie sind munter und cantable; einige, besonders Andantesätze, sind durch kleine Nachahmungen verschönert; alle aber haben den Vorzug, daß sie nicht allzuschwer im Vortrage sind. Wider die Anfänge derselben hätten wir hin und wieder etwas einzuwenden: sie fallen bisweilen ein wenig ins Steife und Leere, wie man in der zweyten und dritten Sinfonie bemerken wird. An einigen Orten ist der Componist auch etwas matt und langweilig geworden, indem er sich in einer oder der andern Nebentonart zu lange aufhält. Menuetten bey Sinfonien kommen uns immer vor, wie Schminkpflästerchen auf dem Angesichte einer Mannsperson; sie geben dem Stück ein Stutzerhaftes Ansehen, und verhindern den männlichen Eindruck, den die ununterbrochene Folge drey aufeinander sich beziehender ernsthaften Sätze allemal macht, und worinnen eine der vornehmsten Schönheiten des Vortrags bestehet. Der Herr Verfasser hat demnach sehr wohl gethan, daß er nur bey ein paar Sinfonien, bey der ersten nämlich, und bey der sechsten, ein paar Menuetten gleichsam zur Zugabe eingeschaltet hat; denn weiter können wir sie für nichts ansehen, weil sie eben nichts vorzügliches haben, und gegen die übrigen größern Sätze des Herrn Verfassers allemal verlieren. Einige Stellen in der Melodie, z. E.

wollten

wollten wir auch lieber hier nicht gefunden haben; sie fallen zu sehr ins niedrige und contrastiren zu stark gegen das übrige. Die Tonarten dieser sechs Sinfonien sind folgende: die erste, G♯; die zwente, D♯; die dritte, B♮; die vierte, Es♮; die fünfte F♮; und die sechste A♯. In der ersten und sechsten sind die Flöten, und in der dritten die Oboen obligat; die Waldhörner sind es ebenfalls in der ersten und sechsten. Wir kennen diesen Herrn Meder gar nicht; es geschähe uns aber ein Gefalle, wenn wir von diesem geschickten Manne einige Nachrichten haben könnten. Der Kupferstich seiner Sinfonien ist correct, sehr leserlich und sauber, so wie alles was uns vom Verlage des Herrn Hummels in Amsterdam zu Gesichte gekommen.

Leipzig.

Es ist unter dem 25 Januar a.c. ein Brief an uns eingelaufen, von dessen Inhalte wir den Lesern einige Nachricht zu geben für billig erachten. Der Herr Verfasser dieses Briefes, der sich als Senior einer musikalischen Gesellschaft unterschreibt, zeigt sich als ein Mann von Einsicht und Geschmack. Der gütige Beyfall, dessen er uns im Nahmen seiner Gesellschaft versichert, ist uns auf alle Weise angenehm; noch angenehmer aber ist es uns, daß er es nicht blos bey unbestimmten und allgemeinen Lobsprüchen bewenden läßt, sondern auch über das Detail unserer Arbeit einigermaßen seine Gedanken mittheilt. Wir wollen im nächsten Stück weiter davon reden. Unsere Leser werden hoffentlich damit nicht unzufrieden seyn; wir hoffen vielmehr ihren Dank einigermaßen zu verdienen, wenn wir sie zu Vertrauten selbst unserer Heimlichkeiten machen. Wir hätten es manchmal schon gern gethan, und ihnen etwas aus einem Briefe erzählt, wenn wir nicht geglaubt hätten, daß der Verfasser dieses oder jenes Schreibens mehr aus Freundschaft als Ueberzeugung geschrieben habe. Wir bekennen indeß hier öffentlich, daß wir von der Ehre, mit manchem würdigen und berühmten Manne, bey Gelegenheit unserer Blätter in Bekanntschaft gekommen zu seyn, und von ihm unterstützt zu werden, aufs lebhafteste gerührt sind; eine schätzbare Belohnung unserer schwachen Bemühungen!

Wöchentliche
Nachrichten und Anmerkungen
die Musik betreffend.

Zwey und dreyßigstes Stück.

Leipzig den 3ten Februar. 1767.

Traité des Accords, et de leur succession, selon le systéme de la Basse fondamentale; pour servir de Principes d'harmonie à ceux, qui étudient la Composition ou l'Accompagnement du Clavecin; avec une methode d'accompagnement; par Mr. l'Abbé *Roussier*. à Paris 1764.

Observations sur différens points d'harmonie par Mr. l'Abbé *Roussier*. à Geneve 1765.

Diese beyden Werke verdienen ihres wichtigen Inhalts wegen gar wohl einer ausführlichen Anzeige, ob sie gleich schon ein paar Jahre alt sind. Sie betreffen beyde zwar nur den einen Theil der Musik, nämlich die Harmonie, und diese ist auch mehrentheils das Feld, auf welchem sich die musikalischen Schriftsteller herum tummeln, illa se jactant in aula; aber ihre Untersuchungen sind doch immer nützlich, und seit den Bemühungen des Rameau, mit dessen Grundsätzen Herr Marpurg uns auf eine so glückliche Weise bekannt gemacht, haben wir dieses Feld der Musik aus einem ganz andern Gesichtspunkte übersehen. Wir trieben die Harmonie sonst nur als eine Gedächtnißwissenschaft, die aus so viel Theilen und abgesonderten Capiteln bestand, als Accorde in derselben üblich waren; und nun hat uns Rameau, den Herr Roussier an einem Orte den Gesetzgeber der Harmonie nennt, einen Zusammenhang, eine Verwandschaft unter den Accorden gezeigt, über die wir uns billig verwundern müssen. In den Fußtapfen dieses großen Mannes nun gehet Herr Roussier einher, und schreibt einen Tractat von den Accorden. Man kann seine Schrift als eine Einleitung in die tiefsinnigen Untersuchungen dieses großen Tonkünstlers ansehen, ob er gleich in verschiedenen Puncten von ihm abgehet. Er gestehet es hin und wieder selbst, und ein jeder, der mit dem rameauischen Systeme bekannt ist, wird es leicht bemerken können. Der ganze Tractat ist übrigens mit einer ungemeinen Leichtigkeit und Deutlichkeit geschrieben, so daß er selbst denen, die nicht viel Fleiß auf die Musik gewandt haben, verständlich und nützlich seyn kann. Wir wollen den Inhalt desselben in einem kurzen Auszuge den Lesern vorlegen.

In der Vorrede lieset Herr Roussier den französischen Componisten ein wenig den Text: „Man wird mir ohne Zweifel einwenden, sagt er, daß Frank„reich nie so viel Componisten hervor gebracht habe, als jetzo. Ich räume es „ein, aber wie viele findet man unter dieser Menge von Componisten, welche „die Grundsätze der Harmonie inne haben?„ (Das wäre traurig, da man bisher immer geglaubt hat, daß darinne die Stärke der französischen Componisten bestehe.) „Die meisten kennen sogar die davon handelnden Schriften „nicht einmal; andere, wenn man sie nach ihren Arbeiten beurtheilt, haben „nicht die ersten Anfangsgründe einer bloß practischen Harmonie. Das „Ohr, das ist eine bloße Erinnerung dessen, was Eindruck auf sie gemacht hat, „dient ihnen statt der Wissenschaft, statt der Grundsätze, und öfters sogar statt „des Genies, bey ihren Werken, in welchen sie sich doch Schöpfer nennen und „zu seyn glauben.„ Wir mögen nichts dazu sagen: die Herren, die es angehet, mögen es mit dem Verfasser ausmachen.

Ein eigener Tractat über die Accorde, in welchem alles abgehandelt wird, was die Erzeugung und Folge derselben auf einander betrifft, scheint dem Verfasser das Studium der Harmonie sehr abzukürzen und weit leichter zu machen. Freylich erhält die Harmonie, wenn sie in ein zusammenhängendes System gebracht wird, eine gewisse Solidität, wovon sich besser raisonniren läßt; aber wir müssen gestehen, daß wir den Nutzen davon oder eine merkliche Erleichterung bey Erlernung des Generalbasses noch nicht gefunden haben. Liegt die Schuld vielleicht daran, daß man in Erlernung der Musik mehr gedächtnißmäßig als speculativ zu verfahren gewohnt ist? Wer aber die Sache schon ziemlich inne hat, der kann sich daraus nicht allein gründlichere Einsichten, sondern auch gewisse nicht unerhebliche Vortheile in der Ausübung versprechen.

Herr Roussier setzt dem Werke eine Einleitung voran, in welcher er die Benennungen erklärt, deren er sich bedient; er giebt zugleich einigen vorläufigen Unterricht, von Dingen, die zum Verstande des folgenden nöthig sind. Das meiste davon ist bekannt. Das Werk selbst theilt er in drey Theile. Im ersten trägt er alle bekannten Accorde vor, und beschreibt sie sowohl nach der Art ihrer Erzeugung, als auch nach ihrer eigentlichen Natur. Er nimmt den con-

soniremsonirenden vollkommenen Dreyklang, den Sextquintenaccord der Unterdominante, und den kleinen Septimenaccord über der Dominante des Haupttons zu Grundaccorden aller übrigen an. Schon eine Abweichung vom Herrn Rameau, und zwar in der Hauptsache! Der Leser wird sich wundern, wie der Sextquintenaccord über der Unterdominante vom Verfasser zur Ehre eines Grundaccordes erhoben werden könne. Der Grund dazu steckt aber wohl in den S. 26. §. 2. angegebenen wesentlichen Noten oder Tönen einer Tonart, welche der Hauptton, die Oberdominante oder Oberquinte, und die Unterdominante oder Unterquinte sind. Wir wollen den Verfasser indeß dabey lassen, und sehen, durch was für Mittel er die abgeleiteten oder Nebenaccorde zur Welt bringt. Es geschiehet auf eine vierfache Art S. 45. 1) durch die Umkehrung oder Verwechselung der Stimmen eines Accords, (Renversement;) 2) durch das Unterlegen eines neuen Tones unter den Accord der Ober- oder Unterdominante, (Supposition;) 3) durch die Vertauschung des verminderten Septimenaccordes über der Septime des Tons in den Molltonarten mit dem Septimenaccorde der Dominante, (Substitution ou Emprunt;) und 4) durch Unterlegen und Vertauschen zugleich, bey diesem verminderten Septimenaccorde, (Substitution & Supposition.) Wir können dem Verfasser nicht in allen diesen Operationen folgen; unsere Leser werden aber hieraus deutlich sehen, daß er viel eigenes und neues haben müsse, was bey ihm selbst nachgelesen zu werden verdient. Es ist ihm sehr darum zu thun, die Accorde, die einerley zu seyn scheinen, und auch immer in Praxi für einerley angesehen worden, ihrer Natur und Entstehungsart nach von einander zu unterscheiden, und sie durch eigenthümliche Merkmale kenntlich zu machen.

Das vierte Capitel des ersten Theils S. 94. handelt von den Aufhaltungen (Suspensions) welche sowohl der Melodie als der Harmonie eigen sind. Er hat einige Beyspiele davon in Noten beygebracht, und auf ihre Grundaccorde zurück geführt. Er hängt noch von S. 111–116. einen Unterricht für die Generalbaßspieler an, wie sie sich in diese Aufhaltungen leicht finden, und in Ansehung ihrer verschiedenen Begleitung von einander unterscheiden können. Hiermit endigt sich der erste Theil. Es soll im künftigen Stücke noch vom zweyten und dritten Theile geredet werden. Wir machen übrigens den Lesern zu einer vollständigen, und mit einigen Anmerkungen begleiteten Uebersetzung dieses nützlichen Werkes Hoffnung.

Andante del Sgr. HAYDEN.

Leipzig.

Leipzig.

Der Herr Verfasser des im vorigen Stück gemeldeten Schreibens erweiset uns in Ansehung der in unsern Blättern befindlichen Recensionen zu viel Ehre. Wir würden seine Erinnerungen mit Vergnügen gelesen haben, wenn er sie auch nicht hinter eine Barriere von Lobsprüchen verschanzt hätte. Wir müssen in Ansehung der Beurtheilungen neuer musikalischen Werke, wie sie bisher in unsern Blättern zum Vorschein gekommen, hier ein paar Anmerkungen machen. Wir haben uns darinne eine gewisse Grenze gesetzt, die wir nur selten überschritten haben. Wir stellen uns allemal an die Stelle eines für die Musik eingenommenen Liebhabers, der einen sichern Geschmack, ein wohlgemachtes Gehör, und so viel Kenntniß von den Regeln hat, daß er sagen kann, das gefälle oder mißfälle mir, weil es die und die gute oder schlechte Wirkung auf mich thut. Es ist wahr, daß damit noch nicht alles gesagt ist, was ein musikalischer Kunstrichter, der ein Stück nach allen Regeln der Melodie und Harmonie untersucht, darinne finden und anmerken kann; wenn uns aber der Titel eines musikalischen Kunstrichters so sehr nicht am Herzen liegt; wenn unter der großen Menge neuer Sachen, die fast täglich zum Vorscheine kommen, die wenigsten die Probe der strengen Critik aushalten; wenn die Zuhörer dabey den Regeln zum Troz, einstimmig schreyen; das ist schön! das ist vortrefflich! so wird man uns nicht verdenken, wenn wir in der Betäubung manchmal eine Anmerkung vergessen, die bey einem oder dem andern Stücke noch hätte können gemacht werden, und daß wir uns den Strom der Mode ein wenig mit fortreißen lassen. Wenn dagegen dieser und jener, wie der Verf. des Schreibens sagt, „mit Anpreisung seines Machwerks von uns gelobt worden ist, dieses Lob hie und da aber gleichwohl ein wenig verdächtig und schalkhaft aussiehet:„ so wollen wir eben nicht in Abrede seyn, daß unser guter Wille mehr Antheil daran gehabt habe, als unser Ernst; weil wir uns überzeugten, daß ein bescheidenes Lob eben so sehr zur Aufmunterung gereichen könne, als ein gegründeter Tadel zur Besserung.

Die Erinnerungen, die uns der Herr Verfasser des Briefes macht, betreffen folgende Punkte:

1.) Wollen ihm in den umständlichen Beschreibungen der Opern die Anfänge der Arien nicht recht gefallen. „Ein anderes wäre es, sagt er, wenn „uns von den auserlesensten, eine nach der andern; nur in den Principalstimmen ganz hätte mitgetheilt werden können.„ Wir wären vom Anfange seiner

ner Meynung gewesen, wenn uns nicht der eingeschränkte Raum unserer Blätter eine Schwierigkeit verursacht hätte. In der That haben wir auch mit dieser Art eine Oper zu recensiren nur einen Versuch machen, und die Meynungen darüber vernehmen wollen; es wird uns allemal frey stehen künftig auf eine andere Weise zu verfahren.

2.) Was der Herr Verfasser wegen der Lebensbeschreibungen berühmter Virtuosen erinnert, ist vielmehr ein Lob als ein Tadel für dieselben. Wir glauben, daß eine Lebensbeschreibung nie richtiger, interessanter, und vollständiger seyn könne, als wenn sie ein jeder von sich selbst aufsetzen wollte; uns würde sie gerade deswegen am besten gefallen, weil sich ein jeder, wie der Verf. sagt, seine Personalien selbst zimmern könnte; wir würden ihm so gar, vermöge dieses Ausdrucks, gern erlauben, hier und da etwas abzuschneiden, was er nicht gerne selbst von sich sagen möchte. Wenn wir doch manchen braven Mann ermuntern könnten, uns von seinen Lebensumständen eine kurze Beschreibung mitzutheilen, oder durch einen andern mittheilen zu lassen!

3.) Dieser Punkt betrifft nicht unser Blatt, sondern einige Componisten. Wir wollen den Verf. selbst reden lassen: „Es kommt vielen absurd, lächer„lich und als eine wahre Beschimpfung für uns Teutsche vor, daß alle Sachen, „die neu heraus kommen (ausgenommen wo etwan einmal ein ehrlicher Cantor „sein Talentchen spielen läßt) mit italienischen Titteln und Zuschrifften prangen, „da doch die Herrn Autores ehrliche Teutsche, und viele darunter sind, die kei„ne drey Worte von der Sprache verstehen. Man weiß wohl, daß, wer auf „einen Capellmeister los studiren will, auch die italienische Sprache gründlich „erlernen müsse, weil solches an großen Höfen erfordert wird, und von solchen „Männern, die desfalls das Ihre gethan, ist hier die Rede gar nicht, son„dern von solchen Tropfen, die sich Tittel so wohl als Dedicationen durch an„deren müssen machen lassen, und damit geschickten und Verdienst vollen Meistern „nur nachäffen. Man wünschet demnach, daß sie ihre Gedanken, die man „sich nicht anders als patriotisch vorstellet, einmal über diese Einfalt, die in „der That den gaukelhaften Dünkel verräth, welcher vielen Tonkünstlern von „den Gelehrten anderer Wissenschaften zugemessen wird, äussern möchten, in „der Versicherung, daß solches in verschiedenem Betrachte nicht ohne Nutzen „seyn würde.„

Wöchentliche
Nachrichten und Anmerkungen
die Musik betreffend.

Drey und dreyßigstes Stück.
Leipzig den 10ten Februar. 1767.

Nachricht von der comischen Oper: Lisuart und Dariolette.

Wir haben unsern Lesern eine ausführlichere Beschreibung von diesem Stücke versprochen, und es ist billig, daß wir unser Wort halten. Weder der Dichter noch der Componist sollen mit Lobsprüchen von uns überhäuft werden: sie sind uns beyde zu nahe verwand, als daß man unsern Lobeserhebungen nicht den Vorwurf der Partheylichkeit sollte machen können. Indeß werden wir doch sowohl von der Arbeit des Dichters als des Componisten den Lesern einen Begriff machen können, ohne die Bescheidenheit des einen oder des andern zu beleidigen. Ein paar kurze Betrachtungen sollen den Anfang machen.

Wir Deutschen sind immer noch so unglücklich, daß wir keine Singspiele oder Opern in unserer Muttersprache haben. Woran liegt die Schuld? Gewiß weiter an nichts, als daß das Genie der Deutschen nicht genug geachtet, nicht genug hervorgezogen und aufgemuntert wird. Die Italiäner und ihre Sprache haben sich der meisten Höfe in Deutschland und ihrer Singbühnen bemächtigt, und wenn auch an einigen Höfen ein deutsches Genie das Glück erhalten hat, die Stelle eines Kapellmeisters mit Ruhm zu bekleiden, so kommt doch immer das wenigste seiner Arbeiten der deutschen Sprache zu statten. „Ja, sagt man, die deutsche Sprache schickt sich nicht zur Musik.„— Diese Beschuldigung beruhet auf einem sehr schwachen Grunde. Höchstens kann sie mit Zuverläßigkeit nichts weiter sagen, als: die deutsche Sprache ist zur Musik nicht völlig so bequem, als die italiänische; und dann, wir haben in deutscher Sprache noch nicht viel gute musikalische Gedichte. Beydes ist wahr; aber das erste läßt sich noch zum Theil, und das zweyte gänzlich heben. Die Unbequemlichkeiten der Sprache werden ziemlich wegfallen, wenn die Dichter aufmerksam und behutsam genug seyn werden, nicht alles gleich für musikalische Verse zu halten, was sich in einen Vers zusammen schrauben läßt. Alle Sprachen haben ihre Verbesserung den Dichtern zu danken, und es liegt den unsrigen ebenfalls ob, unsere Sprache von einem Vorwurfe zu befreyen, der, wenn er gegründet wäre, alle ihren Gedichten zum Nachtheile gereichen würde. Den Fehler der Sprache zu verbessern, würde ferner viel beytragen, wenn die Deutschen sich mehr auf den guten Gesang befleißigten; wenn wir uns selbst Sänger zögen, und sie bey Zeiten an eine gute, und dem Singen vortheilhafte Aussprache gewöhnten. Wir wollen hier eine einzige Anmerkung machen: Eine von den größten Unbequemlichkeiten unserer Sprache ist, daß so viele Sylben sich nicht mit Vocalen, sondern mit Consonanten endigen; aber kann ein geschickter Sänger, der eine geläufige Zunge und leichte Aussprache hat, diesen Fehler nicht sehr dadurch verbessern, wenn er den Vocal immer sehr deutlich und gedehnt ausspricht, dagegen die zusammen laufenden Consonanten desto geschwinder heraus bringt? Kurz, wenn er sich vorstellt, es endigten sich alle Sylben mit dem Vocale, und alle darauf folgende Consonanten gehörten zur folgenden Sylbe. Die verzärtelten und verführten Ohren der Zuhörer würden zu dieser Verbesserung der Sprache gleichfalls etwas beytragen können, wenn sie weniger das Glänzende und Schimmernde im Gesange verlangten, und dagegen mehr für das Rührende und Ausdrückende eingenommen wären. Des letztern ist unsere Sprache in der Musik allemal vollkommen fähig; des erstern aber nicht so sehr, als die italiänische. Es ist wahr, wir verliehren dadurch bisweilen eine Schönheit; aber wir werden auch weniger musikalischen Unsinn hören dürfen.

Noch ein paar Worte von dem Mangel an musikalischen deutschen Gedichten. Ein gutes musikalisches Gedicht muß die Sprache der Empfindung und eine bequeme prosodische Einrichtung haben. Unsere alten Dichter waren ziemlich sorgfältig in Ansehung des letztern, verfehlten aber zu sehr das erstere. Heut zu Tage ist es umgekehrt: die Sprache der Empfindungen scheint die natürliche Sprache der Dichter geworden zu seyn; desto unmusikalischer aber ist öfters der Mechanismus ihrer Verse. Es ist wahr, daß ein Dichter, um ein gutes musikalisches Gedicht zu verfertigen, bis auf einen gewissen Grad selbst Musicus, selbst Componist seyn müsse: da sich diese Eigenschaft nun wohl bey den wenigsten finden möchte, so wäre zu wünschen, daß sie den vortrefflichen Tractat des Herrn Advocat Krause: Von der musikalischen Poesie fleißig lesen möchten. Es kann über diese Materie nichts Gründlichers, Ausführlichers und Schö-

Schöners geschrieben werden, als was dieser Tractat enthält. Metastasio könnte ihnen zugleich zum Muster dienen; und dieses um so vielmehr, da seine Versarten sich sehr leicht im Deutschen nachahmen lassen. Die französischen Poeten sind weit weniger gute Muster für einen musikalischen Dichter: Wenn es ihnen auch nicht an Empfindung fehlt, so ist doch immer zu viel Mahlerey und epigrammatischer Witz in ihren Gedichten; und außerdem kennen sie die musikalische Periode noch lange nicht so, als Metastasio, wie es ihnen ohnlängst der Verfasser des Essai sur l'union de la poesie et de la musique gezeigt hat. Gute deutsche Sänger demnach, geschickte und aufmerksame Dichter, glückliche und mit Geschmack arbeitende Componisten, an denen es uns, selbst nach dem Geständnisse der Ausländer, jetzt weniger fehlt als jemals, könnten uns wohl endlich gute deutsche Singspiele verschaffen, wenn das deutsche Vaterland die Augen mehr auf seine Kinder werfen wollte. Da man dieses von der Zeit noch hoffen darf, so verdient vielleicht alles Aufmerksamkeit, was man als kleine Versuche davon anzusehen hat.

In dieser Betrachtung können wir gar wohl bey dem auf der kochischen Schaubühne allhier aufgeführten Stück: **Lisuart und Dariolette, oder die Frage und die Antwort** etwas ausführlicher seyn. Die poetische Einrichtung desselben ist nach denen jetzt in Frankreich sehr Mode gewordenen sogenannten comischen Opern oder Comödien mit untermischten Gesängen gemacht. Man wendet wider den singenden Vortrag auf dem Theater noch bisweilen ein, daß er unnatürlich sey; es ist hier der Ort nicht diesem Einwurfe zu begegnen, vielleicht ist es auch überhaupt nicht nöthig: aber die französischen Dichter mögen sehen, wie sie uns bereden, daß es natürlicher sey, ein Stück halb singen, halb reden zu hören, oder mit jenen Rittern das eine Bein im Steigebügel zu haben, und mit dem andern auf der Erde neben dem Pferde herzulaufen. Genug in Frankreich ist es Mode, und wir machen es nach. Der Herr Verfasser des **Lisuarts** hatte anfänglich sein Stück bloß zu einem Nachspiele, ohne Gesänge verfertigt, und der jetzt Mode werdende Geschmack bewog ihn endlich, demselben diesen französischen Mantel umzuhängen, dem er aber in der That mehr einen italiänischen als französischen Zuschnitt zu geben gewußt hat. Es herrscht in vielen seiner Arien, besonders in denen, die der Ritter **Lisuart**, und die Prinzessinn **Dariolette** singen, eine edele, und sehr musikalische Empfindung. Das Duett eben dieser beyden Personen gegen das Ende des dritten Acts: **So darf ich dich die Meine nennen**, würde in der größten italiänischen Oper seinen Platz behaupten. Die andern Rollen, als die des Stall-

 meisters

meisters Derwin, und der Hofdamen, sind comische Rollen; doch fallen sie nicht in das groteske comische. Die Arien oder vielmehr Arietten dieser Personen haben nicht völlig die Gestalt jener ernsthaftern Arien des Ritters und der Prinzessinn, und es ist hier auch so nöthig nicht, weil der Componist sich mit Abänderung der Taktarten, und überhaupt mit einer andern Art des Vortrages helfen kann. Der Componist ist auch in diesem Stück dem Dichter genau gefolgt. Er hat die Arien des Ritters Lisuart alle, so wie auch einige der Prinzessinn Dariolette, auf eine dem ernsthaften Geschmacke und der gewöhnlichen Gestalt einer ordentlichen Arie gemäße Art vorzutragen gesucht. Zu diesen, deren überhaupt außer dem vorhin angeführten Duette, fünf oder sechse seyn möchten, kann man auch noch das Terzett rechnen, das den zweyten Act beschließt, und das comische Duett am Ende des ersten Acts. Die übrigen Stücke sind theils Arietten, und deren sind die meisten, theils Lieder von mehr als einer Strophe. Die ganze Anzahl der Singestücke beläuft sich auf dreißig. Ein Stück darunter, wo dem Derwin der Bart ausgerauft wird, ist mehr zur Action, als zum Gesange eingerichtet, weil der Gesang da nur recitativisch ist. Den Anfang macht ein sogenannter Chor, der aber nur in zwey Sopranstimmen componirt ist, weil ihn lauter Frauenzimmer singen. Er bestehet aus verschiedenen ungleichen Strophen, die von einer Stimme allein gesungen werden, und zwischen welchen der Chor allemal wiederholt wird. Der letzte Chor ist völlig nach der Gestalt der italiänischen Opernchöre sowohl aus den Händen des Dichters als des Componisten gekommen, und wird ebenfalls nach einem dazwischen gesungenen Solo wiederholt. Es folgt auf denselben noch ein Vaudeville, mit einem kurzen Chore bey jeder Strophe auf die Worte: O schwere Frage! der Nahme giebt es gleich, daß wir es von den Franzosen entlehnen. Uns scheint aber ein Singstück mit einem vollen und feurigen Chore weit besser zu schließen, als mit diesen von einer Stimme hinter drein abgesungenen Complimenten, bey denen wir uns nichts anderes vorstellen, als ob wir eine Anzahl Singescholaren ihre Lection hinter einander aufsagen hörten. Ach, wenn doch unsere Deutschen ihr eigenes Genie, ihren eigenen Geschmack mehr zu Rathe zögen, und weniger am Nachahmen klebten! Müßte man ja die Ausländer zu Mustern haben, so mache man uns nur nicht weder zu Franzosen noch zu Italiänern; man mache lieber die Franzosen und Italiäner zu Deutschen. Vielleicht ist bisweilen der Plan eines Stücks bey den Franzosen gut, und für uns brauchbar: man nehme ihn; man glaube aber nur nicht, daß alle Gesänge, die französischen Ohren schön klingen, und ihre ewigen Liederchen auch für uns schön seyn müßten. Das französische Parterre will immer Chorus machen; das unsrige aber ist zu bescheiden, sich dieses einfallen zu lassen; es will durch Musik gerührt und ergötzt seyn; bisweilen ergötzt es freylich wohl auch ein Liedchen. Ein französischer Plan in eine italiänische Form umgegossen, würde demnach für unsern Geschmack allemal unterhaltender und angenehmer seyn, auch selbst wenn man genöthigt wäre, die Mode, ein Stück halb zu reden und halb zu singen, noch ferner beyzubehalten. Denn daß unser Geschmack in der Musik mehr mit dem italiänischen als mit dem französischen überein komme, wird wohl keines weitläuftigen Beweises bedürfen.

Wegen der Aufführung des Lisuarts auf der kochischen Schaubühne müssen wir noch sagen, daß es den Mitgliedern der Gesellschaft, da sie alle nicht Sänger von Profession, und meistentheils in der Musik ganz unerfahren sind, sehr zur Ehre gereiche, daß sie, mit so gutem Erfolge, dem Dichter und Componisten einige Schritte weiter haben folgen können. Die Liebe, die sie zu dieser Sache haben, würde uns künftig noch mehr von ihnen hoffen lassen, wenn sie sich mehr darauf befleißigen könnten, und ihnen nicht gewisse Vorurtheile Hindernisse in den Weg legten. Wenigstens möchte sich wohl keine deutsche Schaubühne rühmen können, es in diesem Stück so weit gebracht zu haben, als die unsrige.

Nun, sollen wir bald aufhören zu schwatzen? Ey freylich! lieber ein Stück aus dieser Operette hergesetzt. Wir wollen es thun. Hier ist eine von den Arien des Ritters; grade die kürzeste, weil sie sich am besten für unser Blatt schickt. Vielleicht sollten wir sie nur eine Ariette genannt haben. Wem sie übrigens zu ernsthaft ist, dem versprechen wir über acht Tage eine comische des Stallmeisters dafür zu geben. Aber noch eine Anmerkung erlaube man uns: Man wird in dieser Arie des Ritters mit den Wiederholungen nicht recht zufrieden seyn, weil sie keinen ganzen Sinn haben. Wir gestehen, daß wir es eben so wenig sind. Alles was wir zur Entschuldigung des Componisten sagen können; ist, daß wir es in hundert italiänischen Arien eben so finden, und daß ihn hier eine mehr sagende Wiederholung zu weitschweifig; die gänzliche Weglassung der Wiederholung aber die Arie zu kurz gemacht haben würde. Musikalische Dichter aber können sich dabey die Anmerkung machen, daß ein Text einem Componisten zu einer Arie um so viel bequemer sey, je runder und kürzer sie sich ausdrücken können, und je weniger Zeilen zu einem völligen Sinne gehören. Der Dichter des Lisuarts ist Herr Schiebler, ein gebohrner Hamburger; der Componist aber Herr Hiller. Vielleicht haben das unsere Leser auch gern wissen wollen.

ARIA.

ARIA

Allegretto.
Klei - ne Seelen,
(o der Schande!) lie-ben in dem Ge-genstande ihrer

Seufzer

Seufzer sich al - lein ih - rer Seuf - zer sich al - lein
ih - rer Seufzer sich al - lein.
Her - zen, so die Tugend schmücket,
werden kei - ne Mar - ter scheun, wird der Vorwurf nur beglücket,

dem

dem sich ih - re Wün - sche weihn, dem sich ih - re
Wün - sche weihn, ih - re Wünsche, dem sich ih - re
Wünsche, ih - re Wünsche weihn.

Wöchentliche
Nachrichten und Anmerkungen
die Musik betreffend.

Vier und dreyßigstes Stück.
Leipzig den 17ten Februar. 1767.

Beytrag a)
Zu der Nachricht für einige Herrn Organisten.

Hochzuehrende Herren!

Bey Durchlesung desjenigen, was Sie in das 30. Stück ihrer beliebten wöchentlichen Nachrichten und Anmerkungen die Musik betreffend, eingerückt haben, habe ich aufs neue die Wahrheit bestätigt befunden, daß ihrer zwey oder auch mehrere einerley Gedanken und Vorstellungen haben, und sich auch nicht

a) Wir haben gegenwärtigen Beytrag von guter Hand, von einem durch sein Amt ehrwürdigen Manne erhalten. Und so wie weder hier, noch im 30ten Stück unserer Nachrichten rechtschaffenen und verdienten Organisten, deren wir verschiedene kennen, etwas zum Angehör gesagt ist, so gegründet sind dagegen die Klagen, die über viele ihrer unwürdigen Amtsbrüder geführt werden können, und von verschiedenen Orten her wirklich geführt werden. Dem Punkte der Unwissenheit, worauf es sich hauptsächlich gründet, wenn ein sogenannter Organist statt rührender und erweckender Vorspiele, mit lustigen Stückchen sich hören läßt, möchte wohl nicht besser abgeholfen werden, als wenn man diesen Herrn Sachen bekannt machte, und in die Hände gäbe, die sich besser für sie schickten. Wir behalten uns vor, darüber unsere Gedanken nächstens zu entdecken. Der letzte Punkt, den der Herr Verfasser des Beytrags berührt, ist um so viel wichtiger, als wichtiger die Personen sind, an denen er getadelt wird. Es ist einer ihrer Amtsbrüder, aus einer ansehnlichen Stadt, der hier das Wort für uns führet, wenn wir vielleicht zu schüchtern gewesen wären, eines Fehlers zu gedenken, den wir oft bemerkt, und uns darüber geärgert haben.

nicht selten, fast auf die nämliche Art ausdrücken und erklären können. Den Tag zuvor, ehe ich das 30te Stück durch die Post bekam, hatte ich einen Aufsatz verfertiget, welchen ich mit der nächsten Post absenden wollte. Wie artig war es, als ich das benannte Stück empfieng, und schier eben die Gedanken über eben die Materie las, welche den Vorwurf meines Aufsatzes ausmachte. — Ich habe bemerket, daß dergleichen gemeiniglich zuzutreffen pfleget, wenn von Sachen die Rede ist, wo man die Erfahrung vor sich hat. Hier ists wahrlich so!— Wozu denn nun aber mein Aufsatz? -- Ich dachte, wie Cicero von einem seiner Briefe gedacht hat, perire lucubrationem meam nolui. Ich schickte also gleichwohl denselben an sie ab, doch so, daß ich solchen fast umschmelzte, und hier und da bald wegnahm, bald zusetzte, damit man das, was der redliche Verfasser in seinem Etwas schon angemerket hatte, nicht wiederum eben dasselbe läse. Uebrigens kann man ja ein gut Lied auch zweymal singen.

Worüber der ungenannte Verfasser Seite 230. klagt, wenn er des sogenannten Präludirens oder Vorspielens bey Choralen erwähnet, das ist auch meine Klage. Es ist nichts erdichtetes, wenn man sagt, daß es dergleichen ärgernd sich aufführende sogenannte Organisten giebt, welche lauter lustige Stückchen, Menuetten, Polonoisen, Trios *rc.* vor den Chorälen, oder beym Ende des Gottesdienstes, zum Ausgange, sogenannte Harlequinaden, Burlesquen, Gassenhauer, u. d. g. daher nudeln. Wie vielmal sind ich und andere rechtschaffene Gemüther unwillig werden, wenn ein Mensch, der ehemals Jura oder Medicin studiren sollen, aber keinen Kopf hatte, nun, als bestallter Organist, sich des Sonntags hinsetzet, und auswendig gelernte Polonoisen oder Märsche, so er die Woche über hier und da gegeigt hat, zu Choralvorspielen gebraucht? Wie reimt sich das zu dem Ernste, der bey einer so feyerlichen Handlung, als der Gottesdienst ist, durchaus sichtbar seyn soll? Man will einen geschickten und gewissenhaften Organisten gar nicht binden. Ist er in seiner Kunst ein gründlicher Kenner und geschickter Ausüber, so wird er die schönsten, die erwecklichsten Gedanken in seinen Nachspielen anbringen können. Und, was meynen sie meine H. H. Sollte es nicht durchaus thunlich seyn, daß man keine andere als solche Vorspiele auf die Choräle brauchte, welche die versammelte Gemeinde auf die Tonart zubereitete, und sie hauptsächlich von der Gesangweise (Melodia) benachrichtigte? Sollte ein geübter Organist nicht hierbey recht wohlfließende und lieblichlautende Gedanken können hören lassen, wodurch die Glieder der Gemeinde im voraus, nach Beschaffenheit des Liedes, entweder in eine sanftvergnügende Bewegung, oder in eine freudenvolle Entzückung, oder in eine süße Schwermuth, könnten versetzt werden? Eröfnen sie doch einmal hierüber ihre Gedanken.

In

In meinem ersten Aufsatze hatte ich, eben wie der ungenannte Verfasser Seite 230, über die Ungezogenheit so mancher Organisten geklaget, welche ihr grösstes Vergnügen an langen Schlüssen finden, wenn sie ein Lied endigen sollen. Und ich klage noch darüber. Sie können nicht glauben H. H. was diese ewigen Zauderer für Ohrenzwang, und zugleich für Ungeduld und Uebelstand verursachen. Der Prediger gehet gemeiniglich mit dem letzten Verse vor den Altar, entweder zum Ablesen, oder Collectiren. Er stehet da; die Gemeine ist auch lange fertig mit Singen; nur der Organist kann den Schluß nicht finden. Da gehen Terzen hinauf, da hinunter, durch Dur, durch Moll; und so ist des Dinges kein Ende. — Wie unanständig, wie verdrießlich ist das! Eben so unanständig ist die Gewohnheit vieler Orgelspieler, wenn sie, beym letzten Verse eines Liedes, alle oder doch die mehresten Register dergestalt mit Gewalt herausreißen, daß es dem Hacken der Holzschläger, oder dem Prasseln fallender Steine ähnlich ist, dabey sie sich so gebärden, als wenn es an ein Ringen gienge?

Was S. 230. von denjenigen feinen Herren gesagt ist, die unsinnige Liebhaber des Branteweins sind, und nicht selten die gröbsten Ausschweifungen machen, ist gar keine ungegründete Auflage. Vor 2½ Jahre wurde an meinem Orte ein solcher Humor abgesetzt — doch einmal ein Exempel statuiret. —

Was der ungenannte Herr Verfasser nicht bemerket hat, daß muß ich klagend anzeigen. Es betrifft solches die sogenannten Passagien oder Zwischenspiele. Welch ein Misbrauch ist da nicht bey vielen Organisten eingerissen! Da passirt lustig, und auch tummes Zeug mit unter, da wird gebrochen, da wird gehackt, da wird gesprungen, da wird gepurzelt, bald unisono, bald duetto, bald trio, bald schlechter, bald Trippeltakt, und was der Fratzen mehr sind. — Mein Gott! schickt sich das für eine Gemeine, die einen ordentlichen, angemessenen und devoten Gesang halten soll? — unleidliche Verwirrung muß das anrichten. Adlung im 15. Cap. seiner musikal. Gelahrtheit hat schon darüber geklaget. — Aber, wie viele sogenannte Organisten (von redlichen verständigen und gewissenhaften Männern ist hier die Rede nicht,) lesen den Adlung, den Marpurg, den Mitzler? rc.

Jetzt komme ich auf einen Punkt, worüber ich gerne meiner H. H. Gedanken, Erklärung, Anrathung und Anweisung, lesen möchte. Es geht dieser Punkt die Vocalmusik hauptsächlich an, und zwar die, wie solche bey öffentlichen gottesdienstl. Versammlungen seyn muß, wenn, nach der Schrift alles ehrlich und ordentlich, und ohne Stöhrung der Erbauung, auch ohne zu gebendes Aergerniß, zugehen soll. Ich will hier nicht davon sagen, auf was für Art es anzustellen sey, wenn man ein ordentliches Singechor von Schülern, und eine wohlsingende Gemeine erhalten wolle. Auch will ich nicht von schlechten Cantorn oder Präcen-

 torn

tern reden, die mit ihren nichtstaugenden Stimmen, widerlichen Tönen und verhaßten Schreyen, Schüler und Gemeine verderben. Das will ich nur gedenken, was die Prediger oder Pfarrer angehet. Es dürfte dieses freylich wohl manchen nicht sonderlich erheblich, oder auch kützlich scheinen; unterdessen ist es eine Sache die einen gewaltigen Uebelstand verursachet. Es ist bekannt, daß in unsern Landen, an den allermehresten Orten, die Collecten, und auch die Einsetzungsworte gesungen werden; das Dominus vobiscum, das Gloria, die Intonationen mit ihren Responsorien zu geschweigen. Woher kommt es doch, daß sehr viel Prediger in diesem Stücke so gar miserable Sänger sind, und ein erbärmliches Geheul machen, wenn sie entweder intoniren oder collectiren? Manchem läßt es, als wenn er gar keinen Ton im Halse hätte, und die Modulation ist ihm ein Unding. Mancher kann gar keinen Ton angeben, in keinen einfallen, und keinen halten. Haben Sie, H. H. niemals empfunden, wie unangenehm auffallend es sey, wenn z. B. der Organist das Lied: Allein Gott in der Höh rc. aus G dur spielt, und nun so schließet, der Prediger aber gleich darauf das: „Der Herr sey mit euch„ mit der 2de a anfängt, und in c dur aushält; oder mutatis mutandis? Welch eine Disharmonie verursacht es doch, wenn der Prediger den Ton, welchen das Chor aushält, nicht fassen, und eben so aushalten kann? Wie wehklagend gurgelt mancher nicht die Einsetzungsworte, oder auch die Collecten bey Sterbens- oder Begräbnißgelegenheiten heraus! Da ist kein fester Ton, keine harmonische Verbindung und Wechselung der Töne.– Es ist wahr, daß das Singen kein wesentliches Stück eines Predigers ist; aber es gehört doch ad bene esse. Und da es nun einmal ein eingeführter Gebrauch ist, so kann es doch wohl kein Lob seyn, wenn die Gemeine, unter der gewiß manche niedliche Stimmen haben, spricht: Unser Pfarrer singt schlecht.

Da man nun das weis: warum übt man sich denn nicht auf Schulen, oder Universitäten im Singen, und schafft sich überhaupt eine gründliche Erkänntniß, wo nicht von der Instrumental- doch Vocalmusik an? Woher kommt es doch, daß unter den sogenannten Geistlichen so viel Musikverächter, auch der Vocalmusik sind? Ohne Zweifel von dem Sprichwort: Ars non habet osorem nisi &c. Sollten unsere lutherischen Geistlichen nicht wissen, was der große Luther hierinnen vor Sentiments gehabt hat?

Achten sie es nicht vor thunlich, meine Herren einmal bey Gelegenheit, über diesen Punkt, und was sonderlich die bessere Beförderung, Einrichtung und Uebung der Vocalmusik anlangt, sich auszulassen? —

Arie

Arie aus der komischen Oper: Lisuart und Dariolette.

Allegretto.
Bald die Blonde, bald die Braune, bald die Magre, bald die
Di-cke: o die wunderli-che lau-ne, o der schö-ne Schmetter-
ling! Bald die Blonde, bald die Braune,

bald die Magre, bald die Di-cke:
o die wunder-li-che Laune, o der schöne Schmetter-
ling! o die wunder-li-che Lau-ne, o der schöne Schmetter-
ling!

Einer

Einer einzgen sanftem Blicke sich mit
Seel und Leib ver-schreiben, laß ich gel-ten; doch poß
Wel-ten! Immer hin und her zu treiben, immer
hin und her zu trei-ben, ist ein gar zu ar-ges Ding, ist ein

gar

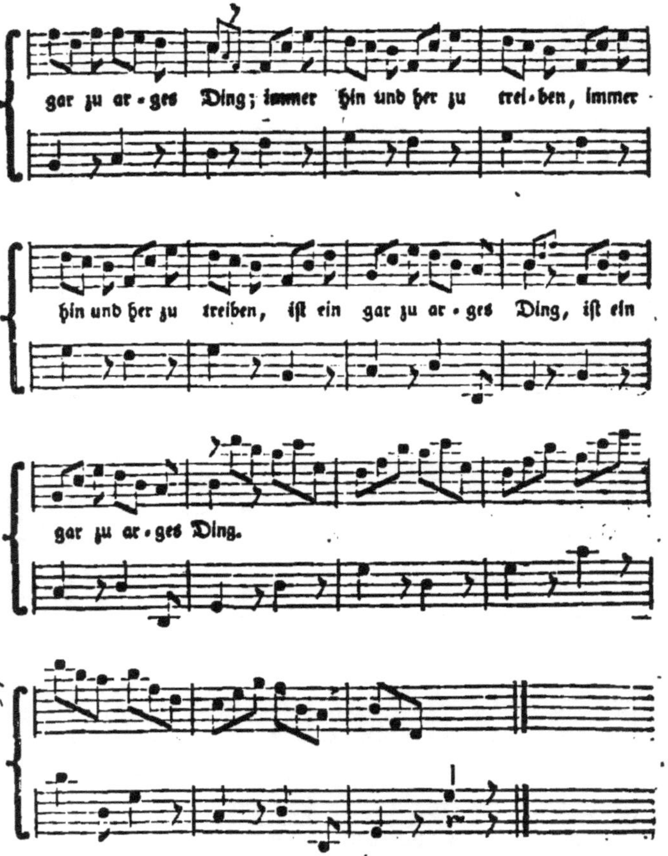
gar zu ar - ges Ding; immer hin und her zu trei - ben, immer
hin und her zu treiben, ist ein gar zu ar - ges Ding, ist ein
gar zu ar - ges Ding.

Wöchentliche

Nachrichten und Anmerkungen die Musik betreffend.

Fünf und dreyßigstes Stück.

Leipzig den 24ten Februar. 1767.

Ueber die Musik.

Aus dem Essai sur l'origine des connoissances humaines.

Da bey dem Ursprunge der Sprachen die Prosodie sehr mannichfaltig war, so waren ihr alle Veränderungen der Stimme natürlich. Es konnte demnach nicht fehlen, daß der Zufall nicht zuweilen hätte Passagien hinein bringen sollen, die dem Ohre gefielen. Man merkte sich diese, und machte sichs zur Gewohnheit sie zu wiederholen. Dieß ist die erste Idee, die man von der Harmonie hatte.

Die diatonische Ordnung, das ist diejenige, worinne die Töne stufenweise in ganzen und halben Tönen auf einander folgen, scheint heut zu Tage so natürlich, daß man glauben sollte, sie sey zuerst bekannt gewesen: allein, wenn wir Töne finden, deren Verhältnisse noch weit empfindbarer sind, so können wir mit Rechte daraus schließen, daß die Tonfolge derselben noch eher sey bemerkt worden.

Da es ausgemacht ist, daß das Steigen durch die Terz, Quint und Octave unmittelbar von der Quelle, woraus die Harmonie ihren Ursprung nimmt, das ist, von der Resonnanz der klingenden Körper abhängt, und daß sich die diatonische Ordnung aus diesem Steigen erzeugt: so folgt, daß die Verhältnisse der Töne in der harmonischen Tonfolge noch weit empfindlicher seyn müssen, als in der diatonischen Ordnung. Da sich diese von der Quelle der Harmonie entfernt, so können sich zwischen ihren Tönen nur in sofern Verhältnisse finden, als sie durch die Tonfolge, daraus sie entstehet, darein sind gebracht worden. Z. E. d ist in der diatonischen Ordnung nur darum mit c verbunden, weil c d durch die Progression c e erzeugt wird; und die Verbindung dieser beyden letztern Töne hat ihren Grund in der Harmonie der klingenden Körper, wovon sie einen Theil ausmachen. Das Ohr bestätigt diese Schlüsse; denn es empfindet das Verhältniß der Töne c e g c besser, als das Verhältniß der Töne c d e f. Die harmonischen Intervalle sind also zuerst beobachtet worden.

Es giebt auch hier noch Unterschiede zu bemerken: Dann da die harmonischen Töne Intervalle bilden, die mehr oder weniger Schwierigkeit in der Intonation haben, und sich in solchen Verhältnissen befinden, die mehr oder weniger empfindlich sind, so ist es nicht natürlich, daß beyde auf einmal sollten wahrgenommen und gebraucht worden seyn. Es ist daher wahrscheinlich, daß man diese ganze Progression c e g c nur erst nach verschiedenen Erfahrungen gefunden hat. Nachdem diese bekannt war, machte man nach eben diesem Muster noch andere, z. E. g h d g.

Was die diatonische Ordnung betrifft, so entdeckte man sie nur nach und nach, nach vielen vergeblichen Versuchen, weil ihre Erzeugung nur erst zu unserer Zeit gezeigt worden ist. a)

Die ersten Schritte in dieser Kunst sind also die Frucht einer langen Erfahrung gewesen. Man hat ihre Grundsätze vervielfältiget, so lange man ihre wahre Quelle nicht kannte. Der Herr Rameau ist der erste, der den Ursprung der ganzen Harmonie in der Resonanz der klingenden Körper gefunden, und die Theorie dieser Kunst auf einen einzigen Grundsatz gebracht hat. Die Griechen, deren Musik man so heraus streicht, kannten eben so wenig als die Römer, die heutige Composition der vielstimmigen Stücke. Inzwischen ist es wahrscheinlich, daß sie sich sehr zeitig einiger Accorde bedient haben, es sey nun, daß sie sie zufälliger Weise bey der Zusammenkunft zwoer Stimmen bemerkten, oder daß sie [illegible] Harmonie zuerst empfanden, da sie zwo Saiten eines Instrumentes von ohngefähr zu gleicher Zeit rührten.

Da es mit dem Fortgange der Musik sehr langsam hergieng, so brachte man lange Zeit damit zu, ehe man darauf dachte, sie von den Worten zu trennen: sie würde gänzlich vom Ausdrucke entblößt geschienen haben. Die Prosodie hatte sich alle Töne zugeeignet, die die Stimme hervorbringen kann, und da sie allein Gelegenheit gegeben hatte, ihre Harmonie zu bemerken, so war es natürlich, daß man die Musik nur als eine Kunst betrachtete, die der Rede mehr Annehmlichkeit oder mehr Stärke geben könnte. Dieß ist der Ursprung von dem Vorurtheile der Alten, nach welchem sie die Musik nicht von den Worten getrennet wissen wollten. Sie war in Ansehung derer, bey denen sie ihren

a) Man sehe die Generation harmonique des Herrn Rameau.

ihren Ursprung nahm, beynahe eben das, was die Declamation in Ansehung unserer ist: sie lehrte die Stimme regelmäßig zu führen, anstatt, daß man sie vorher auf Gerathewohl führte. Es muste eben so lächerlich scheinen, den Gesang von den Worten zu trennen, als es uns heut zu Tage lächerlich vorkommen würde, wenn man die Töne unserer Declamation von unsern Versen trennen wollte.

Die Musik ward inzwischen vollkommener: nach und nach kam sie in ihrem Ausdrucke dem Ausdrucke der Worte gleich: hierauf suchte sie ihn zu übertreffen. Sodann erst konnte man wahrnehmen, daß sie an sich selbst eines genungsamen Ausdruckes fähig sey. Es durfte also nicht mehr lächerlich scheinen, sie von den Worten zu trennen. Der Ausdruck, den die Töne in der Prosodie hatten, die Theil am Gesange nahm, der, den sie in der Declamation hatten, welche sang, bereiteten denjenigen vor, den sie haben musten, wenn sie allein gehört werden sollten. Zween Gründe versicherten sogar diejenigen eines guten Fortganges, die sich mit einigem Talente in dieser neuen Art der Musik versuchen wollten. Der erste war dieser, daß sie ohne Zweifel diejenigen Passagen wählten, womit man durch den Gebrauch der Declamation, einen gewissen Ausdruck zu verbinden gewohnt war, oder daß sie sich wenigstens solche ausdachten, die einige Aehnlichkeit mit ihnen hatten. Der andere war das Erstaunen, das diese Musik in ihrer Neuheit nothwendig hervorbringen muste. Jemehr man darüber in Verwunderung gerieth, jemehr muste man sich dem Eindrucke überlassen, den sie verursachen konnte. So sahe man auch, daß diejenigen, die am schwersten zu erweichen waren, durch die Gewalt der Töne nach und nach aus der Freude in die Traurigkeit, und wohl gar bis zur Raserey gebracht wurden. Bey diesem Anblicke wurden es auch andere, die nicht würden erweicht worden seyn, beynahe auf gleiche Weise. Die Wirkungen dieser Musik wurden der Gegenstand des Gesprächs, und die Einbildungskraft erhitzte sich bey der blossen Beschreibung, die man davon machen hörte. Jeder wollte durch sich selbst davon urtheilen, und die Menschen, denen es gemeiniglich angenehm ist, außerordentliche Dinge bekräfftigt zu sehen, kamen mit der günstigsten Gemüthsverfassung diese Musik zu hören. Sie wiederholte daher oft einerley Wunder.

Heut zu Tage sind unsere Prosodie und unsere Declamation weit davon entfernt, die Wirkungen vorzubereiten, die unsere Musik hervor bringen sollte. Der Gesang ist in Betrachtung unserer keine so bekannte Sprache, als er es für die Alten war, und die Musik, von den Worten getrennet, hat nicht mehr die Mine der Neuheit, die allein schon viel über die Einbildungskraft vermag.

 Ueber

Ueber dieses behalten wir in der Zeit, da sie aufgeführet wird, alles kalte Geblüt, dessen wir fähig sind; wir helfen dem Tonkünstler nicht, uns zu erhitzen, und die Empfindungen, die wir haben, entstehen einzig und allein aus der Wirkung der Töne aufs Ohr. Allein die Empfindungen der Seele sind gemeiniglich so matt, wenn die Einbildungskraft nicht etwa von sich selbst auf die Sinne zurück wirkt, daß man sich nicht verwundern darf, wenn unsere Musik nicht eben so wunderbare Wirkungen hervorbringt, als die Musik der Alten. Man müßte, ihre ganze Gewalt zu erforschen, einige Stücke vor solchen Leuten aufführen, die viel Einbildungskraft besäßen, für die sie das Verdienst der Neuheit hätten, und deren Declamation nach einer Prosodie gerichtet wäre, die Antheil am Gesange nähme, sollte sie selbst auch singend seyn. Diese Erfahrung aber würde unnütz seyn, wenn wir eben so geneigt wären, Dinge, die uns nahe sind, eben so als solche, die von uns entfernt sind, zu bewündern.

Die Fortsetzung folgt künftig.

Zusatz, zu dem Lebenslaufe des Herrn Franz Benda. a)

Nach einigen wenigen Wochen verlangte der Starost Suchaczewsky aus dem Hause Schaniawsky diese vier Herren zu hören, und nahm sie endlich alle zusammen in seine Dienste, und von Warschau mit auf seine Güter. Dieser Herr war ein großer Liebhaber der Musik, und erhielt seine Musiker in fleißiger Uebung. Einsmals, als er besonders aufgeräumt war, mußte Herr Benda, in einem Nachmittage achtzehn Concerte spielen. Die Anzahl der Musiker wuchs bey diesem Herr, endlich bis auf 9. Personen, und war in Polen eine der besten Kapellen. Da es in diesem Lande üblich ist, daß, wenn die Zahl der Musiker auch nur 4 bis 5 Personen beträgt, doch einer darunter den Kapellmeisterstitel führet; so wurde dieser Titel dem Herrn Benda von dem Starosten gleichsam aufgedrungen. Zwey und ein halb Jahr hielt Herr Benda bey diesem Dienste aus: und ob er sich dabey gleich recht wohl befand; so regte sich doch immer die Sehnsucht, Deutschland wieder zu sehen, bey ihm.

Es war bey der pohlnischen Kapelle, (dieß war der Name einer Gesellschaft von Musikern, welche der König, außer der eigentlichen Sächsischen Kapelle, noch besonders in Polen besoldete,) unterdessen ein Violinist, Namens Wilicus gestorben. Der damalige Director dieser Kapelle, Herr Schulze trug

a) Er ist aus Versehen ausgelassen worden, und muß zwischen dem vier- und fünf und zwanzigsten Stück unserer Nachrichten eingeschaltet werden.

trug dem Herrn Benda des Wilicus Stelle an. Herr Benda legte, mit Erlaubniß seines bisherigen Herrn, seine Probe in Warschau ab, und erhielt die Stelle. Zwar mußte er noch 3. Monathe bey seinem vorigen Herrn aushalten; wobey ihm ansehnliche Anerbietungen, um noch länger in diesen Diensten zu bleiben, geschahen. Er verbat sie aber alle; nur in der Hoffnung Deutschland desto eher wieder zu sehen.

Bald hernach starb der König Augustus der erste. Herr Benda gieng mit einem Theile der Brühlischen Bagage, welche der Musikdirector Schulze führete, nach Dresden. Kurz darauf hatte er das Vergnügen, seine Aeltern, die seit 5. Jahren keine Nachricht von ihm erhalten hatten, wieder zu sehen; indem sie ihn in Dresden, auf erhaltene Nachricht von seiner Ankunft, besuchten. Er reisete bald darauf nach Prag, um seine Verwandte, besonders den Herrn Brixy, von den oben gedacht worden, zu besuchen; und fand damals den Sohn des Herrn Brixy, als ein einjähriges Kind in der Wiege, welcher jetzo, als ein guter Componist und Organist, an der Prager Metropolitankirche, die Musik dirigiret.

Nachdem Herr Benda wieder nach Dresden x. x.

Auf der 200ten Seite Z. 11. lese man Anführung statt Ausführung; auf der 202ten S. Z. 4. den Herrn Christ. Heinrich Rörbiz, und bemerke dabey, daß es eben derjenige sey, dessen S. 185. gedacht wird. Eben daselbst setze man nach der 13ten Z. wo man Ramnitz statt Romnitz zu lesen hat, noch hinzu:

8) Den Herrn Joh. Willhelm Matthies, in Diensten Sr. K. Hoheit des Prinzen Heinrich, Bruders des Königs.

Melodien zu Herrn Professor G. J. Märks heiligen Liedern. Altona, bey David Jversen, königl. privil. Buchhändler 1766. 8. Bogen in klein Folio.

Wir können von diesen Liedern nicht viel sagen, am allerwenigsten das, was wir gern davon sagen möchten. Der Herr Verfasser kann sie in der besten Absicht von der Welt gedichtet haben; sein Ton ist aber die meiste Zeit so abentheuerlich, und die Versart in vielen Liedern so holpricht und unharmonisch, daß sie gewiß nie wären componirt worden, wenn es nicht ein Ungenannter unternommen hätte, der eben so vortrefflich componirt, als der Herr Professor Verse macht. Wir wissen selber nicht recht, was wir aus den Melodien machen sollen: zu Chorälen sehen sie zu jung aus; die vielen Manieren, und der bey einigen gebrauchte $\frac{3}{4}$ Takt hindert uns auch sie für Chorâle zu erklären; als Oden aber möchten sie wohl ein wenig mehr Gesang nöthig haben; an dem unrythmischen und unmetrischen, das hin und wieder dem Ohre erschreckliche Gewalt anthut, ist meistentheils der Dichter Schuld. Wie sehr wäre es zu wünschen, daß diese bey Versen, die für den Gesang verfertiget werden, auf eine bessere Harmonie sehen, und Sylbenmaaße wählen möchten, die nicht allein der Sprache gewöhnlicher, sondern auch dem Gesange bequemer wären. Wer hat z. E. je ein Morgenlied in Hexametern und Pentametern gesehen? Hier steht eins auf der 5ten Seite. Und wie abentheuerlich ist die Melodie dazu? So kann die Rhytmik der Alten wohl schwerlich ausgesehen haben. Das achte Lied, der Herr im Regen; ingleichen das neunte, der Herr im Herbst, sind durch die Musik um nichts verschönert worden. Und was sollte ein vernünftiger Componist auch wohl dazu sagen:

Es sprengt ein sanfter Regenschwall,
Mit schönem klatschernd starken Schall
Den Staub sonst schon geborstner Erden, u. s. w.

Und woher weis der Herr Märk, daß das Meer und die Flüsse von der Regenströme Guß frisch und kühler werden? Das neunte Lied hebt so an:

Eisen sehn wir friedsam blitzen,
Und im Seegen Knechte schwitzen,
Wenn ihr Strich durch Halme fährt.

Wir gestehen es, dergleichen Verse in Noten zu setzen, ist für den Componisten immer eine undankbare Arbeit. Wir wollen uns nicht länger dabey aufhalten, wenn wir nur noch ein paar Worte von dem Gesange auf der 30sten Seite sagen dürfen. Der Titel ist: Lob Gottes zum Beschluß, nach Anleitung des letzten Psalms. Der Componist hat vermuthlich ein Chor zu einem Festtage daraus machen wollen, und Trompeten und Paucken dazu componirt; doch nein, er hätte sich alsdann nicht so weit vom Haupttone sollen verschlagen lassen, wenn diese Instrumente nicht mehr Pausen als Noten haben sollen. Gleich aus dem Anfange kann man sehen, daß der Componist Lust hat ein wenig in allen möglichen Tonarten herum zu wandern. Wir wollen ihm doch von weiten nachschleichen. Man höre erst den Anfang.

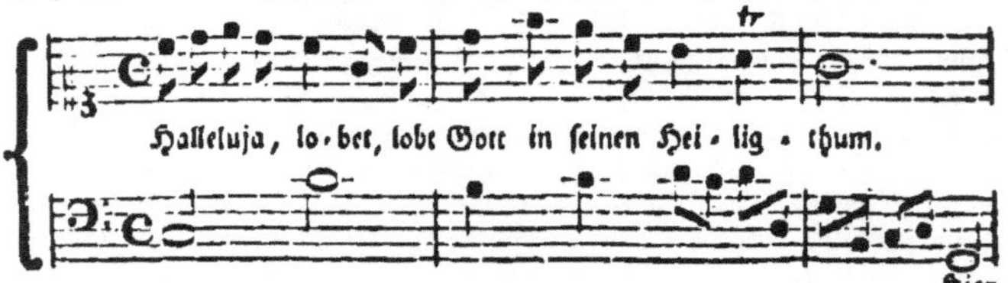
Halleluja, lo-bet, lobt Gott in seinen Hei-lig-thum.

Hier

Hier ist er schon in G♮, nach einem gleich darauf folgenden Einschnitte über eben diesen Tone, gehet die Reise nach F♮. Er thut, als ob er hier nicht hergewollt habe, und eilt nach B♮. Hier hält er sich ein wenig länger auf; ehe man sichs aber versiehet, wälzt er sich durch Es, F, und G, ob dur oder moll, daß weis er selbst nicht, ins A♮. Wir wünschen ihm Glück, daß er auf so gefährlichen Wegen glücklich davon, und endlich dem Haupttone wieder nahe gekommen ist. Doch dieser soll das Vergnügen noch nicht haben ihn so unverhoft wieder zu sehen; er hält sich daher mit einem Einschnitte und einem förmlichen Schlusse noch eine Weile in G♮ auf, und läßt sich von diesem Tone erst beym Haupttone anmelden; dieser, über sein Herumschweifen unwillig, thut endlich als ob er gar nichts mit ihm zu thun haben wollte, und kommt so gezwungen dazu, als man ihm wenig im Anfange Zeit gelassen hatte, sich gehörig, als die Hauptperson anzukündigen. Das ist nur die eine verworrene Seite dieses Stücks; die andere, die rhythmische Unordnung, muß, wie wir schon gesagt haben, der Dichter mit tragen helfen. Das beste Stück, das wir in dieser Sammlung gefunden haben, ist das 25te, ein Abendlied. Wir wollen es unsern Lesern vorlegen, und sie können es für die ganze Märkische Sammlung nehmen.

Die Last des Ta - ges geht zum En -
drum heb ich müd und heil - ge Hän - de, mein

Gott!

Gott! zu dei - nem Gna - den - thron. Nur
du bist bey Ge - fähr - lich - kei - ten, und Mü - he
vol - len trü - ben Zei - ten, mein Schild und mein sehr
gros - ser Lohn.

Wöchentliche
Nachrichten und Anmerkungen
die Musik betreffend.

Sechs und dreyßigstes Stück.
Leipzig den 3ten März. 1767.

Hochgeehrteste Herren!

Ich nehme mir die Freyheit, Ihnen hier eine Lebensbeschreibung zu übersenden, welche in verschiedener Betrachtung, vornehmlich in Ihren beliebten Nachrichten einen Platz verdienet. Ich hoffe Sie werden mir, und vielleicht vielen Lesern, das Vergnügen machen, daß wir diese Lebensbeschreibung bald gedruckt lesen können. Entschuldigen Sie diesmal meine etwas ungestüme Dreustigkeit; seyn Sie aber versichert, daß ich mit vieler Hochachtung Ihrer und Ihrer Schriften bin,

* * *

am 19. Febeuar, 1767.

* *

Lebenslauf:
Des ehemaligen Königl. Pohlnischen und Churfürstl. Sächsischen Concertmeisters:

Herrn Johann George Pisendel.

Theils aus dem 18. Stück der Dresdenischen gelehrten Anzeigen auf das Jahr 1756, theils aus denen, von vertrauten Freunden des Herren Concertmeisters erhaltenen Nachrichten und Verbesserungen der gedachten gelehrten Anzeigen, zusammen getragen.

Herr Johann George Pisendel ward am 26. December des 1687. Jahres in der kleinen Stadt Karlsburg in Franken gebohren. Sein Vater war Herr Simon Pisendel, Cantor und Organist an diesem Orte, vom Jahre 1680 an, bis 1719.

Bey dem jungen Herrn Pisendel äußerte sich gar frühzeitig eine besondere Neigung und Geschicklichkeit zur Musik. Sein Vater unterstützte dieselbe durch geschickten und fleißigen Unterricht. Im neunten Lebensjahre hatte Herr Pisendel die Ehre, vor der Durchlauchtigsten Markgräflich-Anspachischen Herrschaft, welche durch Karlsburg reisete, sich mit einem Italiänischen, für einen Sopran gesetzten Motett, in der Kirche daselbst hören zu lassen. Der Markgraf fand an der Geschicklichkeit des jungen Pisendel ein gnädiges Wohlgefallen, und nahm ihn sogleich als Sopranisten in die Anspachische Kapelle, in Dienste.

Diese Kapelle bestand damals aus unterschiedenen auserlesenen italiänischen und deutschen Virtuosen. Der Kapellmeister war Herr Franz Anton Pistocchi, ein Mann, dem man einen großen Theil der Ausbildung dessen, was die Singkunst starkes und ausnehmendes besitzet, zu danken hat.*) Die bravsten Sänger Wälschlands, die in den damaligen Zeiten sich berühmt gemacht haben, sind aus seiner Schule.

Der Concertmeister zu Anspach war der damalige brave Violinist und Componist, Herr Joseph Torelli, welcher theils durch verschiedene gedruckte Instrumentalwerke, theils auch dadurch bekannt ist, daß er den Instrumental-Concerten die erste, jetzo noch gebräuchliche Form gegeben, welche hernach besonders Vivaldi fortgesetzet hat; deren bessere Ausbildung aber, man unstreitig den Herrn Johann Joachim Quanz vorzüglich schuldig ist.

Unter dem Vorgange oben gedachter braver Leute war es nicht zu verwundern, daß Herr Pisendel an musikalischen Wissenschaften ungemein zunahm: zumal da ihm der Herr Torelli ordentliche Lectionen auf der Violine gab. Er besuchte dabey, um den Absichten seines Vaters, der ihn eigentlich zum Studiren bestimmt hatte, gemäß zu handeln, das Anspachische berühmte Gymnasium. Niemals hat es einem Tonkünstler geschadet, sich auch in andern Wissenschaften umgesehen zu haben: welches hier beyläufig jungen Köpfen, die zur Musik Lust bezeigen, wenn sie anders, wie zwar nicht allen erlaubt ist, dazu Gelegenheit haben, nach dem Beyspiele eines so großen Tonkünstlers, als Herr Pisendel nachher geworden ist, zur Lehre und Aufmunterung dienen kann.

Sechs

*) Er hat 2 Duette in italiänischer, 2 Arien in französischer, und welches in der That viel von einem Italiäner ist, auch 2 deutsche Arien, bey Roger zu Amsterdam, in Kupfer stechen lassen. Auch hat er einige italiänische Opern, zum E. il Narciso vom Apost. Zeno 1697. zu Anspach, in Musik gebracht, und in dieser selbst den Narciso ausnehmend schön vorgestellet. Weiter hat er auch viele italiänische Cantaten gesetzet.

Sechs Jahre war Herr Pisendel als Sopranist, und nachher, als die Stimme sich geändert hatte, noch fünf Jahre als Violinist in Anspachischen Diensten. Hierauf nahm er in Anspach seinen Abschied, und begab sich im März 1709. nach Leipzig, um allda der Musik und dem Studiren noch weiter obzuliegen. Es wurde ihm bey dieser Gelegenheit von dem Markgrafen versprochen, daß er nach Vollendung seiner Universitätsjahre, am Anspachischen Hofe, nach Maasgebung seiner Geschicklichkeit, weiter befördert werden sollte. Seine Hinreise gieng durch Weimar, wo er sich dem damals allda in Diensten stehenden Herrn Johann Sebastian Bach bekannt machte.

Als Herr Pisendel sich, kurz nach seiner Ankunft in Leipzig das erstemal im Collegium Musicum daselbst wollte hören lassen, sahe ihn ein damaliges Mitglied dieses Collegiums, Herr Götze, (welcher nachher sein beständiger guter Freund gewesen ist) *) weil Herr Pisendel damals sehr mager und schmächtig, auch nur ganz simpel gekleidet war, von der Seite an, und sagte: Was will doch das Pürschgen hier? Ja ja, der wird uns was rechtes vorgeigen! Herr Pisendel legte indessen sein Concert auf, welches aus dem C dur, und von Torelli war, und sich mit allen Stimmen im Unison, so anfieng:

Die erste Passagie der concertirenden Stimme in diesem Concerte geht gleich in die Höhe. Bey dieser Passagie setzte Herr Götze sein Violoncell, das er immer zu spielen pflegte, auf die Seite, und sahe den neuen Studenten mit Verwunderung an. Als darauf das Adagio kam, und Herr Pisendel die concertirende Stimme darinne kaum angefangen hatte, gab Herr Götze seinem

*) Dieser Herr Götze ist nachher Actuarius im Handelsgerichte zu Leipzig gewesen. Sein ältester Sohn, der nachherige Königl. Churfl. General-Auditeur und Kriegsrath, Herr Götze, war um die Zeit seiner Universitätsjahre, (in welcher Zeit ihn der Verfasser dieser Lebensbeschreibung zu kennen die Ehre gehabt hat,) ein sehr fertiger Claviere und Violinspieler, und nicht ungeschickter Componist. Auch bey seinen nachherigen wichtigen Amtsgeschäfften war die Musik noch immer sein Vergnügen. Er componirte fleißig, mehrentheils Sonaten fürs Clavier, deren er eine große Anzahl verfertigt hat, und in denen viel feuriges auch dem Instrumente eigenes anzutreffen ist; obgleich bisweilen die gute Ordnung darinne vermißt wird. In dem bey Breitkopf heraus gekommenen musikalischen Magazine stehet eine Sonate von ihm. Es ist dieser Herr Götze als ein Mann in seinen besten Jahren während vorigem Kriege in Warschau gestorben.

Beyfall auf so eine Weise zu erkennen, daß Herr Pisendel damit vollkommen zufrieden seyn konnte.

Als im Jahre 1710. der damalige Director der Opern und des Collegii musici zu Leipzig, Herr Melchior Hofmann eine Reise nach England that, nahm Herr Pisendel die Anführung, nicht allein der Musik in der neuen Kirche, und in dem Collegio musico, welches damals auf dem Rannstädter Schießgraben gehalten wurde, sondern auch des Orchesters in den damaligen Leipziger Opern über sich, und verwaltete alles mit großem Ruhme.

Im Jahre 1711. reisete er aus Leipzig mit dem Landgrafen von Hessen-Darmstadt, nach Darmstadt; um daselbst, bey einer, von dem dortigen Kapellmeister, Herrn Christoph Graupner, in Musik gesetzten neuen Oper, dem Orchester vorzustehen. Man wollte ihn, unter sehr vortheilhaften Bedingungen, daselbst in Diensten behalten. Er verbat es aber, weil er versprochen hatte, um Ostern wieder in Leipzig zu seyn.

In eben diesem 1711ten Jahre, erhielt er, wider alles sein Vermuthen, einen Beruf in die Königlich-Churfürstl. Kapelle nach Dresden. Der damalige Concertmeister zu Dresden, Herr Johann Baptist Volumier, welcher Herr Pisendeln zu Leipzig im Collegiomusico hatte spielen hören, hatte ihn dazu in Vorschlag gebracht. Diesen Beruf nahm Herr Pisendel an, übergab dem aus England wieder zurück gekommenen Herrn Melchior Hofmann, die bisher für ihn verwalteten musikalischen Anführungen, und trat im Januar des 1712ten Jahres die Königl. Kapelldienste an; wo er gleich neben den Herrn Volumier an die Stelle des bekannten Florelli gesetzet wurde.

Im May des 1714ten Jahres ließen ihn Sr. Majestät der König von Pohlen in Gesellschaft einiger anderer Dresdnischer Musiker, nämlich des Kapellmeisters Schmidt, des Concertmeisters Volumier, des Hoforganisten Pezold, (eines braven und gründlichen Componisten,) und des berühmten Hoboisten Richter, nach Frankreich reisen. Auf dieser Reise giengen die jetzt genannten Herren über Lüneville, und ließen sich daselbst vor dem damaligen Herzoge von Lothringen, dem Vater des höchstseeligen Kaisers Franz des ersten, hören. Herr Pisendel und Herr Richter erhielten dabey besonders vielen Beyfall. Hierauf setzten sie ihre Reise nach Paris fort. Und weil der damalige Königl. Churprinz von Sachsen sich eben in Paris befand, so hatte Herr Pisendel allda die Ehre, öfters vor Sr. Königl. Hoheit zu spielen.

Im Jahre 1715. nach seiner Zurückkunft aus Frankreich, erhielt er die Erlaubniß, nebst einigen andern Königl. Churfürstlichen Kammermusicis, als der Feldmarschall Graf von Flemming sich in Berlin befand, dahin zu reisen.

Hier

Hier hatte er die Gnade sich vor Sr. damaligen Königl. Preuß. Majestät, bey einem von dem Grafen von Flemming angestelleten Gastmale, hören zu lassen.

Im Jahre 1716. reisete Herr Pisendel in Gesellschaft des Herrn Richter, des Hoboisten, auf Kosten seines gnädigsten Herrn, nach Italien. Unterwegens ließ er sich in Bayreuth, auf Verlangen des dasigen Hofes, hören, und wurde darauf, nach vielen erhaltenen Gnadenbezeugungen, mit Fürstlichen Pferden und dazu gegebenen Fürstl. Livreybedienten, 12. Meilen weit, nach Karlsburg, zu seinem Vater, frey gebracht.

Im April dieses Jahres kam er in Venedig an, und besorgte abermals, bey dem damals in Venedig sich befindenden königlichen Churprinzen, die Musik, 9 Monate lang, fast täglich.

Die Fortsetzung folgt künftig.

Leipzig.

Es sind uns ein paar artige französische Canons in die Hände gekommen, die wir heute den Liebhabern zum Vergnügen mittheilen wollen. Den ersten haben wir, weil er am Ende von dem canonischen Gesange abgehet, vierstimmig hergesetzt; beym zweyten aber ist der Eintritt einer jeden Stimme eben darüber bemerkt. Man kann diesen zweyten so lange als man will, fortsetzen, wenn man immer wieder von forn anfängt. Eigentlich aber müssen beyde hinter einander gesungen werden.

No. 1.

A chan-ter, rire et boire re - flons jusqu'au ma -
A chan-ter, ri - re et

tin re - ſtons jusqu'au ma - tin; Allons, Ri - chard: à toi Gre-
boire re - ſtons jusqu'au ma - tin; re - ſtons jusqu'au ma-
A chan - ter, ri - re et boire, re - ſtons jusqu'au ma-
A chanter, rire et
goire! A chanter, ri - re et boire, re - ſtons jusqu'au matin; Allons, Richard: à te Gre - goire! A chanter, ri - re et
tin re - ſtons jusqu'au ma - tin; Allons, Richard: à toi Gre-
boire, re - ſtons jusqu'au ma - tin, re - ſtons jusqu'au ma-
vin

tin; Allons, Richard: à te Gre - goi - - - -
boi-re. Ver - sons du
goi-re! Ver - sons du vin; Allons Richard: à toi Gre-
tin. Allons, Richard: à toi Gre-
re; al-lons, Ri-chard: à toi Gre-goi - re ver - sons du
vin; al - lons, Ri-chard: à toi Gre-goi - re ver - sons du
goi - - - - - - - re, point de chagrin, point de cha-
goi - - - - - - - re, point de chagrin, point de cha-

vin

vin, point de cha - grin, point de cha - grin.
vin, point de cha - grin, point de cha - grin.
grin, point de cha - grin.
grin, point de cha - grin.
No. 2.
Pour le ban - nir de la memoi - re, ver - fons, du
vin, verfons du vin, point de chagrin, point de cha - grin.

Wöchentliche

Nachrichten und Anmerkungen die Musik betreffend.

Sieben und dreyßigstes Stück.

Leipzig den 10ten März. 1767.

Fortsetzung des Lebenslaufs Herrn Johann George Pisendels.

Im Anfange des 1717. Jahres gieng Herr Pisendel nach erhaltener höchsten Erlaubniß, und mit gnädigsten Herrschaftl. Empfehlungsschreiben, von Venedig weiter, über Loretto nach Rom und Neapolis. Er versäumte dabey keine Gelegenheit, von denen allda im Carneval aufgeführten Opern und andern Musiken wissenschaftlichen Nutzen zu ziehen. Zu Neapolis fand er damals von braven Violinisten wenig. Zu Rom aber lernte er, bey seiner Rückreise den berühmten Violinisten Montanari, zu Florenz den Martino Bitti, und zu Venedig den damals berühmten Vivaldi, nebst noch andern Virtuosen, kennen, und machte sich auch von ihren musikalischen Geschicklichkeiten, was er für nöthig befand, zu Nutzen. Von den Herrn Vivaldi und Montanari, hat er gar noch förmliche Lectionen auf der Violine genommen.

Bey seinem Aufenthalte in Venedig, begegneten ihm zween besondere, ob gleich unter sich sehr verschiedene Zufälle. Der eine ist dieser:

Er wurde einsmals, auf Veranlassung des Königlichen Churprinzen von Sachsen genöthiget, bey einer Oper im Orchester, (ich weis nicht ob bey St. Chrisostomo oder St. Angelo) vermuthlich, weil damals die Tänze noch nicht so sehr als heut zu Tage in den Opern üblich waren; zwischen zweenen Acten, ein Violin-Concert zu spielen. Er nahm dazu eines aus dem F dur, mit Waldhörnern, von Vivaldi, welches diesen Unisono-Anfang hat:

Der letzte Satz dieses Concerts fängt sich so an:

In diesem letztern Satze fängt die Concertstimme mit einem cantabeln Solo an. Zuletzt aber hat sie eine lange Passagie von zwey und dreißigtheilen, die ganz in der Applicatur liegt. *) Bey dieser Passagie suchten die Herren, aus denen das Orchester bestand, und welche alle Italiäner waren, durch Uebereilung des Accompagnements den Herrn Pisendel in Unordnung zu bringen. Er hingegen ließ sich ihr Eilen nicht im geringsten anfechten, sondern erhielt jene, die ihm eine Grube graben wollten, durch Stampfen mit den Füßen so feste im Takte, daß sie alle beschämt wurden. Der Prinz hatte darüber eine besondere Freude, und erzählte diese Standhaftigkeit des Herrn Pisendel, selbst sogleich der Madame Angioletta mit vielem Vergnügen. **)

Die zweyte besondere Begebenheit, die Herr Pisendeln in Venedig aufstieß, ist folgende:

Er war mit dem Herrn Vivaldi auf den St. Markusplatz spatzieren gegangen. Mitten im Spatzierengehen zog ihn Vivaldi bey Seite, und sagte, er möchte unverzüglich mit ihm nach Hause gehen. Herr Pisendel that es sogleich, und Vivaldi erzählte ihm unterwegens, daß vier, von dem Herrn Pisendel unbemerkt gebliebene Sbirren ihm immer nachgegangen wären, und ihn sehr genau betrachtet hätten. Er fragte dabey Herr Pisendeln ernstlich, ob er etwan in Venedig was unerlaubtes gethan hätte; und als sich Herr Pisendel auf nichts besinnen konnte; so rieth ihm jener, so lange nicht aus dem Hause zu gehen, bis er, Herr Vivaldi nämlich, seinetwegen weitere Nachricht eingezogen, und ihm wieder Antwort gebracht haben würde. Herr Vivaldi, der in Venedig große Bekanntschaften hatte, sprach auch wirklich deswegen sogleich mit einem von den Inquisitoren des Staats, und erbot sich allenfalls für Herrn Pisendel gut zu sagen. Jedoch, er bekam von dem Inquisitor zur Antwort, daß man einen gewissen andern Menschen aufgesuchet hätte,

*) Das heißt, (denen der Violine nicht kundigen Lesern zur Nachricht,) eine Passagie, bey welcher man, weil sie sehr hohe Töne berühret, die gewöhnlichste und erste Fingersetzung auf der Violine nicht brauchen kann, sondern diese Fingersetzung verschiedentlich fortrücken, und ihre Lage verändern muß.

**) Wer diese Mad. Angioletta gewesen, und wie sie dem Prinzen bekannt worden ist, kann man im 29. Stücke dieser wöchentlichen Nachrichten und Anmerkungen, S. 221, lesen.

te, dessen Aufenthalt man aber jetzo schon wüßte. Weil aber dieser einige Aehnlichkeit der äußerlichen Gestalt mit dem Herrn Pisendel gehabt hätte; so hätten die Sbirren deswegen den Herrn Pisendel so genau an- und ihm nachgesehen. Indessen könnte Herr Pisendel wieder ohne alle Besorgniß, wohin er nur wollte, ausgehen. Herr Vivaldi ermangelte nicht, diese angenehme Antwort dem Herrn Pisendel sogleich mit Vergnügen zu überbringen.

Herr Pisendel wollte noch auch Mayland und Turin besuchen. Allein er mußte auf Befehl des Königl. Hofes zu Dresden wieder nach Sachsen zurück kommen. Er reisete also aus Italien ab, und kam am 27ten September 1717. wieder glücklich in Dresden an.

Im Jahre 1718. mußte er nach Wien reisen, wo sich der Königl. Churprinz damals aufhielt, und daselbst wieder Sr. damaligen Königl. Hoheit Kammermusik besorgen; welches jetzo in drey unterschiedenen Ländern zum drittenmale geschah.

Im May des 1728ten Jahres mußte Herr Pisendel noch einmal, als sein König nach Berlin gieng, nebst den Herren Buffardin, Quanz und Weiß dahin kommen. Herr Quanz war schon einige Zeit vorher mit dem Könige von Pohlen dahin gegangen, und blieb auch, auf Verlangen der höchstseeligen Königinn von Preußen länger da, als seine damaligen Collegen. Herr Pisendel, Herr Buffardin und Herr Weiß aber reiseten, nach einem drey monatlichen Aufenthalte in Berlin, jeder mit einem erhaltenen Geschenke von hundert Ducaten, wieder zurück nach Dresden.

Nach dem am 7. October 1728. erfolgten Ableben des Concertmeisters Volümier bekam Herr Pisendel die völlige Verwaltung aller Dienste desselben. Hierbey hatte er sowohl französische als italiänische Musiken aufzuführen, und beydes that er als ein Meister in beyden, damals sehr von einander verschiedenen Musikarten. Erst im Jahre 1730 nach dem Feldlager bey Mühlberg aber, wurde er wirklich zum Concertmeister erkläret.

Schon im Jahre 1719. ereignete sich, bey einer Probe einer Lottischen Oper in Dresden, eine Streitigkeit über die Ausführung des Accompagnements einer gewissen Arie, zwischen den Herrn Senesino und Volümier. Der erstere gab dem letztern Schuld, daß er in dieser Arie zu hart und rauh spielte. Es kann auch wohl etwas davon wahr gewesen seyn. Bey einer andern Probe blieb Volümier außen, und Pisendel stand also der Instrumentalmusik vor. Nach Endigung der erwähnten Arie, reichte Senesino, dessen Denkungsart aus einigen andern Vorfällen schon bekannt ist, dem Herrn Pisendel vom Theater herab, die Hand, und sagte, außer andern Complimenten, dabey:

Dieß ist der Mann, der zu accompagniren versteht. Wir führen dieses nur an, um aus einem kleinen Beyspiele die Stärke des Herrn Pisendel in beyden Ausführungsarten zu zeigen. Volumier war nur der französischen Musikart kundig.

Im Jahre 1731. wurde zu Dresden die Opernbühne wieder hergestellet. Ein Componist wie Herr Hasse ist, war eines Concertmeisters wie Herr Pisendel war, vollkommen würdig. Keiner hat von dem andern Schaden gehabt.

Im Jahre 1734. mußte Herr Pisendel, nebst einigen andern von der Sächsischen Kapelle, auf Befehl seines Königs nach Warschau kommen.

Die Tonsetzkunst hat Herr Pisendel unter dem Kapellmeister Heinichen eine Zeitlang studieret. Vielleicht zu früh wurde dieses so nützliche Geschäffte, aus einer Ursache, welche nur in der allzulebhaften Einbildungskraft des Kapellmeisters ihren Grund hatte, gestöret. Doch hat man von Herr Pisendels, der hernach durch eigenen Fleiß die Composition fortsetzte, eigener Arbeit einige Violinconcerte, und einige schöne Concerti grossi, deren eines und zwar besonders schönes, er, zur Einweihung der neuen katholischen Hofkirche in Dresden, gesetzet hat. Ferner hat man von ihm verschiedene Violin-Solos, ingleichen einige vierstimmige wohlausgearbeitete Instrumentalfugen für die Kirche, dergleichen dann und wann unter der Messe anstatt der Concerte gespielet werden. Er war in der That, aber mit Unrecht, zu furchtsam vieles zu setzen und bekannt werden zu lassen. Er trauete sich in der Composition, selbst weniger zu, als er wirklich vermochte. Er war niemals mit seiner eigenen Arbeit zufrieden, sondern wollte sie immer noch verbessern; ja er arbeite sie wohl mehr als einmal um. Diese Vorsichtigkeit war nun wohl wirklich etwas übertrieben. Sie mag auch vielleicht eine Ursach mit seyn, daß so wenig von seiner Arbeit bekannt geworden ist. Ganz anders sind manche unserer heutigen italiänischen Modecomponisten und ihrer deutschen Nachfolger gesinnet. Diese schreiben, wenn sie ja noch einmal recht klug thun wollen, z. E. aus freyer Faust sechs Solos hin, machen einen Baß und zwo Mittelstimmen dazu, schreiben den Titel: sechs Quatuors darüber, lassen sie in Kupfer stechen, und sich von unsern deutschen und wälschen süßen Herren bewundern.

So wenig als Herr Pisendel aber auch selbst gesetzet haben mag: so war er doch von desto richtigerer und eindringenderer Empfindung und Beurtheilung anderer Musikstücke: besonders in dem Punkte der Ausnahme und Wirkung eines Stücks. Bis auf die Schicklichkeit oder Unschicklichkeit oder Nothwendigkeit einer kurzen Pause, war er empfindbar; und er theilte auch seine Beurtheilungen denen, die er derselben würdig hielt, gern mit. Also hat diese seine starke Beurtheilungskraft manchen andern, die in der Jugend mit ihrer Arbeit vielleicht

zu

zu sehr zufrieden, aber doch immer geneigt waren, gegründete Erinnerungen nicht auszuschlagen, sondern sie sich vielmehr zu Nutzen zu machen, gar großen Vortheil gebracht. Und dieß war für Herr Pisendeln ein eben so großes Vergnügen, als wenn er selbst ein schönes Stück ausgearbeitet hätte. So pflegen rechtschaffene Tonkünstler zu handeln.

Er war einer der genauesten Anführer eines Orchesters, die man jemals gehabt hat. In seinen jüngern Jahren war er einer der besten Violinisten, auch im Solospielen. Man rechnet nicht unrecht, wenn man die Geschicklichkeit unserer heutigen besten Ausführer im Instrumental-Adagio, in gewisser Art, und auf mehr als eine Weise, von ihm herrechnet. Nachdem er aber Concertmeister geworden war, spielte er seltener was concertirendes, und hatte dagegen die Anführung des Orchesters desto mehr am Herzen. Wie vortrefflich zu seinen Zeiten, das Dresdner Orchester, bey welchem Volümier durch Uebung in französischen Stücken schon einen guten Grund geleget hatte, hauptsächlich in der Ausführung im Ganzen oder im Großen gewesen sey, wissen alle Kenner, welche es zu hören das Vergnügen gehabt haben. Gute Gewohnheiten, wenn sie einmal fest eingewurzelt sind, vergehen nicht so leicht wieder.

Er war gegen fremde Tonkünstler, welche zu Zeiten nach Dresden kamen, sehr leutselig, und erwies ihnen nicht allein von allen Höflichkeiten des bürgerlichen Umganges mehr, als man immer hätte erwarten können: sondern er verschaffte ihnen auch mit Vergnügen, alle mögliche Leichtigkeit Musik mit Bequemlichkeit und Anstande zu hören. Und mit ihm über musikalische Dinge zu sprechen, war für aufmerksame Leute so lehrreich als angenehm.

Gegen seine Collegen erwies er sich, wo es ihm möglich war, immer als einen wahren und thätigen Freund, dagegen wurde er auch von ihnen in hohem Grade geehret und geliebet.

Jungen Leuten, welche besondere Fähigkeiten in der Musik hatten, war er, wie wir schon oben erinnert haben, ungemein geneigt fortzuhelfen, und ihre Bemühungen mit gutem Rathe und Belehrungen zu unterstützen. So haben besonders die beyden Herren Graun, so lange sie in ihrer Jugend in Dresden gewesen sind, seiner Freundschaft, und zum Theil auch seiner Anweisung vieles zu danken. Ein gleiches rühmet Herr Quanz in seinem Lebenslaufe S. 245. des ersten Bandes der Marpurgischen Beyträge, selbst öffentlich von ihm.

Ueberhaupt war sein Charakter voll von Verstand und Menschenliebe. Sein redliches Gemüth bewies er sowohl in der Treue gegen Gott, als in vielen und großen Wohlthaten gegen Arme und Nothleidende. Man weis, daß er zuweilen wichtige Geschenke an Dürftige, ohne Unterschied, und ohne seinen

Namen bekannt zu machen, überschicket, aber niemals gerne gesehen hat, wenn man den frölichen Geber entdecket, und bey ihm Dank hat abstatten wollen.

Bey der höchstseeligen Königinn von Pohlen, Christina Eberhardina, stand Herr Pisendel gleichfalls besonders in Gnaden. Er wurde, nebst andern, bey Sommerszeit öfters an ihren Hof berufen, und für seine Bemühungen ansehnlich beschenket.

Die besondern Gnadenbezeugungen, womit seine gnädigste Herrschaften seine Verdienste belohnten, machten, daß er einige vortheilhafte Anerbietungen zu Diensten an andern Höfen, die ihm zuweilen geschehen sind, beständig ausgeschlagen hat.

Um seine alten Freunde zu besuchen, und zugleich die, bey Gelegenheit des Beylagers der jetzigen Königinn von Schweden zu Berlin aufgeführten vier Opern zu hören, kam Herr Pisendel im Jahre 1744. noch einmal nach Berlin. Der König von Preußen erfuhr dieses, ließ ihn immer zu seiner Kammermusik nöthigen, unterhielt sich oft mit ihm, über musikalische Materien, und begegnete ihm überhaupt mit solcher Gnade, als die Verdienste dieses braven Tonkünstlers würdig waren.

Im Jahre 1750. als Herr Pisendel im Bade zu Giesbübel war, wohin er zuweilen im Sommer zu reisen pflegte, überfiel ihn, da er von ungefähr in einer Zugluft saß, ein Brausen in dem einem Ohr, welches, aller dagegen angewandten Mittel ungeachtet, sich nicht wieder verlieren wollte. Dessen ungeachtet wartete er alle seine Dienste in der Kirche sowohl als in der Oper und bey der Kammermusik, bis fast in seine letzte Lebenszeit, mit der größten Genauigkeit ab; und wollte die ihm vom Hofe angebotene Erleichterung derselben, nicht annehmen. Sein Gesicht blieb auch in seinem Alter so scharf, daß er Arien, die sehr enge und klein geschrieben waren, aus der auf dem Flügelpulte liegenden Partitur, ohne sich einer Brille zu bedienen, mit der größten Richtigkeit accompagniren konnte. Endlich überfiel ihn eine heftigere Krankheit, und er starb daran am 25. November 1755. Seine letzten Worte waren ein Vers aus einem Kirchenliede, welcher eine Danksagung für die genossenen göttlichen Wohlthaten enthält! So starb ein Mann, der sowohl in Ansehung seiner musikalischen Wissenschaften, als in Betrachtung seines Charakters und seines Herzens, ein Muster eines rechtschaffenen Tonkünstlers bleiben wird. Sein Gedächtniß sey im Seegen!

Er hat sich niemals verheyrathet. Weil ihn seine eigene Hausumstände nicht hinderten; so hat er sich auch gegen seine Anverwandten immehr sehr wohlthätig erwiesen. Unter andern hat er einen von seinen Schwestersöhnen, den Herrn

Herrn Johann Joseph Friedrich Lindner, jetzigen Königlichen Preußischen Traversisten, fast gänzlich erzogen, und ihm das Glück von dem Herrn Quanz auf der Flöte unterrichtet zu werden, verschaffet.

Der Herr Kapellmeister Telemann, schrieb, kurz nach Herr Pisendels Absterben, folgendes an einen seiner Freunde, der ihn schriftlich befraget hatte, ob er das Absterben des Herrn Pisendel wisse:

„Ach freylich! ward mir der Tod meines liebenswürdigsten Pisendels aus
„dem Dresdner Posthause sogleich gemeldet. Wie sehr mich dieser Fall
„gerühret, das bemerke ich auch daher, daß ungeachtet alles Bestrebens,
„seinem Andenken einige gereimte Zeilen zu widmen, mir noch keine ein-
„zige davon hat gelingen wollen. Gnug, alle Schritte meines noch übri-
„gen Lebens werden ihn begleiten. —

„Einige besondere Umstände zu seiner Lebensbeschreibung beyzutragen, wird
„von mir vergebens gefordert, theils wegen meiner jetzt sehr eingeschränk-
„ten Zeit, theils auch weil sie sich bloß auf einige schon längst verflossene
„Jahre beziehen würden: ob wir gleich hernach einen vertraulichen Brief-
„wechsel beständig unterhalten haben. Indeß kann ich mich doch nicht
„bändigen, mein Herz hiebey zu seiner süßen Erinnerung einigermaßen
„auszuschütten.

„Unsere Bekanntschaft entstand, da er etliche Monathe nach meinem Ab-
„schiede aus Leipzig daselbst angelanget war. Er kam aus den Händen
„eines Torelli dahin; zeigete aber doch eine patriotische Gesinnung
„gegen seine Landsleute, da er eine von mir zurück gelassene neue Oper,
„worinn die Violine ziemlich laut sprach, in einem Briefe an mich, für
„etwas rechtes erklärete. Meine Hin- und Herreisen durch Leipzig be-
„lehrten mich von seinem redlichen Gemüthe, wovon ich viel zu sagen
„hätte, wie nicht weniger von seiner allgemeinen Menschenliebe.

„Auf der Reise nach Paris wies er eine ganz ungemeine Probe seiner Ge-
„lassenheit, da ihm in einem Dorfe, nahe bey Darmstadt, seine Gold-
„börse gestohlen ward. Seine Gastfreyheit haben viele oft erfahren,
„wie auch seine Freygebigkeit, die manchen, zuweilen ungesucht und
„unerwartet, aus einem und dem andern ihm drohenden gefährlichen
„Unfalle gerissen hat.„

Einige Zeit nach diesem Briefe schickte Herr Kapellmeister Telemann seinem oben angeführten Freunde das kleine Gedicht, welches er bey Absendung des vorhergedachten Briefes, auf Herrn Pisendels Absterben zu verfertigen willens gewesen war. Hier ist es:

Auf

Auf den Tod des Königlichen Pohlnischen Concertmeisters, weiland

Herrn Pisendels.

Freund! ich soll dich nicht mehr küssen,
Denn der Tod entreißt Dich mir.
Welch ein Kleinod muß ich missen!
Wie viel Trefflichs stirbt mit Dir!
Wüßte deinem Angedenken
Meiner Muse bebend Rohr
Doch ein rührend Lied zu schenken,
Für ein weinend Klagechor!

Zwar, dich herrlich zu erheben
Zeigt sich mir ein weites Feld,
Das von Deinem edlen Leben
Einen reichen Schmuck enthält:
Durch der Weisen Mund gelehret,
Einer Kanzel würdig seyn, a)
Sprachen, die man auswärts höret,
Sich mit reifer Einsicht weihn;

In der Tonkunst Schoß erzogen,
Große Meister übergehn,
Und, durch Feder, Finger, Bogen,
Sich derselben Führer sehn;
Nach des Hofes Sitten wandeln;
Günstling seyn, und doch dabey
Ohne Stolz und Falschheit handeln,
Recht nach alter deutscher Treu;

Den Bedürftigen reichlich geben;
Bey Versuchung als ein Christ,
Seines vesten Glaubens leben;
Sagt: ob das nicht rühmlich ist?
Voll von solchen schönen Bildern
Pries' ich gern dein Lob. Doch ach!
Dich dem Leben nach zu schildern
Ist mein Pinsel viel zu schwach.

a) Uns ist von dem seel. Concertmeister Pisendel bekannt, daß er in [illegible] zur Andacht täglich ausgesetzten Früh- und Abendstunden, die Bibel in [illegible] Originalsprachen las; ein redender Beweis, wie wohl er seine Jugendjahre angewandt habe, und wie mancher Jüngling, der sich der Musik widmet, andere Wissenschaften aber mit der größten Gleichgültigkeit ansiehet, durch ihn beschämt werde. Verfasser der musikalischen Nachrichten.

Wöchentliche
Nachrichten und Anmerkungen
die Musik betreffend.

Acht und dreyßigstes Stück.

Leipzig den 17ten März. 1767.

Etwas zur Nachricht für einige Herren Cantores, den Choralgesang betreffend.

Es ist ein gewisses und untrügliches Merkmaal eines für die Ehre Gottes und die Religion mit nicht genugsamen Eifer eingenommenen Gemüths, wenn man sich in denjenigen Dingen, die zum Dienste des allerhöchsten Wesens angeordnet sind, nachläßig und nicht ehrerbietig genug bezeiget. Ein heiliger Paulus will, daß bey den öffentlichen Versammlungen der Christen alles ehrlich und ordentlich zugehen soll. Aber wie sehr wird nicht diese Vermahnung selbst von denen aus den Augen gesetzt, die andern ein Beyspiel zur Nachfolge seyn sollten? Und da es schon sträflich ist, wenn jemand von den Geringsten in der Versammlung der Christen Gelegenheit zu Unordnungen giebt, und dadurch die allgemeine Andacht und Erbauung stöhret; so ist es wohl ohne alle Widerrede noch sträflicher, wenn gar solche Personen, die den Gottesdienst mit ihrem guten Verhalten unterstützen sollten, just diejenigen sind, von denen sich fast die mehreste Unordnung an verschiedenen Oertern herschreibt. Niemand erwarte von mir, daß ich mich über alle Theile des öffentlichen Gottesdienstes, in so fern sie durch das Verschulden einzelner Personen mit diesen oder jenen Unordnungen belästiget werden, herauslassen solle. Dazu halte ich mich nicht berechtiget. Ich will vielmehr in meiner Sphäre bleiben, und kürzlich anzeigen, worinnen es einige Herren Cantores beym Choralgesange versehen, und daher zu unvermeidlichen Unordnungen Anlaß geben, die doch schlechterdings sollen und müssen vermieden werden.

Wenn wir aus der Theologie, wie billig voraus setzen, daß der Choralgesang nichts anders sey, als das einmüthige öffentliche Gebeth, welches die

Christen in ihren Versammlungen zu Gott mit vereinigter Andacht abschicken, und Ihm entweder für alles Gute danken, und seinem heiligen Namen lobsingen, oder Denselben um Abwendung des Bösen anrufen, oder gemeinschaftlich für sich und ihre Glaubensbrüder allen geist- und leiblichen Seegen von ihrem Gott erbitten, u. s. w.; so ist ja wohl kein Zweifel, daß alles dieses mit einer solchen Anständigkeit geschehen müsse, welche der Gegenwart des großen Schöpfers und der Heiligkeit des Tempels gemäß ist. Alles, was diesem Zwecke zuwider ist, oder auch nur den geringsten Anlaß zu einigem Uebelstande geben kann, das muß sich überhaupt niemand, insbesondere aber keiner, der das Amt eines Cantoris bey öffentlicher Versammlung verwaltet, zu Schulden kommen lassen.

Vielleicht denkt mancher hierbey: Wie ist dieß möglich, daß ein Cantor beym bloßen Choralgesange zu Unordnungen, und denen daher entstehenden Uebeln und der Andacht sehr nachtheiligen Folgen Gelegenheit geben kann? Ich antworte darauf, daß solches nicht nur gar leicht geschehen könne, sondern auch an verschiedenen Oertern wirklich geschehen, und noch geschiehet. Die Art und Weise aber, wie und worinn es ein Cantor beym Choralgesange versehen kann, ist nicht einerley, sondern so verschiedentlich, daß ich mich in ein sehr weitläuftiges und noch dazu kothiges Feld begeben müßte, wenn ich alles namhaft machen wollte, was in dieses Fach gehöret. Mir gnüget daran, nur etwas davon anzuzeigen. Es entstehen nämlich bey dem Choralgesange Unordnungen.

1) Wenn ein Cantor die zu singen verordneten Chorale nicht mit einem reinen und vernehmlichen Tone anfängt, sondern entweder auf eine höchst unangenehme Art die Anfangstöne eines Liedes daher brüllt, wobey die Gemeine nicht weis, wie sie dran ist, wenn ein solcher Mann seine Stimme erhebet: oder wenn er den Anfang eines Liedes so leise daher lispelt, daß es kaum der Nachbar neben ihm verstehen kann. Beydes taugt nichts, und muß ganz natürlich zu Unordnungen Anlaß geben. Die Gemeine wird entweder auf ein Gerathewohl mit anstimmen, der Ton mag getroffen seyn oder nicht: oder sie wird den Herrn Cantor so lange alleine singen lassen, bis sie vernimmt, was er haben will. Beydes aber schadet der guten Ordnung. Derohalben muß sich ein Cantor nicht so beginnen, als ob er, wenn er ein Lied anfängt, die Kinder wollte fürchtend machen. Er soll singen, aber nicht brüllen. Eben so wenig ist es zu billigen, wenn er, da er ja von Natur keine starke Stimme hat, sich also bezeigt, als ob er bey einer Wiege stünde, allwo er leise singen müßte, um das schlafende Söhnchen oder Töchterchen nicht aufzuwecken. Eins ist so schlimm wie das andere:

dere; beydes aber mit Ernste zu vermeiden, und an dessen statt hat man sich einer reinen und überall verständlichen Intonation in der Angebung des Tons, worinnen ein Lied angesangen werden soll, zu befleißigen. Billig sollte hiervon aller Schlendrian verbannet seyn. Man sollte sich vielmehr die Mühe nicht verdrießen lassen, die langgewohnten Fehler endlich einmal zu verbessern, und sollte es auch noch im Alter geschehen. Besser ists noch, als niemals. Ferner entstehen Unordnungen: 2) Wenn sich ein Cantor bey dem Anfange eines Liedes keiner reinen und deutlichen Aussprache befleißiget, sondern entweder die erste Sylbe verbeißt, oder alle Sylben mit einem unnöthigen Zusatze vermehret, daß kein Zuhörer weis, was er aus dem Vortrage des Herrn Cantors machen soll. Man kann sichs leicht einbilden, wie erbärmlich es muß anzuhören gewesen seyn, als ein gewisser Cantor, nach seiner Gewohnheit, anfieng zu singen: Nun ä lob ä mäinä Seelä denä Höhren. Kann wohl was heßlichers, als dieses, gedacht werden? — Der reinen Aussprache stehet auch gewaltig entgegen, wenn man im Anfange eines Liedes die Worte so geschwinde herpoltert, daß die Gemeine erst das vierte Wort vernehmen kann. Es giebt Cantores, die sich bey den ersten Sylben eines zu singenden Chorals nicht anders beginnen, als ob sie nach 32 Theilsnoten müßten abgesungen werden. Dieß aber streitet ja offenbar wider die Ernsthaftigkeit des Choralgesanges, und veranlasset vielmals die grösten Unordnungen. Denn wo können alle versammlete Personen, zumal die etwas entfernt von der Orgel oder Singechor ihre Kirchstellen haben, den Cantor verstehen, wenn er die zu singenden Worte nur so geschwinde herplappert? Man will zwar von Seiten dieser Herren sich damit entschuldigen, daß man spricht: die Lieder wären an der Tafel in der Kirche jedesmal angeschrieben, und wüßte also jedermann zum voraus, was gesungen werden sollte, folglich hätte das Geschwindsingen des Cantors nicht viel zu bedeuten. Allein diese Entschuldigung reicht nicht hin, den Cantor von seiner Pflicht loszumachen. Die Tafeln dienen zur Ordnung; aber ein richtiger, langsamer und deutlicher Anfang der Lieder befördert die Ordnung noch mehr, als alle Tafeln. Und wie stehts denn mit den Liedern, die zu Zeiten gesungen werden müssen, ohne daß sie an einer Tafel vorher angezeigt werden können, z. E. bey Begräbnissen, u. d. gl.? Gewiß, es läßt sich in dieser Art nichts erbärmlichers denken. Kömmt nun auch etwan dieser Fehler noch dazu, daß man nicht nur die Anfangssylben eines Liedes so geschwinde vorbringt, sondern auch, wie es meistentheils geschiehet, bey allen Zeilen voraus eilet; so ist der Fehler noch unerträglicher, und ein Cantor kömmt solchergestallt mit seiner Gemeine niemals in Harmonie und Ordnung. Daß aber dieses der gottesdienstlichen Andacht sehr schädlich sey, braucht wohl keines Beweises, weil es ein jeder von selbst einsehen kann. Zu wünschen wäre es, daß aller Gottesdienst von solchen Unordnungen an allen Orten möchte frey seyn! — Weiter müssen nothwendig beym Choralgesange Unordnungen sich hervorthun.

3) Wenn ein Cantor bey einer jeden Zeile des Chorals nicht ordentlich mit der Stimme aushält. Dahin gehört, wenn er entweder den Ton über sich oder unter sich ziehet. Ersteres ist sehr widrig anzuhören, letzteres aber verursacht, daß die Gemeine, zumal bey Liedern, die etwas lang sind, und zu manchen Zeiten ohne Orgel gesungen werden, endlich so tief herunter fällt, daß man mehr ein unverständliches Murmeln, als einen ordentlichen Gesang vernimmt. Manche in der Gemeine, die alsdann in der Tiefe nicht mitsingen können, verfallen auf den Unrath, die tiefern Töne in der höhern Octave zu singen, wodurch hernach die ganze Melodie verdorben wird. Bey Liedern, wo die Orgel beständig mitgespielet wird, hat dieser Umstand weniger zu sagen, weil sich die Gemeine darnach richtet, und diese durch jene im Tone erhalten wird. Was soll man sich aber wohl für einen Begriff von einem solchen Cantor machen, der nicht so viel musikalisches Gehör hat, daß er den Thon der Orgel vernehmen, und demselben gemäß aushalten kann? — Der geneigte Leser urtheile selbst hierüber. Ich schäme mich fast, zu sagen, daß die Anzahl solcher unmusikalischen Helden größer ist, als man vielleicht denken sollte. — Das Aushalten muß weder zu lang, noch zu kurz geschehen. Die beliebte Mittelstraße ist auch hierbey nicht aus den Augen zu lassen. Doch kann man am Schlusse eines Verses wohl etwas länger, als beym Ende einer Zeile, aushalten. Man muß aber auch darinn der Sache nicht zu viel thun. Auch hat man sich zu hüten, daß das Aushalten nicht in ein Meckern verwandelt werde: Denn das ist ein Uebelstand, der zum Gelächter Anlaß giebt, und der Person eines rechtschaffenen Cantoris zuweilen zum größten Nachtheil gereicht. Endlich lasse man sich auch dasjenige hier nochmals zur wohlgemeynten Nachricht gesagt seyn, was oben bey 1) erinnert worden. Denn die daselbst berührten Uebelstände sind in gewisser Maaße am Ende eben so schädlich, als im Anfange. Ueberhaupt befleißige man sich einer anständigen Ernsthaftigkeit bey allen Amtsverrichtungen; man singe so, daß die Gemeine dadurch in Andacht und Ordnung erhalten werde; man hüte sich, wie allezeit, also auch besonders unter währenden Amtsgeschäften vor unanständigen Gebärden; man überlege jedesmal, so oft man zu seinem Amte in die Kirche gerufen wird, daß man sich allda an einem solchen Orte befinde, wo alles ehrlich und ordentlich zugehen soll; man suche die angewöhnten Fehler mit Ernst zu verbessern, und aufs

möglich-

möglichste zu verhüten, daß durch ungebührliches Verhalten dem Gottesdienste keine Unordnung zuwachse. Geschiehet dieses; so wird man sich auch von Gott eines reichlichen Seegens zeitlich und ewig erfreuen können.

Ich würde hier geschlossen haben, wenn ich nicht noch eine Anmerkung beyfügen müßte. Sie besteht kürzlich darinn. Ich weis, daß sich nicht in allen Städten und Oertern die Herren Cantores mit dem Choralgesange beschäfftigen dürfen, sondern dazu hat man gewisse Vorsänger, welches theils Schüler, theils Schulcollegen, theils aber auch andere, und von jenen ganz unterschiedene Personen sind. Niemand glaube also, als ob ich alle in eine Classe setzen, oder andern rechtschaffenen Cantoren, die den Choral mit zu besorgen haben, etwas zu nahe reden wollte. Dieß letztere wäre wider meine Absicht, und wegen des erstern erkläre mich mit dem Herrn Rabner dahin, daß ich niemanden meyne, als diejenigen, welche wissen, wen ich gemeynet habe.

* * *

den 14ten Februar 1767.

A. B. C.

Fortsetzung über die Musik:

Der Gesang, der für Worte gemacht ist, ist heut zu Tage von unserer gewöhnlichen Aussprache, und unserer Declamation so verschieden, daß die Einbildungskraft viel Mühe hat, sich der Täuschung unserer in die Musik gesetzten Trauerspiele zu überlassen. Die Griechen hingegen waren weit empfindlicher als wir, weil sie eine weit lebhaftere Einbildungskraft hatten. Die Tonkünstler ergriffen endlich die günstigen Augenblicke, sie zu rühren. Alexander saß zum Beyspiele zur Tafel, und wie Herr Bürette a) bemerkt, war er wahrscheinlicher Weise schon durch die Dünste des Weins erhitzt, wenn ihn eine Musik, die in Wuth zu setzen geschickt war, die Waffen zu ergreifen bewegte. Ich zweifle nicht, daß wir nicht Soldaten haben sollten, die durch den blossen Lärm der Trommeln, und der Trompeten bewegt werden würden, ein gleiches zu thun.

Laßt uns also von der Musik der Alten nicht nach den Wirkungen urtheilen, die man ihr zuschreibt; sondern laßt uns sie nach den Instrumenten be-

 trach-

a) Hist. de l'Acad. des Belles Lettres.

trachten, deren sie sich bedienten, und man wird Ursache haben zu vermuthen, daß sie der unsrigen den Vorzug lassen müsse.

Man kann anmerken, daß die von den Worten getrennte Musik bey den Griechen durch Wege vorbereitet worden, die denen gleich sind, denen die Römer die Kunst der Pantominen zu verdanken hatten; und daß diese beyden Künste bey ihrem Ursprunge gleiche Verwunderung erweckt, und gleich erstaunliche Wirkungen bey diesen beyden Völkern hervorgebracht haben. Diese Gleichförmigkeit kommt mir sonderbar vor, und geschickt, meine Muthmaßungen zu bestätigen.

Ich habe eben gesagt, und zwar nach der Meynung aller derer, die von dieser Materie geschrieben haben, daß die Griechen eine lebhaftere Einbildungskraft hatten, als wir. Allein ich weis nicht, ob der wahre Grund dieses Unterschiedes bekannt ist: ich halte wenigstens dafür, daß man Unrecht thut, wenn man ihn einzig und allein dem Klima zuschreibt. Sollte sich auch, wie man annehmen kann, das Klima von Griechenland, allezeit so, wie es war, erhalten haben, so mußte sich doch die Einbildungskraft seiner Einwohner nach und nach schwächen. Man wird sehen, daß dieses eine natürliche Wirkung der Veränderungen ist, die sich mit einer Sprache ereignen.

Ich bemerke anderwärts, daß die Einbildungskraft weit lebhafter bey solchen Menschen wirke, die noch keine festgesetzten Zeichen haben, sich auszudrücken, als bey andern. Da nun die Sprache der Action unmittelbar das Werk dieser Einbildungskraft ist, so muß sie nach einer ganz natürlichen Folge weit feuriger seyn. In der That ist für die, denen sie geläufig ist, eine einzige Gebärde oft so gut, als eine lange Phrasis. Aus eben dem Grunde müssen die Sprachen, die nach dem Muster dieser Gebärdensprache gemacht sind, die lebhaftesten seyn; und die übrigen müssen nach eben dem Verhältnisse von ihrer Lebhaftigkeit verliehren, als sie sich mehr von diesem Muster entfernen, und den Charakter desselben weniger beybehalten. Aus dem aber, was ich von der Prosodie gesagt habe, läßt sich erkennen, daß die griechische Sprache mehr, als eine jede andere, mit der Gebärdensprache verbunden war: diese Sprache war also sehr geschickt, die Einbildungkraft zu beschäfftigen. Die unsrige hingegen ist in ihrer Construction und Prosodie so einfach, daß sie fast nichts als die Uebung des Gedächtnisses erfodert. Wir begnügen uns, wenn wir von Dingen reden, uns ihrer Zeichen zu erinnern, und stellen sie uns selten von neuem vor. So wird die Einbildungskraft, da sie wenig Beschäfftigung hat, natürlicher Weise weit schwerer zu rühren. Wir können sie daher nicht so lebhaft, als die Griechen haben.

Das

Das Vorurtheil für die Gewohnheit ist dem Wachsthume der Künste zu allen Zeiten hinderlich gewesen: die Musik hat dieses vorzüglich empfunden. Sechs hundert Jahr vor Christi Geburt ward Timotheus durch einen Schluß der Ephoren aus Sparta verbannt, weil er zur Beschimpfung der alten Musik der Leyer noch drey Sayten gegeben; das ist, weil er sie besser in Stand gesetzt hatte, darauf mannichfaltigere und Gesänge von weit größerm Umfange auszuführen. Solche Vorurtheile hatte man damals. Wir haben ihnen ähnliche, man wird ihrer noch nach uns haben, ohne daß man jemals daran denken wird, daß sie mit der Zeit für lächerlich werden gehalten werden können. Lulli, den wir heut zu Tage für ungekünstelt und natürlich halten, kam seinen Zeitgenossen übertrieben vor. Man sagte, daß er durch seine Composition der Ballette den Tanz verdürbe.

„Es sind hundert und zwanzig Jahr, sagt der Abt dü Bos, daß die Gesänge, die in Frankreich gesetzt wurden, überhaupt zu reden, nichts als eine „Reihe von ganzen Noten waren, — und achtzig Jahr, daß die Bewegung „in allen Compositionen der Ballette, eine langsame Bewegung war, und ihr „Gesang hatte, wenn ich mich dieses Ausdrucks bedienen darf, einen gesetzten „Gang, auch wenn er noch so munter war.„

Diese Musik bedauerten diejenigen, die den Lulli tadelten.

Die Musik ist eine Kunst, wovon ein jeder zu urtheilen ein Recht zu haben glaubt; wo folglich die Zahl der schlechten Richter ungemein groß ist. Es giebt ohnstreitig in dieser Kunst, wie in allen andern, einen Punkt der Vollkommenheit, welcher nicht überschritten werden darf. Dieser ist ihr Grund. Aber wie unbestimmt ist er! Wer hat bis jetzo diesen Punkt fest gesetzt. Und wenn er es nicht ist, wer soll ihn erkennen? Kömmt es ungeübten Ohren zu, weil ihre Zahl die größte ist? Es hat sich also eine Zeit gefunden, wo die Musik des Lulli mit Recht verurtheilet worden ist. Kömmt es gelehrten Ohren zu, ob ihre Zahl schon geringe ist? Es giebt also noch heut zu Tage eine Musik, die darum nicht weniger schön ist, wenn sie auch von des Lulli seiner verschieden ist. Man sollte die Musik nach dem Maaße kritisiren, als sie immer vollkommner würde, besonders wenn ihr Fortgang wichtig und plötzlich geschähe: denn alsdann gleicht sie am wenigsten dem, was man zu hören gewohnt ist. Fängt man aber damit an, daß man sich bekannt mit ihr macht, so bekömmt man Geschmack an ihr, und sie hat nur noch das Vorurtheil wider sich.

Wir können nicht wissen, worinn sich die Instrumental-Musik der Alten vornehmlich unterschied: ich will mich auf einige Muthmaßungen einschränken, die den Gesang ihrer Declamation betreffen.

Er

Er entfernte sich wahrscheinlicher Weise von ihrer gewöhnlichen Aussprache beynahe eben so, wie sich unsere Declamation von unserer Aussprache im Umgange entfernt, und veränderte sich auf gleiche Weise nach dem Charakter der Stücke, und der Auftritte. Er mußte in dem Lustspiele so ungekünstelt seyn, als es die Prosodie verstattete; beynahe nur die gewöhnliche Aussprache, die nur in so weit verändert wurde, als es nöthig war, ihre Töne faßlich zu machen, und die Stimme durch gewisse Intervalle zu führen.

Im Trauerspiele war der Gesang weit mannichfaltiger und von weit grössrem Umfange; vornehmlich bey den Monologen, denen man den Namen der Lieder gab. Dieß sind gemeiniglich die rührendesten Scenen; denn es ist natürlich, daß eine Person, die sich bey andern Zwang anthut, sich, wenn sie allein ist, dem Sturme ihrer Leidenschaften ganz überläßt. Deswegen ließen die römischen Dichter die Monologen durch Tonkünstler von Profession in Musik setzen. Zuweilen überließen sie ihnen gar die Sorge für die Composition der Declamation des ganzen übrigen Stückes. Bey den Griechen war es nicht eben so; die Dichter waren Tonkünstler, und vertrauten diese Arbeit keinem Menschen.

In den Chören endlich war der Gesang weit gedrungener, als in den übrigen Scenen: hier war der Ort, wo sich der Dichter am meisten seinem Genie überließ; es ist kein Zweifel, daß nicht auch der Tonkünstler seinem Beyspiele sollte gefolgt seyn. Diese Muthmaßungen werden durch die verschiedenen Arten von Instrumenten bestätiget, womit man die Stimme der Schauspieler begleitete; denn sie hatten nach dem Charakter der Worte einen stärkeren, oder einen schwächeren Klang.

Wir können uns die Chöre der Alten nicht nach unserer Opern ihren vorstellen. Ihre Musik war etwas ganz verschiedenes, weil sie keine Kenntniß von der Composition der vielstimmigten Stücke hatten; und die Tänze waren unsern Balletten vielleicht noch weit unähnlicher. „Es ist leicht einzusehen, sagt „der Abt du Bos, daß sie nichts anders, als die Gebärden und die Bezeigungen waren, deren sich die Personen des Chors bedienten, ihre Empfindungen „auszudrücken; es sey nun, daß sie redeten, oder daß sie bloß durch ein stummes Spiel „bezeigten, wie sehr sie bey dem Zufalle gerühret waren, wofür sie sich interessiren „mußten. Diese Declamation nöthigte die Chöre zuweilen, auf dem Schauplatze „herumzugehen; und wie die Bewegungen mehrerer Personen zu gleicher Zeit, nicht „ohne vorhergegangene Verabredung geschehen können, wenn sie sich in keinen un„ordentlichen Haufen verwirren sollen, so hatten die Alten denen Bewegungen der „Chöre gewisse Regeln vorgeschrieben.„ Auf Schauplätzen von so weitem Umfange, wie der Alten ihre waren, konnten diese Bewegungen der Chöre Gemälde zeigen, die sehr geschickt waren, die Empfindungen auszudrücken, davon der Chor durchdrungen war.

Die Fortsetzung folgt künftig.

Wöchentliche

Nachrichten und Anmerkungen die Musik betreffend.

Neun und dreyßigstes Stück.

Leipzig den 24ten März. 1767.

Beschluß über die Musik:

Aus dem Essai sur l'Origine de connoiss. hum.

Die Kunst, die Declamation in Noten zu setzen, und sie mit einem Instrumente zu begleiten, war zu Rom schon in den ersten Zeiten der Republik bekannt. Die Declamation war in ihrem Ursprunge sehr ungekünstelt: doch in der Folge gab der Umgang mit den Griechen Gelegenheit zu Veränderungen. Die Römer konnten dem Reize der Harmonie und des Ausdrucks, der sich in der Sprache dieses Volkes fand, nicht widerstehen. Diese gesittete Nation ward die Schule, worinn sie ihren Geschmack für die Gelehrsamkeit, die Künste und Wissenschaften bildeten: und die lateinische Sprache machte sich der griechischen Sprache so gleichförmig, als es ihr Genie verstattete.

Cicero berichtet uns, daß die von den Fremden entlehnten Accente die Aussprache der Römer auf eine merkliche Art verändert hätten. Sie verursachten ohne Zweifel gleiche Veränderungen in der Musik der dramatischen Stü- Stücke; das eine ist eine natürliche Folge des andern. In der That bemerken Horaz und dieser Redner, daß die Instrumente, deren man sich zu ihrer Zeit auf den Schauplätzen bediente, einen weit stärkeren Klang, als diejenigen hatten, deren man sich vorher bediente; daß der Schauspieler, der ihnen folgen wollte, genöthiget war, durch eine weit größere Menge von Tönen zu declamiren, und daß der Gesang so muthwillig geworden, daß man die Abmessung desselben nicht beobachten konnte, wenn man sich nicht auf eine heftige Weise in Bewegung setzte.

Dieß ist die Idee, die man sich von der singenden Declamation, und den Ursachen, die sie eingeführt, oder zu ihrer Veränderung Gelegenheit gegeben haben, machen kann. Es ist uns nichts mehr übrig, als die Umstände zu untersuchen, die eine so ungekünstelte Declamation, als die unsrige ist, und Schauspiele, die von der alten ihren so verschieden sind, haben verursachen können.

Das Clima hat den kalten und phlegmatischen nordischen Völkern nicht verstattet die Accente, und die Quantität der Sylben beyzubehalten, die die Nothwendigkeit bey dem Ursprunge der Sprachen in der Prosodie eingeführet hatte. Als diese Barbaren das römische Reich überschwemmt, und den ganzen occidentalischen Theil desselben erobert hatten, verlohr das Lateinische, da es mit ihren Mundarten vermischt wurde, seinen eigenthümlichen Character. Hier ist der Grund von dem Mangel des Accentes bey uns, den wir als die vornehmste Schönheit unserer Declamation betrachten: ihr Ursprung ist kein günstiges Vorurtheil für sie. Unter der Herrschaft dieser ungesitteten Völker kamen die Wissenschaften in Verfall: die Schauplätze wurden zerstöhrt: die Kunst der Pantominen, die Kunst, die Declamation in Noten zu setzen, und sie unter zween Schauspieler zu vertheilen; die Künste, die einen Einfluß auf die Decoration der Schauspiele hatten, wie die Baukunst, die Mahlerey, die Bildhauerey, und alle Künste, die einen untergeordneten Theil der Musik ausmachten, giengen unter. Bey der Wiederherstellung der Wissenschaften war das Genie der Sprachen so verändert, und die Art der Sitten so verschieden, daß man nichts von dem begreifen konnte, was die Alten von ihren Schauspielen anführten.

Man darf sich, wenn man die Ursache dieser Revolution vollkommen einsehen will, nur desjenigen wieder erinnern, was ich von dem Einflusse der Prosodie gesagt habe. Der Griechen und der Römer ihre war so characterisirt, daß sie festgesetzte Grundsätze hatte, und so bekannt, daß sogar das Volk, ohne die Regeln derselben studirt zu haben, die geringsten Fehler in der Aussprache bemerkte. Hierdurch war man im Stande die Declamation, und die Geschicklichkeit, sie in Noten zu setzen, zur Kunst zu machen: von dieser Zeit an ward diese Kunst ein Theil der Erziehung.

Die auf solche Weise zur Vollkommenheit gebrachte Declamation erzeugte die Kunst, sowohl den Gesang, und die Gebärden unter zween Schauspieler zu theilen, als auch der Pantominen ihre; und da sich ihr Einfluß so gar bis auf die Form und die Größe der Schauplätze erstreckte, so gab sie, wie wir gesehen haben, Gelegenheit, sie so weitläuftig zu machen, daß sie einen ansehnlichen Theil des Volkes fassen konnten.

Dieß ist der Ursprung des Geschmacks, den die Alten, an den Schauspielen, den Decorationen, und an allen den Künsten fanden, die dazu beytrugen.

trugen; als der Musik, der Baukunst, der Mahlerey, und der Bildhauerey. Bey ihnen konnte es bennahe keine verlohrne Talente geben, weil ein jeder Bürger alle Augenblicke Gegenstände fand, die seine Einbildungskraft zu beschäfftigen fähig waren.

Da unsere Sprache fast keine Prosodie hat, so hat die Declamation keine festgesetzte Regeln erhalten können; es ist uns unmöglich gewesen, sie in Noten zu setzen, wir haben die Kunst nicht wissen können, sie unter zween Schauspieler zu theilen; die Kunst der Pantominen hat wenig anzügliches für uns, die Schauspiele sind in so enge Plätze verlegt worden, daß das Volk keinen Theil daran hat haben können. Daher rührt, was am meisten zu bedauern ist, der wenige Geschmack, den wir an der Musik, der Baukunst, der Mahlerey, und der Bildhauerey haben. Wir glauben, daß wir allein den Alten gleichen: aber die Italiäner kommen ihnen von dieser Seite weit näher, als wir. Man sieht hieraus, daß der so große Unterschied zwischen unsern, und den Schauspielen der Griechen, und der Römer, eine natürliche Wirkung der Veränderung ist, die sich mit der Prosodie ereignet haben.

Leipzig.

Wir haben von dem Schreiben des Herrn Seniors einer musikalischen Gesellschaft in der Wetterau, noch einen Punkt zu berühren. Es gefallen ihm die eingerückten Handstücke und Choräle zum vorspielen, wie er sie nennt, wovon wir bisweilen etwas in unsere Blätter eingerückt haben. „Er wünschet, daß „wir damit continuiren, und wechselsweise, jetzt einen solchen Choral, in dem „folgenden Blatte aber eine kleine Lection für Anfänger einrücken möchten.“ An einen gewissen einseitigen Plan können wir uns wohl in Ansehung dieser kleinen Stücke nicht binden, da wir kein Lehrbuch, sondern eine musikalische gelehrte Zeitung schreiben. Doch behalten wir uns vor, bey einer künftig neuen Einrichtung unsers Blattes, gewisse Punkte, und folglich auch diesen, genauer zu überlegen, um alles, was wir vor die Hand nehmen, so nützlich zu machen, als es uns möglich ist. Erinnerungen, die man uns bey unserer Arbeit macht, sind uns allemal angenehm, wenn wir auch nicht mit allen zufrieden seyn sollten. Eben haben wir einen Brief, von einem in der musikalischen Welt sehr bedeutenden Manne erhalten, worinne er uns seine Meynung über die Erinnerungen des Herrn Seniors mittheilt. Wir bitten den Herrn Verfasser dieses Briefes um Vergebung, wenn es wider seinen Willen ist, daß wir das hieher gehörige heraus nehmen, und hier beyfügen.

 Die

„Die Seite 251. angeführten Erinnerungen des Herrn Senior gefallen „mir nicht; ich glaube sie gefallen Ihnen auch nicht. Das aber gefällt „mir dabey, daß auch dieses eine Probe abgiebt, wie nöthig solche Schriften, „wie Ihre Nachrichten, sind, absonderlich um manche Musiker etwas besser „denken zu lehren.

„Die Art, welche Sie erwählet haben, Opern zu recensiren, ist, dünkt „mir, ungleich besser, als wenn Sie nur eine einzige Arie angeführet, und sie „ganz eingerücket hätten. Aus jenem kann ein Kenner den ganzen Plan des „Componisten wenigstens einiger maßen abnehmen. Ein Liebhaber kann sich „die Arien erwählen, um sie sich abschreiben zu lassen, deren Anfang ihm das „für ihn bequemste verspricht. Aber eine einzige ganze Arie, die in den meisten „Fällen doch nur noch unvollkommen erscheint, weil das ganze Begleitungswerk „nicht dabey seyn kann, dient allenfalls nur jemanden ein übel angewendetes „Clavierstückchen zu verschaffen, oder manchem Tadler eine Gelegenheit zu er„leichtern den Zahn seines Neides in etwas abzuschleifen. Wer aber entweder „richtig beurtheilen, oder, wenn er anders einen Kopf hat, durch Betrach„tung der Art, womit der Componist eine jede Arie ausgeführet hat, sich ei„nen aufs künftige vielleicht anzuwendenden kritischen Nutzen verschaffen will, „der findet nach Ihrer Art, so viel als die Einrichtung Ihres Werkes erlau„bet, mehr Vortheil. Wenn also meine Stimme anders etwas gelten sollte: „so kehren sie sich nicht an den Herrn Senior.

„Ueber die Lebensbeschreibungen hat der Herr Senior noch weniger „Ursach sich zu beschweren. Heinichen hat, wie schon Mattheson mehr„mals geklagt hat, seinen Lebenslauf niemals machen wollen, und Salinbe„ni würde, wenn er auch gewollt hätte, es nicht haben thun können. Also „soll man von diesen Leuten gar nichts sagen?

„Welcher Musikus wird doch wohl sein Gutes und sein Schlechtes so gut „einzusehen und zu beschreiben Lust haben, als ein anderer, wenn er allenfalls „Einsicht und Ehrlichkeit genug dazu hat. An bloßen Tagebüchern und Da„tis ist der Welt ohnedem am wenigsten gelegen. Obgleich auch manche Din„ge die bey dem Lebenslaufe eines Generals sehr überflüßig seyn würden, um „vieler Leser willen, in dem Lebenslaufe eines Tonkünstlers erträglich, vielleicht „auch gar nothwendig sind.

„Die Aufmunterung zu einer Abhandlung über die deutschen Musik-Titel „scheint mir eine große Kleinigkeit zu seyn. Vielleicht spielen Italiäner und „ihre französischen und engländischen Affen, noch manches Stück eines Deut„schen, wenn ihnen die jedermann bekannten italiänischen Worte noch wenig-

stens

„stens die Taktbewegung anweisen, welches sie sonst, wenn auch gar deutsche
„Wörter darüber stünden, gar bleiben lassen würden. Warum bat denn der
„Herr Senior nicht lieber um eine Abhandlung:

„Wie es die deutschen Componisten anzufangen hätten, um ih-
„re musikalischen Ausarbeitungen bey den Ausländern in all-
„gemeine Achtung zu bringen, und dabey zu erhalten?

„Im übrigen bin ich im geringsten nicht wider alles, was den Deutschen
„zu einer wahren und reellen Ehre gereichen kann, es bestehe auch worinn es
„wolle. Zum Beweise dessen, vorjetzo, gefällt mir gar nicht, wenn eben
„dieser deutsche Senior von dem Talentchen manches Cantors unter den
„Deutschen redet; da mir wenigstens ein deutscher Cantor bekannt ist, des-
„sen Arbeiten, unter andern, auch dem seel. Kapellmeister Graun sehr Ehren-
„werth schienen; und Herr Graun war doch wirklich sehr langsam zum Lo-
„ben anderer Componisten.„

Der Componist, der wie wir im 31ten Stück unserer Nachrichten meldeten, die Gellertischen Lieder mit neuen Melodien versehen, wovon wir an gemeldetem Orte ein paar zweystimmige einrückten, hat uns seit der Zeit ein paar vierstimmige zugeschickt, wovon wir folgende den Liebhabern vorlegen wollen.

Der Tag ist wieder hin ꝛc.

Da das Dritte Quartal der wöchentlichen Nachrichten und Anmerkungen, die Musik betreffend, zu Ende läuft, so werden diejenigen, die gedachte Wochen-Schrift aus hiesiger Zeitungs-Expedition erhalten, höflichst ersuchet, die Praenumeration a 1mo Apr. 1767. bis ult. Jun. c. a. gütigst einzusenden; weil man ohne Praenumeration, und woher solche außen bleibt, obbesagte Wochen-Schrift dahin nicht ferner absenden wird. Wir wollen übrigens hier nochmals anmerken, daß dieses Blatt alle Montage in der Zeitungs-Expedition allhier ausgegeben werde, und so ebenfalls wöchentlich auf allen Postämtern inn- und ausserhalb Sachsen gegen vierteljährige Pränumeration zu haben sey.

Wöchentliche Nachrichten und Anmerkungen die Musik betreffend.

Viertes Vierteljahr,

vom 40sten bis 52ten Stück.

Leipzig,
Im Verlag der Zeitungs-Expedition.
1767.

Wöchentliche
Nachrichten und Anmerkungen
die Musik betreffend.

Vierzigstes Stück.

Leipzig den 31ten März. 1767.

Wir haben unsern Lesern nicht allein die Anzeige musikalischer kleiner Schriften und Abhandlungen, sondern auch die völlige Uebersetzung derselben versprochen, wenn sie in einer fremden Sprache geschrieben sind. Der Anfang ist mit der Betrachtung über die Musik aus dem Essai sur l'origine des connoissances humaines geschehen. Wir müssen dabey sagen, daß diese Uebersetzung nicht von uns, sondern aus denen in Breßlau heraus gekommenen vermischten Beyträgen zur Philosophie und den schönen Wissenschaften genommen ist. Da wir sie nicht besser machen zu können glaubten, haben wir uns derselben bedient. Wir legen den Lesern jetzt eine andere kleine Schrift vor, die schon vor zehn Jahren in französischer Sprache heraus gekommen, und so viel wir wissen, in Deutschland nicht sehr bekannt geworden ist. Sie hat den Herrn Blainville zum Verfasser, von dem wir eine kritische Geschichte der Musik erwarten, von deren Ankündigung wir in unsern Blättern geredet haben. Keine Nation hat so viel Schriften über die Musik aufzuweisen, als die französische, und doch sind gewisse Fächer dieser Kunst bey ihnen immer noch leer. Man schrieb über die Harmonie, weil sich am besten davon schreiben läßt, nach einer gewissen Routine, ein großer Mann bauete ein System, und alles fieng an Systeme zu bauen, Copien von diesem zu machen, oder es mit einer neuen Tünche zu überstreichen; wer in diesen Palästen wohnte, darum bekümmerte man sich eben so sehr nicht, oder that es nur im Vorbeygehen. Wir nehmen daher alle Schriften sehr begierig in die Hand, die uns etwas anderes, als bloße Abhandlungen über die Harmonie versprechen; und was sollte man in einer Schrifft nicht vermuthen, die den prächtigen Titel führt: L'Esprit de l'Art musical? Die Leser werden freylich nicht alles darinne finden, was sie etwan vermuthen könnten: aber es ist immer genug, wenn wir durch Hülfe einer solchen Schrifft auf einem zur Zeit noch sehr dunkeln und unsichern Wege nur einen Schritt weiter gebracht werden. Wir gestehen indeß, daß wir mit dem Verfasser nicht immer zufrieden sind; daß ihn Vorurtheile bisweilen auf Irrwege leiten, und daß er überhaupt sehr unbestimmt von mancherley Dingen rede. Wir hätten der Sache durch Anmerkungen zu Hülfe kommen sollen; die Furcht aber, uns zu lange damit aufzuhalten, hat uns daran verhindert. Wir wollen lieber künftig mit einem Steine zwey Würfe thun, und wenn wir noch einige solche kleine Abhandlungen, z. E. aus dem Esprit des beaux arts des Herrn Esteve geliefert haben, ihre Grundsätze untersuchen, mit einander vergleichen, und sehen, was für Licht wir in der Sache erhalten haben.

Das wesentliche der musikalischen Kunst
oder
Betrachtungen über die Musik,
und die verschiedenen Theile derselben
von
C. H. Blainville.

Vorbericht.

Diese Schrifft, die eine Frucht eines zwölf bis funfzehnjährigen Studirens und Nachdenkens über meine Kunst ist, muß nur als der Entwurf eines größern Werks angesehen werden, zu dessen Ausarbeitung, wenn ich die Fähigkeit dazu haben sollte, ich noch eben so viel Jahre Zeit nöthig hätte. Dieser Versuch, der bloß didactisch ist, kann demnach nicht angesehen werden, als ob er ein Meisterstück der Beredsamkeit seyn sollte; höchstens ist er weiter nichts, als ein kleines wüstes Stückchen Feld. Sollte man einige Bluhmen darauf finden, so hat sie die Natur nur von ohngefähr hervorgebracht. Wenn man nur merkt, daß ein Musikverständiger schreibt, so habe ich alles, was ich verlange.

Von der Stimme.

Eine Nation, deren Sprache zu keinem Fehler in der Aussprache Gelegenheit gäbe, die weder lispelnd noch schwerfällig wäre, die weder durch die Nase, noch aus der Kehle gesprochen würde; eine solche Nation, sage ich, wür-

würde leicht schöne Stimmen, und von verschiedener Art, aufstellen können. Diese natürliche Stimme, von welcher wir verlangen, daß sie wenigstens eine und eine halbe Octave im Umfange habe, daß die Töne zusammenhängend und gleich stark seyn sollen, daß sie bloß aus der Brust kommen, weder schnarrend noch dick sind, noch zu sehr heraus geschrien werden; diese Stimme würde das seyn, was man eine hellklingende Stimme nennt, die der verschiedenen Beugungen fähig wäre, welche der Geschmack und das Glänzende des Gesanges erfodern.

Eine Nation, deren drammatischer Schauplatz von ganz Europa als die Schule der schönen Declamation angesehen würde, müßte nothwendig eine zum musikalischen Gesange bequeme Sprache haben.

Die Franzosen können demnach eine Musik haben, wenn es ihnen nicht etwan durch eine sonderbare Krankheit wiederfährt, daß sie taub und stumm werden; ich sehe sonst kein ander Hinderniß.

Vergebens rühmt man uns die Vortheile der italiänischen Sprache: man darf nur eine Vergleichung unter beyden Sprachen anstellen.

Die Italiäner haben eine Menge o, die nicht besser sind, als unsere dunkeln e. Was sind ihre u, z, gn, ci u. d. gl.? Alles Aussprachen, die ein Franzose nicht anders, als durch eine eben so beschwerliche als lächerliche Uebung lernen kann.

Jede Sprache hat ihre Unbequemlichkeiten; italiänische Musik zu componiren, scheint fast die Einbildungskraft zuzureichen; um aber Französische zu componiren, muß man mit ihr noch einen feinen Geschmack verbinden. Wenn wir das Vorurtheil der Sprache bey Seite setzen, so kann man es der französischen Nation nicht abstreiten, daß sie sehr schöne Stimmen in allen Arten habe, wenigstens was die natürlichen Stimmen anbetrifft; denn die erzwungenen Stimmen (les voix factices) lassen wir auf unsern Theatern nicht zu. Diese Arten von Stimmen haben zwar ihre Schönheiten; sie sind aber nichts als Affen der schönen Natur; und wenn man auch das Blendende von drey bis vier Octaven, und ihre gaukelhaften Läufer und Sprünge noch so wenig vergißt, so kann man doch nicht so leicht eine Stimme vertragen, die in der Höhe aus dem Kopfe, in der Mitten aus der Kehle, und in der Tiefe aus der vollen Brust kommt; eben so wenig als man ihren Triller schön finden kann, der, wenn man ihn genau beschreibt, nichts als ein geschwindes Meckern ist.

Man weis zwar, daß jedes Jahrhundert einige Sänger von dieser Art aufzustellen habe, deren Talente diese Fehler zu bedecken wissen; aber kann man glauben, daß eine einzige Stimme zu den verschiedenen Gattungen hinreiche, die wir anwenden, und von denen die Italiäner kaum einen Begriff haben?

Wird

Wird man uns wohl bereden, daß Julius Cäsar, daß ein römischer Kaiser wie ein Chorknabe singen könne.

Eintheilung der Musik.

Man kann die Musik in drey Geschlechter oder Arten theilen; als Genus harmonicum, genus sonabile, genus cantabile.

Das Genus harmonicum bestehet in einer symmetrischen Ordnung der Klänge, die sich in allen Stimmen auf eine Art von Gesang beziehen, ohne daß darinne ein besonderer Charakter zu finden wäre, man nennet dieß die alte Schreibart. Diese Arten von Musik sind nicht ohne Verdienst; wenn sie das Herz auch nicht rühren, so versetzen sie dasselbe doch in ein Gefühl der Ruhe und der Bewunderung, welches ihm gefällt. Diese Musikart ist nicht zu verwerfen; die Schwierigkeit bestehet darinne, daß man sie am rechten Orte anzuwenden wisse, so wie im Anfange des Concerto Natale vom Corelli; les tems sont arrivés in den Elementen, einem französischen Ballette; im Anfange des Stabat Mater vom Pergolesi, u. d. gl. alles Meisterstücke in dieser Art, die um so viel schätzbarer sind, da sie wenig vom genere cantabili und gar nichts vom genere sonabili entlehnen.

Da diese Stücke nahe mit denen verwand sind, die wir schläfrige Stücke (Sommeil) nennen, so nimmt sich ein Musicus, wenn er dieselben anwendet, in Acht, daß er sich nicht zu lange dabey aufhält. Die Kunst dieser Stücke bestehet in der Wahl künstlicher Bindungen, deren sanfte und markigte Auflösung ein Gefühl des Ernsthaften und Majestätischen erregt; es sind, so zu sagen, jene philosophischen Unterredungen, die sich für den Areopagus zu Athen geschickt hätten, und von denen wir jetzt nur ein schwaches Licht hin und wieder verlangen.

Unsere alte Schule war mit dieser Art vornehmlich bekannt, mehr als mit den beyden andern, in welchen sie indeß bisweilen glückliche Stunden hatte; aber die harmonische Art hatte immer den Vorzug. Man darf nur, wenn man sich davon überzeugen will, den Corelli mit dem Tartini, den Lulli mit dem Rameau, den la Lande mit dem Mondonville vergleichen. Ich überlasse es andern zur Beurtheilung, was wir dabey gewonnen haben.

Das Genus sonabile bestehet in einer flüchtigen Folge der Noten, welche, da sie schnell auf die Einbildungskraft wirkt, uns aufweckt, belebt und fröhlich macht. Wir finden Vergnügen an dieser Musikart, ob sich gleich öfters der Componist kein eigentliches Gemälde, keinen besondern Character auszudrücken vorgesetzt hat. Es gehören hieher viele Concerte von Vivaldi und Locatelli, ingleichen die meisten Symphonien, Trio, Ouverturen, u. d. gl.

Gat-

Gattungen von Musikstücken, welche meistentheils nur in einer reißenden Geschwindigkeit der Noten bestehen, die mit Verstande in alle Stimmen vertheilt sind.

Dieses Spiel, diese lebhafte Bewegung gefällt und belustigt uns bloß durch den Eindruck der Fröhlichkeit, den sie auf uns machet.

Aber wie viel Stücken von dieser Art giebt es nicht, wo weder von der harmonischen noch von der singenden Musikart eine Spur zu finden ist? wo man so wenig auf ein richtige Verbindung der Klänge gesehen hat, daß weiter nichts, als eine Geräusche, und wohl gar noch weniger, heraus kommt?

Das Genus sonabile ist seiner Natur nach zu flüßig, zu durchsichtig; es ist das, was man die Spielwerke der Musik nennen könnte. Man könnte sagen, daß es lauter Ki[illegible]ren, die unter einander herum hüpften; Schüler, die aus der Classe kom[illegible]in zusammen gelaufenes Volk, das im Tumult durch einander schreyet; kurz, es ist ein musikalisches Geräusche, welches dienet, die beyden andern Musikarten zu beleben, und sie in Bewegung zu bringen. Es mahlt ebenfalls, oder drückt aus, wenn es mit Verstande gebraucht wird; wenigstens macht es die beyden andern Arten interessanter, und vertritt dabey die Stelle des Helldunklen.

Die Stücke vom Genere sonabili, die einen Anstrich von den beyden andern, einen Charakter, einen bestimmten Gegenstand haben, sind sehr angenehm zu hören. Dergleichen ist der **Frühling** vom **Vivaldi**: sogleich der Anfang scheint einen ruhigen und heitern Himmel anzukündigen; alles scheint in der Natur aufzuleben; die Vögel schwingen sich in die Lüfte; alles erklinget von ihrem Gesange; die Schäfer eilen herzu, und tanzen mit ihren Schäferinnen nach dem Klange ihrer Leyer; alles fühlt die ländlichen Ergötzungen, welche diese lachende Jahreszeit hervor bringt. Der Componist zeigt sich auch in den andern Jahreszeiten, mit eben so glücklichen Gedanken, als ein geschickter Mahler; wenigstens ist es das Beste, was wir in dieser Art haben. Das Osterconcert von Tartini ist auch sehr glücklich; es sind lebhafte und ausgesuchte Gedanken, welche eine gesetzte Freude rege machen, und sehr wohl mit der Absicht überein kommen, welche der Verfasser soll gehabt haben. Einige Trio von **Martini, Locatelli, Bizzosi**, verdienen ebenfalls bemerkt zu werden. Eine unendliche Menge italiänischer Arien gehören hieher, und enthalten alles, was man Brillantes hören kann.

So weit die französische Musik von dieser Art entfernt ist, so vortheilhaft weis die italiänische sich derselben zu bedienen, und man kann es als das eigenthümliche Kennzeichen derselben annehmen. Es gefällt diese Musikart allemahl, wenn sie durch die beyden andern genährt und verschönert wird; sie ist

 eine

eine artige Coquette, die allezeit verführerisch ist. Wir wollen sehen, ob wir ihr ein ungeputztes und liebenswürdiges Frauenzimmer, das Genus cantabile, vorziehen sollen.

Das Genus cantabile, oder das, was man eigentlich den Gesang nennet, ist der erste Laut der Natur; es ist die Quelle aller musikalischen Kunst. Der Mensch singet schon, indem er redet, und daher entstehet die Musik. Die Hirten, unsere ersten Väter wollten tanzen; sie nahmen eine Flöte, eine Schalmey, und spielten Melodien darauf. Bey ihren Hochzeiten, bey ihren Gastmählern, bey ihren Opfern, waren sie darauf bedacht, die ihren Festen geheiligten Worte zu beleben; sie sangen, wie es ihnen der natürliche Trieb eingab. Der Gesang ist demnach das vornehmste in der Musik, weil er das erste Gefühl ist, das die Menschen begeisterte, und dem die Musik ihren Ursprung zu danken hat.

Diese singende Art, oder Art des Gesanges setzt noch etwas zu den Worten hinzu, macht die Leidenschaften rege, es sey zur Freude oder zur Traurigkeit, zur Furcht oder zur Wuth, u. s. w. Sie dient gleichfalls zur Vorstellung gewisser Bilder, die außer uns sind; als, der Gesang der Vögel, ein Ungewitter, das Geräusch und Lärmen des Krieges, u. d. gl. Mit einem Worte, der Gesang, dessen Character aus der Natur hergeholt ist, ist der Pinselstrich, der alle diese verschiedenen Dinge ausdrückt.

Die Kunst dieser Musikart bestehet darinne, daß man die verschiedenen Intervalle der Terz, Quarte, Quinte, der halben und ganzen Töne nach einer abgemessenen taktmäßigen Geltung anzuwenden, und daraus eine Folge von Tönen oder eine Melodie zu bilden wisse, welche sich zu einer Leidenschaft, oder zu einem Gemälde schickt, das man sich vorzustellen vorgesetzt hatte; eine Kunst, die nicht gelehrt werden kann, und welche nur in so fern erreicht wird, als dem Geiste des Componisten mehr oder weniger davon eingedrückt ist. Es ist mit der Musik, wie mit der Poesie; man wird vergebens Regeln darüber vorschreiben, wenn man nicht vom Genie begeistert ist.

Die Fortsetzung folgt künftig.

Leipzig.

Den uns unbekannten B. v. L. der ohne weitere Anzeige des Nahmens und Ortes uns mit einem Schreiben beehrt, und ein paar in Partitur gesetzte Arien beygelegt hat, versichern wir unserer Erkenntlichkeit und Hochachtung. Wir

sind

sind in Ansehung dessen, was er, und sein musikalischer Freund von dem Nahmen Modecomponisten denken, völlig seiner Meynung; wir sehen auch diese Benennung so wenig für einen Tadel an, als wir einen Dichter zu tadeln glauben, wenn wir sagen, er habe in Hexametern gedichtet. Die Mode entfernt sich von dem bisher bekannten und gewöhnlichen; sie mag nun besser oder schlimmer seyn, das gilt ihr gleich viel; aber man wird nie eine Mode aufbringen, wenn man nicht viel Genie hat. Ein paar gute Köpfe geben den Ton an, werden bewundert, und hundert andere fangen sogleich an ihre Leyer in diesen Ton zu stimmen. Sie erreichen die Schönheiten ihrer Muster bey weiten nicht, übertreiben das Neue und Fremde derselben bis ins Seltsame und Abgeschmackte, und werden dadurch lächerlich; und nur diese werden gemeynt, wenn von Modecomponisten und ihren Affen bisweilen die Rede ist, und etwas Anzügliches darinne seyn sollte.

Der Herr Verfasser des Briefes verlangt unser Urtheil von den beygelegten Arien; eine ist über einen italiänischen, und die andere über einen deutschen Text. Da das Publicum sie nicht vor Augen hat, um unser Urtheil zu prüfen, so wollen wir es so kurz machen, als möglich. Wir finden die italiänische Arie überaus singbar, ausdrückend und pathetisch. Die Begleitung der Instrumente ist mit einer Sorgfalt gearbeitet, die dem Componisten Ehre macht. Wir bewundern ihn darinne am meisten, und möchten ihn gern manchem italiänischen Singcomponisten zum Muster empfehlen, die den harmonischen Theil einer Arie bisweilen so leer und ungeschickt auftreten lassen, als ob sie gar nicht wüßten, daß sie neben der ersten Violin und dem Basse noch eine zweyte Violin und Bratsche hätten. Die Wendungen der Harmonie scheinen uns indeß in dieser Arie zu reich, und bisweilen nicht bestimmt genung eingeleitet; der Gesang wird dadurch dem Ohre unverständlich, und vielleicht ist das eine von den Ursachen, warum diese Arie, wie der Verfasser meldet, am wenigsten gefallen hat. Wir wollen aus dem Ritornelle ein Exempel anführen:

Sollte

Sollte es nicht besser seyn, die Tonart vorzubereiten, wenn hier, statt der kleinen Sexte jedesmal die große genommen worden wäre? Mit dem Intervall der verminderten Terz in der Melodie eben dieses Ritornells:

sind wir gleichfalls nicht zufrieden; das ganze Intervall ist nicht viel werth; am wenigsten taugt es eine Melodie zu verschönern. Im Anfange der Singestimme bemerken wir einen kleinen Fehler wider Thesin und Arsin bey den Worten: d'un tenero affetto, welcher seiner Verbesserung nach im vierten Takte zu sehen ist; sonst hat der Componist den Text so schön und wahr ausgedrückt, daß wir begierig wären, das ganze Pastorell, aus welchem diese Arie ist, zu sehen. Die melismatischen Ausdehnungen auf laccio und tiranno, sind sehr ausgesucht, und passen vortrefflich zum Ganzen.

Bey der deutschen Arie wollen wir uns nicht aufhalten; wir finden den Componisten mit seiner guten Erfindung, und mit aller seiner Sorgfalt in der Ausarbeitung wieder. Wir würden es ihm vergeben, wenn er steif, frostig, abentheuerlich und noch etwas mehr wäre. Denn welchem Componisten sollte nicht Grauen und Entsetzen ankommen, wenn ihm ein Text wie folgender zur Bearbeitung vorgelegt würde:

Weg mit dem gezwungnen Leben,
Weg verhaßter Ehestand.
Ich habe mir für deine Band
Freye Liebe auserlesen.
Freye Lieb ich mir erwähl.
Mein Geburtsort ist von Flandern,
Von der einen — — —

Ohe! jam satis est. Ja gewiß mit solchen Poesien wird sich unsere Sprache nimmermehr des lyrischen Schauplatzes bemächtigen, wenigstens gewiß nicht auf demselben erhalten. O du arme deutsche Muttersprache, du mußt es immer entgelten, wenn deine Dichter schale Köpfe oder ungehorsame Kinder sind!

Wir hoffen den unbekannten Verfasser der uns zugeschickten Compositionen oder des beygefügten Schreibens durch unser Urtheil nicht beleidigt zu haben; es würde uns ein sonderbares Vergnügen seyn, wenn sich der eine oder der andere näher zu erkennen geben wollte. Ein Mann, der seiner Kunst Ehre macht, bey dem wir Einsichten vermuthen können, und der sich von dem gemeinen Haufen der Componisten durch Ueberlegung zu unterscheiden weis, reizt allemal unsere Neugier.

Wöchentliche

Nachrichten und Anmerkungen die Musik betreffend.

Ein und vierzigstes Stück.

Leipzig den 7ten April. 1767.

Blainville Betrachtung über die Musik.

Erste Fortsetzung:

Ein Componist geräth in Begeisterung in einem Augenblicke, da er es am wenigsten vermuthet; die Einbildungskraft erhitzt; das Herz erweitert sich; das Blut läuft geschwinder; er ist außer sich; ein leuchtendes Gewölke umgiebt ihn; er wird in einen unermeßlichen Raum versetzt; hier ist er allein gegenwärtig; alle Sinnen leisten ihm vereinigt Hülfe, und verwandeln sich wechselsweise in die Leidenschaft, in das Bild, das er mahlen will; alles kommt zu Haufen; er ordnet, er wählt. Ueber sich selbst erhaben, mahlt er, ohne es selbst zu wissen, Schönheiten, die er kaum kennt; gleich einer Pythia, geräth er in Wuth, redet er die Sprache der Götter. Er erschöpft sich endlich; die Kräfte verliehren sich, und er kömmt zu sich selbst gleichsam aus dem empyräischen Himmel zurück; er bewundert sich, er singt, er gehet die von ihm erzeugten Schönheiten noch einmal durch. O Augenblicke des Vergnügens, der Entzückung über Kronen und Reiche! in euch empfindet der Mensch allein die süßen Einflüsse der Gottheit, die ihn geschaffen hat. a)

Der Character des französischen Gesanges gehört auf eine vorzügliche Weise zu dem Cantabile, von dem wir hier reden. Unsere Gesänge sind leicht zu lernen,

a) O wo geräth Herr Blainville hin! daß er uns nicht alle Componisten zu Enthusiasten, oder alle Enthusiasten zu Componisten macht! Nein, nein, eine so gar große Herrlichkeit ist es eben ums Componiren nicht! Es kann ein bischen Enthusiasterey dabey statt finden, aber größtentheils bleibt es doch immer ein Werk einer tiefsinnigen Ueberlegung und einer mühsamen Arbeit, die sich in keinem enthusiastischen Traume verrichten läßt.

lernen, leicht zu behalten; unsere schönsten Monologen werden sogar mit Vergnügen gehört, ob sie gleich ohne Begleitung sind. Anders ist es mit den italiänischen Stücken beschaffen, welche sich nicht anders, als in ihrem völligen Putze zeigen, deren Schönheiten so geschwind vorbey gehen wie eine subtile Flamme. Man könnte sagen, daß sie eine Sprache der Götter wären, die nur von wenig Menschen verstanden werden solle. Die Liederchen, die wir in unsern Gesellschaften, bey unsern Ergötzlichkeiten singen, reizen unsern Geschmack; ihre Simplicität macht das Vergnügen der Kenner, und auch deren aus, die es nicht sind. Was für eine Menge von Liedern, immer eins schöner als das andere, die ihr Verdienst bloß vom Cantabili haben? Die Natur erzeugt sie; die Einbildungskraft hat wenig Antheil daran, der Geschmack allein giebt ihnen die Form. Was für ein Verdienst haben diese Erfindungen des bloßen Genies! wie sehr werden sie in der künftigen Zeit geschätzt werden, wenn der geizige Schooß der Natur keine von den Männern mehr gebähren wird, deren Herz die Quelle ist, aus welcher sie ihre Gedanken schöpfen; Gedanken, die um so viel schöner sind, da sie nicht von einem Manne, der in der Kunst der gelehrteste ist, sondern der den meisten Geschmack hat, eigentlich hervorgebracht werden.

Wir haben auch einige characterisirte Stücke, in welchen die glücklichen Pinselzüge, oder, eigentlich zu sagen, Accompagnements keinen Zweifel übrig lassen, daß wir über diesen Theil der Kunst Meister sind.

Viele dieser brillanten und majestätischen Characterstücke, eine Menge feuriger und an Einbildungskraft reicher Chöre, Stücke, für die Empfindung, in welchen besondere Dinge ausgedrückt, und die von einer schönen Harmonie unterstützt werden, zeigen zur Gnüge, daß das Genus sonabile unserer Einbildungskraft schmeichele, und das Genus harmonicum uns bis zu dem Grade reize, daß wir uns mit Vortheil desselben bedienen: aber wir wollen uns besonders an das Cantabile halten, das schätzbarste unter den Musikarten, und welches den eigentlichen Character unserer Musik ausmacht. Wir singen überall, selbst im Reiche des Pluto; wir wissen, daß, wenn es einen Geschmack im Gesange für die Götter giebt, es auch einen für die unterirrdischen Geister geben müsse.

Die italiänischen Intermezzen enthalten Stücke, die uns gefallen haben, welches den guten Geschmack der Nation beweist: dieses Geständniß aber stellet uns zwischen einen Abgrund, und eine mit Bluhmen besäete Wiese. Zwischen unserer Musikart, der italiänischen, und den Saggionaden, giebt es Schattierungen, welche auch der Aufmerksamkeit des geschicktesten Künstlers entgehen könnten; und dieses ist der Abgrund. Unsere Art ist simpel, naif, fest

fest und stark; die italiänische hat Schönheiten im Ausdrucke, Feinheiten in der Auszierung, die wir annehmen können; das sind die Blumen. Wir müssen sie sammlen, ohne es aus dem Augen zu verliehren, daß wir Franzosen sind.

Von der Prosodie, und dem Zeitmaaße.

Ein Sänger, der ein zartes Gefühl hat, kann seinem Zuhörer die langen und kurzen Sylben sehr fühlbar machen, und dieses muß auch das Talent des Componisten seyn. Wenn man einräume, daß die langen und kurzen Sylben in der französischen Sprache nicht so bestimmt sind, als in der italiänischen, so muß man auch, einer Menge von Stücken aus unsern Opern zu Folge, in denen die Prosodie gut beobachtet ist, gestehen, daß es ein Verdienst mehr für einen Componisten sey, sie zu fühlen, und für einen Sänger, sie auszudrücken, weil dazu eine Beurtheilung erfodert wird, die sich auf den Geschmack und die Kenntniß der Regeln gründet, die wir nicht haben, wenn man ausnimmt, was der Abt d'Olivet von der Prosodie geschrieben hat. Declamation, Character, Leidenschaft, Air, Empfindung, Gesang, Ariette, in allen diesen Gattungen kann die Prosodie beobachtet werden, durch Schattirungen, die der Franzose allein, als den eigenthümlichen Character seiner Sprache, fühlen kann, und wovon es ihm allein zukommt zu urtheilen.

Das Zeitmaaß macht mit den Intervallen des Gesanges gemeinschaftliche Sache, um dem Stücke den ihm gehörigen Character zu geben; und ich erinnere mich nicht, daß wir Stücken den Beyfall gegeben hätten, wo dasselbe nicht zum Ausdrucke beyträgt. Wenn es Stüke giebt, wo der Gesang in einem Zeitmaaße, und das Accompagnement in einem andern ist, so verwerfen wir sie ohne Bedenken, als verworrene und von einem schlechten Geschmacke herrührende Stücke. Kann man wohl sagen, daß unsere Singstücke nicht genau nach dem Takte a) gesungen werden? Es giebt in der That Fälle, wo der Sänger der Action, oder gewisser Wendungen des Gesanges wegen, im Zeitmaaße eilt oder anhält; es sind aber Fälle, von denen nur Leute von Geschmack das Schöne empfinden sollen. Man halte sich deswegen an die Musicos, die ein solches Vorrecht nicht haben, und nicht an die Musik. Wer verstehet

 besser

a) Der Verfasser nennt es exactitude du rithme, verstehet aber nichts anderes darunter, als die tactmäßige gleiche Bewegung des Gesanges, obwohl das Wort Rhythmus noch andere Bedeutungen hat. Es ist eine von den Unbequemlichkeiten der musikalischen Theorie, daß ihre Kunstwörter öfters in vielerley Bedeutung genommen werden.

besser als wir die Abänderung des Zeitmaaßes? und wo ist diese Kenntniß nöthiger, und besser zu erlernen, als in unsern Opern, in welchen eine so große Abwechselung verschiedener Stücke ist? Ein Talent, das wir vorzüglich besitzen, und das unsere musikalischen Schauspiele für den Geschmack weit interessanter macht, und sie folglich weit über die Schauspiele der andern europäischen Nationen erhebt.

Von der Einheit der Melodie.

Die Melodie ist in der Musik das, was die Gedanken in einer Rede sind; sie ist eigentlicher zu reden, das Cantabile, welches, wie ich schon gesagt habe, von der Wahl der Noten und Intervallen abhängt, wodurch man in einer einzigen Stimme die größten Schönheiten der Empfindung oder natürlicher Bilder mahlt.

Man erhebt diesen Ausdruck durch Accompagnements, welche eine Harmonie machen. Diese verschiedenen Stimmen müssen unter sich die Einheit der Melodie hervor bringen; denn an sich ist die Harmonie nichts, wenn sie nicht der Wirkung der Melodie aufhilft; sie ist die Farbe, welche eine Zeichnung belebt, oder auch dieselbe verdirbt, wenn sie schlecht angewandt wird. Die Einheit der Melodie bestehet demnach darinne, daß der Gesang der begleitenden Stimmen einen dem Hauptgesange angemessenen und gleichförmigen Character habe; das ist, daß er eben so modulire, eben das ausdrücke, eben das Zeitmaaß beobachte, und der Hauptmelodie Schritt für Schritt folge. Seine Noten müssen hören, überlegen, antworten; kurz der Gesang ist ein Acteur, und das Accompagnement ein Pantomime; jetzt wird es lebhaft, jetzt wieder ruhig; es horcht, es siehet sich um, es ist unbeweglich; es richtet sich mit seinen Augen und Bewegungen stets nach seinem Acteur, den es nie aus dem Gesichte verliehrt. Es meldet voraus, es unterstützt, es füllt die Lücken, es endigt; kurz, es thut in seiner Art alles, was der Sänger in der Seinigen thut; es mahlt in der Zusammenstimmung das, was der andere im einfachen Gesange mahlt. Man muß gestehen, daß uns die Italiäner in diesem Stücke sehr überlegen sind; wir wollen sehen, wie wir uns ihnen nähern.

Die Accompagnements sind von verschiedener Gattung: sie sind entweder syllabisch, oder obligat, oder von einem bestimmten Character.

Das syllabische Accompagnement folgt dem Gesange fast in gleicher Geltung. Diese Begleitungsart ist in unserer Musik sehr gewöhnlich, und wir kennen keine andere bey muntern und angenehmen Stücken; ich glaube auch, daß

daß sie sich sehr wohl dazu schickt. Die Einrichtung dieses Accompagnements ist schwerer, als man sich einbildet; denn es müssen alle Stimmen singen, ohne mit Accorden zu sehr überladen zu seyn, damit aus dieser Harmonie eine angenehme Melodie hervor gebracht werde; eine Art des Simplen und Naiven, das den Italiänern unbekannt ist.

In den ernsthaften Stücken, deren Character nicht genau bestimmt ist, folgen auch die begleitenden Stimmen dem Gesange in sehr simpeln Noten, selbst mit Accorden in Octaven, welches eine sehr volle und markigte Wirkung hervorbringt, wenn die Accorde nicht zu voll gestopft, und glücklich angebracht sind.

Wir haben eine große Anzahl von Stücken, wo diese Accompagnements mit Verstande gebraucht sind. Wir haben aber auch deren, wie Herr Rameau sagt, so viel, die eine solche Modulation, ein solches Zeitmaaß haben, während daß der Gesang beydes ganz anders hat, daß dieses Chaos nur den Gesang und das Ganze der Musik verdirbt; wenn man zumal noch hinzu nimmt, daß diese einförmigen Accompagnements, da sie so oft wiederholt werden, ohnfehlbar viel frostiges und monotonisches in das Ganze eines Werks bringen müssen; einer Figur gleich, an der man nichts von der Zeichnung gewahr wird, und die so mit Kleidern und Mänteln verhüllt ist, daß nur ein unförmliches Stück vom Kopfe hervor ragt, aus welchem man weder die Gestalt noch den Character zu beurtheilen im Stande ist. Dieses sollte uns die Augen öffnen, damit wir uns nicht so häufig dieser einförmigen Accompagnements bedienten, oder sie doch nicht anders brauchten, als wenn sie den gehörigen Character enthielten. Wir könnten bisweilen, wie die Italiäner, das Accompagnement eben so machen, wie den Gesang; dieses Mittel aber ist spitzig: wir verlangen einen französischen Gesang, und eine italiänische Begleitung: wie sollen wir dieses einander Entgegengesetzte vereinigen? Es wäre nur in dem Falle möglich, wenn unsere Gesänge, ohne zu sehr von der französischen Art abzuweichen, etwas von dem flüchtigen Wesen des italiänischen Gesanges annähmen, und sich dadurch dieser Art von Accompagnement mehr näherten. Um sich von der Möglichkeit in diesem Stücke zu überzeugen, darf man nur den Devin de village untersuchen; dieses Werk giebt allemal einen guten Beweis davon ab.

Das obligate Accompagnement ist von zweyerley Art; es werden entweder alle Stimmen durch Pausen unterbrochen; das ist, es sind entweder alle Stimmen obligat, oder es sind es nur einige. Diese vertheilten kleinen Solostellen sind bey interessanten Stücken, und in denen viel Ausdruck ist, sehr gut; Stücken, in denen man auf eine künstliche Weise die Flöten und Oboen mit den Violinen, die Bassöne mit den andern Bässen vermengt. Was für Verstand! was für Beurtheilung in Anwendung derselben. Was für eine Würde, welche Annehmlichkeit geben sie den Stücken, die sie begleiten!

Diese Art der Schönheit haben die Franzosen nur sich zu danken. Rameau, der in dieser Art über alle ist, wäre ein Muster zur Nachahmung, selbst für die Italiäner.

Es ist nicht weniger seltsam, daß Rousseau, der so wenig von der französischen Musik hält, den Einfall gehabt, sich derselben zu bedienen, da wo sich Colin und Colette wieder mit einander vergleichen. Er hat ohne Zweifel geglaubt, diese Art des Accompagnements aus der italiänischen Musik zu entlehnen: doch nein, er hat es vielleicht in der Zerstreuung geschrieben. Warum sollte er nicht Augenblicke gehabt haben, wo das französische Herz sich wider Willen durch einen gewissen Instinct äußert?

Die Fortsetzung folgt künftig.

Leipzig.

Wir machen mit Vergnügen unsern Lesern folgenden Pränumerationsplan für die in Partitur heraus zu gebende geistliche Cantate: Der sterbende Heiland, vom Hrn Hofcomponist Hertel zu Schwerin bekannt. Das lange Verzeichniß der Städte und Personen, welche diese Pränumeration annehmen, lassen wir weg, und wollen dafür kurz sagen, daß man sich in allen berühmten Städten nur an einen oder den andern Buchhändler oder Buchdrucker deswegen wenden dürfe, wie denn allhier in Leipzig Herr Breitkopf und Herr Hilscher diese Commission über sich genommen haben. Wir wollen den Herrn Verfasser mit seinen eigenen Worten reden lassen:

Unsere Kunstrichter haben schon längst, und mit allem Recht angemerkt, daß das Feld der musikalischen Dichtkunst bey uns Deutschen noch am wenigsten bebauet sey. Niemand findet diesen Mangel leichter, als ein Componist, der mit Empfindung und Geschmack zu arbeiten gewohnt ist. Aber er fühlt es auch mitten im arbeiten, wenn der Dichter die Kunst verstanden hat, eine Sprache zu reden, die der musikalischen Harmonie angemessen ist, und die von allen den Empfindungen voll ist, die sich für den Componisten schicken. Ich kenne niemand, der es in dieser Kunst höher gebracht hätte, als Herr Ramler: allein, ich bin auch zu gleicher Zeit fest überzeugt, und aus verschiedenen glücklichen Proben, die ich in Händen habe, versichert, daß Herr Löwen nach

Hrn.

Hrn. Ramler gleich den zweyten Rang als musikalischer Dichter verdient. Ohne jetzt das Publicum mit einigen noch ungedruckten Cantaten von ihm bekannt zu machen, will ich nur des vortrefflichen Singgedichts, der sterbende Heyland, gedenken, das in dem zweyten Theil seiner Schriften steht. Ich habe dieses schöne Gedicht mit so viel Empfindung in die Musik gesetzt, als es von dem Dichter entworfen ist; und da ich mir schmeichle, den wahren musikalischen Styl, der darinn herrschen muß, hinlänglich erreicht zu haben, so bin ich willens, die Composition dieser Cantate durch den Druck, und zur wahren Erbauung gemeinnütziger zu machen. Allein, die großen Kosten, die ein solches Werk erfordern, haben mich und den Verleger den Weg der Pränumeration wählen lassen. Herr Bock, in Hamburg, dessen zierlicher Notendruck Deutschland Ehre macht, ist willens, das ganze Werk, wenn sich eine hinlängliche Anzahl Pränumeranten finden, auf gut holländisch Schreibpapier in der Ostermesse 1768. gewiß zu liefern. Diejenigen demnach, welche auf dieses über funfzig große Bogen betragende Werk pränumeriren wollen, zahlen von jetzt, bis Michaeli, a.c. 4 Rthlr.

Die Namen der sämmtlichen Pränumeranten sollen dem Werke vorangesetzt werden; und man wird außer den Pränumerationsexemplarien keine weitern Abdrücke machen.

Schwerin, den 2ten Januar 1767.

Johann Wilhelm Hertel.

Minuetto del Sign. Miller.

Wöchentliche
Nachrichten und Anmerkungen
die Musik betreffend.

Zwey und vierzigstes Stück.

Leipzig den 14ten April. 1767.

Blainville Betrachtung über die Musik.

Zweyte Fortsetzung:

Das characterisirte Accompagnement bestehet in einem zusammenhängenden Gesange von zwey, drey oder gar vier Achteln oder Vierteln, die einen deutlichen und ausgeführten Character haben. Dieser Art bedient man sich, wenn eine starke Leidenschaft oder ein großes aus der Natur entlehntes Gemälde ausgedrückt werden soll. Diese Accompagnements müssen die Rolle spielen, von der ich im vorigen geredet habe, das ist, sie müssen den Ausdruck des Gesanges befördern helfen. Herr Rameau ist in dieser Art sehr glücklich gewesen; aber überhaupt genommen sind unsere Accompagnements sehr simpel, und ohne einen bestimmten Character. Ihre Wirkung ist sanft, kräftig und angenehm; sie haben aber die feurigen Züge nicht, die wie Blitze ausfahren, die den Zuhörer entzücken, und aus sich selbst versetzen. Man muß gestehen, daß die Italiäner uns in diesem Stücke weit überlegen sind, und eben darinne bestehet das Erhabene ihrer Musik. Sie haben in dieser Art so vorzügliche Stücke, daß man vergißt, daß es musikalische Schönheiten sind; die Illusion ist so stark, daß man die Sache selbst zu sehen glaubt. Ein Feuer läuft durch die Adern, man fühlt sich in Bewegung, die Einbildungskraft erhitzt sich, das Herz schlägt, man wird gleichsam in einen andern Welttheil versetzt. Das sind Situationen, in welchen sich Personen, die gegen die Schönheiten der Musik empfindlich sind, mit Entzücken befinden, über das man sich auf keine andere Weise zu beschweren hat, als daß es von so kurzer Dauer ist.

Vom Wachsthume der Musik.

Der Gesang oder die Melodie ist, wie ich schon gesagt habe, der wesentliche Theil der Musik. Der Gesang beherrscht, oder besser zu sagen, er erzeugt die beyden andern Arten, als ihm nachgesetzt. Die erste Art ist die Natur selbst; die beyden andern werden zwar von der Natur hervor gebracht, sie werden aber nur durch Kunst und Nachdenken vollendet. Um unsere Gedanken deutlicher zu machen, wollen wir sehen, wie diese drey Arten einander wechselsweise unterstützt und vollkommen gemacht haben.

Der erste in Frankreich, der die Musik aus dem unförmlichen Chaos des Contrapuncts heraus zog, und angenehme Gesänge schuf, war Lambert; seine Brunettes waren die ersten Strahlen des Geschmacks, welche anfiengen zu mahlen; er setzte sehr harmonische Bässe zu seinen Arien; aber für dießmal blieb es auch bey den Brunetten.

Lully trat nach ihm auf, und öfnete sich sogleich durch den ersten Flug eine weite und kühne Bahn, die uns von der Zeit an zum Muster gedient hat.

Er wußte die verschiedenen Charactere der Musik alle zu empfinden: Wuth, Verzweiflung, Liebe; Furien, Schäfer, Helden, Götter; alles ward unter seinem Pinsel ein getreues Gemählde der Natur.

Er war der erste, der die Sprache mit aller Stärke und Feinheit des musikalischen Ausdrucks bereicherte, und ihm alle Annehmlichkeiten des Geschmacks gab, deren sie fähig war.

Der gute Gesang war es hauptsächlich, worauf er sich befliß; eben dieser Gesang verhalf ihm bisweilen auch zur Harmonie, und zu Accompagnements, die nicht glücklicher gewählt werden konnten.

Dieser an Ideen sehr reiche Mann war allzeit groß, selbst bey scherzhaften und spielenden Gegenständen. Er polirte diese Kunst, die er gleichsam roh aus den Händen der Natur überkam, indem er sie durch die Stärke seines Genies zwang, ihre verborgensten Schätze zu entdecken.

Da er sich allezeit an die wesentlichen Theile hielt, so suchte er seine Helden mehr reden als singen zu lassen; und weniger für Nebendinge besorgt, wenn er einem Stücke nur das Wesentliche seines Characters geben konnte, glaubte er, daß er seinen Ideen folgen müsse, ohne sich vom graden Wege zu entfernen.

Die kleinen Auszierungen im Detail scheinen ihm entwischt zu seyn; oder sie sind vielmehr ein Feld, das er uns überlassen hat, um uns wegen der starken, und seinem Genie eigenen Züge schadlos zu halten, mit denen wir vergebens ringen.

Diese

Diese Bluhmen sind nach der Zeit unvermerkt aufgebrochen. Der sinnreiche Campra, ohne sich von der Bahn des Großen zu entfernen, wie man in seinem Tancred sehen kann, glaubte, daß man in einem galanten Europa gefälliger und feuriger seyn könne. Destouches war noch leichter, noch galanter in der Oper Isse.

Rameau, der Schritt vor Schritt alle diese Fesseln zerbrach, zeigte sich noch kühner, noch abwechselnder im Hyppolitus und Aricie; brachte mehr Feuer, mehr Glänzendes in sein galantes Indien. Er war der erste, der diese annehmlichen Bluhmen zu brechen wußte, und indem er sie in der Oper: les Talens lyriques und im Pygmalion überall ausstreuete, brachte er zugleich eine gewisse Mine der Coquetterie und der Wollust hinein.

Man fieng damals an, einzusehen, was die Musik für Reichthümer enthielte. Die italiänischen Operisten haben endlich den Vorhang vollends hinweggezogen, und uns durch die Schönheit ihrer Intermezzen von dieser Wahrheit überzeugt. Aber was für Streit! was für Discurse, durch die noch nichts entschieden ist! Ohne Zweifel werden wir die Gegenparthey ergreifen, und ohne ein Wort zu sagen, sie im Geheim studiren; es ist zu vermuthen, daß diese Schönheiten uns noch besser gefallen werden, wenn wir sie mit der Zeit französisch gekleidet sehen werden.

Von der Partitur in der Musik.

Man siehet eine Partitur, und sagt, das ist gut geschrieben; das ist, der Baß ist gut gesetzt; die Stimmen über einander sind richtig, und alles ist darinne deutlich. Wenn ich aber eine Partitur ansehe, so hat die Erfahrung mich schon gelehrt, dieses alles bey Seite zu setzen, und nur auf die Gedanken, die Bilder, die Züge des Genies, das Fühlbare des Gesanges und der Harmonie Achtung zu geben; zu sehen, ob jede Parthie so singt, wie sie singen soll; ob der Sinn der Worte, und überhaupt das Ganze zu einem Gemählde und zu einer gewissen Unordnung, welche gefällt, beytragen; das ist die Zauberey der Kunst, das ist die wahre Partitur: denn der, der alles so eingerichtet hat, wird sich leicht, so wenig er auch daran denkt, jener Schulregelmäßigkeit bemeistern, welche darinne bestehet, daß man nicht zwo Quinten oder Octaven auf einander folgen lasse, und die Harmonie so ausfülle, daß man sie nicht erstickt. Wie viel schlimme und von Chimären geleitete Wärterinnen giebt es, die allzu viel Sorge für ihre Kinder tragen.

Ich halte die italiänische Schule in Ansehung der Wirkung für geschickter als die unsrige; aber für weniger geschickt, was die Einsicht in die Grundsätze der Kunst betrifft.

Die Fortsetzung folgt künftig.

Leipzig.

Am Montage und Mittewoche der Charwoche wurde in dem hiesigen Conserte das Oratorium Sant' Elena al Calvario aufgeführt, und von allen mit ungemeinem Vergnügen angehört. Die Poesie ist vom Herrn Abt Metastasio, und überall erblickt man in starken und rührenden Zügen die Hand dieses großen Meisters. Die Musik, welches der Gegenstand ist, bey dem wir uns etwas aufhalten wollen, ist aus der Feder unsers unsterblichen Hasse geflossen. Seine Oratorien werden zu allen Zeiten Muster vortrefflicher und rührender Kirchenmusiken bleiben, so wie seine Opern allemal die Bewahrer des guten Geschmacks, des wahren und ausdrückenden Gesanges auf der lyrischen Bühne seyn werden, wenn er auch durch gesuchte und erkünstelte Schönheiten, durch abentheuerlichen Klingklang künftig von derselben verdrängt werden sollte. Wir können uns nicht auf alle und jede Schönheiten der Melodie und Harmonie des aufgeführten Oratoriums einlass.n; doch wollen wir bey den frappantesten nicht kaltsinnig vorbey gehen, sondern den Lesern gestehen, wie sehr wir davon gerührt worden. Vielleicht sind unsere Anmerkungen manchem angehenden Singcomponisten dazu nützlich, daß er das hervorstechende seiner Texte aufmerksam zu finden, und mit Sorgfalt zu behandeln sich angelegen seyn läßt.

Die aus zween kurzen Sätzen, einem langsamen und geschwinden bestehende Introduzzione ist sehr geschickt das Ohr zur Aufmerksamkeit und das Herz zur Andacht vorzubereiten. Sie fängt mit einer sehr ungekünstelten dreystimmigen Nachahmung im Es moll langsam an, worauf ein geschwinder, in künstlichen Bindungen und Rückungen bestehender Satz folgt. Der Reichthum der Harmonie ist das hervorstechende in diesen beyden Sätzen, und unterscheidet sie sehr glücklich von der Introduzzione eines gewissen berühmten Italiäners, der durch einen von Harmonie leeren, und der Melodie nach beynahe comischen 3/8 Satz zur Betrachtung des Leidens Jesu den Anfang macht. Von den Recitativen wollen wir überhaupt sagen, daß sie voller Krafft und Nachdruck, voll wahrer declamatorischer Schönheiten sind, und daß man die ganze Gewalt der Musik

em-

empfindet, wenn Herr Haſſe nachdrückliche Worte des Dichters mit einem nachdrücklichen Accompagnement begleitet. Was kann rührender ſeyn, als gleich im erſten Recitative, die Begleitung der Stelle, wo Helena ſagt: Fortunato terreno.... io ti ravviſo più che ed ogn'altro ſegno a'moti del mio core; a quel ignoto... timore, a quel ſoave...

che ſforza a la-grimar - - - - - - -
te - - - - nero affet- to

Die darauf folgende Arie: Sacri orrori, ombre felici iſt voll wahrer Bilder, voll Feuer und Bewegung in allen Stimmen. Nach einem kurzen Recitative tritt ein Chor ein, der feyerlicher, ungekünſtelter und rührender nicht gedacht werden kann. Man läßt uns (und was könnte in dem Munde frommer Pilgrimme ſchicklicher ſeyn?) einen bekannten Geſang, der uns in der Kirche ſchon oft gerührt und erbauet hatte, die Melodie des Liedes: O Lamm Gottes unſchuldig, unerwartet und auf die ſimpelſte Art hören, deſſen ganzer Schmuck beynahe nur in der Abwechſelung der Stimmen und der verſchiedenen Inſtrumente beſtehet, die den Geſang unter ſich theilen; Baß und Violinen gehen indeß in Bewegung immer uniſono fort, und beleben den Geſang; eine Simplicität, die mehr werth iſt, als zehn Fugen, und die mehr Einſicht in das wahre Schöne des Geſanges verräth, als der künſtlichſte Contrapunct. Wir können uns das Vergnügen nicht verſagen, unſern Leſern den Anfang von dieſem vortrefflichen Chore nur nach den Singſtimmen vorzulegen.

Baß und Tenor mit den Fagotten.
Più tosto Andante.
Di quan - ta pe - na è frut - -
Alt und Discant mit den Flöten und Oboen.
Baß
to, uan - ta pe - na è frut - - to la
und Tenor.
Alt und Discant.
no - stra li - ber - tà! la no - stra
Baß und Tenor.
li - ber - tà! Di quan - ta pe - na è

frut

Alt und Discant.
frut - to, Di quan - ta pe - na è
Alle.
frut - to la no - stra li - ber -
tà la no - stra no - stra
li - - ber - tà - - -
p

Der Gesang wendet sich von hier nach As dur; den Uebergang machen die Fagotte mit dem ersten Rhythmus des Canto fermo, worauf die ganze Melodie von einer Sopranstimme allein gesungen wird, welches hernach auch von einer Altstimme in B dur geschiehet. Die Begleitung ist schwächer eingerichtet, und den Baß führen die Violinen allein, bis am Ende der ganze obige Chor wieder eintritt, und wiederholt wird. Können Worte wie diese:

Quì, chi governa il tutto
Mostrò nel suo dolore,
Ch'è d'ogni nostro errore
Maggior la sua bontà.

Können so vortreffliche Worte wohl je schöner in Musik gesagt werden?

Wöchentliche Nachrichten und Anmerkungen die Musik betreffend.

Drey und vierzigstes Stück.

Leipzig den 21ten April. 1767.

Blainville Betrachtung über die Musik.

Dritte Fortsetzung:

Für uns, die wir unsere Begriffe gern deutlich haben, und nichts auf ein bloßes Ohngefähr ankommen lassen wollen, ist kein Winkel in dieser Kunst, den wir nicht sowohl als Musiker, sondern auch als Philosophen a) ausgeforscht hätten; und das ist ein Ruhm, den keine Nation in Europa mit uns zu theilen sich rühmen kann. b) Wir schreiben mit solcher Genauigkeit und Ueberlegung, daß wenn uns ja ein Vorwurf zu machen wäre, er bloß darinne bestehen würde, daß wir zu scrupulös sind. Wir empfinden die Wirkung; aber wir lassen uns deswegen die Correction nicht weniger angelegen seyn. Die Italiäner, die sich von Natur den Ausschweifungen der Einbildungskraft überlassen, scheinen

mit

a) Man sehe die Generation harmonique de M. Rameau; die neue Entdeckung des Grundsatzes der Harmonie, vom Herrn Esteve, Mitglied der Gesellschaft der Wissenschaften zu Montpellier; das Werk des Herrn Bestrre; die neue Art in Musik zu setzen, vom Rousseau; die Anfangsgründe der Harmonie, nach dem System des Herrn Rameau, vom Herrn d'Alembert.

b) Ein bescheidener Schriftsteller, wenn er alle Nationen von Europa nicht besser kennt, als sie Herr Blainville zu kennen scheint, sollte einen so vorwitzigen und zu sehr von Eigenliebe strotzenden Ausspruch nicht so dreust weg thun. Die Deutschen dürften wohl den Franzosen in Ansehung musikalischer Schriften nicht viel schuldig bleiben, zumal wenn es nicht bloß auf die Zahl, sondern auch auf die Güte derselben ankommen sollte.

mit einer Neigung zur Nachläßigkeit gebohren zu seyn; sie sehen nur auf die Wirkung, und ich halte diese Kühnheit für geschickter zu großen Dingen, als das allzu bedächtige Wesen, da man immer gegen sich selbst auf der Hut ist. So sehr die Vernunft bey unsern Entschließungen zu Rathe muß gezogen werden; so sehr ist zu einer schönen Raserey eine gewisse Trunkenheit, eine gewisse Narrheit nöthig. Die Italiäner haben daher auch in der Mahlerey und in der Musik ein Feuer, einen Enthusiasmus, den wir allemal schwerlich erreichen werden.

In unsern Opern bringen wir zwey bis drey Violen an, und die Italiäner nur eine; aber ihre eine ist mehr werth als unsere alle zusammen. Die andern Parthien des Accompagnements sind mit gleicher Vorsicht gewählt. Die erste und zweyte Violin behaupten ihre Stelle, oder machen eben das, was die Stimme macht, und die Bratsche richtet sich nach dem Basse. Diese tiefe und schwerfällige Stimme gehet ganz ernsthaft und einförmig einher; der Gesang hingegen ragt über alle Parthien hervor, gleich einer artigen und ansehnlichen Bildsäule, die auf ihrem Fußgestelle stehet; alles dieses wird ohne Dunkelheit, ohne Verwirrung, und mit weniger Arbeit ausgerichtet. Wenn sie Sonaten, Trio, Concerten machen, ist es immer eben dieselbe Einrichtung.

Was für Betrachtungen sind hier anzustellen! was giebt es für einen Franzosen zu studieren, der über seine Kunst vernünftig und ohne Partheylichkeit nachdenkt! Rousseau hat die Bahn gebrochen, und man kann wenigstens nicht läugnen, daß er die ganze Stärke dieser Wahrheiten empfunden habe; ein Strahl eines Lichts, den die Kunstverwandten überhaupt nicht eher werden gewahr werden, als bis sie das Vorurtheil abgelegt haben, daß die italiänische Musik stets einerley sey. Diese Einförmigkeit, die man ihr vorwirft, kann eher für eine Schönheit angesehen werden, aus welcher sich das Genie und das Clima, wo sie erzeugt ist, erkennen läßt, als für einen Fehler in der Art, welche an Veränderungen sehr reich ist, was die Gedanken und die Einbildungskraft anbetrifft.

Von der musikalischen Schreibart.

Schreibart in der Musik scheint mir schwer zu definiren, wenigstens was die Gedanken anbetrifft; denn man weiß, daß es in der Musik eine prächtige und heroische Schreibart giebt, wie die Gattung von Musik ist, die den Tragödien zukommt; ferner eine edle und galante Schreibart, für die Ballette und

Pastorale; endlich einen gemeinen Styl zu den kleinen Cantaten, Liedern und Scherzgesängen; ich will außerdem noch sagen, eine Schreibart, die in dem Character, in der Wendung des Gesanges, und in der Art den Baß und die andern Stimmen dazu zu setzen bestehet. Die Italiäner sind in dieser Art so von uns unterschieden, als sie es dem Character und der Sprache nach sind.

In der That rühren die verschiedenen Musikarten hauptsächlich von dem Character und der Sprache einer Nation her. Unsere französische Sprache ist sittsam und naiv; wenn sie nicht viel Glanz hat, so ist sie dagegen fließend und leicht. Sie läßt sich wenig zu Bildern brauchen; sie hat aber den Vortheil, daß sie sich sehr gut zu edlen Charactern, zu Ausdrücken der Empfindung, zu galanten Scenen, zu Festen der Helden und Götter, der Nymphen und Schäfer schickt; kurz zu allem, was ein Verhältniß mit unsern Empfindungen hat.

Ein feiner Geschmack, ein leichtes Gefühl, eine erweiterte Urtheilskraft ordnen alle diese Dinge mit einer, so zu sagen, vortrefflichen Oeconomie. Sie sind, einzeln betrachtet, nicht jene kühnen Blitze, nicht jenes blendende Feuer; aber das Ganze macht ein Gemälde für den Geschmack aus, in welchem die Vernunft die vornehmste Ordnung gemacht hat; eine Art, welcher die italiänische Musik grade entgegen gesetzt ist. Die einzelnen Theile derselben sind vortrefflich, sind unnachahmlich; aber Verschiedenheit, Ordnung, Eintheilung muß man darinne nicht suchen.

Alle diese Unterschiede rühren bloß von dem Character der Nation, oder vielmehr von der Sprache her, in sofern nehmlich gewisse Ideen der einen natürlicher sind als der andern; ingleichen auch von dem Unterschiede der langen und kurzen Sylben. In der That haben in der italiänischen Sprache die langen und kurzen Sylben ihr bestimmtes Maaß, oder es sind vielmehr alles gleich lange Monosyllaben, die sich auf gleiche Weise nach der Einbildungskraft des Dichters und des Musicus bequemen. In der französischen Sprache hingegen, sind die langen und kurzen Sylben so nöthig zu beobachten, daß der Poet und der Musicus sich nichts weniger als den Unordnungen der Einbildungskraft überlassen kann, sondern, stets gegen sich selbst auf der Hut, sich durch nichts als den reinsten Geschmack und die gesundeste Vernunft leiten läßt. Die italiänische Poesie, lebhaft und kitzelnd, ist zu Abbildungen, zu Erscheinungen geschickt, welche außer uns gefunden werden; die französische Sprache hingegen, sittsam, edel und vorsichtig, liebt am meisten die Empfindungen unserer Leidenschaften, unserer Neigungen, und die Bewegungen, die in uns vorgehen; kurz, die Poesie der Italiäner ist groß, weil sie kurz und gedrungen ist; die französische ist schön, weil sie weitschweifig und ausgedehnt ist.

Man kann die erstere, der Gewaltsamkeit, der Stärke und der Heftigkeit wegen, womit sie, so zu sagen alles niederwirft, und mit sich fort reißt, mit einem Ungewitter, mit einem Donnerstrahle vergleichen. Die unsrige ist ein gelindes Feuer, welches nicht verlöscht, welches mit jedem Schritte Nahrung bekommt, und je weiter es sich ausbreitet, immer neue Kräfte sammlet.

Das eine ist besser zu starken Uebertreibungen, zu großen Leidenschaften und zu großen Bildern, wenn man die Zuschauer in Verwunderung setzen will. Das andere, das bey einem stets gleichen Ueberflusse schmeichelhafter und ruhiger ist, schickt sich besser einen gelinden und angenehmen Thau in die Gemüther zu ergießen. Kurz, um es ist mit einem Worte zu sagen: es sind ein paar Nebenbuhlerinnen, welche sich stets gegen einander behaupten werden, selbst dadurch, daß sie einander entgegen gesetzt sind.

Vom Recitative.

Das Recitativ oder die Declamation zeigt sich unter verschiedenen Gestalten: es giebt einen Ton der gemeinen Gespräche; eine oratorische Declamation; eine dramatische, und endlich eine musikalische. Alle diese Arten entfernen oder nähern sich einander durch unendlich feine Schattierungen.

Wir drücken uns in der gesellschaftlichen Unterredung, sowohl mit der Stimme als mit Bewegungen durch eine Verschiedenheit im Tone aus, die nicht leicht zu bestimmen ist, weil das lebhafte Gefühl der Natur der Antrieb dazu ist, und dieses sehr geschwind, ohne Kunst und Nachdenken. Nach dieser lebenden Declamation müssen die andern alle gebildet werden. Wir wollen jetzt sehen, worinne sie von ihr abgehen können und sollen.

Die Declamation der neuern Redner nähert sich derselben am meisten durch ihre Simplicität; sie hat aber weit weniger Action in der Stimme und in den Gebehrden, weil der Redner allein ist, und sein Talent nur darinne bestehet, daß er die Aufmerksamkeit seiner Zuhörer gewinnen will.

Die dramatische Declamation ist weit fühlbarer; sie hat mehr Feuer, mehr Interessantes im Tone der Stimme, und besonders in den Gebehrden. Da der Acteur andere neben sich hat, die er hört, und denen er antwortet, so ermuntert ihn das Feuer der Leidenschaften, die Bilder der Poesie, kurz, alles

les ermuntert ihn zur Action. Er ist selbst der Held, dessen Rolle er spielt, wenn er ein guter Acteur ist; er nimmt eben das Interesse, eben die Leidenschaften an; er hat die lebhaften und flüchtigen Nüancen des gesellschaftlichen Gesprächs vor Augen; da er aber als Dichter redet, so muß er einen heroischern, erhabenern und prächtigern Ton annehmen, als der Ton der Gesellschaft ist. Wenn er der Action zu gefallen sich diesem simplen Tone nähert, so muß er sich durch das Große und Prächtige eines Discurses, der Cadenz und Sylbenmaaß hat, und die er fühlbar machen muß, wieder davon entfernen.

Die musikalische Declamation kommt mit dieser, der Art nach, überein; sie muß aber einen noch höhern und zusammengesetztern Ton annehmen; kurz, es muß ein musikalischer Ton seyn, welcher zuförderst nach der Natur, oder dem gesellschaftlichen Gespräche, und sodann nach der Kunst oder der dramatischen Declamation eingerichtet ist; sie muß die interessante Action der erstern haben, muß emphatischer seyn als die zweyte, und darf nichts von der frostigen Declamation des Redners an sich haben. Da ich das erstemal ein italiänisches Recitativ hörte, that es auf mich keine andere Wirkung, als eine Rede, die ein Advocat vor Gericht hält; ich fand darinne ein gewisses Wahres, aber eine so rohe und wilde Manier, welche der gute Geschmack nie gebilligt hat. Man mag sagen wie man will, daß das Recitativ die gesellschaftliche Unterredung selbst seyn müsse: ich räume es ein, wenn nur von einem bloßen Dialog oder Erzählung die Rede ist; so bald aber etwas von Leidenschaft, oder irgend ein Bild dazu kommt, so muß der musikalische Ton seine Vortheile ergreifen. Kurz, wenn ich in die Oper gehe, so gehe ich nicht eine Predigt oder eine Rede zu hören; ich will die Natur mit ihren Wirkungen in Musik ausgedrückt hören: darinne bestehet die Illusion; in dieser Verfassung muß ich kommen, oder lieber gar davon bleiben.

Man mag mir sagen, wie man will, daß das italiänische Recitativ mehr von den andern Gesängen abgesondert sey als das französische, und daß die Arie mit größerm Eindrucke auf dasselbe folge; alles dieses rührt von einem Nationalgeschmacke her, womit die Italiäner sich sehr gut vertragen können. Es folgt daraus, daß es in einer italiänischen Oper nur zwo Gattungen von Gesange giebt, den declamirenden und die Arie. Denn man wird bemerkt haben, daß in characterisirten Stücken, wenn man einige durch ein Accompagnement unterbrochene Stellen ausnimmt, der Recitativgesang fast immer einerley ist. Es ist Wahrheit überall darinne; aber öfters wenig Geschmack.

Unser Recitativ, das angenehmere, und mehr bindende Intervalle hat, ganz vom Tone des gemeinen Redners entfernt, hält sich an die dramatische Declamation. Es ist nicht genug abgesondert, wird man sagen; die Uebergänge sind nicht genug zu bemerken; kurz unser Recitativ singt zu viel, und unsere Arien zu wenig. Dieser Fehler ist nicht so, daß wir ihm nicht abhelfen könnten. Wenn ein französischer Componist Nacheiferung genug hätte, um der französischen Comödie zu folgen, und sich in der schönen Declamation zu üben, so ist es zu vermuthen, daß er ein sehr schönes Recitativ machen würde, wo die Empfindungen und der Ausdruck gleichen Schritt halten, und gewisse Unterbrechungen zu ihrer Zeit und an ihrem Orte gute Wirkung thun würden. Bald als ein verständiger Poet, bald als ein geschickter Tonkünstler, würde der Componist seine Leyer bald in einen niedrigen, bald in einen höhern Ton stimmen.

Rousseau hat diese auf eine simple Art auszudrückende Stellen sehr gut zu finden gewußt. Dergleichen ist die Stelle: qui vous l'a dit, ma Colette, êtes vous fachée, je fuis Colin. Er mag dabey immer sagen, daß er französischen Gesang geschrieben habe, ohne es zu wollen: aber gegen einige Stellen von der Art, wie viele giebt es nicht, besonders in der Rolle des Wahrsagers, in denen die Modulation nicht biegsam genug ist, so daß sie dem Zuhörer sowohl als dem Acteur Zwang anthut, und bloß deswegen, weil er die der Sprache gemäße Art verlassen hat. Man muß ihm indeß doch Dank wissen, daß er uns zuerst gezeigt hat, wie man leichte und an die Natur des gemeinen Lebens gränzende Wendungen finden könne. Ich glaube indeß, daß sie in heroischen Vorstellungen schwerer zu erreichen sind. Lully hat einen glücklichen Anfang gemacht, und nur wenn man ihn studiert, wird man darinne weiter kommen können.

Warum singt man aber, wenn man bloß reden sollte? Wozu dienen die vielen Triller, Vorschläge, Schleifer? u. s. w. alles Verzierungen, welche nur in singenden Arien, und selten im Recitative angebracht werden sollten; Verzierungen, die nur die Kunst der Gebehrden, das Feuer des Gesanges und der Declamation matt und träge machen. Man weis, daß es eine Gattung von Verzierungen giebt, die dem Theater besonders eigen ist: aber wäre es nicht besser, wenn die schöne Aussprache und das Wesentliche unsers Gesanges nichts dabey verlöhren, diese Verzierungen der lebhaftern Action und Declamation aufzuopfern? Man würde einen doppelten Vortheil dabey finden: das Schauspiel würde weniger matt werden; die Gesänge und Arien würden besser hervorstechen

stechen und mehr Wirkung thun. Wie soll man aber eine alte Gewohnheit abbringen? Wie soll man den Geist des Irrthums verbannen, den der Gebrauch und die Abgötterey als Wahrheit geheiligt haben?

Man versuche wenigstens, ob unsere Gesänge, selbst die allerältesten, nicht in einem simplern und weniger mit Zierrathen überladenenen Tone vorgetragen werden können. Wir wollen die Italiäner ihr Recitativ so singen lassen, wie die Matrosen im Hafen zu Venedig reden, und dagegen suchen, bald als Helden, bald als Poeten, und bald als Musiker zu reden. **Rousseau** mag Recht haben, wenn er sagt, daß wir unser Recitativ zu sehr singen; aber er hat Unrecht, wenn er deswegen die Art selbst verwirft, besonders da er von dem Monolog: Enfin il est en ma puissance redet; denn es herrscht in dem ganzen Stücke ein lebhafter Character, ein gewisses Edle und Majestätische, das sich sehr gut zur Person und zur Situation der Armide schickt. Es giebt auch Stellen darinne, die ein sehr zärtliches Gefühl enthalten, und das mit sehr wenig Modulation; eine schätzbare Kunst, die schwer zu treffen ist.

Diese Situation könnte mehr Unordnung haben: Man kann dieses nicht gewiß sagen, bis jemand das Vermögen hat, uns durch die Erfahrung davon zu überzeugen; bis jetzt aber kann man nicht in Abrede seyn, daß dieses Stück überhaupt von einer großen Schönheit sey. Es ist nichts bis zur Heftigkeit Uebertriebenes darinne; das ist es auch, was wir nicht haben wollen, indem wir den Geschmack nie verlassen, selbst wenn wir die heftigsten Affecten ausdrücken. Wir weinen, ohne zu schreyen, und es ist eine Wollust, von welcher man sagen könnte, daß wir nie genug für uns haben; oder wenn wir schaudern, wenn uns die Haare zu Berge stehen, so ist es ein Entsetzen, von welchem unsere Seele frey ist, da wir unsere Acteurs nicht in Wuth gerathen sehen, wie die Bacchanten, oder sie nicht schreyen hören, wie die Packträger zu Venedig.

Ich glaube indeß daß wir in Stücken, welche Haß, Wuth u. d. gl. enthalten uns stärkerer und marqvirterer Wendungen des Gesanges bedienen könnten, als wir zu brauchen gewohnt sind. **Lulli** scheint mir im Ausdrucke des Edlen, Majestätischen, Naiven und Zärtlichen unnachahmlich; aber es scheint mir zugleich, daß wir den simplen Ton der bloßen Declamation oder Erzählung, jene kühnen Züge, welche die heftigen Leidenschaften so meisterhaft mahlen, jene unerwarteten Modulationen, jenes Stillschweigen, jenes unterbrochne Accompagnement noch nicht haben; Dinge, womit die Italiäner so bekannt sind, und von denen wir nicht die geringsten Spuren bey uns sehen, eben so wie

wie sie keinen Begriff von der Manier des Lulli haben. Endlich ist noch die Frage, ob es ein Fehler, oder die Eigenschaft der einen und der andern Sprache sey, die uns gebunden und gefesselt hält, daß wir einen Nationalgeschmack nicht wieder los werden können, wenn wir ihn einmal angenommen haben.

Von der Arie oder Ariette.

Die Ariette ist eine abgesonderte Schönheit; sie ist ein artiger Blumenschmuck, das Flittergold, oder wenn man lieber will das glänzendste und artigste an einer Oper. Wenn der Poet die Geschicklichkeit hat, sie am rechten Orte anzubringen, daß sie aus der Materie selbst erzeugt ist; wenn der Componist sie auf eine interessante Art, den Worten gemäß, ohne zu viele Läufer und rollende Passagien in Noten setzt; und wenn der Sänger von seiner Seite das Seinige zu ihren Schönheiten beyträgt, so kann man nicht läugnen, daß sie der gewünschte Augenblick, der Augenblick des Vergnügens sey. Wir müssen indeß gestehen, daß wenn wir auch solche Augenblicke haben, sie uns doch nicht gar zu gemein sind; kurz diese Gattung rührt nicht von unserer musikalischen Einrichtung her.

Wir haben viel Arien, aber fast keine Ariette. a) Wir fangen an, sie zu wünschen, und den Vortheil davon einzusehen. Es ist zu vermuthen, daß mit dem Geschmacke, der uns natürlich ist, wie sie nicht anders, als zu rechter Zeit anwenden, und es nicht wir die Italiäner machen werden, die daraus Sättel für alle Pferde machen; nur müssen wir glauben, daß man nicht mit den Wörtern regne, vole, victoire, allein Arietten b) macht, und daß diese Gattung des Gesanges einen Gegenstand haben, gewisser Bilder und Mahlereyen fähig seyn könne, welches, wenn eine feurige Ausführung hinzu kommt, dieselbe ohnfehlbar weit interessanter machen wird. Da man übrigens nicht mit Arietten allein Opern macht, so haben wir die Italiäner, wegen ihres Vorzuges in dieser Art, nicht so sehr zu beneiden. Es ist bewiesen, daß wir sie anzubringen wissen, und daß sich unsere Sprache dazu schickt, obgleich einige Schwierigkeiten dabey sind. Rousseau selbst, kann er wohl daran zweifeln? Unter allen Stücken in seiner Oper ist die Ariette des Wahrsagers, ob sie gleich für einen hohen Baß gesetzt ist, die lebhafteste und piquanteste.

a) Die Franzosen nennen Arie, was wir ein Lied nennen; und Ariette ist bey ihnen, was bey den Italiänern eine Arie ist.

b) Hier scheint der Verfasser unter dem Worte Ariette bloß die Läufer und Coloraturen zu verstehen, die in den italiänischen Arien so häufig, in den französischen aber so sparsam sind.

Die Fortsetzung folgt künftig.

Wöchentliche

Nachrichten und Anmerkungen die Musik betreffend.

Vier und vierzigstes Stück.

Leipzig den 28ten April. 1767.

Blainville Betrachtung über die Musik.

Vierte Fortsetzung:

Von der Modulation.

In der Modulation ist die ganze musikalische Kunst begriffen. Die Modulation ist der Gesang, die Harmonie, die Melodie zugleich; kurz, sie ist die Quelle der zärtlichsten und empfindbarsten Schönheiten der Musik. Man hat bisher geglaubt, daß man die Quellen der Modulation a) aus den mitklingenden harmonischen Tönen, aus der Fortschreitung der Grundaccorde herleiten müsse; und ich glaube, daß die Modulation ihre Schönheiten von den verschiedenen Intervallen der ganzen und halben Töne in diatonischer Folge erhalte, so wie sie ihre Grundsätze von den Intervallen der Terz, Quarte oder Quinte erhält, welche die mitklingenden Töne eines klingenden Körpers geben.

Wir haben viel über die Harmonie geschrieben, daß es sogar scheint, man habe nichts mehr zu verlangen, wenn man die Erzeugung der Harmonie, wie sie Rameau vorträgt, gehörig eingesehen hat. Da man nun die Harmonie ihren größten Perioden erreicht zu haben siehet, muß man nothwendig erstaunen, wenn man die Melodie noch wie ein wüstes Stück Feld, das unbearbeitet liegt, betrachten muß. Wir wollen dabey gestehen, daß wir da angefangen haben, wo wir hätten aufhören sollen, und das wir noch den Theil zu untersuchen haben, mit welchem wir den Anfang hätten machen sollen.

Man hat von einer harten und weichen Tonart, von einer tonischen Note, einer Quarte, einer Dominante, einer tonischen Septime (note sensible), von Fort-

a) Eigentlicher zu sagen die Melodie.

Fortschreitungen, welche die mitklingenden Töne geben, geredet; es sind dieses allerdings einige philosophische zur Kunst gehörige Gegenstände; aber es giebt Intervalle von ganzen und halben Tönen, welche in einer Modulation nicht eben die Eigenschaft haben als in einer andern. Ein ♯, ein ♭, ein ♮, hat einen verschiedenen Ausdruck, nach Beschaffenheit der Stelle, wo es sich befindet; eine versetzte Tonart ist mit einer natürlichen Tonart nicht einerley.

Man kann öfters gute Harmonie machen, welche doch keine Wirkung thut, und dieß aus Mangel der Modulation oder Melodie. Es geschiehet auch, daß man einen Gesang in einer Modulation macht, da indeß das Accompagnement in einer andern ist; endlich trifft auch der Gang von einem tiefen Tone bis zu seiner Octave unterwegens Schwierigkeiten an, die man nicht hat auflösen können: es giebt in unserm Systeme Intervalle der großen Quarte und der falschen Quinte, welche dasselbe unvollkommen machen; man gehet aber immer seinen Weg fort, und hüpft über diese Schwierigkeiten weg; und ich glaube, daß dieses das Erdreich sey, daß man bearbeiten sollte, die Wahrheiten, die wir noch zu untersuchen hätten, und von denen, wie es scheint; wir nicht die geringsten Begriffe haben. Man mag sagen wie man will, daß gute Köpfe uns Muster der schönsten Gesänge, und in allen Arten gegeben haben, das ist uns nicht genug. Wenn ich bedenke, daß die alten Griechen eine Art von Musik gehabt, von welcher man Wunderwerke erzählt, und daß die unsrige ihr gar nicht gleich kommt; wenn ich überlege, daß sie Regeln zu allen verschiedenen Arten der Musik und der Modulationen hatten, und daß wir, so zu sagen, gar keine haben, so folgere ich daraus, daß unsere Kunst noch nicht ausgebildet ist, daß sie noch in der Geburt stehet, und eben so weit von der Evidenz entfernt ist, als wir sie auf sehr feste Gründe erbauet zu seyn glauben.

Wer kann uns versichern, daß man vor dem Lulli die Kunst des Contrapunkts nicht für das non plus ultra der Musik gehalten habe? Wir denken von der unsrigen eben so vortheilhaft; wer wird uns versichern, daß unsere Urenkel uns nicht ebenfalls einst als Gothen ansehen werden, um die sie sich nicht zu bekümmern haben? Wir wollen ihrer Verachtung zuvor kommen, und ihnen, wenn es möglich ist, kein leeres Fach mehr übrig lassen, damit sie nicht in Ansehung der Melodie noch eben das zu thun finden, was wir in Ansehung der Harmonie gethan haben.

Die Modulation setzt den Gesang und die Harmonie fest, sie giebt ihnen ihren Character. Man weis den Unterschied zwischen der harten und weichen Tonart, zwischen der natürlichen und versetzten, durch Kreuze oder Bes. Die harte nimmt öfters das zärtliche der weichen an, wenn man sich derselben mit

Been

Been bedient, so wie die weiche die Festigkeit der harten annimmt, wenn sie Kreuze bey sich hat; die eine und die andere verliehren sodann, wie es mir scheint die Stärke ihres Ausdrucks und ihre wesentliche Eigenschaft. Es ist wahr, daß diese Manier sich der mit Kreuzen und Been bezeichneten Tonarten ohne Unterschied zu bedienen, unser System viel weitläuftiger macht, als wenn man die harte Tonart allein auf die Kreuze, und die weiche allein auf die Bee einschränkte. Aber würde die Empfindung davon auch nicht um so viel stärker seyn, wenn unsere Ohren sich gewöhnten, jeden Ausdruck für nichts anderes anzunehmen, als was er wirklich seyn soll? Hierinne steckt meiner Meynung nach der Grund zu den großen Wirkungen der griechischen Musik. Die weiche Tonart mit Been könnte alsdann nur zu zärtlichen und pathetischen Ausdrücken gebraucht werden; die harte mit Kreuzen hingegen zu lebhaften und brillanten Ausdrücken; denn so ist ihre Natur. Wenn wir dabey auf einer Seite Mittel zur Verschiedenheit verliehren, so wird auf der andern Seite der Ausdruck eben so viel dabey gewinnen. Vorurtheil bey Seite, wie man sich auch vergleichen möchte, würde ich es doch mit dem letztern halten.

Die harte und weiche Tonart hat also ihre Richtigkeit. Es ist ganz begreiflich, daß diese Tonarten eine tonische Note, eine Dominante, eine Unterdominante, und eine tonische Septime haben müssen; man hält sich an diese; man macht Gesänge, denen diese Noten zum Compaß dienen. Man glaubt Modulation, Melodie zu machen, und man macht öfters nichts als Harmonie. Man sollte, wie es mir scheint, die Sache nicht von der Seite nehmen. Wäre es nicht schicklicher, wenn man Modos und Modulation von einander unterschiede? Die Modi würden die wesentliche Note seyn, sowohl in der harten als weichen Tonart, mit welcher ein Stück anfängt und endigt; diese Modi werden durch die Intervallen der Terz, Quart oder Quinte angegeben, welche jeder klingende Körper bey sich führt, selbst den halben Ton unter der tonischen Note darunter begriffen. Aber was für Zweifel, was für Schwürigkeiten, wenn ich diatonische Gesänge machen will! Machet einen Grundbaß, wird man mir sagen: ein falsches Principium, oder wenigstens nicht klar genug, um mich sicher zu führen; denn es ist alsdann die Frage nicht mehr von klingenden Körpern; er ist höchstens nichts als eine Nebenvorstellung, die mir an gewissen Orten Licht giebt, und mich an andern im Zweifel läßt.

Man sollte Regeln der Modulation, oder wie ein Gesang zu machen sey, fest setzen; Regeln, welche uns zwar nicht Genie geben, aber uns wenigstens doch gegen den Irrthum schützen würden; Regeln, welche die Wege, die Eigenschaften dieses und jenes Intervalls bestimmten; die Art und Weise, wie

 man

man diese verschiedene Intervalle auf einander folgen lassen könnte; wie sie mit den Intervallen der Terz, Quart und Quinte zu verbinden wären; wie eins an das andere anschliessen müsse; wie sie anfangen, sich gleichsam zusammen nähen und schließen sollen, so daß der Gesang eine Einheit, ein Ganzes werde; das ist, man sollte eine Art von Rhetorik für den Gesang erfinden, so wie wir eine für die Redekunst haben. Wir können uns nicht versichern, daß wir ein wahres System der Musik haben, so lange wir dieses Fach nicht ausfüllen. Wir werden stets vom Genie geleitet gehen; wir werden schöne Sachen machen; aber was würden wir nicht machen, wenn wir von eben so klaren und evidenten Grundsätzen, als wir in der Harmonie haben, auch in Ansehung der Melodie unterstützt würden? Wenn vom Genie angefeuert wir Gesänge machten, würden wir, anstatt verworren, übel zusammenhängend, unsicher, frostig und ohne Action zu seyn, uns versichern können, stets den wahren Ausdruck hinein zu bringen, weil man die Eigenschaft der Intervalle und der Bewegung, den Unterschied der Harmonie und Melodie, der Moden und der Modulation kennete; kurz wir würden Mahler und Poeten seyn, und wir sind höchstens nur Musici.

Vom Ausdrucke.

Ausdrücken in der Musik, heißt eine Sache mit der ihr eigenen Mine der Wahrheit, in einem neuen, angenehmen, edlen und auffallenden Tone sagen.

Es giebt verschiedene Gattungen des Ausdrucks in der Musik: einen Ausdruck mit Vocal- mit Instrumentalstimmen, und einen, wo beyde mit einander vereinigt werden.

Da der Ausdruck nicht bloß von der ausgedrückten Sache, sondern auch von seiner Bestimmung (destination) abhängt, so muß der Componist wissen, daß sich der Ausdruck auch nach dem Orte zu richten habe; und daß, wenn ein Stück, so schön es auch seyn mag, wider die Beschaffenheit des Orts verstößt, es eben so viel sey, als ob es wider den Ausdruck verstieße. Wenn demnach ein Stück vollkommen seyn soll, so muß man ihm nicht allein Ausdruck geben, sondern es auch nach seiner Art und Bestimmung einrichten. Lulli ist ohne Zweifel der größte Meister, den wir darinne haben. Man mag eine Oper von ihm im Ganzen betrachten, oder einen Act, oder einige abgesonderte Stücke allein, so findet man allzeit jene so schätzbare Einheit, jenen Geist der Wahrheit und des Ausdrucks darinne. Es fehlt uns nicht an geschickten Leuten, welche seinen Fußstapfen gefolgt sind; aber könnte man nicht sagen, daß es mehr eine glückliche Wirkung des Genies sey, als wahre Einsichten in die Kunst, weil noch niemand über diese Materie geschrieben hat.

Die Fortsetzung folgt künftig.

Leipzig.

Wir wollen jetzt zu dem in der Charwoche allhier aufgeführten Oratorio des Herrn Oberkapellmeisters Hasse, Sant'Elena al Calvario, zurück kehren. Wir würden zu weitläuftig werden, wenn wir es Schritt vor Schritt durchgehen, und bey allen Schönheiten desselben uns aufhalten wollten. Vielleicht haben wir es auch um so viel weniger nöthig, da es einem Kenner und Liebhaber musikalischer Werke eben nicht schwer ist, dieses vortreffliche Stück zu bekommen, und wir es auch in den Händen der meisten schon vermuthen; doch würden wir uns selbst Gewalt anthun müssen, wenn wir nicht durch eine kurze Anzeige und Berührung der Schönheiten desselben unser dabey empfundenes Vergnügen noch einmal erneuern dürften. Wie schön ist das Nachdenkliche, die andächtige Verwunderung der Arie: Veggo ben io perchè, Padre del ciel, non è più frettoloso il fulmine, gl'ingrati a incenerir, ausgedrückt; die Töne scheinen sich selbst über die Undankbaren zu entrüsten, und auf sie zu schelten. Und wie schön ist nicht die Stellung der Worte, bey der zweyten Wiederholung des Textes: Padre del ciel, veggo ben io perche non è più frettoloso &c. Ein Wunsch, ein Gebet an die Liebe, die Hoffnung und den Glauben um heilige Regungen in der Seele kann vielleicht in Musik nicht andächtiger seyn, als es Herr Hasse in der dritten Arie gemacht hat. Die vierte Arie der heil. Helena ist ebenfalls eine A[illegible]n Wunsch oder Gebet; aber feuriger und so zu sagen ungeduldiger als das vorige, wie es sich denn auch zu der Verfassung der Helena, in welcher sie sich hier befindet, nicht anders schickt. Das vorhergehende Recitativ erhält bey den Worten der Helena: Dunque io nel trono, e frà l'immonda polve la croce resterà? &c. ein doppelte und in aushaltenden Tönen bestehende Baßbegleitung, welche der Betrachtung, die hier die fromme Kaiserinn anstellt, eine ungemeine Würde und einen großen Nachdruck ertheilt. Die Arie des Draciliano: Del Calvario già sorger le cime ist eben so voll von mahlerischen Schönheiten, als von andächtigen Empfindungen. Von der folgenden ungemein sanften und mit schönen harmonischen Bindungen geschmückten Arie ist eine Stelle zum darauf folgenden Recitative angewandt und zu den Zwischensätzen des Accompagnements gebraucht worden, bis der Chor mit den Worten: all'opra, all'opra geschwind ins Recitativ eintritt, und den ersten Theil des Oratoriums auf eine so pathetische Art beschließt, daß man sich nicht enthalten könnte, selbst Hand ans Werk mit anzulegen, wenn man bey der Handlung, die hier vorgestellt wird, gegenwärtig wäre. Die ganze Kunst dieses Chors bestehet in fugirenden kurzen Nachahmungen, die vielleicht minder schön wären, wenn sich Herr Hasse länger dabey aufhalten, und mit schwerfälligen Künsteleyen auf Unkosten des Ausdrucks und der Empfindung hätte glänzen wollen. Im zweyten Theile fällt sogleich die erste Arie, ein vortreffliches Adagio, voller Affect, ganz Simplicität, und ein Meisterstück, von der Seite des Ausdrucks betrachtet, in die Augen. Hier ist der erste Theil davon; vielleicht daß er manchem angehenden Sänger zur Uebung nützlich seyn kann.

Adagio.

cordo

cordo le ſue pe-ne mi ram-mento il no-ſtro error- -
- - - - - - - - - il no-ſtro er-
ror.
Nel mi-rar quel ſaſ-ſo a-ma-to, che raccolſe il ſommo
bene mi ri-cor-do le ſue pe-ne mi rammento il noſtro
error

error mi ri - cordo le ſue pene mi rammento il noſtro er-
ror - - - il noſtro error mi ri-cordo le ſue
pene mi rammento il no - ſtro error - - - mi rammen -
- - to il noſtro error.

Wöchentliche
Nachrichten und Anmerkungen
die Musik betreffend.

Fünf und vierzigstes Stück.

Leipzig den 5ten May. 1767.

Blainville Betrachtung über die Musik.

Fünfte Fortsetzung:

Wir wollen sehen, wie ich, ohne Erfahrung, zuerst eine so kützliche Materie abhandeln könne. Verwegenheit von meiner Seite, ich gestehe es, welche mehr meine Belehrung zum Grunde hat, als daß ich Künstler, die mehr Erfahrung haben, als ich, unterrichten wollte: aber ich rede, weil ihr Stillschweigen mich berechtigt.

Von der Empfindung, dem Ausdrucke und der Wirkung.

Wenn es eine Musikart giebt, wo der Ausdruck besonders herrschen soll, so ist es die Musik des Theaters, wo die Sinne begierig sind, wenn man so sagen kann, sich vom Wunderbaren rühren zu lassen. Der Ausdruck muß die Seele dieser Musik mehr als aller andern seyn. Es wäre zu wünschen, ihn in so hohem Grade darinne zu finden, daß die Kunst bloß ein Firniß zu seyn schiene, der die zusammengehörenden Theile des Ganzen nur besser mit einander verbände; so daß diese Kunst allein von den Kennern wahrgenommen, und der Zuhörer, ohne dadurch zerstreuet zu werden, bloß durch die Schönheiten des Genies eingenommen würde.

Es giebt in einer Oper Stücke des Ausdrucks, Stücke für die Empfindung, Stücke zur Verschönerung (pour l'effet.)

Die Stücke für die Empfindung sind die galanten, zärtlichen und pathetischen Scenen, die Scenen wo die Liebe, die Freundschaft und die Großmuth mit einander streiten. Diesen entgegen gesetzte Scenen sind die starken, lebhaften und feurigen, wo die Empfindungen der Furcht, des Verdrusses, der Verstellung, der Eifersucht, der Untreue mit den schwärzesten Zügen abgemahlte mahlt werden. Dieß sind die Stücke, die interessanten Scenen, wo die Sprache mehr nach der Declamation als nach dem Gesange behandelt werden muß; so daß der Acteur, durch einen allzu musikalischen Gesang weniger gezwungen, alle Freyheit habe mit mehrerer Stärke zu recitiren, sowohl in Absicht auf die Reflexionen des Gesanges, als auf den Ausdruck der Gebehrden. Aus diesem interessirenden Scenen entstehen die Stücke für den Ausdruck, als die Monologen, die Gespräche zwischen zweyen, die durch die bestimmten Leidenschaften der Freude oder des Schmerzens, des Hasses oder der Liebe, u. s. w. belebten Stücke. Leidenschaften, die mit aller Stärke, Kühnheit und Schönheit des musikalischen Gesanges gemahlt werden müssen. Hier ist es, wo die Instrumentalmusik, mit der Vocalmusik verbunden, dieser einen neuen Nachdruck giebt. Das Präludium oder Ritornell kündigt den Character der Arie an, und bereitet den Zuhörer sowohl als den Acteur auf die Leidenschaft vor. Die Stellen, wo die Singestimme wieder inne hält, und wo die Instrumente indeß Züge hinzusetzen, welche mehr Veränderung ins Ganze bringen, und welche die Singstimme nicht hätte machen können, verschaffen zu gleicher Zeit dem Sänger eine Erleichterung, die Arie mit mehrerm Feuer auszudauern, als wenn er ohne einige Ruhe zu haben immer fort singen müßte.

Wenn man Furcht, Betrübniß, Niedergeschlagenheit u. d. gl. auszudrücken hat, so weiß man, daß man zu der weichen Tonart, oder zu einer solchen, die mit b bezeichnet ist, seine Zuflucht nehmen muß, wodurch man ein zärtliches, trauriges und betrübtes Pathetisches erhält, wenn man mit Vorsicht Flöten und Bassöne, und selbst Waldhörner ins Accompagnement einflicht. Je trauriger der Inhalt der Arie ist, desto diatonischer muß der Gesang seyn; er muß mehr herab- als hinaufsteigen. Man kann den Ausdruck noch durch halbe Töne verstärken, welche gleichsam durch die Gewalt der Modulation erzeugt werden, und wodurch der Gesang ungemein zärtlich und biegsam gemacht wird. Um diese Ausdrücke noch mehr zu verstärken, bedienen sich geschickte Leute der Pausen, wodurch der Gesang hin und wieder durchbrochen wird, oder eindringender Führungen des Gesanges, die mehr aus den Grundharmonien hergeleitet, als auf entlehnte Züge einer künstlichen Modulation gebauet seyn müssen.

Wenn von den entgegengesetzten Affecten, als Wuth, Rache, Verzweiflung, u. s. w. die Rede ist, so versteht sichs, daß man dazu die harten, oder die mit Kreuzen bezeichneten Tonarten brauchen müsse. Je heftiger die Leidenschaft ist, desto weniger muß man den Pinsel in den Augenblicken der Erfindung schonen. Ueberlasset euch vielmehr gänzlich der Raserey; vergesset die Kunst, wenn es möglich ist, um euch bloß dem Ausdrucke zu überlassen, den

ihr

ihr in starken und fühlbaren, mehr springenden als diatonischen Intervallen, ingleichen in frappanten Modulationen und Harmonien finden werdet.

Die Fortsetzung folgt künftig.

Duetto nell' Oratorio Sant' Elena.

Un poco Lento.
Dal tuo so - glio lu - mi - no - so
Dal tuo so - glio lu - mi - no - so
lu - mi - no - - so deh ri - mi - ra il
lu - mi - no - - so deh - - - ri - mi - ra il
no - stro pian - to il no - stro pianto a - mo-
no - stro pian - to il no - stro pianto a - mo-

ro - ſo Re - den - tor a - - mo - ro - ſo
ro - ſo Re - den - tor a - mo-
Re - den - tor a - mo - ro - - ſo Re - den - tor, Dal tuo
ro - ſo a - - mo - ro - - ſo Re - den - tor, Dal tuo
ſo - - - - - - glio, dal tuo ſo - glio
ſo - - - - - glio, dal tuo ſo - glio

Iusti-

lu - mi - no - ſo lu - mi - no - ſo, deh ri-
lu - mi - no - ſo lu - mi - no - ſo, deh ri-
mi - ra deh ri - mi - ra, il no - ſtro pian - to
mi - ra deh ri - mi - ra, il no - ſtro
il no - ſtro pian - - - - - - - -
pian - - - - - - - - - - -

to il nostro
to il nostro
pi-an - - to deh ri - mi-ra deh ri-mi-ra
pi-an - - to deh ri - mi-ra deh ri-mi-ra
a - mo - ro - so Re - den - tor a - mo-
a - mo - ro - so Re - den - tor

co-

Vorstehendes Duett aus dem Oratorio des Herrn Hasse, wovon wir im vorigen Stück geredet haben, verdienet allhier einen Plaß, da es einen so leichten, ungekünstelten, und doch schönen Gesang hat, daß wir gar nicht zweifeln, es werde Liebhabern angenehm seyn, dasselbe näher zu kennen; denen, die jungen Leuten im Singen Unterricht geben, kann es zugleich zu einem nützlichen und ermunternden Uebungsexempel bey ihren Scholaren dienen; wir wollen in dieser Absicht im künftigen Stücke noch den zweyten Theil desselben nachhohlen. Die Ritornelle am Anfange, in der Mitte und am Ende haben hier, einer sehr begreiflichen Ursache wegen, weggelassen werden müssen. Um mit unserer Recension nicht zu weitläuftig zu werden, wollen wir die übrigen Schönheiten des zweyten Theils dieses Oratoriums nur kurz berühren, bey weiten aber nicht alle, die ein forschendes Auge darinne entdecken wird. Die Recitative werden hier öfterer mit Instrumenten begleitet als im ersten Theile; und welch ein Nachdruck,

druck, welch ein Reichthum von Ideen, von schönen und ausgesuchten Harmonien ist überall in denselben zu finden! Da die Musik eigentlich nur für einen Sinn, für das Gehör arbeitet, so muß man viele ihrer Ausdrücke als analogische Ausdrücke betrachten, und es ist ihr mit diesen Ausdrücken immer sehr wohl gelungen. Man wird eine solche Art des Ausdrucks hier im sechsten Recitative finden. Das Accompagnement tritt bey den Worten: Onnipotenza eterna, che non ottiene una pietà verace! mit einem Unisono ein, und bleibt in der Tiefe liegen; bey den darauf folgenden Worten aber: Come se a viva face face poc'anzi estinta s'avvicina — e gia s'accende, breitet sich die Harmonie auf einmal in einen vollstimmigen Septimenaccord nach der Höhe und Tiefe aus; sie erwacht, sie wird gleichsam angezündet, so wie eine Fackel von der andern. In eben diesem etwas langen Recitative kommt noch eine Stelle vor, die bloß von Bratschen begleitet wird, und den Worten eine sehr angemessene Bekleidung giebt. Wir würden uns nicht enthalten können, ein paar schöne Stellen, besonders einen sehr rührenden Zwischensatz der Instrumente aus dem folgenden Recitative herzusetzen, wenn uns nicht der Raum verhinderte. Das letzte Recitativ aber, ein Monolog der Helena, ist durchaus so schön, so rührend, und mit so meisterhaften Wendungen der Harmonie begleitet, daß man alles menschlichen Gefühls beraubt seyn müßte, wenn man kalt dabey bleiben könnte; wir gestehen es gern, daß wir davon, so wie von dem ersten Chore: Di quanta pena è frutto, bis zu Thränen gerührt worden sind. Unter den Arien des zweyten Theils ist noch die Arie: Si scuoteranno i colli, il monte tremerà: eine große und pathetische Arie, voll Majestät, voll Wahrheit; man findet die gnädige Verheißung Gottes: **Es sollen wohl Berge weichen, und Hügel hinfallen; aber meine Gnade u. s. w.** mit allem, was sie großes und tröstendes an sich hat, in dieser Arie vortrefflich vorgetragen. Die folgende, das Bild einer in Wuth gebrachten Schlange vorstellende Arie hat eine feurige Bewegung, Harmonien, die sich auf mancherley Art in einander verwickeln, Sprünge und Krümmungen des Gesanges, die man schön finden wird, so bald man sie mit dem Gegenstande, den sie mahlen, zusammenhält. Vielleicht ist es aus Mangel dieser Aufmerksamkeit gewesen, daß einige diese Arie in einem Passionsoratorio für zu feurig gehalten haben. Wir müssen zum Ende eilen, und nur noch ein paar Worte von der letzten Arie: Al fulgor di questa face sagen: sie ist in Ansehung der Melodie, der Begleitung, der glücklichen Inversion der Worte, eine von dem schönsten im ganzen Oratorio. Der letzte Chor ist noch ungekünstelter als der Schlußchor des ersten Theils; doch fehlt es ihm nicht an ausgesuchten harmonischen, und den Worten gemäßen Schönheiten.

Wöchentliche
Nachrichten und Anmerkungen
die Musik betreffend.

Sechs und vierzigstes Stück.

Leipzig den 12ten May. 1767.

Blainville Betrachtung über die Musik.

Sechste Fortsetzung:

Studiret die Natur; sehet was für Abänderungen, was für Contraste sie euch darbiethet: Hier eine dürre Wüste, von steilen Felsen eingeschlossen; ein Aufenthalt des Stillschweigens und des Schreckens; dort eine angenehme Gegend, bewachsene Hügel, eine mit Gras bedeckte und mit Bluhmen besäete Wiese, wo alles Freude athmet.

Oder stellet euch die Wirkungen eines Sturms, eines Ungewitters vor; ein unterirrdisches Geheule, das Sausen des Windes, den Aufruhr der Meereswogen, das Geräusch des Wassers, das sich mit dem Brüllen des Donners vermischt; alles mahle die Unordnung und die Verwüstung, welche dieser vorübergehende Krieg verursacht: aber die Sonne kommt wieder hervor, der Wind lässet nach, die Luft wird ruhig und heiter; die Vögel, von der Furcht befreyet, kommen wieder, durch ihren süßen Gesang den Frieden der Elemente anzukündigen.

Versetzet euch noch in die heidnische Theologie, oder in die Welt der Feen; sehet Tysiphone, Alecto, jene grausamen Furien, mit der Fackel in einer, und dem Dolche in der andern Hand, bereit, ein unschuldiges Opfer ihrer grausamen Wuth aufzuopfern.

Sehet Ungeheuer, welche Feuer und Flammen speyen, einen Pallast, welcher verbrennt, und in einander stürzt; einen andern, welcher sich erhebt. Minerva steigt herab, und schafft diese Unordnung bey Seite. Jupiter, der ganze Himmel erscheint in dem Augenblicke, und verwandelt diesen Ort des Schreckens in einen Aufenthalt der Freude und der Glückseligkeit. Stellet euch endlich ein finsteres Gefängniß vor, welches angenehmen Lustwäldern, lachenden Haynen Platz macht; ein grüner Rasen, das Murmeln eines Bachs, der Gesang der Vögel, alles ziehet haufenweise Waldgötter, Faunen und Satyrn Bauern, Schäfer und Schäferinnen herbey, welche von der lebhaftesten Freude und dem Verlangen, ihre natürliche Glückseligkeit zu feyern, belebt werden. Man muß sich bey diesen Festen von mehr als einem göttlichen Feuer beseelt fühlen; hieher gehören die Stücke des Effects, die Stücke des Vergnügens, deren wir so viele vom Rameau haben.

Tanz-Arien, Müsetten, Gavotten, Tambourins, u. s. w. melodische Chöre, brillante Arietten, scherzhafte Liederchen; alles muß in diesen wollüstigen Augenblicken die lebhafteste Freude athmen, und das Bild der dauerhaftesten Glückseligkeit enthalten. Der Einbildungskraft kommt es zu, alle diese Dinge zu finden; der Seele und dem Herzen, sie zu empfinden; dem Geschmacke und der Vernunft sie zu dictiren.

Verlanget ihr etwas noch besseres, als diese Rathschläge, so leset die Poeten; sehet die Gemälde der berühmtesten Mahler, seyd aufmerksam auf die Feste, auf die öffentlichen Schauspiele; denn alles, was euch umgiebt, muß ein musikalischer Gegenstand seyn, welchen ihr allzeit durch eins von den dreyen Mitteln, Empfindung, Ausdruck und Effect werdet mahlen können; Mittel, die ihr auf verschiedene Art in den Werken des Lully, Campra, Destouches, Rameau, u. a. verbreitet finden werdet. In Ansehung der lateinischen Musik ziehet den la Lande und Mondonville zu Rathe. Der eine wird euch für den Ausdruck eben so viel zeigen, als der andere für den Effect. Zur Kammermusik sehet die Werke eines Clerambault, Baptistain, Mouret, u. a. nach. Wenn ihr bloß Instrumentalmusik sehen wollet, so laufet besonders die italiänische Musik durch: sehet einen Corelli, Tartini, Locatelli, Vivaldi, Telemann, le Clerc, Senaillier, Hasse, Pergolesi, Taradeglias, Jomelli, a) u. s. w.

Die

a) Unmöglich kann Herr Blainville diese Männer alle so kennen, wie er sie kennen sollte; er würde sonst einen Hasse, Pergolesi, Jomelli, Telemann nicht bloß zur Instrumentalmusik empfehlen, da sie für den Gesang weit mehr geschrieben haben, als für bloße Instrumente, auch dieses die Seite ist, von welcher sie hauptsächlich zu Mustern angepriesen zu werden verdienen. Der Verfasser macht hier über die italiänische Musik noch die Anmerkung: „Es giebt „in dieser Musik, außer der Harmonie, wie wir dieß Wort verstehen, noch „eine verborgene Harmonie, welche von der Schreibart, dem angemessenen „Zeit-

Die Stücke aller dieser großen Meister sind lebendige Muster, die man in keiner andern Absicht studiren muß, als um das Starke und Erhabene derselben zu fühlen, ja selbst ihre Fehler nicht unbemerkt zu lassen, wenn ihnen dergleichen entwischen. Hütet euch aber, indem ihr den Geist derselben annehmet, Copisten von ihnen zu werden; es ist dieß eine Klippe, die man mit grosser Sorgfalt vermeiden muß.

Es ist gut den Modeton, den Geschmack des Publicums zu kennen, und zu wissen, was ihm gefällt; aber wenn wir uns nur immer an das wahre Schöne halten, das sich nie verändert, so werden wir leicht Zierrathen genug finden, um den Veränderungen des Geschmacks Genüge zu leisten.

Wahrheit, Verhältniß und Verschiedenheit in der Musik.

Wahrheit in der Musik ist ein Gesang von einem so natürlichem Tone, daß man von Seiten des Ausdrucks nichts mehr zu wünschen hat, oder dessen leichte und naive Gestalt bloß durch seine Leichtigkeit gefällt. Diese leichte und ungezwungene Art ist ein Talent, dessen vorzüglichen Besitz man uns Franzosen nicht absprechen kann. Wir besitzen dieses bequeme Wesen, dieses, ich weiß nicht was liebenswürdige, in der Musik wenigstens eben so sehr, als in der Poesie.

Es giebt auch bloße Instrumentalstücke, die mit so viel Wahrheit ausgeführt sind, daß sie Worte, Ideen von Leidenschaften, von Bildern oder Mahlereyen hervor zu bringen scheinen. So halte ich die Musik des Tartini für eine

„Zeitmaaße, und der schönen Verbindung der Theile entstehet, welcher wir „höchstens nur in der lateinischen Musik etwas nahe kommen. Man könnte sagen, daß in ihrer Musik eine gewisse angreifende Schärfe sey, ein ich weiß nicht „was, das sich nicht sagen läßt, und wovon ich den Eindruck nie so sehr empfunden habe, als in dem Concerte, das man Vorzugsweise das italiänische „nennet. Die Zeit wurde mir bey diesem Concerte nicht lang; ich verspürte „keine Leere, sowohl wegen der Ausführung im Ganzen, als auch wegen der „Wahl der Musik. Könnte man wohl behaupten, daß die italiänische Musik, „die sich in der Kammer so vortrefflich ausnimmt, sich fürs Theater besser schicke, als die französische? Ich wenigstens weis nicht, ob nicht die allzu große „Simplicität und Langsamkeit, die man dieser letztern vorwirft, und die in „der Kammer ein wirklicher Fehler ist, eine wahre Schönheit auf dem Theater sey. Da ich nicht in Italien gewesen bin, so mag ich hier von dem, was „ich sage, nichts verfechten, eben so wenig, als einige andere Versehen, die „mir vielleicht in diesem Werke entwischt sind.

eine wahre Sprache der Klänge, für musikalische Phrases, die sich auf die reinste Harmonie, und auf die Kunst, die Violin singen zu lassen, gründen. Seine Concerte sind in der That der Triumph dieses Instruments, welches alsdann eine schöne Rede herzusagen scheint, und womit die andern Parthien nur verbunden zu seyn scheinen, um den Ton und die Verbindung der Ideen zu unterhalten. Wenn die Tutti davon mehr unterschieden wären, so wohl durch lebhaftere Reprisen, durch mehr abstechende Züge, als auch durch frappantere Harmonien, so würden diese Concerte durchgängig noch mehr gefallen. Aber die Musik dieses Autors ist deswegen denen nicht weniger schätzbar, welche das Wahre des Instruments lieben, und es von dem unterscheiden, was bloß eine Vermehrung der Schönheiten ist. **Locatelli** ist weniger original, weniger reich an Ausdruck und Einbildungskraft; aber munterer und lachender; er könnte mehr gefallen. So verschieden er auch ist, so behält er doch immer ein gewisses naives Wesen, das ihm natürlich zu seyn scheint. Geminiani hält das Mittel zwischen beyden, ohne sehr Original zu seyn. Man findet an ihm eben so sehr den Mann von Geschmack in seinen Sonaten, als den großen Künstler in seinen Concerten.

Le Clerc behält in seinen Sonaten stets den Nationalcharacter bey; man entdeckt unter allen den Zügen, womit er diese Art von Musik zu verschönern weiß, die vorzügliche Größe seines Talents sowohl im Componiren als in der Ausführung: Doppelgriffe, wohlgewählte Süjets, gegen einander abstechende Sätze, Verschiedenheit in den Ideen, die Kunst des Basses, alles kündigt den Corelli der Franzosen an. Was den Senaillier anbetrifft, welcher die Ehre hat, sein Vorgänger zu seyn, so würden seine leichten und muntern Sonaten vielleicht mehr geschätzt werden, wenn er den Baß weniger arbeiten ließe.

Die Wahrheit in der Musik kommt auch noch auf das Oertliche, auf die Bestimmung derselben an. Eine Musik fürs Theater muß im Ganzen nicht so seyn, wie eine Musik für ein Concert, und noch weniger wie eine Kirchenmusik, so wie diese beyden letztern sich auch merklich von der erstern unterscheiden müssen. Die kleinen Gesänge, die Trinklieder müssen ebenfalls ihre Mine der Wahrheit, ihren eigenthümlichen Character haben. Die Orgelstücke haben eine Majestät an sich, welche sie sehr von den Artigkeiten und den muthwilligen Sprüngen unserer Clavierstücke unterscheidet. Was für ein zartes Gefühl! was für ein großes Talent, um nur das zu thun, was man soll, und es auf eine geschickte Art zu thun!

Was für Geschmack, um in der Musik des Theaters nur die stärksten Leidenschaften, die lebhaftesten Bilder, die frappantesten Gemälde und die feinste Wollust

Wollust zu treffen! es so einzurichten, daß eine Oper ein Ganzes sey, und daß die Gattungen, die zur Tragödie, zum Ballet, oder zum Pastorale gehören, sich stets in einem oder dem andern deutlich zeigen, ohne daß die Simplicität des letztern etwas von der Majestät der Tragödie oder dem Brillanten des Ballets entlehne.

Welche Würde, welche Stärke der Ideen wird erfodert, um der Kirchenmusik jenen Geist der Inbrunst, der Andacht, der Aufrichtigkeit und einer stets sittsamen Freude einzuflößen! Man muß sich sehr hüten, daß man diese Art von Musik nicht mit dem Brillanten der Kammermusik, oder mit der Naivetät der Tafelmusik, oder noch weniger mit dem wollüstigen Tone des Theaters vermenget.

Verhältniß in der Musik ist die Kunst einem Stücke seine gehörige Ausdehnung zu geben, so, daß das Mittel mit dem Ende übereinstimme, und daß Verschiedenheit darinne sey, ohne daß es aus seiner Art oder aus seinem Character herausfalle. Von dieser Vollkommenheit hängt besonders das Wesen der Einheit ab: eine schätzbare Kunst, die wir Franzosen in allen Künsten überhaupt besitzen. Ich befürchte indeß, daß, wenn ich gewisse musikalische Werke besonders durchgehen sollte, es scheinen möchte, als ob wir das nur durch Kunst besäßen, was die Italiäner aus einem Ueberflusse des Genies zu haben scheinen.

Verschiedenheit in der Musik bestehet darinne, daß ein Stück, außer daß es nach der ihm eigenen Art eingerichtet seyn muß, noch Züge von verwandten Schönheiten, womit man es bereichern kann, enthalten müsse, welches es sodann weit lebhafter und interessanter macht, als wenn es auf eine einförmige und simple Art abgehandelt würde. Das ist der Probierstein des Genies, und der Punct, bis zu welchem wir heut zu Tage gekommen sind. Ehemals ließ der Mann von Talente, bloß durch die Empfindung und den Instinct geleitet, der Feder freyen Lauf; die einzelnen Verschönerungen hielten ihn, in den Augenblicken der Begeisterung, nicht auf; der Zuhörer aber, der verwöhnt worden ist, weil er schon viel gehört hat, ist mit dem bloßen Ausdrucke nicht mehr zufrieden; es müssen fremde Züge, neue Einfälle dabey seyn. Das, was in der Morgenröthe der Musik sehr lebhaft, sehr eingreifend schien, kommt uns heut zu Tage allzu monotonisch vor, in Ansehung dessen, was man mit Recht fodern zu können glaubt; und mancher, der damals dreyßig Opern geschrieben hätte, würde jetzt kaum drey oder viere, und nicht ohne große Schwierigkeit zu Stande bringen.

Die Fortsetzung folgt künftig.

Del Duetto del Sgr. HASSE Parte Seconda.

Andantino.
Ah ri - ſplenda al marmo accanto
Ah ri - ſplenda al marmo accanto
che rac - col - ſe il ver - bo eterno del - la
che rac - col - ſe il ver - bo eterno del -- la
mor - te e dell' - - - in - - ferno an - che il
mor - - te e dell' in - ferno an - che il

legno

le - gao vin - ci - tor. Ah ri -
le - gno vin - ci - tor. Ah ri -
ſplenda al mar - mo ac - canto del - la morte e
ſplenda al mar - mo ac - canto del - la morte e
dell' - in - fer - no anche il le - gno vin - ci -
dell' - in - fer - no anche il le - gno vin - ci -

tor

tor an - - che il le - - gno an - che il le - gno
tor an - che il le - - gno an - che il le - guo
vin - ci - tor.
vin - ci - tor.

Wöchentliche Nachrichten und Anmerkungen die Musik betreffend.

Sieben und vierzigstes Stück.

Leipzig den 19ten May. 1767.

Blainville Betrachtung über die Musik.

Siebente Fortsetzung:

Vielleicht fängt die Natur, auf ihre Rechte eifersüchtig, an; unsern Instinct zu erschöpfen, und läßt uns nichts als Verstand und Kenntnisse; eine schwache Zuflucht, wenn wir jenen Stachel nicht mehr zum Auftreiber unserer Gedanken haben. Das Herz ist der Fußsteig des Vergnügens, wenn dieses spricht, so ist der Geist allemal beredt, und wenn es stumm ist, so werden wir vergebens reden. Die Sinne kennen in der That kein anderes Vergnügen, als das ihnen aus den Händen der Natur dargereicht wird; alles was aus einer andern Quelle kommt, ist fremde für sie; sie sind dabey unempfindlich.

Wenn es aber an dem ist, daß die Künste stets ihrer Vollkommenheit sich nähern, und das Genie uns nach und nach erworbene Einsichten verschafft, so ist es auch wahr, daß man nicht allein eine ausdrückende Musik haben müsse, sondern eine solche, die selbst in ihrem Ausdrucke Verschiedenheit hat, sowohl in der Modulation, in der Harmonie, in der Wendung des Gesanges, als in der Schreibart oder der Ausfüllung; sowohl in den einzelnen Stücken und Sätzen, als in dem Ganzen eines Werks.

Wenn unsere Sprache uns auf einen schönen, simplen, rührenden, sinnreichen, und vom Gefühl selbst eingegebenen Ausdruck führet, so entfernet sie uns eben so sehr von jenen vielfältigen Veränderungen, nach denen die italiänische Sprache sich so leicht bequemt. Man kann demnach nicht anders, als durch einen sehr feinen Geschmack, und eine tiefe Einsicht in die Kunst diese beyden einander entgegen gesetzten Schönheiten vereinigen. Vielleicht können wir in der edlen, galanten und familiären Schreibart dahin gelangen; aber im comischen sind wir in Ansehung der Musik so weit unter den Italänern, als wir ihnen in dieser Gattung der Poesie überlegen sind. Wir wollen den Italänern die Pantominenart überlassen, sie haben ein gewisses natürliches Recht zum Besitz derselben: Gebehrden, Ton der Stimme, Aussprache, alles spricht bey ihnen dieser Gattung zum Besten. Sie haben außerdem ein Mahlerisches, ein Salz, eine Feinheit, die ihnen ansteht; sie sind belustigend in der Sache selbst. Kaum haben wir den Schein davon, wir, deren Gesang, selbst in den heitersten Augenblicken, ernsthaft ist. Die Abwechselung in der Musik haben wir, wie ich glaube, nicht anders erlangt, als, indem wir die italänische Musik studirt haben: wir können demnach nicht besser thun, als wenn wir auf diesem Wege immer fort fahren.

Vom Contrapuncte oder von der Fuge.

Der Contrapunct ist der Mahlerey auf Glas zu vergleichen; es ist eine verlohren gegangene Kunst, von welcher man vergebens die Regeln sucht, ohne sie wieder finden zu können. Unterdessen haben wir doch der Kunst des Contrapunctes unsere ganzen musikalischen Einrichtungen zu danken; die Kunst nämlich in verschiedenen Stimmen zu componiren; ein System, wodurch wir von den alten und neuern Griechen sehr unterschieden, und folglich ihnen, so wie allen Völkern der Levante überlegen sind.

Die Morgenröthe des guten Geschmacks, die nach und nach zum Vorschein kam, hat jenen gothischen, vielleicht gar grotesken Geschmack verdunkelt. Es hat sich indeß dieser Geschmack noch in unsern Kirchen erhalten, allwo der weite Raum, in welchem wir diese musikalische Masse hören, verursacht, daß wir in der Ferne das Plumpe dieses Gesanges nicht bemerken, und ihn mit einer Art von Vergnügen hören. Diese Art der Musik hat ihre Schönheiten; und wann jedes Jahrhundert wiederum die seinigen hat, so kann man sagen, daß der Chorgesang, der Contrapunct und der Fugenstyl ursprünglich einen Glanz gehabt habe, den wir heut zu Tage schwerlich erreichen können. Der Gesang der Präfationen, des Pange lingua, des Dies iræ, u. s. w. sind uns ein tüchtiger Beweis davon. Auf diesem Chorgesang ist der Contrapunct gebauet. Man unterscheidet ihn in vielerley Arten, in den einfachen, zusammengesetzten und figürlichen. Der erste ist der Gesang, den man zu den Psalmen braucht, oder das, was die Franzosen Faux-bourdon, nennen. Der zusammengesetzte oder figürliche Contrapunct entstand auf eine doppelte Manier: man brachte das Subject des Chorgesanges entweder in die Oberstimme, oder in den Baß. Im Anfange nahm man zur ganzen Harmonie nichts weiter, als Terzen,

zen, Quinten und Octaven; die Fortschreitungen aber, oder vielmehr die Modulation darinne war so stark, so reich und so mannichfaltig, ohne beynahe eine Dominante oder Septime zu berühren, daß diese Schönheit der Modulation statt allem diente. Wir haben noch alte Gesänge, die nur dieser Art von Harmonie allein fähig sind; ich habe den Versuch damit gemacht, und die diatonischen Modulationen sind der Schlüssel dieser alten Schreibart; eine Modulation, welche dieser Gattung von Gesängen einen gewissen freyen und kühnen Character giebt, der ganz von dem unsrigen unterschieden ist; ein Umstand, welcher Aufmerksamkeit verdient.

Im figürlichen Contrapuncte erlaubte man sich in der Folge von den einfachen Dissonanzen, als der Secunde, Quart, Septime und None Gebrauch zu machen; man sahe aber dabey die verminderten und übermäßigen Dissonanzen für unbrauchbar an.

Die große Kunst des Gewebes dieser Musik bestand darinne, daß man die Stimmen, nach dem gegebenen Gesange, durch die Fuge, die Doppelfuge, oder den Gegensatz hinter einander anfangen ließ, und daß man in der Fortsetzung des Stücks diese Art der Nachahmung von vier zu vier Tacten, so oft es geschehen konnte, wieder vorbrachte.

In einigen Musikstücken, als Messen, Motteten u. s. w. wurde diese Compositionsart schon polirter, sanfter, leichter, und kurz, singender. Wenn man Stücken verfertigte, die aus Fugen bestanden, so unterbrach man sie durch singende Sätze, und diese Fugen selbst wurden gefälliger, durch die angenehmen Bilder, und die glänzenden Züge, die man hin und wieder einzustreuen wußte. Das Thema einer Fuge wurde außerdem auch nicht für schön gehalten, als in sofern es nervicht war, und von jenem Feuer belebt wurde, das man Enthousiasmus nennet; und das ist es, was wir mit den Arbeiten eines Corelli und Lalande beweisen können. Man mache viel Werks mit dem, was aus der Feder dieser beyden großen Männer gekommen ist, weil sie diese sehr ernsthafte Compositionsart mit allen Annehmlichkeiten des Gesanges aufgestutzt, und sie mit edlen und glänzenden Zügen belebt haben. Man findet in ihnen stets einen Raphael, der mit Erhabenheit, und in einem edlen und ernsten Tone mahlt, aber mit allen Annehmlichkeiten der schönen Natur, und der sorgfältigsten Correction.

Man sage was man wolle, selbst die ungebundenste, die lebhafteste Musik hat, ohne daß man es gewahr wird, etwas von dieser Musikart an sich. In den Trios höret man Melodien, die einander antworten; es sind verschiedene Phrases, die ein Gespräch zusammen ausmachen. Nur daß die Ideen munterer sind, sonst sind sie nichts anderes, als auf einander folgende Nachahmungen; der Zuschnitt ist verschieden, aber im Grunde kömmt es auf eins hinaus. Es sind verschiedene Figuren, welche ein Gemälde zusammen ausmachen; das Verdienst bestehet in der Wahl der Charactere.

Kurz, man macht nicht viel aus den Fugen, als in so fern sie jene feurige Züge an sich haben, welche eigentlich von der Einbildungskraft herrühren; und wenn man einen Text damit verbindet, so muß man auf nichts weiter sehen, als daß Ausdruck da sey. Die schönste Ouvertüre von Händeln ist eine Fuge; Scarlatti hat in seinen Clavierstücken gleichfalls sehr angenehme mit untergemischt. Noch einmal, es ist unstreitig, daß die Fuge der Ursprung unserer Musik ist, und sich mit dem guten Geschmacke sehr wohl vereinigen lasse. Sie ist ein Colossus, sie ist der farnesische Hercules, stets schön, von welcher Seite man ihn betrachtet: aber welche Kühnheit, welcher Geschmack wird erfodert, um den Meißel mit kluger Hand zu führen.

Von den Gattungen der Musik.

Wir haben Musik fürs Theater, Musik für die Kammer, und Musik bey der Tafel. Dieses sind drey Gattungen, die wir wohl von einander zu unterscheiden wissen. Wir sind der Meynung, daß das, was sich sehr gut für die eine, sowohl in Ansehung der Composition als der Ausführung schickt, sehr lächerlich bey der andern seyn würde. Indeß vermischen wir doch aus Gewohnheit öfters das eine mit dem andern. Wir führen Opern im Zimmer auf; man singt Arien aus Opern bey der Tafel: und so schreiben wir auch für das Theater Lieder, die wir bloß zu unsern gesellschaftlichen Ergötzungen aufheben sollten. Wir haben dazu weiter keinen Bewegungsgrund, als das Vergnügen, und richtet sich das Vergnügen wohl nach vernünftigen Gründen?

Die alten Griechen dachten nicht also, wie man aus den Nachrichten des Herrn Bürette von der alten Musik ersehen kann. Alle Musikarten waren nicht allein der Einrichtung, und dem Character, sondern auch der Anwendung nach, unterschieden. Die Musikart, welche zur Besingung der Helden gebraucht wurde, ließ sich nie zu gemeinen Vergnügungen herab, eben so wenig als die kleinen Liederchen das Erhabene des Heldengesanges erniedrigten. Die Ursache dieses Unterschiedes ist leicht zu begreifen. Der Geschmack der Griechen, ihr Urtheil war das Urtheil der ganzen Nation, welche sich haufenweise versammelte, um schöne Dinge zu bewundern, wenn sie davon gerührt wurde, oder das zu verachten, was das Unglück hatte, ihr zu misfallen. Bey uns ist es grade umgekehrt: einige Privatpersonen kommen auf dem Schauplatze zusammen, mit dem Verlangen sich zu belustigen, beynahe eben so, als sie sich in der

der Gesellschafft belustigen würden. Wir bringen eben das Gefühl mit, das die Griechen hatten, so gar mit einem noch feinern Geschmacke; aber es ist nicht das Feuer, das Freye und Kühne, das dem Genie des gemeinen Volkes so gemäß ist, darinne.

Man setze noch hinzu, daß hier mehr als anderwärts das Urtheil der Frauenzimmer über die Einsichten der Kenner die Oberhand behält. Das schöne Geschlecht ist in seinem Geschmacke zu liebenswürdig, und was ihm gefällt, kann sich immer ein sicheres Glück versprechen. Sie lieben aber nicht allzeit die großen Schönheiten der Kunst, und mancher Kenner, der daran Geschmack finden würde, läßt sich aus Gefälligkeit zurück halten. Ich meines Orts halte kein Urtheil für gut, als das auf unserm eigenen Grunde und Boden gewachsen ist. Nicht, als ob wir unter uns nicht eine Menge Leute von sehr gutem Geschmacke, einer richtigen und feinen Urtheilskraft hätten: aber unser Nationalcharacter ist so, daß wir nur bloß nach der Empfindung urtheilen, und überall ein leichtes und angenehmes Wesen finden wollen, das wir für eben so zuträglich für uns halten, als die Luft des Landes, in welchem wir gebohren sind.

Es ist wahr, daß die Empfindung der Grund zu unsern Urtheilen ist; das Herz, welches in Bewegung gesetzt wird, irret sich darinne nicht so leicht. Wenn der erste Eindruck geschehen ist, so wird das Urtheil gesprochen, und es ist ein unwiderrufliches Urtheil. Aber kann man zu diesen ersten Wirkungen nicht noch viel andere Arten der Schönheiten hinzusetzen, die dem Eigensinne unsers Humors, unsers Alters und unsers Standes gemäß sind?

Hofmann, Bürger, Bauer, Jüngling, Alter, alles kann verschieden urtheilen. Was für ein geschwindes und feines Gefühl! was für Einsichten! was für Erfahrung, ehe man sich jene gesunde Urtheilskrafft erwirbt, vermöge deren wir das Mittelmäßige vom Guten, das Gute vom Erhabenen unterscheiden, und endlich nach unsern eigenen Einsichten den Ausspruch thun?

Ihr habet dieses Talent erlangt; man kann es nicht besser haben. Es gehet aber eine Veränderung vor; der Geschmack verändert sich: ihr müßt euch sodann selbst verändern, oder euch entschließen, euch zu ärgern, zu schmälen und wider den verderbten Geschmack der Zeit zu schreyen. Ihr möget immer schreyen: Zu meiner Zeit, zu meiner Zeit! man wird euch reden lassen, und die Sachen werden immer ihren Weg fortgehen.

Hat man nicht gesehen, wie der Geschmack des Lulli auf den Geschmack des Rameau übergegangen ist, und wie dieser letztere auf einen Augenblick von den italiänischen comischen Sängern wieder ist verdunkelt worden? Hat nicht

 eine

eine jede Art im Anfange Schwierigkeiten zu überwinden gehabt? Hat man sogleich ihre wahre Schönheiten eingesehen? Wird man mir gegenwärtig sagen, daß man von dem Werthe der Dinge nach dem ersten Eindrucke urtheilen könne? Dieser einzigen Meynung nach würde kein Wachsthum der Künste statt finden, wenigstens in gewissen Arten der Schönheit nicht. Dieser Instinct, oder um besser zu sagen, diese ersten Eindrücke werden uns öfters betrügen, wenn sie nicht durch Einsichten und durch gründliche Kenntnisse geleitet werden; eine Betrachtung, welche uns abhalten kann, daß wir mit unserm Urtheile nicht zu sehr eilen. Weil darüber öfters bey uns Streit entstehet, so glaube ich, daß man mir diese kleine Ausschweifung zu gute halten werde.

Wir haben in der Musik zwey Schulen, Schreibearten will ich eigentlich sagen, die vom Lully und vom Rameau; wir wollen sehen, worinne sie sich einander nähern, und worinne sie von einander abgehen. Da ich mich verbunden halte, das allhier zu sagen, was ich denke, so hoffe ich nicht, daß mich die Leser einer blinden Abgötterey beschuldigen werden. Wenn man die schönsten Stücke des Corneille der Critic unterworfen hat, warum sollte man nicht auch von dem besten unserer Componisten reden dürfen?

So voll von Geist und Leben Lully in seiner Declamation, und in verschiedenen Characterstücken ist, so nackend sind seine Chöre; so frostig und ohne Interesse seine Symphonien und seine Feste; welches über das Ganze seiner Opern ein gewisses finsteres Wesen, oder um besser zu sagen, ein Stillschweigen verbreitet, das wir durch die Opern des Rameau erst haben einsehen lernen. Es ist wahr, daß dieser große Mann, bey aller seiner Simplicität; große Schönheiten im Ausdrucke hat, und in jeder Art den ihr zukommenden Character beybehält; bloß die schöne Natur scheint sich in den Zügen seines Genies zu zeigen. Rameau, feuriger, lebhafter in seinen Arien, in seinen Festen, voll Geist und Annehmlichkeit, und indem er alle Triebfedern der Kunst in Bewegung setzt, scheint von dem zu viel zu haben, wovon der andere zu wenig hat. Es liegt nichts daran, die Sache ist einmal geschehen, und ich zweifle daß sich etwas darinne werde ändern lassen. Die Menschen sind in ihren Vergnügungen selten beständig; wie soll man einen Reiz, den sie einmal kennen gelernt, bey ihnen wieder in Vergessenheit bringen? Man fühle immer noch Bewunderung des Lulli; man wird aber Vergnügen suchen, und wo wird man es ohne Veränderung finden? Es giebt ein Mittel, welches darinne bestehet, daß man die Scenen und einige vorzügliche Stücke seiner Werke behält, außerdem aber alles heraus wirft, was ohne dem Gedichte zu schaden geschehen kann; daß man von einer andern Hand die Arien, die Gesänge und die Ballette

lette hinzu thut, und, um es mit einem Worte zu sagen, alle Zierrathen an diesem Gebäude neu machet, welches zwar eine schöne architectonische Anlage zeiget, woran aber das Außenwerk sehr vernachläßigt scheint. Vielleicht wäre es besser, daß ganze Gebäude neu aufzuführen, welches aber nicht möglich scheint, weil dieser Autor für die Liebhaber seiner Zeit noch zu neu ist. In zwanzig oder dreißig Jahren indeß, wenn die Kunst noch mehr gestiegen seyn wird, dürfte sich doch wohl ein Genie finden, das zu einer solchen Unternehmung kühn genug wäre.

Man wird vielleicht glauben, daß es besser sey, nur einige Arien von eben der Art hinzuzuthun; aber nein, man würde sie nicht genug bemerken; man würde vielmehr verlangen, daß durchs Ganze eine neue Mine, und in dem Tone der gegenwärtigen Zeit anzutreffen seyn solle. Ich wünsche, daß der Beyfall seiner Opern mich künftig vollends von meinem Unvermögen überzeuge. Nicht eher, als bis wir Acteurs haben, wie sie zu den Zeiten des Lulli waren, wird man das Genie der Nation umschmelzen, und ihm eben die Art zu denken geben, die sie zu den damaligen Zeiten hatte. Ich habe einen Versuch mit der Oper Theseus gemacht; die Unterstützung, die Ausführung, alles hat meine Hoffnung übertroffen. Man schien mit den Festen und den Arien sehr zufrieden, die bloß zum Vergnügen gemacht waren; ein Geständniß, das für mich bloß ein Bewegungsgrund zur Nacheiferung seyn muß. Da aber die wesentlichsten Stücke, aus Mangel der Aufführung, nicht haben können gehört werden, so wird man mich vielleicht für einen Menschen von einem mittelmäßigen Talente halten können. Mein Recitativ, das ich nicht unter das Recitativ des Lulli hätte mengen sollen, wird mich ebenfalls in den Verdacht gebracht haben, daß ich in dieser Art nicht sehr geschickt sey. Und konnte es wohl anders seyn? Ein junger Autor kämpfte mit einem alten, der den Ruhm eines halben Jahrhunderts vor sich hatte; es war der Streit eines Zwerges gegen einen Riesen. Es liegt aber nichts daran, und wenn auch meine Eigenliebe noch mehr hätte dabey leiden sollen. Kann man die Einsichten, die man durch Erfahrung erhält, wohl zu theuer bezahlen? Das war damals meine Absicht, und ich bitte meine Richter, davon überzeugt zu seyn. Ich schätze den Lulli noch eben so hoch, und denke noch immer wie zuvor.

Vom Gesange und der Musik überhaupt.

Die Musik ist für die Ohren das, was die Mahlerey für die Augen ist. Sie muß den Zuhörer interessiren, sie muß seine Aufmerksamkeit an sich ziehen, indem sie ihm Bilder vorstellt, die er für bekannt annimmt, und indem sie

dabey

daben immer auf Abwechselung siehet. Bald gehet sie von der Empfindung der Leidenschaften zu physikalischen Bildern der Natur über; bald von der erhabenen Schreibart zur gemeinen; vom pathetischen Tone zum muntern; von ernsthaften zum scherzenden: so daß die Seele, die durch diese beständige Abwechselung immer in Bewegung gehalten wird, ihr Vergnügen in einem Zustande findet, wo das Mannichfaltige demselben immer neue Nahrung giebt. Denn wenn sie nur einen Augenblick ruhig gelassen wird, so zerstreuet sich die Seele, der Eckel bemächtigt sich ihrer, das Vergnügen verschwindet; alles stehet still, aus Mangel der Bewegung.

Das ist die schlüpfrige Bahn, welche die Künste, und besonders die Musik, zu laufen haben, deren Eindrücke um so viel tiefer und mannichfaltiger seyn müssen, je schneller die Wirkung, und kürzer anhaltend dieselbe ist: die Musik kann diese Absicht entweder durch die Stimme, oder durch die Instrumente erreichen.

Die Fortsetzung folgt künftig.

Leipzig.

Es hat einige auswärtige Interessenten befremdet, daß sie, wie es nach dem auf jedem Blatte unserer Wochenschrifft befindlichen Dato scheint, diese Blätter so spät zugeschickt bekommen. Die Sache verhält sich aber folgender Gestallt: Man wählte, als diese Wochenschrifft angefangen wurde, den 1 Julius zur Epoche; es war ein Dienstag, und man konnte annehmen, daß das Blatt an diesem Tage geschrieben sey; es giengen ein paar Tage mit dem Drucke desselben hin, und die Zeitungsexpedition fand den Montag für den bequemsten Tag, an welchem sie dasselbe ausgeben konnte. Wenn es also an einigen entfernten Orten noch älter aussiehet, so bitten wir nur, es nicht der Besorgung von Seiten der Expedition zur Last zu legen, als welche darinne gern alle mögliche Ordnung und Präcision beobachtet. Um diese Ungleichheit bey Seite zu schaffen, wird man, sobald dieser Jahrgang mit dem 52ten Stück geschlossen ist, das Datum von dem Tage nehmen, an welchem das Blatt hier in Leipzig ausgegeben wird.

Wöchentliche
Nachrichten und Anmerkungen
die Musik betreffend.

Acht und vierzigstes Stück.
Leipzig den 26ten May. 1767.

Blainville Betrachtung über die Musik.

Achte Fortsetzung:

Man kann sagen, daß der Gesang seine Schönheiten von der Natur, gleichsam aus der ersten Hand, und die Instrumentalmusik sie nur aus der zweyten bekomme. Der Gesang ist die Natur selbst, und die Instrumentalmusik ist nur eine schwache Nachahmung derselben. Die Stimme ist das Werkzeug des Gesanges; ich setze sie so schön voraus, als man sie nur verlangen kann. Die große Kunst des Gesanges bestehet nicht sowohl darinne, daß man die Stimme in ihrem Glanze zeigt, als vielmehr, daß man den Tönen eine Seele, eine gewisse Biegsamkeit, und einen der Absicht gemäßen Character giebt. Denn nur der Stimme wegen singen, ist nichts anderes, als nur für das Gehör reden: aber den Ton der Stimme bald stärker bald schwächer werden lassen, einen muntern oder traurigen, feurigen oder trägen Character hinein bringen, Schwebungen und andere zum Ausdruck sich schickende Zierrathen hinzu setzen, diese Schönheiten hernach durch die Kunst der Gebehrden noch mehr erhöhen, so daß der Zuhörer einen Eindruck von der Sache bekommt, und sie für nichts anderes nehmen kann als was sie ist; das ist, wie ich glaube, die wahre Kunst zu singen. Außerdem sind es nichts, als Klänge, die zwar dem Ohre auf eine angenehme Art schmeicheln, aber nicht bis in die Seele dringen; es ist nicht jene Illusion, jener Enthusiasmus, vermittelst deren verschiedene unserer Orpheen uns gezeigt haben, wie weit die göttliche Kunst zu bewegen, und die Sinne hinzureißen gehen könne.

(Der Verfasser macht hier einigen französischen Sängern und Sängerinnen ein Compliment, ohne sie zu nennen. Wir wollten die Nahmen wohl errathen. Da wir aber in Ansehung des Gesanges am wenigsten französisch denken, so werden unsere Leser nicht übel nehmen, wenn wir diese Stelle mit Stillschweigen übergehen; so wie wir es dem Verfasser nicht übel nehmen, wenn er, wie er sagt, in dem Augenblicke, da er diese Sänger hört, die Bouffons, die Intermezzen, und alle italiänischen Castraten vergißt.)

Denn, setzt er hinzu, man findet an ihnen eben das Brillante, und siehet es noch durch einen edlen, naiven Ton, und durch eine der Nation besonders eigene Annehmlichkeit unterstützt. Wenn die Italiäner eine unendliche Kunst, feine, lebhafte und zärtliche Schattirungen in ihrem Gesange haben, so fehlet ihnen doch die Mine des Edlen und Wahren, oder man wird vielmehr in der Folge einen Pantominenton in den Character der Musik, und in ihrer Art zu singen gewahr, der alle diese entzückenden Schönheiten in den Augen eines Kenners sehr weit herab setzt. Wenn wir in allen Theilen der Musik nicht so vortrefflich sind, als sie, so singen wir doch weit ungekünstelter, und in einem näher an die Natur gränzenden Tone. Die Italiäner mögen sagen was sie wollen: ein Franzos, der gut spricht, der zu declamiren weis, oder auch nur als Liebhaber singt, hat hundertmal mehr angenehmes, als alle andern Völker von Europa a); es ist ein Etwas im Ganzen, eine Harmonie, die sie nicht erreichen werden. Welche Leichtigkeit, welche natürliche Schönheit! Es ist weder eine Turteltaube, noch eine Nachtigall; es ist nicht ein Ochse, der brüllt; sondern es ist ein Mensch, welcher auf eine ungekünstelte Art die Sprache der Götter redet. Wir gestehen der italiänischen Musik ihre eigenthümlichen Schönheiten zu; wenn sie sich aber nur zu unserer Sprache schicken, so wissen wir sie leicht zu fassen, und mit Geschmack anzubringen. Es ist dieses ein eigenes Talent der Franzosen, welches so viel werth ist, als die unerschöpflichste Einbildungskrafft, welche, wenn sie in Unordnung geräth, leicht ins Kindische und Ausschweifende verfällt. Ein italiänischer Componist stimmt seine Leyer einigermaßen nach dem Inhalte der Worte; aber hernach mag es gehen wie es will; er bringt Modulationen, rollende und laufende Passagien vor, die kein Ende nehmen

a) Wenn nun alle Völker von Europa eben das sagten, wer hätte Recht? Alle oder keiner. Wir kennen diese Sprache schon, und anstatt sie zu tadeln, wünschten wir, daß die lieben Deutschen nur halb so sehr für das einheimische Gute eingenommen, und um die Hälfte weniger Affen der Franzosen und Italiäner seyn möchten.

nehmen wollen. Man könnte ganz andere Worte darunter setzen; oder vielleicht bliebe die Arie noch eben so schön, wenn auch gar keine Worte dabey stünden.

Wir haben eine Musik, und der Geschmack, der uns Schritt vor Schritt folgt, wird uns vor dergleichen Ausschweifungen zu bewahren wissen. Der Gesang ist bey uns der Probierstein der schönen Aussprache, die Sprache der Götter und das Vergnügen der Seele. Wenn er das gut ausdrückt, was man sagt, so empfindet sie ein inniges Vergnügen. Für sie nur ist der Gesang gemacht; man mag sie entzücken oder belehren wollen, so ist sie stets bereit, alle Eindrücke und Empfindungen zu haben, deren sie die Natur fähig gemacht hat.

Wollte man verlangen, daß wir eine italiänische Musik auf französische Worte machen sollten, so wäre das eben so viel, als eine französische Musik zu italiänischen Worten verfertigen. Niemand, wie ich glaube, wird sich eine solche Vertauschung einfallen lassen. Wir müssen eine natürliche Musik haben, so wie unsere Sprache und unser Character sie erfodern. Alle Völker von Europa, wird man sagen, sind über den Vorzug der italiänischen Musik einstimmig; meinethalben! sie empfinden so, und wir anders; oder vielmehr liegt die Schuld daran, daß ihre Sprache dem musikalischen Accente nicht angemessen ist.

Man muß außerdem erwägen, daß ein Pariser die Sachen nicht mit eben der Lebhaftigkeit siehet, als der Einwohner einer Provinz, und dieser letztere nicht so lebhaft, als ein Italiäner. Es folgt daraus, daß ein Italiäner, dessen Einbildungskraft weit feuriger ist, in unserer Musik nichts als Monotonie und Schläfrigkeit finden kann. Der Franzos hingegen, der die Sachen mit kälterm Blute und mit mehrerer Vernunft ansiehet, muß in der italiänischen Musik nichts als Schwärmerey und ein übertriebenes Wesen finden. Beyde haben Unrecht, wenn sie nach Vergleichungen urtheilen; aber sie werden sich sehr leicht vereinigen, wenn sie, jeder für sich, ein Urtheil fällen, und gestehen, daß eine Nation von der andern, in Ansehung ihrer Vergnügen und Ergötzlichkeiten, eben so sehr unterschieden sey, als in Ansehung der Sprache, der Sitten und Kleidungen.

Wir, die Engländer und Franzosen, sagt der Herr von Voltaire a) sind erst nach den Italiänern gekommen, welche in allem unsere Lehrmeister gewesen sind, und die wir in einigen Stücken übertroffen haben. Ich weiß nicht, welcher von den drey Nationen man den Vorzug geben soll: glücklich aber ist der, der ihre Vorzüge einzusehen und zu empfinden weis, und nicht die Thorheit begehet, daß er nur das hochschätzt, was von seinem eigenen Lande kommt.

Ende.

a) Mélanges de Litterature c. XXXI.

Leipzig.

Musikalische Belustigungen, in vierzig scherzenden Liedern, von August Bernhard Valentin Herbing, Vicario und Organisten am Dom zu Magdeburg. Zweyter Theil. 1767. 12 Bogen in klein Folio.

Die Gestalt und Einrichtung dieser Lieder ist aus dem ersten Theile, der schon zweymal gedruckt ist, bekannt. Es ist zu bedauern, daß dem Herrn Herbing, dem man ein musikalisches Genie nicht absprechen kann, kein längeres Leben vergönnt gewesen, daß seine Talente sich völlig hätten ausbilden können. Man wird hin und wieder Ungleichheiten und ein gewisses Rohes gewahr, welches in der Folge der Zeit durch Aufmerksamkeit und Fleiß vollends bey Seite würde seyn geschafft worden. Einen erfindsamen Geist, artige und dem Character des Liedes gemäße Melodien trifft man bey Herrn Herbing alle an; er unterscheidet sich sogar von andern Liedercomponisten durch eine gewisse Kühnheit, durch allerhand witzige Einfälle, die freylich bisweilen ins Tändelnde fallen. Wider den Gebrauch der Harmonie ließe sich, wenn man streng seyn wollte, hin und wieder etwas einwenden; da es aber gewiß ist, daß die Liebhaber gewohnt sind, des vielen Guten wegen, das ihnen gefällt, über einige Kleinigkeiten hinweg zu sehen, so brauchen wir uns dabey auch nicht aufzuhalten. Der Verleger, Herr Breitkopf, hat von eben diesem Verfasser eine Anzahl kleiner Claviersonaten in Händen, welche bloß für Anfänger geschrieben zu seyn scheinen, und gar wohl verdienten, durch den Druck bekannt gemacht zu werden. Die Poesien dieses zweyten Theils sind aus unsern besten Dichtern gewählt, und ihre Nahmen oder Schriften allemal dabey angemerkt. Verschiedene dieser Poesien sind schon von andern Componisten mit Melodien versehen, und der Liebhaber erhält dadurch ein Vergnügen mehr, anstatt daß ihm dieses Einerley unangenehm seyn sollte. Er kann Vergleichungen anstellen, und sehen, wie eine und eben dieselbe Sache so mancherley Gestalten fähig ist, und wie die Einbildungskraft eine unerschöpfliche Quelle sey. Wir wollen, an statt eins von den Herbingischen Liedern einzurücken, eine kleine Anecdote bey dem fünf und zwanzigsten Liede auf der 27ten Seite machen. Dieses Lied, das den Herrn Secretär Oestenfelder zum Verfasser hat, wurde zur Zeit der Opern in Dresden nach einer kleinen Balletmelodie, die den Zuschauern gefiel, verfertigt. Es ist nicht zu läugnen, daß hier der Componist dem Dichter zu einem sehr artigen und wohlklingenden Sylbenmaaße Gelegenheit gegeben. Dieses Sylbenmaaß ist nach der Zeit vielfältig nachgeahmt, so wie das Oestenfelderische Lied mehr als einmal componirt worden. Um zur vollständigen

Vergleichung dieser Compositionen etwas beyzutragen, wollen wir die Originalcomposition, wenn wir sie so nennen dürfen, und die, wo wir nicht irren, vom Herrn Adam in Dreßden ist, hier beyfügen, weil sie uns noch in den Gedanken schwebt. Wir behalten die Tonart bey, welche die Melodie auf dem Theater hatte, ob sie gleich der Singstimme zu gefallen, einen oder ein paar Töne herab gesetzt werden könnte.

Allegretto.
Steifer Alten Gram und Falten ziemen mir noch
nicht: Aber Phillis in den Reihen tanzen se-hen
und mich freuen, das ist mei-ne Pflicht.

[illegible] eine Anmerkung zum Verstande der zweyten Strophe dieses Liedes: Hofm[illegible] war ein berühmter Tanzmeister damals in Dreßden, der vermuthlich der Phillis des Dichters im Tanzen Unterricht gab.

Das neun und dreyßigste Lied der Herbingischen Sammlung, ist eine Erinnerung an die Zukunft, und man kann es als den Schwanengesang des Com-

 ponisten

ponisten ansehen, dem wir in der That ein länger Leben gewünscht hätten. Dieser zweyte Theil kostet 16 gl.

Arien und Gesänge aus der comischen Oper: Lottchen, oder das Bauermägdchen am Hofe. In dreyen Acten.

Es ist für einen patriotischen Deutschen eine allzu angenehme Sache, den deutschen Gesang sich bisweilen der Schaubühne bemächtigen zu sehen, von welcher ihn bisher der italiänische gänzlich verdrungen zu haben schien; wir sind daher auf alles aufmerksam, was die Ehre der deutschen Sprache zu retten die Absicht zu haben scheint, und uns immer noch mehr Gutes in der Folge verspricht, wenn Dichter und Componisten ohne Stolz und Eigensinn einander die Arbeit erleichtern, und in gewissen Stücken einer dem andern mehr zu Gefallen thun werden. Gegenwärtiges Stück, das in voriger Messe zum erstenmal auf der kochischen Schaubühne allhier erschienen ist, und dreymal bald nach einander aufgeführt wurde, ist eine Arbeit unsers um das deutsche Theater verdienten Kreißcassirers Hrn Weiße, und die Musik darzu hat Herr Hiller componirt. Die Anlage ist aus dem bekannten französischen Stücke: Ninette à la cour genommen. Der Nahme des Verfassers sagt es schon, daß es keine ängstliche und sclavische Uebersetzung sey; man darf, wenn man sich davon überzeugen will, nur die Zahl und Einrichtung der Singstücke in beyden Sprachen mit einander vergleichen. Es sind deren im Deutschen überhaupt sechs und dreyßig. Einige davon sind Lieder von zwey bis drey Strophen; einige, besonders die Arien des Astolph haben zwar die Form der italiänischen Arien, sind aber alle vom Componisten in einen Theil zusammen gezogen worden. Außer zweyen Quartetten, wovon das letzte die Stelle eines Chors vertritt, sind fünf Duetten in dem Stücke enthalten, welches für die Musik auf einmal zu viel gewesen seyn würde, wenn sie nicht sowohl der Form als dem Inhalte nach sehr von einander unterschieden wären. Die Versification ist übrigens in den meisten Arien überaus harmonisch und fließend, und die hin und wieder angebrachten characteristischen Züge haben dem Componisten zu mancherley abwechselnden Ausdrücken Anlaß gegeben. Die Acteurs, von denen dieses Stück aufgeführt ward, verdienen insgesammt gerühmt zu werden: Man weis mit welcher Wahrheit und Naivetät Mademoiselle Steinbrechetinn, welche die Rolle des Bau[illegible]chens spielte, alle dergleichen Charactere vorzustellen fähig ist; und ihre F[illegible]eit im Gesange, mit einer guten Stimme vereinigt, macht es beynahe unwahrscheinlich, daß sie ohne die erfoderliche Einsicht in die Musik singt. Herr Henke, der die Rolle des Astolphs hatte, zeigt durch seinen Gesang, bey einer angenehmen,

nehmen, wohl zusammen hängenden und gleichen Baßstimme, daß er in der Musik selbst kein Fremdling sey; er verdient daher als ein junger Acteur alle Aufmunterung.

Auf eben diesem Theater ist zu gleicher Zeit eine Comödie in drey Acten: die neue Weiberschule, aus dem Französischen des Herrn Moissy übersetzt aufgeführt worden, worinne gleichfalls etliche Singstück vorkommen, welche Herr Lelei, ein allhier mit Ruhm bekannter Componist, verfertigt hat.

Ein Nachspiel endlich: die dreyfache Heirath, hat gegen das Ende auch etwas für den Gesang; die Composition ist vom Herrn Weinlich, der sich auf dem kochischen Theater schon durch seine Balletcompositionen bekannt gemacht hat.

Chansons joyeuses, mises au jour par un An - onyme, onissime. Nouvelle édition, considérablement augmentée, et avec de grands changemens qu'il faudroit encore changer. A Paris, à Londres, et à Ispahan seulement, de l'Imprimerie de l'Academie de Troyes VXLCCDM.

Einfälle, bons mots, Sinngedichte, Complimente, Possen, Zweydeutigkeiten, Zoten, Spöttereyen auf ehrwürdige Dinge; alles wird an gewissen Orten gesungen, wie man aus dieser Sammlung sehen kann, welche fünf Bogen in Octav beträgt. Schon der Titel sagt es, daß man nichts ernsthaftes in diesem Büchelchen zu suchen habe, und wir zweifeln keinesweges, daß mancher süße Herr nicht unterlassen werde sich dasselbe in seine Bibliothek anzuschaffen. Wir können indeß nicht läugnen, daß wirklich einige gar artige kleine Stücke darinne enthalten sind. Hieher rechnen wir das aus drey Strophen bestehende Lied auf der 38ten Seite, das sich anfängt:

Je ne suis né ni Roi, ni Prince;
Je n'ai ni Ville, ni Province
Ni presque rien de ce qu'ils ont;
Et je suis plus content peut-être:
Je ne suis pas tout ce qu'ils sont;
Mais je suis ce qu'ils veulent être.

Wir hätten gern die Melodie dazu hergesetzt, wenn wir sie eben so artig befunden hätten. Ein anderes, das Bild der Freundschaft, auf der 46ten Seite hat uns auch gefallen; es ist ein Epigramm von vier Zeilen:

Les amis de l'heure présente,
Ont le naturel du Mélon;

Il

Il faut en essayer cinquante
Avant que d'en trouver un bon.

Die Ehre aber, die unserm Vater Adam auf der 44ten Seite wiederfährt, wollen wir in seinem Nahmen auf alle Weise verbitten. Die Melodien an der Zahl neun und dreyßig sind auf fünf Blättern in Kupfer gestochen, hinten angehängt. Es fehlet bey allen der Baß; bey einigen möchte auch wohl schwerlich ein guter Baß zu machen seyn. Sie sind alle französisch, und haben den Character eines Liedes, das nur zum Scherz gesungen wird, an sich. Das ein und zwanzigste hat uns besonders naiv geschienen, und unter allen am besten gefallen; hier ist es:

Le Guet.

Un soir re - venoit Ca - det; ce n'est pas sa fau - te
Te - naut sous le bras Ba - bet, la fil - le à notre hô - te
Un vo - leur saisit Ca - det, un vo - leur sai - sit Ba - bet: c'est bien
la faute du Guet, ce n'est pas leur fau - te.

Das Mährchen wäre ganz artig, wir mögen es aber nicht weiter hersetzen. Eine einzige Anmerkung der Prosodie wegen soll die Stelle vertreten. Die Zeile C'est bien la faute du Guet, hat nothwendig auf *lă fautē* eine falsche Quantität, die nirgends beleidigender ist als in der Musik, und mit dem Unterschiede, den die Franzosen in Ansehung des e machen, ganz und gar nicht bestehen kann; und doch findet man dergleichen Nachläßigkeiten fast in allen französischen Gesängen.

Wöchentliche
Nachrichten und Anmerkungen die Musik betreffend.

Neun und vierzigstes Stück.

Leipzig den 2ten Jun. 1767.

Essai sur l'union de la Poesie et de la Musique, à la Haye et à Paris 1765. 4 Bogen in 12mo.

Diese Schrift, so klein sie ist, enthält so viel fruchtbare Anmerkungen über das Wesentliche der Poesie und der Musik, und die Vereinigung dieser beyden liebenswürdigen Künste, daß es gar wohl der Mühe werth ist, den Inhalt derselben hier ausführlich anzuzeigen. Ein weitläuftiger und mit des Verfassers eigenen Worten verfaßter Auszug befindet sich schon im 2ten Stück des zweyten Bandes der Neuen Bibliothek der schönen Wissenschaften und der freyen Künste, den man, wenn man einen vollständigen Begriff von dieser sehr wohl gerathenen Schrift haben will, mit unserm Auszuge zusammen halten kann. Wenn die Poesie und die Musik nicht immer einträchtig mit einander einher gehen; wenn bald diese bald jene mehr Figur, zum Nachtheile der andern machen will, so liegt die Schuld, wie der Verfasser in der Vorrede gar richtig anmerkt, daran, daß die Componisten nicht genug von der Poesie, und die Poeten nicht genug von der Musik verstehen. Wenn ein jeder das ihm Fehlende mehr studiren wird; wenn sie einander ihre Einsichten mittheilen, und den gemeinschaftlichen Endzweck näher vor Augen haben werden: dann werden die Italiäner sich nicht mehr rühren dürfen, daß sie allein guten Gesang haben, und die Franzosen werden die Vorwürfe nicht mehr so öfters verdienen, die ihnen der Verfasser macht, und die nicht ungegründet sind. Die Musik ist von Alters her, wo nicht immer, doch meistentheils mit der Poesie vereinigt gewesen. Die Griechen hielten es den Gesetzen, der Regimentsverfassung und selbst der Religion zuwider, wenn ein Instrumentspieler sich ohne Gesang, bloß auf seinem Instrumente wollte hören lassen. Das schlimmste war, daß die Musik überall eine Sclavinn der Poesie war, und daß diese allemal ihren eigenen Gang nahm, ohne sich daran zu kehren, ob ihr jene mit Bequemlichkeit folgen konnte, oder nicht. Endlich gelang es der Musik sich ihrer Fesseln zu entledigen; die Saiten der Cither vermehrten sich, und unter den Fingern des Künstlers kamen künstlichere Verbindungen der Töne zum Vorscheine, als sie bisher die Kehle des Sängers gekannt hatte. Dem Abbe Arnaud zu Folge, den der Verfasser in einer Note S. 4. anführt, hätten die Griechen schon den melismatischen Ausdruck und die sogenannten Passagien auf einer Sylbe gekannt; der Beweis wird aus einer Stelle des Demetrius Phaleräus hergenommen. „Es ist eine bemerkenswürdige Sache, sagt „der Verfasser weiter auf der 7ten S. daß ein Volk, wie die Griechen, das „so viel auf die Sprache und Beredsamkeit hielt, nie die Musik zu den strengen „Gesetzen angewendet hat, die sie der bloßen natürlichen Rede vorschrieben;„ das ist, wie er es im Vorhergehenden erklärt, daß sie den periodischen und abgemessenen Gesang, jene Vereinigung des Rhythmus mit dem Accente, die das, was wir Arie nennen, von der Declamation oder dem Recitative unterscheidet, nicht gekannt haben. Der Verfasser nennt es das Maximum und den höchsten Gipfel der musikalischen Kunst. Die Note, die er hier wieder anbringt, betrifft eine richtige und genaue Definition der Periode, die freylich in der Musik nicht leiter zu machen seyn möchte, als in der Redekunst. „Man „darf, wenn man sich überzeugen will, daß die Alten den periodischen Gesang, „der über ein gewisses Thema (motif) gemacht wird, nicht gekannt haben, „nur die Gestalt ihrer Chöre, ihrer Oden und ihrer Dythiramben u. s. w. ansehen. Wenn auch das Metrum noch einige Aehnlichkeit hat, so ist doch in der „Abtheilung des Verstandes, in den Einschnitten der Rede und der Ruhe„puncte gar keine Aehnlichkeit.„ Der Verfasser kommt hier in der Note auf eine Materie, die uns lange noch problematisch scheinen wird, und über die man gern eine jede Meynung lieset. Wir wollen sie ganz hersetzen, in der Hoffnung, daß unsere Leser einen Gedanken darinne finden werden, der sehr viel wahrscheinliches enthält, und eine oft aufgeworfene Frage ziemlich glücklich zu beantworten dient. „Da wir Gelegenheit gehabt haben, sagt der Verfasser „unsere Meynung über die Musik der Griechen zu sagen, so müssen wir das „stärkste Argument, das man zu ihrem Vortheile vorgebracht hat, nicht mit „Stillschweigen übergehen. Man holt es von den mächtigen Wirkungen her, „welche ihr die Geschichte beylegt, und die man nicht in Zweifel ziehen kann. Wir antworten mit dem Herrn Bürette, (dessen Abhandlungen über die Musik der alten Griechen weiter oben angeführt werden) „daß, je plumper ein „Volk

„Volk ist, so wie es die ältesten Griechen waren, destomehr Wirkung thue die „Musik auf dasselbe; denn man muß diese Wirkung nicht in ihrer Vollkom„menheit, sondern in den ungeübten Ohren suchen, auf welche sie wirkt. Die „Erfahrung lehret, daß den Bauern und den Wilden nichts besser gefällt, als „das Rhythmische in der Musik. Die Tambourins, die Bauertänze u. s. w. „haben in der That mehr Rhythmus als Melodie. Man weiß, daß die Kriegs„lieder der Wilden fast keine Inflexion des Gesanges, sondern bloß Rhythmus „haben; indeß ist dieser hinreichend, einen americanischen Wilden in Gefahr „zu stürzen, oder einen Bauer tanzen zu machen, bis er für Müdigkeit nieder„fällt. Die Thiere selbst haben einiges Gefühl des Rhythmus. Von dieser „Seite hatte Herr Bürette, und alle, welche diese Materie untersucht haben, „die Sache angesehen. Es scheint ihnen aber ein Umstand entwischt zu seyn: „es war nehmlich nichts geschickter, die Wirkungen der Musik zu vermehren, „als die strengen Regeln, denen man sie unterworfen hatte; es wußte diese „Kunst aus dem, was das größte Hinderniß ihres Wachsthums war, neue „Kräfte zu ziehen. Jede Gattung der Musik war auf gewisse Tonarten einge„schränkt, von welchen sie sich nicht entfernen durfte. Diese Musik- oder Ton„art wurde bey den Opfern, jene bey den Spielen, eine andere bey den Leichen„begängnissen, noch eine andere im Kriege gebraucht, ohne daß man sie zu an„dern Dingen anwenden konnte, und so, daß eben dieselben Tonarten auch „eben dieselben Begriffe rege machten. Es war demnach nicht zu verwundern, „wenn der Uebergang von einer Tonart zur andern die größte Veränderung in „den Seelen der Zuhörer hervorbrachte. Stellet euch ein Volk vor, das ein „empfindliches Ohr hat; setzet voraus, daß dieses Volk die Tonart a moll nie „anders als zum Gottesdienste gebraucht habe, und daß die Tonart c dur bloß „zum Kriege gebraucht worden sey. Wenn sichs nun zutrüge, daß mitten un„ter einem Tumulte geschickte Musiker anfiengen aus a moll zu spielen, glaubet „ihr nicht, daß alle Gemüther mit Ehrfurcht und Andacht würden eingenom„men werden? Wenn man aber während einer feyerlichen Religionshandlung „unvermuthet ein Stück aus c dur hören ließe, zweifelt ihr wohl, daß dieses „Volk nicht augenblicklich nach den Waffen werde greiffen wollen? Dieses „paßt sehr gut auf die Begebenheiten, die uns vom Therpander und Timo„theus erzählt werden. Der Herr d'Alembert hat einen Umstand angemerkt, „der unserer Meynung zur Stütze dient. Als die italiänische Musik in Frank„reich bekannt zu werden anfieng, waren die Franzosen an einen rhythmischen „und abgemessenen Gesang so wenig gewohnt, daß sie es nicht für möglich hiel„ten, etwas pathetisches in einer lebhaften und richtig abgetheilten Bewegung

 „zu

„zu singen. Dieses Vorurtheil der Gewohnheit machte, daß man den zweyten „Satz der Stabat mater vom Pergolesi, und eine Menge italiänischer Arien, „die jetzt für sehr ausdrückend gehalten werden, zu munter und lustig fand. Die „Franzosen, die nur in der Tanzmusik an eine richtige Abmessung gewohnt wa„ren, hielten alles für Tanzmusik, was auf diese Art abgemessen war. So „viel Gewalt hat die Gewohnheit, in welcher Art es auch seyn mag.„ Der Verfasser kommt nun auf die neuern Zeiten. „Gegen das Ende des sechzehn„ten Jahrhunderts, sagt er, fiengen die Italiäner an, die Musik zu ihren „theatralischen Vorstellungen zu brauchen. Man sahe Tragödien und Schä„fergedichte, die vom Anfange bis ans Ende gesungen wurden; dieser Gesang „war eine bloße Declamation, ein Recitativ, das viel oder wenig zierliches „an sich hatte. Lulli brachte diese Musik nach Frankreich; sie machte aber „daselbst keine sonderlichen Progressen. Die Italiäner übten indeß ihre Finger auf „Instrumenten; sie fanden aber, daß alle ihre künstlichen Einfälle nichts sagten, „und daß sie keinen Gesang erfinden könnten, als wenn sie sich an eine simple und „einzige Idee hielten, und diese nach einer gewissen Gestalt und Verhältnisse aus„bildeten. Sie erfanden dadurch die musikalische Periode. Eine Arie, sie „möchte in ihren Modulationen noch so mannichfaltig seyn, mußte allemal eine „einfache Idee, eine Hauptthema zum Grunde haben, welches die Italiäner „il motivo nannten.„ Dieses nun, als den wahren Grenzstein der Musik festzusetzen, und wie sich die lyrische Poesie dagegen zu verhalten habe, ist die eigentliche Absicht des Verfassers. Er hat es in der That mit vieler Beredsamkeit und Einsicht in die beyden verschwisterten Künste gethan, und viele nützliche Anmerkungen für den lyrischen Dichter gemacht. Es scheint uns indeß die Frage, ob der musikalische Rhythmus durch den poetischen, oder dieser durch jenen entstanden, noch einer tiefern Untersuchung zu bedürfen, und beynahe würden wir uns verleiten lassen, den poetischen Rhythmus zum Grunde des musikalischen anzunehmen. Doch wir wollen jetzt dem Verfasser weiter nachgehen, ohne uns in Dispüte mit ihm einzulassen. „Die Italiäner beob„achteten dieses rhythmische Verhältniß nun auch in ihren Sonaten, Sym„phonien und Ouvertüren. Als man aber zur Vocalmusik zurückkehren, und „die Singstimme mit den Entdeckungen der Instrumente bereichern wollte, so „erstaunte man, daß die unordentliche Stellung der Ideen, das ungleiche Sylben„maaß, kurz die ganze Einrichtung des Drama sich diesen Versuchen widersetzten. „Der Poet mußte sich demnach mit dem Musicus verstehen; um eine musikalische „Periode zu haben, mußte man eine poetische erfinden. Man machte daher „den Schluß, daß, weil der Gesang oder das Motif sich allemal auf eine

„simple

„simple Idee bezöge, die Worte auch eine simple Idee zum Grunde haben „müßten; daß ferner, da die musikalische Periode eine gewisse Symmetrie und „Verhältniß habe, das Sylbenmaaß der Verse auch gleich und symmetrisch „seyn müsse. Man veränderte demnach die Gestalt des singenden Drama, „und erfand Worte zu dem, was die Italiäner eine Arie nennen.„ Der Verfasser kommt nun auf den berühmten Abt Metastasio zu reden, der die Reize der lyrischen Poesie so glücklich mit dem Starken und Rührenden des Trauerspiels zu vereinigen gewußt hat. Er führt eine Menge von Beyspielen aus seinen vortrefflichen Opern an, vergleicht sie mit ähnlichen Arbeiten französischer Dichter, und zeigt, daß sie sowohl in Ansehung der ganzen Einrichtung eines lyrischen Stücks, als auch besonders in Ansehung der Form der Arien, Duos u. s. w. weit unter dem stehen, was dieser berühmte italiänische Dichter geleistet hat, und was zu einer gefälligen Bekleidung mit Musik so bequem ist. Auch unsern deutschen lyrischen Dichtern können die Anmerkungen des Verfassers nützlich seyn, wir wollen daher im nächsten Stück noch einmal auf dieses kleine Werkchen zurück kommen.

Die Fortsetzung folgt künftig.

Sei Partite per il Flauto traverso solo, senza accompagnamento, da GIOV. GIORGIO TROMLITZ in Lipsia

7 Bogen in Queerfolio.

Herr Tromlitz, der durch seine Geschicklichkeit auf der Flöte bey uns bekannt ist, hat diese Parthien für Liebhaber verfertigt, die sich mit ihrem Instrumente ein Vergnügen machen wollen, ohne von einem andern, das ihnen accompagnirt, abzuhängen. Ob die dazu gewählte Gestalt der Einkleidung die bequemste sey; ob man nicht hin und wieder den Baß vermissen werde; oder ob die Melodie so einzurichten gewesen sey, daß sie einigermaßen das Accompagnement entbehrlich gemacht habe, wollen wir hier nicht untersuchen; wir gestehen vielmehr gern, daß das letztere sehr schwer, wo nicht gar unmöglich gewesen seyn würde, wenn nicht eins durch das andere hätte verdorben werden, oder alles in beständigen Sprüngen und Arpeggiaturen bestehen sollen. Um demnach in Ansehung der Erfindung weniger eingeschränkt zu seyn, hat Herr Tromlitz lieber den gewöhnlichen Weg der Flötensonaten betreten, doch so, daß wir hin und wieder, besonders in den Variationen, der einer jeden Parthie angehängten Menuetten, eine glückliche Abweichung davon bemerken; es ist daher der Vortheil für den Componisten entstanden, daß er mehr Abwechselndes und gegen einander Abstechendes in seine Arbeiten hat bringen können.

Die Erfindung der Melodie hat uns überall, durch das darinne enthaltene Singbare und Muntere gefallen; eben so wird man auch alles nach der Bequemlichkeit und der Natur des Instrumentes eingerichtet finden. Wir zweifeln keinesweges, daß der Herr Verfasser durch eine gute Aufnahme dieser Flötenparthien zu mehrern und größern Ausarbeitungen für dieses Instrument werde ermuntert werden. Wir müssen dabey zu seinem Ruhme noch anmerken, daß er dieses Werk selbst sehr sauber und correct in Kupfer gestochen habe. Die Liebhaber können es demnach bey ihm selbst finden.

Ariette aus der comischen Oper: das Bauermägdchen am Hofe.

Allegretto.
Gür-ge nun entsag ich dir, nur am
Hof ge-fällt es mir, nur am Hof ge-fällt es
mir. Gür-ge, nun entsag ich dir, nur am Hof,
nur

nur am Hof ge - fällt es mir;
nur am Hof nur am Hof ge - fällt es
mir. Da will ich recht vor - nehm werden, und wie Damen mich gebehrden. Geh zu dei - nem Dor - fe hin, hol dir

eine

ei - ne Bäu - e - rinn; ich kann nicht.
ich kann nicht die - dei - ne wer - den
ich kann nicht ich kann nicht die dei - ne werden.

Wöchentliche
Nachrichten und Anmerkungen
die Musik betreffend.

Funfzigstes Stück.
Leipzig den 8ten Jun. 1767.

Forsetzung des
Essai sur l'union de la Poesie et de la Musique.

Der Verfasser tadelt S. 21. an den französischen Gedichten den Mangel der Einheit und der Simplicität in der Empfindung und in den Ausdrücken, und den Mangel der Gleichheit im Sylbenmaaße. „Man kann nicht läugnen, „daß die Musik der vornehmste Gegenstand in einer Oper sey, sagt der Ver-„fasser.„ Dieser Gedanke hat dem Herrn Abt Metastasio nicht gefallen wollen, wie wir weiter unten anzuführen Gelegenheit haben werden. „Sie ist „bestimmt, alle Leidenschaften, alle Empfindungen auszudrücken, die der Dich-„ter vorträgt; sie thut dieses auf drey verschiedenen Wegen: der eine ist das „unbegleitete Recitativ oder die simple Declamation; der andere das begleitete „Recitativ oder die mit allen Reichthümern der Harmonie unterstützte Decla-„mation; der dritte endlich ist die Arie oder der periodische und zusammenhän-„gende Gesang.„ Der Verfasser zeigt weiter worauf der Componist dabey zu sehen, und was er zu beobachten habe, um jeder von den drey Gattungen gemäß zu schreiben. Er findet von diesem allen nichts bey den Franzosen; ihre ersten Componisten haben weder die musikalische Periode, noch das begleitete Recitativ gekannt; sie haben sich daher bloß an das gemeine Recitativ gehalten. „Es ist leicht zu erachten, sagt er Seite 27. daß auf einer Seite die Sän-„ger mit ihrer Stimme Aufsehen machen wollten, und auf der andern die Com-„ponisten die Gefälligkeit hatten, ihnen Gelegenheit dazu zu geben. Daher „rühren sonder Zweifel die emphatischen Stellen des Recitativs, die mehr ge-„schrien als gesungen werden; jene ewigen helas! ciel! u. d. g. die seit den Zei-„ten des Lulli immer noch mehr Mode geworden sind.„ Der Verfasser findet hier an den französischen Dichtern, und selbst am Quinault, so viel zu

 tadeln,

tadeln, daß wir ihn um so vielmehr bewundern, je seltener es ist, einen Franzosen zu finden, der mit so wenigen Vorurtheilen für sein Vaterland eingenommen ist. Er legt das Verfahren der italiänischen Poeten vor, und zeigt an einigen Beyspielen aus den Opern des Metastasio, wie dieser Dichter die Empfindungen in einem Recitative zu entwickeln, zu verstärken wisse, bis endlich die heftigste Leidenschaft in einer feurigen Arie ausbricht. Er stellt einige Stücke aus französischen Opern dagegen; aber es ist nie die wahre, die natürliche Sprache der Affecten; es ist die Sprache des Witzes mit Reflexionen begleitet. Der Zeilen sind auch immer zu viel, ihre Stellung ist zu unordentlich, als daß ein Componist bequem einen periodischen Gesang, eine Arie daraus bilden könnte. Man findet französische Arien, die 23 bis 32 Verse haben. Auf der 44ten Seite rettet der Verfasser die italiänische Musik von einem Vorwurfe, den man ihr insgemein macht, indem man ihr die allzu öftere Wiederholung eben derselben Worte zur Last legt. „Wenn dieser Vorwurf von Feinden „der Musik herrührte, sagt er, so würde ich ihnen nichts zu antworten haben, „oder ich würde ihnen kurz sagen, daß der Gesang keine natürliche Sprache „sey. — Ich setze aber voraus, daß ich es mit Liebhabern der Musik zu thun „habe, und diese frage ich, ob das größte Vergnügen, das sie ihnen verschafft, „nicht in einem schönen, natürlichen und wohl zusammenhängenden Gesange „bestehe, den sie in seinem Gange, und im Ganzen übersehen können? — „Das Vergnügen der Musik kommt so sehr darauf an, daß es nicht eine bloße „Gewohnheit ist, den ersten und zweyten Theil eines Allegro oder Andante, „zweymal zu spielen. Das erstemal, wenn einer von diesen Theilen gespielt „wird, macht das Ohr bloß Bekanntschaft mit demselben; das zweytemal kennt „und genießt es ihn. Beym zweyten Theile, der insgemein nur eine Nach„ahmung des erstern ist, hat der Zuhörer das Vergnügen einen schon gehörten „Gesang in andern Tonarten wieder zu finden.„ Wie es scheint, hat hier der Verfasser eine doppelte Art der Wiederholung nicht genugsam unterschieden. Es ist gewiß, daß die öftere Wiederholung eines musikalischen Hauptgedankens eher eine Schönheit als ein Fehler ist; aber auf der andern Seite, wie siehet es mit der öftern und oft ungeschickten Wiederholung der Worte eines Textes aus? Der Verstand verträgt sie bisweilen, und der Nachdruck scheint sie sogar zu erfodern. Aber wie oft gewinnt weder der Verstand noch der Nachdruck dabey! Bloß der Sänger und seine Kehle fodern sie, und Verstand, Nachdruck, Componist und Zuhörer, alle müssen ihr Interesse dem Interesse des Sängers aufopfern. Man darf sich in den Opernarbeiten der Italiäner nur ein wenig umgesehen haben, so wird man in sehr vielen ihrer Arien ein solches musikali-

sches

sches Gallmathias bis zum Ekel angetroffen haben. Doch der Verfasser kommt auf der 50 ten Seite selbst noch auf die sogenannten Arie di bravura der Italiäner zu reden, in denen der Hauptgedanke in einer Menge von Läufern und Sylbendehnungen ersäuft wird. Er siehet sie als Sonaten an, mit denen der Sänger bloß seine Geschicklichkeit zeigt. Was er auf der vorhergehenden Seite von den Symphonien der Deutschen sagt, paßt am meisten auf die, welche jetzt in Frankreich so häufig in Kupfer gestochen werden. Der Verfasser hat indeß beym Metastasio Arien angetroffen, welche mehr als ein Subject, und öfters entgegen gesetzte Empfindungen haben; der Componist nimmt alsdann zur Veränderung der Tactart und der Bewegung seine Zuflucht, so wie es Pergolesi und Hasse mit der Arie in der Oper Olympiade: Se cerca, se dice l'Amico dov'è? gemacht haben. Die beste Gestalt der Duetten findet der Verfasser gleichfalls im Metastasio, und führt zum Beweise aus vorgenannter Oper das Duett an: Nei giorni tuoi felici ricordati di me.

Diese große Einsicht in den musikalischen Rhythmus hat dem Metastasio hauptsächlich den Vorzug vor dem Apostolo Zeno gegeben, der bey sonst vielen guten dramatischen Eigenschaften das Lyrische zu sehr vernachläßigt hat. Man darf seine Werke nur aufschlagen, und sie mit den Arbeiten eines Metastasio vergleichen, um sich davon auf allen Seiten zu überzeugen. Der Verfasser führt einige Beyspiele an, in denen man weder die zur Musik bequeme periodische Einheit, noch die Gleichheit und Symmetrie des Sylbenmaaßes findet. Rousseau rieth den jungen französischen Componisten nach Italien zu gehen; der Verfasser aber räth ihnen, den Metastasio zu lesen, sich mit seiner Sprache bekannt zu machen, hernach die Musik eines Hasse und Pergolesi zu hören, „alsdann, setzt er hinzu, können sie meine Schrift ins Feuer „werfen, denn sie werden sie nicht mehr nöthig haben.„

Die Anmerkungen über die Einrichtung einer Oper im Ganzen Seite 85. verdienen beym Verfasser selbst nachgelesen zu werden. „Der Inhalt derselben, sagt er, sey aus der Fabellehre oder aus der Geschichte genommen, daran ist nichts gelegen; daran aber liegt destomehr, daß der Dichter alle rührende Situationen, alle pathetischen Ausdrücke, alle schrecklichen oder angenehmen Bilder als das eigentliche Gebiethe der Musik ansiehet.„

Wir würden unsere deutschen Dichter, die für die Musik schreiben wollen, ermahnen, diese kleine Schrifft fleißig zu lesen, wenn wir nicht im Deutschen schon die vortreffliche Abhandlung des Herrn Krause von der musikalischen Poesie hätten, welche alles enthält, was über diese Materie gesagt werden kann.

 Es

Es hat indeß diese Schrifft zu ein paar Briefen Anlaß gegeben, die man im ersten Stück des 2ten Bandes der Unterhaltungen ins deutsche übersetzt lesen kann. Der erste ist vom Abt Metastasio an den Verfasser geschrieben, und enthält einige Einwendungen, wider die Meynung desselben, daß die Musik als das Hauptwerk eines Drama anzusehen sey. „Meine Stücke, sagt er, „werden in ganz Italien unendlich besser aufgenommen, wenn sie schlechthin „declamirt werden, als wenn man sie auf dem Operntheater singt.„ Das ist in der That seltsam in einem Lande, wo man außer einigen theatralischen Possenspielen, bloß an musikalischen Vorstellungen Geschmack findet. Ueberhaupt scheint uns der ganze Brief eine kleine Eifersucht des Dichters gegen die Musik zu verrathen, und unterstützt gewissermaaßen die Meynung, daß die Musik, wenn sie sich mit der Poesie vereinigt [illegible], als das Hauptwerk angesehen werde. Wenigstens ist es gewiß, daß wenn man von einer schönen Arie redet, dieses Schöne allemal mehr in der Musik als in der Poesie gesucht werde. Die Antwort unsers Verfassers auf dieses Schreiben hat so feine Wendungen, einen so lebhaften und eleganten Ton, daß Metastasio auf keine Weise beleidigt werden konnte, sich auf eine so scharfsinnige Art widersprechen, und die Rechte der Musik behaupten zu hören. Wir würden diese beyden merkwürdigen Schreiben gern ganz hersetzen, wenn wir nicht vermuthen dürften, daß die Monathsschrifft, in welcher sie stehen, in jedermanns Händen wäre.

Braunschweig.

Sonate a due Violini e Violoncello del Sgr. GIOV. SCHWANBERGER, Maestro di Cappella in attual servizio di S. A. S. il Duca regnante di Brunsuic-Luneburg, sind in der Waysenhaus-Buchhandlung allda, und in allen Buchhandlungen auf 7 Bogen in Kupfer gestochen zu haben.

Des Herrn Kapellmeister Schwanbergs Arbeiten werden nicht nur an dem Orte, wo er lebt, sondern auch außerhalb demselben von Kennern und Liebhabern gesucht und geschätzt. Eine überaus angenehme und feurige Melodie, eine reine und wohl geführte Harmonie, und bey dem allen eine bewundernswürdige Leichtigkeit, die sich vom Trägen und Gekünstelten gleich weit entfernt, sind das Kennzeichen seiner liebenswürdigen Muse. Das Schimmernde und Tändelnde ist in unserer heutigen Musik so Mode geworden, daß man die rührenden und gründlichen Gesänge eines Graun und Hasse bald als veraltete Schönheiten ansehen wird; unsere neuern Componisten geben der herrschenden Mode nach, bis auf einige wenige, die noch Herz genug haben, mehr

auf

auf einen guten natürlichen Gesang und einen rührenden Ausdruck, als auf gedrechselten Witz und bloß niedliche Einfälle zu sehen. Unter diese gehört auch der Herr Kapellmeister Schwanberg. Wir haben Gelegenheit gehabt, ihn aus verschiedenen dramatischen Arbeiten kennen zu lernen, und allemal das wahre Große und Schöne des Gesanges bey ihm bewundert; einige hier und da, vielleicht der Mode zu gefallen, eingestreueten witzigen Einfälle haben immer eine angenehme Wirkung auf uns gethan, und uns zu dem Schlusse gebracht, daß nichts so verwerflich sey, wovon ein Mann von Geschmack nicht zu seiner Zeit einen vernünftigen Gebrauch machen könne. Aus diesem Gesichtspuncte kann man auch die Sonaten betrachten, die wir vor uns haben, und deren an der Zahl drey sind. Sie sind nicht so gebunden und fugenartig, wie die vortrefflichen Trios des seel. Kapellmeister Grauns; sie sind aber auch nicht so einfach und leer wie die meisten italiänischen Trios; oder sie machen vielmehr eine vermischte Gattung zwischen beyden aus, die den Liebhabern um so vielmehr gefallen muß, je leichter sie die Schönheiten derselben einsehen und genießen können. Diesen zu gefallen scheint der Herr Kapellmeister hauptsächlich geschrieben zu haben, indem er jede Sonate nur aus einem großen Allegrosatze und ein paar Menuetten bestehen läßt. Im Vorberichte wird uns noch zu drey neuen Sonaten, zu einer Sammlung von Clavierstücken, und endlich zu einer ganzen Oper in Partitur Hoffnung gemacht. Wir wünschen sehr, daß dieses Versprechen nicht unerfüllt bleiben möge, weil wir auf alles, was sich von der Hand dieses berühmten Meisters herschreibt, sehr aufmerksam sind. Hier sind die Anfänge von den drey in Kupfer gestochenen Sonaten:

SONATA I.

SONATA II.

SONATA III.

Andante.

Augsburg.

Am 26ten May dieses Jahres verstarb Herr Johann Caspar Seyfert, Cantor und Musikdirector bey den Evangelischen allhier, im ein und siebzigsten Jahre seines Alters, und fünf und zwanzigsten seines Amtes; ein Mann, der nicht nur, so lange es seine Kräfte zuließen, mit der Zubereitung geschickter Musiker für die hiesige und einige auswärtige evangelische Kirchen unermüdet beschäfftigt war, sondern auch seine in Dresden aus des seel. Pisendels Anweisung zur Violin und Setzkunst, wie auch anderer großer Männer Umgange gesammelte gründliche Wissenschaft in Verfertigung vieler schönen Kirchen- und anderer Musiken, auch einiger Oratorien und deren Aufführung sattsam an den Tag gelegt hat. Er hinterläßt außerdem zu seinem Ruhme einen sehr geschickten Sohn, den durch allerhand musikalische Arbeiten rühmlich bekannten Herrn Johann Gottfried Seyfert, zu dessen Bildung er selbst die erste Hand angelegt hatte, und der seiner Vaterstadt nun als Nachfolger im Amte seines Vaters Ehre macht.

Leipzig.

Die Erinnerungen, die ein uns Unbekannter wider die Gedanken des Herrn Blainville macht, haben größtentheils unsern Beyfall. Seine Eigenliebe, seine Vorurtheile für sein Vaterland, sind uns in der That eben so anstößig gewesen; seine Sprache könnte ebenfalls weniger aufgedunsen seyn; am wenigsten scheint uns der Enthusiasmus, in den er bisweilen geräth, am rechten Orte. Dem ohngeachtet wird man doch verschiedenes, was den Vorzug der französischen und italiänischen Musik, und die von beyden Seiten gegen einander gemachten Ansprüche betrifft, durch ihn genauer einsehen lernen. Man wird dadurch von einem gewissen Vorurtheile zurück kommen, in welches wir unserer Seits nicht selten verfallen, da wir alles, als Partheygänger des italiänischen Geschmacks, für Contreband erklären, was französisch ist. Unsere Meynung, daß nichts so schlecht zu seyn scheine, wo nicht etwas gutes darinne zu finden sey, hat uns stets abgehalten, die französische Musik unserer Betrachtung unwürdig zu achten; diese hat auch gemacht, daß wir mit einem Blainville eine Weile geträumt haben, und zufrieden sind, daß uns von diesem Traume bisweilen etwas wieder einfällt, was wir wachend brauchen können. Sollten unsere Leser sich nicht in gleichem Falle mit uns befinden, so haben sie wenigstens das Vergnügen gehabt einen musikalischen Tristram Shandy kennen zu lernen. Und wie viel Tristrams giebt es nicht, die heut zu Tage über die schönen Künste schreiben!

Wöchentliche

Nachrichten und Anmerkungen

die Musik betreffend.

Ein und funfzigstes Stück.

Leipzig den 15ten Jun. 1767.

Von der Kirchenmusik.

Einige zerstreuete Anmerkungen, die wir bey Betrachtung dieser an sich sehr wichtigen Sache gemacht haben, mögen heut die Stelle einer ausführlichern Abhandlung vertreten. Wir können uns weder auf alles, was Musik in der Kirche heißt, jetzt einlassen, noch das Gute und Fehlerhafte desselben untersuchen; sonderh die sogenannten und in evangelischen Kirchen eingeführten Kirchencantaten sollen der Gegenstand unserer Betrachtung seyn. Man führet in großen, mittlern und kleinen Städten, ja sogar in Dörfern dergleichen auf. Wie schlecht die Beschaffenheit derselben an letztern Orten mehrentheils sey, werden unsere Leser, so wie wir, leicht aus der Erfahrung haben einsehen lernen. Eine Musik, wenn sie ihre Wirkung thun soll, muß von einem verständigen Componisten, nach Anleitung eines schönen und rührenden Textes mit Sorgfalt verfertigt seyn; sie muß ferner von guten Stimmen mit Empfindung vorgetragen und von geübten Instrumentspielern begleitet werden; alles dieses muß der Würde des Orts gemäß, mit Anstand und Nachdruck, ohne Unordnung und Gelärme vollbracht werden: wer wollte nun dieses auf allen Dörfern und kleinen Städten vermuthen, da es sogar in großen Städten leider bald an diesem, bald an jenem fehlt? Wir gehören gewiß nicht unter die Verächter der Musik, aber oft hätten wir lieber ein erbauliches Lied mit gesungen, als eine Musik angehört, wo der Componist vergessen zu haben schien, daß er für die Kirche schrieb; wo der Sänger, durch einen unzeitigen Stolz seine Kunst zu zeigen, mit ewigen Läufern, Trillern, Cadenzen, und dergleichen Dingen, unsere Andacht wegscheuchte, und uns zum Lachen bewogen haben würde, wenn es für Aergerniß möglich gewesen wäre; wo endlich die Instrumenstrumente ein so wüstes und kraftloses Geräusche durch einander machten, daß man nicht wußte, was man hörte. Ein gemeiner Fehler bey Aufführung solcher Musiken, ist, daß man nicht genug auf die proportionirte Stärke der Instrumente gegen einander siehet. Die Bässe, die besonders bey Kirchenmusiken hervorstechen sollten, sind insgemein matt und undeutlich; man sollte daher auf eine stärkere Besetzung derselben sehen, und besonders die zur Deutlichkeit so viel beytragenden Fagotte nicht fehlen lassen. Wenn auch die Violinen und Bratschen nothdürftig gegen einander eingerichtet sind, so werden sie doch bey vielen Gelegenheiten von den Oboen, am meisten aber von den Trompeten überschrien. Wir gestehen es aufrichtig, daß wir diese letztern, zusammt ihren Gesellschaftern den Paucken gern von allen Kirchenmusiken verbannet sehen möchten; sie verderben immer mehr, als sie gut machen. Ein Componist, der sie indeß bey gewissen Gelegenheiten brauchen will, thut sehr wohl, wenn er sie nie zur Verstärkung der Melodie, sondern bloß zur Ausfüllung hin und wieder anwendet, und sodann darauf siehet, daß sie bey der Aufführung der Musik mit Mäßigung vorgetragen werden, damit sie die Hauptstimmen nicht unterdrücken, welches eben so abgeschmackt ist, als wenn man die Bratsche stärker als die zweyte Violin, und diese stärker als die erste hörte.

Der Sänger, der sich durch affectirte Künsteleyen in der Kirche zeigen will, verräth, daß er von dem, was er singt, nicht gerührt wird, und daß er den Ort, wo er auftritt, nicht von andern zu unterscheiden wisse. Kleine und nothwendige, der guten Singart gemäße Verschönerungen des Gesanges wollen wir dadurch nicht aus der Kirche verbannen; sie sind hier eben so schön, als an andern Orten, und dienen dazu, daß sich der Gesang um so viel sanfter ins Herz der Zuhörer einschleicht; aber jene langen und bunten Coloraturen, jene Verbindung ein paar entfernter Noten durch abgeschmackte Läufer, jene Verbrämung des Schlusses durch eine noch abgeschmacktere Cadenz, wo man alle Instrumente schweigen läßt, um einen Sänger seinen musikalischen Unsinn, und oft auf die elendeste Art sagen zu lassen, diese in der Kirche so unschicklichen Dinge möchten wir gern den Sängern abgewöhnen, und die Componisten ermahnen ihnen nicht die Gelegenheit dazu zu geben.

Es schaden diese Dinge außerdem der Deutlichkeit des Gesanges, und dem vernehmlichen Vortrage der Worte; ein Umstand, auf welchen in der Kirche mehr, als bey allen andern Gelegenheiten gesehen werden sollte. Wir wollen bey diesem Puncte einen Augenblick stehen bleiben. Man muß die Musik in der Kirche nicht bloß als eine leere Zierde des äußerlichen Gottesdienstes ansehen;

ßen; sie ist ihrer Natur nach geschickt, Empfindungen in dem Herzen der Menschen rege zu machen, und an heiliger Städte ist sie bestimmt heilige Empfindungen zu erwecken. Die Dichtkunst, ihre Schwester, vereinigt sich mit ihr, und krafft dieser freundschaftlichen Vereinigung nur gelingt es ihr, das Herz der Zuhörer zu bestimmten und lebhaften Empfindungen hinzureißen. Was kann sich also eine Musik versprechen, wo man von den Worten wenig oder gar nichts verstehet? und wie oft befindet sie sich in diesem Falle, theils wegen der Weitläuftigkeit des Orts, theils wegen der Nachläßigkeit und Ungeschicklichkeit des Sängers.

Man hat diesem Mangel an einigen Orten dadurch abgeholfen, daß man die Texte der Musik den Zuhörern gedruckt in die Hände liefert; und wie sehr wäre es zu wünschen, daß es an allen Orten geschehen könnte. Da sich dieses aber nicht überall dürfte thun lassen, so haben vernünftige Componisten auf andere Mittel gedacht, sich in näherer Bekanntschafft mit ihren Zuhörern zu erhalten. Einige sind darauf gefallen, die Psalmen Davids auf eine der Sache und dem heutigen Geschmacke in der Musik gemäße Art in die Musik zu setzen. Wir gestehen, daß wir diesen Einfall nicht genug billigen und loben können. Die Psalmen haben ehemals die Stelle der Kirchenmusik im Salomonischen Tempel vertreten; sie sind so voll von frommen Regungen, von heiligen Empfindungen, und pathetischen Ausdrücken, daß sie die Musik zu allen Zeiten, als ihr eigenthümliches Feld wird ansehen, und ein Componist seine Geschicklichkeit an ihnen zeigen können; und wir wissen nicht, ob wir nicht einen und den andern Psalm mit Empfindung und Nachdruck in Musik gesetzt in der Kirche weit lieber hören würden, als sehr viele unserer Kirchencantaten, die von Seiten der Poesie oft eben so schlecht, ja mehrentheils noch schlechter sind, als von Seiten der Composition.

Ein anderer berühmter Componist a) hat zu gleichem Gebrauche eine gute Anzahl geistlicher Oden aus den besten neuern Dichtern zusammen gelesen, und auf eine anständige Art mit ein paar Violinen begleitet in Musik gesetzt. Von einem ähnlichen Unternehmen des Herrn Hesse in Eutin haben wir im fünf und zwanzigsten Stück unserer Nachrichten geredet. Wir wünschten damals, diese Odenmusiken anstatt der gewöhnlichen Kirchencantaten auf den Dörfern und kleinen Städten eingeführt zu sehen, und eben diesen Wunsch äußern wir noch; sie würden den Kräften sowohl der musicirenden Personen, als auch der Zuhörer angemessener seyn, und also mehr Erbauung und Nutzen stiften, als

 jene

a) Der Herr Postrath Gräfe in Braunschweig.

jene schlecht verfertigten, elend vorgetragenen, und fast gar nicht verstandenen Musiken, wodurch die Andacht öfters mehr gestöhrt als befördert wird.

Wir haben das Vertrauen zur Billigkeit unserer Leser, daß sie diese Anmerkungen nur dahin anwenden werden, wohin sie passen. Wir kennen Gotteshäuser, wo der feyerliche harmonische Dienst, der darinne dem Höchsten erwiesen wird, unser Herz mit Freude und Dank erfüllt; wir schätzen die geschickten und verehrungswürdigen Männer hoch, die Beförderer einer solchen Zierde am Hause des Herrn sind. Wie sehr ist es zu bedauern, daß sie durch ihre Arbeiten an auswärtigen Orten selten so bekannt zu werden Gelegenheit haben, als sie es verdienen! Und mit welchen Schwierigkeiten haben sie nicht öfters zu kämpfen, um das zu seyn, was sie wirklich sind! ein weites Feld, wenn wir uns darauf einlassen sollten. Wir haben uns ehemals erbothen auch die Bekanntmachung solcher Arbeiten für die Kirche unser Augenmerk seyn zu lassen, wenn uns dazu Gelegenheit gegeben würde. Da uns nun seit kurzem einige Partituren, mit einem kurzen Schreiben begleitet, zugeschickt worden, so wollen wir jetzt unsere Gedanken kürzlich darüber sagen, und die erforderliche Nachricht davon geben. Der musikalische Verfasser dieser geistlichen Cantaten ist Herr Christian Gotthilf Tag, Cantor zu Hohenstein bey Zwickau. Man wird aus der folgenden Beschreibung dieser Cantaten ersehen, daß dieses Hohenstein, in Absicht auf die musikalische Verfassung, kein so unbeträchtlicher Ort, und der Herr Cantor Tag ein Mann sey, der auch an einem größern Orte Aufsehen machen würde. Von vier Stücken, die wir vor uns haben, ist der Text von Heinrici. Warum haben doch unsere neuern Dichter noch nicht dafür gesorgt, daß die Kirche mit neuern Gedichten versorgt werde? der Geschmack in der Poesie hat sich seit der Zeit ja sehr geändert. Sollte die Ehre Gottes, sollte die Erbauung vieler tausend Seelen sie nicht ermuntern, wenigstens den Zehnden ihrer Früchte dem Herrn und seinem Hause zu heiligen? — Der Componist hat indeß alles gethan, wozu ihm sein Text Anleitung gab, ja sogar das, wozu er manchen andern Componisten nicht ermuntert haben würde. Seine Arien sind singbar und angenehm; sein Recitativ ist gut declamirt; seine Chöre sind prächtig und voll; wir haben darunter eins gefunden, das auf zwey Chöre eingerichtet, und stark mit Instrumenten besetzt ist: hätte man das wohl in Hohenstein vermuthet? ein paar andere sind mit wohl gearbeiteten freyen Fugen geziert; die Begleitung der Instrumente ist feurig und voll Bewegung; vielleicht könnte sie bisweilen, besonders in den Mittelstimmen weniger rauschend seyn. Kurz, wir sind mit allem, was den Componisten angehet sowohl zufrieden, daß wir es hier mit Vergnügen bekannt machen, wie der Herr Cantor

Tag

Tag entschlossen sey, seine Arbeiten sowohl einzeln, als in ganzen Jahrgängen andern auf billige Bedingungen mitzutheilen. Man hat sich in Ansehung derselben indeß nicht an uns, sondern an ihn selbst nach Hohenstein bey Zwickau zu wenden.

Noch drey andere Stücke, die von den vorigen in der Einrichtung des Textes abgehen, wollen wir kurz berühren. Um den Zuhörern an Orten, wo die Texte nicht gedruckt werden, verständlicher zu seyn, ist man auf den Einfall gerathen, das Sonntagsevangelium wörtlich zum Grunde zu legen; und es überall mit eingeschalteten kurzen Sprüchen aus der Bibel, Zeilen und Versen aus Liedern oder eigenen frommen Gedanken zu erweitern. Wir können nicht sagen, daß uns dieser Einfall besonders gefiele; ob er von einer glücklichern Hand besser ausgeführt werden könne, müßte die Erfahrung lehren. Die Musik aber scheint uns dabey nicht zu gewinnen. Kaum fängt der Componist etwas an, so muß er schon wieder aufhören; auf ein Stückchen Chor, folgt eine halbe Zeile Recitativ, dann eine Zeile aus einem Chorale, dann ein Gesätzchen, das einer Arie ähnlich sieht, und so immerfort alles durch einander; eben so oft und schleunig wechseln die Singstimmen unter einander ab, so daß wir die Geduld des Componisten nicht genug bewundern können, der sich die Mühe nahm dieses unmusikalische Gemische in Musik zu setzen. Der Zusammenhang wird alle Augenblicke zerrissen, um bald mit einem biblischen Spruche, bald mit einer Zeile aus einem Liede, bald mit andern Worten eben das zu sagen, was schon mit den Worten des Evangelii gesagt war. Es ist indeß sehr zu rühmen, daß auch an Orten, wo man es nicht vermuthet, auf Mittel und Wege gedacht wird den Gottesdienst vernünftig und nützlich einzurichten; es kommt nur auf eine glückliche Ausführung an, ein Mittel, das im Anfange unbrauchbar schien, endlich zu einem der brauchbarsten und nützlichsten zu machen.

Hamburg.

Es ist in diesem Jahre die vierte Auflage von David Kellners Unterricht im Generalbasse heraus gekommen. Alles ist an dem Buche unverändert geblieben, bis auf die äußerliche Gestalt der Noten, welche in den vorigen Auflagen ziemlich unförmlich waren, in dieser aber weit besser aussehen, da sie aus der Breitkopfischen Officin kommen. Das Buch selbst ist, seiner Mängel und Unvollständigkeiten ungeachtet, immer eins der besten unter den ältern. Es giebt Leute, denen mit neuen Methoden, mit harmonischen Generationssystemen, wovon Bücher in allen Formaten geschrieben sind, nichts

 gedient

gedient ist; diesen wird ein Kellnerischer Unterricht immer der deutlichste und nützlichste seyn. Wir haben daher nichts dawider einzuwenden, daß man ein solches Buch, ohne Veränderung und Umschmelzung abdrucken läßt. Um auch die Denkmäler des Wachsthums der Künste nicht zu vernichten, ist es gut, daß man solchen Büchern ihre wesentliche Gestalt und Einrichtung läßt. Was aber der Verleger, diesen Absichten unbeschadet, und dem Buche zum Vortheile hätte thun können und thun sollen, wäre eine kleine Verbesserung der Sprache hin und wieder, besonders die Beyseitschaffung so vieler Wörter aus fremden Sprachen; zum E. der Incipienten, Difficultäten, Contenta, Capita, Ecoliers, Digressiones, und einer unzähligen Menge in iren, die vor sechzig Jahren für sehr deutsch angenommen wurden, heut zu Tage aber für sehr undeutsch gehalten werden, ob man sie gleich meistentheils mit deutschen Buchstaben druckt. Ist es nicht seltsam, daß man um ein deutsches Buch zu verstehen wenigstens noch die lateinische und französische Sprache gelernt haben muß? Es bleiben ja ohnedem in der Musik immer noch Kunstwörter genug übrig, die man nicht bequem genug mit deutschen Worten ausdrücken kann.

Bourée.

Leipzig.

Die auf dem hiesigen Theater aufgeführte comische Oper: Lisuart und Dariolette, in drey Acten, von welcher man im 33ten Stück unserer wöchentlichen Nachrichten und Anmerkungen eine ausführliche Beschreibung findet, soll in einem bequemen Auszuge fürs Clavier gedruckt werden. Es wird dieselbe ein Alphabet im Drucke austragen. Man erbiethet sich das ganze Werk den Liebhabern, die es mit ihrer Subscription befördern helfen wollen, für Einen Rthl. den sie voraus bezahlen, ohne weitern Nachschuß zu liefern. Diese Subscription soll bis den ersten August Statt finden, und das ganze Werk zur Michaelmesse fertig seyn. Die Liebhaber können sich deswegen an den Autor selbst, oder an die Zeitungsexpedition, ingleichen auch an Herr Breitkopf allhier wenden. Denen, die sich mit einer Collection bemühen wollen, und auf zehn Exemplare pränumeriren, wird das eilfte gratis gegeben. Der Preiß, außer der Subscription, wird nicht unter 1 Rthl. 12 gl. seyn.

Wöchentliche

Nachrichten und Anmerkungen die Musik betreffend.

Zwey und funfzigstes Stück.

Leipzig den 22ten Jun. 1767.

An die Leser.

Es wird hiermit das erste Jahr der wöchentlichen Nachrichten und Anmerkungen die Musik betreffend beschlossen. Haben wir unsern Lesern für ihren Beyfall oder für ihre Nachsicht zu danken? Was es auch seyn mag, so versichern wir sie, daß es keine geringe Aufmunterung für uns ins künftige ist, unsere Nachrichten immer nützlicher, unterhaltender und angenehmer zu machen. Der Plan, den wir uns im Anfange machten, schien weitläuftig genug, daß es uns nie an Materie fehlen sollte, und in der That war es auch. Da wir aber die hin und wieder gesuchten Nachrichten und Beyträge nicht so erhalten haben, wie wir wünschten, so ist freylich die Ausführung unsers Plans mangelhaft geblieben, wenn man sich nicht etwan damit beruhigen will, daß das, was bisher noch nicht geschehen ist, künftig geschehen könne. Es sind uns indeß von andern Orten hier einige Beyträge zugeschickt worden, für die wir denen Hrn. Verfassern hier öffentlichen Dank sagen, und sie ersuchen ferner zur Aufnahme und Beförderung der Musik eine kleine Mühe über sich zu nehmen, und das, was sie anzumerken für nöthig erachten, der Welt in unsern Blättern vorzulegen. Eine einzige Anmerkung sey uns hier erlaubt. Man redet bisweilen von Misbräuchen in der Musik, man klagt darüber, und diese Klagen sind sehr gerecht. Man wird aber wohl, unserer Meynung nach, noch lange klagen müssen, so wie man schon lange vorher eben diese Klagen geführt hat, wenn man nicht zugleich auf vernünftige, bequeme und leichte Mittel denkt, wie diesen Mißbräuchen abgeholfen werden könne. Nützliche Vorschläge, rühmliche Bearbeitungen zur Verbesserung dieses und jenen Theils der musikal. Welt würden demnach weit heilsamer seyn, als bloße wiederholte Klagen, die deßwegen keine Besserung stifften, weil sie mit keiner Anweisung dazu verbunden sind. Man fürchte nicht sogleich den Nahmen eines

 musika-

musikalischen Projectmachers zu bekommen, wenn man auf einer oder der andern Seite einen gut gemeynten Vorschlag thut; und endlich würde man sich auch dieses Nahmens nicht zu schämen haben, weil ein musikalischer Projectmacher wenigstens keinen Verdacht des Eigennutzes wider sich erregt, und folglich mit andern, die um die Großen in der Welt herum schwärmen, nicht in eine Classe gesetzt werden kann. Wir haben uns daher vorgesetzt, künftig bisweilen einen oder den andern musikalischen Gegenstand vorzunehmen, den Ursachen der dabey eingeschlichenen Mißbräuche, und den Mitteln, wie sie am bequemsten abgeschafft werden können, nachzudenken. Wir bitten einen jeden rechtschaffenen Musikgelehrten, dem die Sache seiner Kunst am Herzen liegt, uns dabey mit seinen Gedanken zu Hülfe zu kommen.

Wider unsern Willen sehen wir uns genöthigt hier abzubrechen, und das übrige bis ins nächste Stück zu verspahren.

Register

der Nahmen und Sachen.

A.

B.

Blain-

Ende.

www.ingramcontent.com/pod-product-compliance
Lightning Source LLC
Chambersburg PA
CBHW032312280326
41932CB00009B/791
* 9 7 8 3 7 4 3 6 6 0 1 5 1 *